KB155059

가족과 젠더

가족과 젠더

Family and Gender

정영애 · 장화경 지음

(주)교문사

Preface

우리 사회에서 그동안 가족에 관한 논의와 연구가 여러 측면에서 다양한 방식으로 이루어져 왔다. 그러나 젠더의 관점에서 가족을 이해하고 분석하는 시도는 여전히 주변적 위치에 머물러 있다. '가족과 젠더'라는 제목의 이 책은 젠더 또는 성인지적 관점에서 가족과 연관된 여러 주제들을 다룸으로써 기존의 가족 연구와 차별화된 접근을 시도하고자 한다.

즉, 가족을 둘러싸고 이루어지는 다양한 변화를 어떻게 해석하는 것이 바람직한 것인지, 특히 젠더 관점에서 긍정적인 가족변화의 방향은 어떤 것인지 생각해 봄으로써, 가족에 대한 이해의 폭을 넓히고, 변화하는 가족형태와 가족관계에 대해 열린 해석을 하며, 나아가 성평등적이고 지원적인 가족정책을 모색해 보고자 한다. 또한 여성과 남성이 함께 자신의 고유의 역량과 희망을 발휘하며 더불어 행복한 삶을 유지할 수 있는 지속가능하고 양성평등적인 가족과 사회로의 변화가 어떻게 가능할 것인지에 대해서 함께 생각해 보고자 한다.

이 책은 기존의 가족학이나, 가족사회학, 여성학 등에서 젠더 관점을 가지고 가족을 연구하고자 하는 연구자나 일반인들에게 도움이 될 수 있을 것이다. 1장, 4장, 8장, 9장, 11장, 12장, 14장은 정영애가, 그리고 2장, 3장, 5장, 6장, 7장, 10장, 13장은 장화경이 맡아 집필하였다.

책을 완성하는 과정에서 여성학자와 사회학자인 두 사람이 서로 내용을 토론하며 조정하였으나 젠더의 관점에서 일관성 있게 주제들을 다루고 관련된 참고자료나 사례들을 제시하는 것이 그다지 쉬운 일이 아니었다. 이는 저자 자신들의 문제도 있고, 젠더 관점에서 가족연구의 역사가 깊지 못한 데 있기도 하다. 반대로 어떤 내용에 대해서는 기존 연구결과가 너무 확고하여 새로운 논의를 하기 위한 여백이 많지 않았기 때문이기도 하다.

아울러 이 책에서 다루고 있는 내용의 상당 부분이 지금 이 시점에도 지속적으로 변화되는 중이어서, 가능한 가장 최근의 내용을 기술하려던 저자들의 의도도 미진한 채로 남아 있다. 여러모로 부족하고 미흡한 부분이 많이 있으나, 책이 세상에 나오게 되면, 또 다른 연구자들이 이 책을 기초로 지속적으로 다듬고 보완하며 가족과 젠더 분야의 발전을 함께 공동으로 이루어 나갈 수 있기를 기대한다.

원고가 나오기까지 오랜 시간 기다리고 격려해 주신 (주)교문사 양계성 상무님께 감사드리며, 이 책이 젠더 관점에서 문제를 인식하고 대안을 찾으려는 노력을 할 수 있도록 가르쳐 주고 도와주신 모든 분들께 작은 보답이 될 수 있기를 진심으로 바란다.

2010년 9월
정영애 · 장화경

Contents

Contents

성인지적 관점에서
본 가족

성인지적 관점에서 본 가족

1 성인지적 관점이란 무엇인가?

우리는 가족 속에서 태어나고 생활하며, 가족으로부터 다양한 지원을 받고, 가족 속에서 일생을 마감하게 된다. 우리에게 가족은 너무나 친숙하며, 긴밀하게 연관되어 있는 제도이다. 따라서 가족이나 가족과 연관된 현상은 매우 당연하고, 자연스러운 일로 간주되므로 특별한 논의의 대상이 되기 어렵다. 다른 한편, 가족과 관련된 가치나 규범들이 개인의 차원을 넘어 더 넓은 구조적 차원에서 형성되고 작용하고 있으므로, 자신의 개인적 경험과 이해관계를 넘어서서 이를 객관적으로 분석하고 문제를 인식하며 그에 대한 대안을 모색하는 것도 결코 쉬운 일이 아니다.

대체로 우리가 가족에 대해 지니고 있는 이미지는 '사적 영역 또는 관계, 안락함, 편안함, 따뜻함' 등과 같은 것들이다. 이와 함께 우리는 어떤 가족이 바람직하고 정상적인 가족인지에 대한 정형화된 이미지를 가지고 있다. 많은 국가정책이나 프로그램들도 이러한 전형적 가족 이미지를 기반으로 구상되고 추진되고 있다. 또한 일단 형성된 제도와 정책들은 기존의 가족 이미지를 재강화한다.

그러나 실제 상황에서 가족은 항상 변화하고 있을 뿐 아니라, 특정 사회의 전형적 가족 이미지와는 차이를 지닌, 다양한 가족들이 보편적으로 존재하고 있다.

최근 들어 이러한 가족 다양성의 범위는 훨씬 확대되고 있다. 한 가족 내의 가족원들에 대해 초점을 맞추어 보더라도, 가족이 하나의 단일한 이해집단이라는 일반적 관념과는 달리 가족구성원의 이해관계는 서로 상이하며, 가족변화 과정에 따라 이러한 관계도 다양하게 변화한다.

가족 이미지에 대한 새로운 접근과 함께, 특히 사회구조적 필요나 내면화과정을 통해 그동안 잘 드러나지 않았던 가족원 간의 성별 차이에 대해 주목할 필요가 있다. 즉, 가족을 둘러싸고 이루어지는 사회변화가 개별 가족 내의 여성과 남성에게 각각 어떠한 영향을 미치는지, 가족 내의 성별관계가 다시 사회의 성별관계로 어떻게 이어지게 되는지에 대한 성인지적 분석이 요구된다. 아울러 가족 내외의 변화를 가족해체나 가족위기로 해석하면서, 변화를 저지하고 현상을 유지하려는 입장에 대한 객관적 분석도 필요하다. 이러한 분석들을 바탕으로 현재의 가족이 지니고 있는 긍정성을 살리는 한편, 부정적 측면의 문제들을 극복할 수 있는 바람직한 가족변화의 방향과 전략을 수립할 수 있을 것이다.

젠더(gender)에 기반한 성인지적 가족연구를 진행하기에 앞서 '젠더란 무엇인가'에 대해 생각해 보기로 하자. 일반적으로 우리가 사용하고 있는 성 또는 성별이라는 용어는 생물학적 성(sex)과 사회적 성(gender)으로 나뉘어진다. 때로는 섹슈얼리티(sexuality)를 의미하기도 한다.

 생물학적 성(sex)의 다양한 사례들

① 터너증후군(turner syndrome)은 성염색체가 X 하나만으로 구성되고 두 번째 성염색체인 X나 Y가 존재하지 않는 경우를 말한다.
② 안드로겐둔감증후군(androgen insensibility syndrome)은 성염색체는 XY이나, 신체세포가 안드로겐에 둔감하여 여성호르몬인 에스트로겐에 반응하며 외부생식기가 여성의 형태로 발달한 경우이다.
③ 클라인펠터증후군(klinefelter's syndrome)은 염색체가 47개로 XXY처럼 여분의 성염색체를 가지고 태어난 경우로, 이때에는 남성적 특성과 여성적 특성이 함께 나타난다.

출처 : http://en.wikipedia.org. 정혜정 외, 2009: 88 재인용

먼저, 생물학적 성이란 대개 인간이 태어날 때부터 지니는 성염색체와 성호르몬, 성기관과 연관되어 구분된다. 그러나 XX, XY 염색체를 근거로 분명하게 남성, 여성으로 구분되지 않거나 명백한 성기관을 가지지 않은 양성동체 또는 중성적 성구조를 가진 경우도 상당수가 있다. 따라서 여성과 남성으로의 생물학적 이분화는 완전한 것이기보다는 이러한 중간범주에 속하는 성별 존재들을 인위적으로 특정 성으로 분류하여 이분화시킨 결과이기도 하다. 이와 달리, 사회적 성 또는 젠더란 주로 후천적으로 습득된 성적 경향이나 특성, 성역할 등을 의미하는 것이다. 흔히 '여성적이다' 또는 '남성적이다'라고 구분된다. 여성적이거나 남성적인 성적 특성들은 생물학적인 성차보다 훨씬 더 연속적 특성을 갖는다. 매우 남성적인 경우도 있을 수 있고, 상당히 중성적일 수도 있다. 또한 남성적 성향과 기질을 지닌 여성이 있을 수도 있고, 여성적인 역할을 하는 남성도 가능하다. 그러나 대부분의 사회에서는 다양한 사회화과정을 통해 생물학적 여성은 사회문화적으로 여성적인 역할에 익숙해지고 이를 수용하도록 내면화시키는 반면, 생물학적 남성은 사회문화적으로 남성적인 특성과 역할을 자신의 것으로 받아들이도록 훈련시킨다. 이러한 과정에서 주어진 사회적 역할로부터의 일탈에 대해서는 대부분 허용하지 않을 뿐 아니라, 정도의 차이는 있으나 사회적 제재도 가해진다. 또한 중성적 또는 이중적인 성적 구조나 성향을 지닌 개인이 후천적으로 부여받은 성별 특성과 역할에 자신을 맞추는 과정에서 나타나는 갈등이나 문제는 대부분 은폐되거나 억압된다. 따라서 사회적으로 구성된 젠더에 기반한 남성성이나 여성성, 남성적 역할기대나 여성적 역할기대를 변화시키려는 노력은 단지 개인의 습관이나 관념, 태도를 바꾸는 것이 아니라 집단을 구성하고 배치시키는 사회적 기준과 원칙을 변화시켜야 하는 훨씬 어려운 일이다.

'성인지적 관점(gender sensitive perspective)'은 성에 따른 사회적 기대와 역할이 구분되어 있거나 성차별적인 사회에서 여성과 남성은 서로 다른, 때로는 상호갈등하는 이해관계와 사회적 기대를 지닌다는 점을 인식하고, 생물학적인 성과 사회문화적 후천적인 성을 분리하여 사고하는 데서 출발한다. 즉, 우리에게 부여된 대부분의 성적 역할과 기질, 특성들은 우리가 불가피하게 받아들여야만 하는 선천적인 것이 아니라 사회적으로 부여된 것인 만큼, 우리는 이를 받아들일 수도 있고 보다 바람직한 다른 방향으로 변화시킬 수도 있다는 것이다. 나아가 남성, 여성으로 이분화되어 배타적으로 범주화되는 현재의 상황도 여성과 남성

성인지적 접근이란?

성중립적(gender neutral) 접근은 여성과 남성을 기계적으로 동일하게 취급하는 접근방법이며, 성배제적(gender blind) 접근은 성에 대한 고려를 하지 않고 정책을 수립하거나 집행하는 것이다. 때로 이러한 접근들이 의도적인 성차별적 정책보다 평등적인 것처럼 여겨질 수도 있으나, 여성과 남성이 처해 있는 실질적 조건의 차이 또는 과거에 누적된 차이 등을 고려하지 않고 기계적으로 동일하게 접근하거나 성을 고려하지 않을 경우, 결과적인 차이를 정당화하거나 특정 성에 대한 저평가를 재강화할 수 있다. 따라서 '성인지적(gender sensitive) 접근'을 한다는 것은 단순하게 동등한 접근이나 동일한 기회의 제공을 넘어서서 수용해야 할 조건의 차이나 이러한 차이를 극복하기 위한 적극적 전략 등도 포함하는 것을 의미한다.

간 차이보다는 인간으로서의 공통점에 초점을 맞추거나 각각의 성이 지닌 긍정성을 모든 개인이 함께 공유할 수 있도록 격려하고 지지하는 지향을 지닌 사회로 변화시킬 수도 있다는 것이다.

이를 위해서는 먼저, 생물학적 성(sex)이 사회적 성(gender)을 규정하는 과정에 대한 분석과 이러한 규정이 양성의 지위 및 상호관계에 어떤 관련이 있는지 이해하는 것이 우선되어야 할 것이다. 이와 함께 특정 사회적 관행이나 정책 프로그램, 법제도들이 명시적으로나 잠재적으로 성역할 고정관념에 기반하여 특정 성에게 편파적으로 유리하거나 불리하지 않은지 검토하는 일도 중요하다. 이 책에서는 가족 영역을 중심으로 이러한 성인지적 분석과 검토를 시도함으로써 남

스톡홀름, 오후 두 시의 기억

유교적 전통이 강한 아시아 국가의 경우 여성성과 남성성의 특징이 분명하게 구분되는 반면, 스웨덴에서는 어느 한 쪽의 정체성이 절대적으로 구분되지 않는다. 여성성과 남성성이라는 개념조차 무의미하다. 즉, 선을 하나 긋고 왼쪽이 여성적 특질이고, 오른쪽이 남성적 특질이라고 나눈다면, 스웨덴 여성과 남성들은 양쪽에 따로 따로 모여 있는 것이 아니라 여성과 남성이 구분 없이 왼쪽에서 오른쪽까지 골고루 퍼져 있는 것이다. 스웨덴 사람들은 대개 여성들이 남성들보다 말을 더 많이 하고 적극적인 반면, 남성들은 말수가 적고 소극적이라고 자신들을 묘사한다. 마치 여성성과 남성성이 역전되었다는 말처럼 들리지만 이것은 스테레오 타입처럼 굳어진 성적 정체성을 기준으로 볼 때 그런 것이고, 스웨덴 사회에서는 역전이 아니라 그저 자연스러운 현상일 뿐이다.

출처 : 박수영, 2009: 203

성과 여성이 함께 자신의 고유 역량과 희망을 발휘하며 더불어 행복한 삶을 유지할 수 있는 가족과 사회로 변화될 수 있도록 이론적·실천적 기반을 제공하고자 한다.

2 성인지적 가족연구

1) 가족의 정의

가족은 우리에게 가장 친숙하고 보편적인 사회제도의 하나이지만, 가족이 무엇인지 또 누가 나의 가족인지 정확히 이야기한다는 것은 결코 쉬운 일이 아니다. 예를 들어, 함께 살고 있는 외할머니는 가족인가? 분가한 오빠나 형의 식구는 가족인가? 만일 그렇다면 혼인해서 분가한 언니나 누나의 식구도 가족인가? 그렇다면 과연 가족의 기준은 무엇인가? 서로 사랑하는 사람들? 혈연으로 맺어진 사람들? 함께 사는 사람들? 증명서에 함께 기재되어 있는 사람들? 같은 성과 본을 가진 사람들?

또한 가족의 정의에 포함될 수 있는 관계는 어디까지인가? 독립해서 혼자 살고 있는 사람도 가족이라 할 수 있는가? 미혼의 동거커플이나 동성의 커플은? 혈연관계도 없고 동거하고 있지 않지만, 심리적·정서적으로 깊은 지지를 주고받는 관계는?

아울러 가족을 정의하는 기준은 과연 보편적인 것인가? 가족은 정서적 친밀성을 토대로 하는 애정공동체인가? 정상가족이나 전형적 가족이라는 것이 존재하는가? 이때 사회적 기준에 부합하는 정상적인 가족이 과연 내가 원하는 가족과 일치하는가? 다양한 여러 유형의 바람직한 가족들이 인정될 수 있을까? 과연 가족과 사회는 분리된 별개의 영역인가?

가족의 정의를 둘러싸고 제기되는 질문들은 매우 다양하다. 이러한 질문에도 불구하고, 특정 사회는 어떠한 가족이 정상적이며 바람직한 가족인지, 각 가족원의 역할은 무엇인지에 대한 사회적 기준을 가지고 있다. 그리고 이러한 기준들은 사회가 추구하는 가족정책과 사회보장제도, 임금제도, 세제정책 및 국가가 시행하는 다양한 프로그램들의 기본 방향, 내용과 범위, 수혜자격기준을 정하는 중요한 근거가 된다. 즉, 이러한 정상가족의 기준과 정의는 이에 부합하는 가족에 대해서는 사회적 정당성을 부여하고, 지속적으로 재강화한다. 반면, 이와 다른 삶의 방식은 모호한 위치에서 일탈적 유형으로 분류되며, 종종 통제와 감독의 대상이 된다.

가장 일반적인 가족의 정의는 머독(Murdock)이 내린 '혈연, 결혼, 입양 등으로 관련된 둘 이상의 사람들로 구성된 집단' 이다(머독, 1991). 이들은 동일 가구에서 생계를 같이 하며 함께 거주하는 사람들이기도 하다. 그러나 이러한 가족의 정의는 보편적인 것이기보다는 특정한 가족의 유형을 대표하는 것이다. 머독은 기혼부모와 자녀로 이루어진 핵가족이 기본단위이고 보편적 가족유형이라고 주장하였지만, 핵가족유형은 여러 가족유형 중 하나의 가족유형에 불과하다.

우리 사회에서도 아버지가 가족의 생계를 부양하고, 어머니가 가사를 돌보며, 자녀와 함께 사는 가족이 가장 전형적인 가족으로 여겨지고 있다. 그러나 통계에 의하면 부부와 미혼자녀로 구성된 가구의 비율은 전체 가구 중 42.2%로 과반수도 되지 않는다(통계청 인구총조사, 2005). 실제로 가족의 형태와 경험은 사회적 계급, 계층, 사회와 문화, 인종과 민족에 따라 매우 다양하다. 또는 한 가족의 입장에서도 가족주기에 따라 다양한 유형의 가족구조를 지니게 된다.

현대사회로 올수록 가족구조는 더욱더 다양화되고 있다. 동거는 직장, 빈곤, 자녀보육 등 여러 이유로 점차 보편화되고 있으며, 자녀가 없는 무자녀가족이 저출산추세 속에서 확대되고 있다. 이혼과 사별 등으로 한부모가족도 증가하고 있으며, 동성애가족에 대한 사회적 논의도 점차 활발해지고 있다. 또한 공동의 거주나 경제적 협동과 같은 전통적 가족의 역할보다는 상호책임감, 친밀감과 계속적인 돌봄 등의 중요성이 커지면서 '상호 간에 정서적이고 물질적인 지지를 기대하는 두 사람 또는 그 이상의 사람들의 집합체' 로 가족의 정의가 변화되고 있다(기든스, 2003).

또한 여성가족부 가족실태조사(2005)에 의하면 성별에 따라 가족에 대한 정의가 차이가 있는 것을 확인할 수 있다. 남성들은 '조상을 같이 하는 피로 맺어진 사람들' 이라는 답변이 35.8%로 가장 많은 반면, 여성은 '서로 사랑하는 사람들' 이라는 답변이 40.9%로 가장 많았다.

표 1-1 가족에 대한 생각

(단위 : 천 가구, %)

항목	남성	여성	전체
조상을 같이 하는 피로 맺어진 사람들	979(35.8)	908(28.1)	1887(31.6)
서로 사랑하는 사람들	933(34.1)	1323(40.9)	2256(37.8)
같은 성을 가진 사람들	61(2.2)	62(1.9)	123(2.1)
서로 도우며 사는 사람들	257(9.4)	329(10.2)	586(9.8)
주거를 함께하는 사람들	337(12.3)	428(13.2)	765(9.8)
호적등본 등 증명서에 함께 기재된 사람들	162(5.9)	180(5.6)	342(5.7)
기타	60(0.2)	0(0.0)	6(0.1)
모름/무응답	3(0.1)	5(0.2)	8(0.1)
전체	2,738(100.0)	3,235(100.0)	5,973(100.0)

출처 : 장혜경 외, 2005: 24-25

이처럼, 전형적 가족으로 간주되는 가족의 유형은 보편적인 가족의 모습이 아니라 특정 시기의 특정 집단에 의한 특정 가족모형이라 할 수 있다. 이때 전형성의 기준은 무엇인가? 가장 다수가 택하는 가족유형인가? 지배권력을 지니고 있는 집단이 바라는 가족유형인가? 그렇다면 소수집단의 권리와 다양성을 지지하는 가족규범이 한 사회 내에서 지배적 규범과 동시적으로 존재할 수는 없는가? 비전형적 가족유형이나 삶의 방식은 정상가족화하기 위해 사회적 예방이나 치료의 대상이 되어야 하는가?

과학기술의 발전은 앞에서 제기된 질문의 범위를 훨씬 더 넓히게 될 것이다. 예를 들어, 생명공학기술의 발달은 유전정보를 지닌 체세포를 제공한 어머니, 난자를 제공한 어머니, 자궁을 제공한 어머니, 태어난 아이를 양육하는 어머니 중 누구를 어머니로 규정할 것인지에 대해 질문하게 한다. 이때 각각의 어머니는 아이에 대해 어떠한 권리와 의무를 지니게 될 것이며, 다른 가족구성원과의 관계는 어떠해야 하는가? 이처럼 가족의 정의와 범주, 가족원의 구성과 역할 등에 대한 질문은 사회적 변화들과 함께 다양한 방식으로 계속 새롭게 제기될 것이다.

국가의 공식 통계는 가족을 정의하는 어려움을 피하기 위해 가족 대신 '가구(household)'의 개념을 채택하고 있다. 가구는 '1인 이상이 모여서 취사, 취침 등 생계를 같이 하는 생활단위'로 정의된다. 하지만 이러한 정의 역시 시대나 사회에 따라 변화한다. 예를 들어, 미국 법정에서는 가구의 개념을 매우 포괄적으로 '서로 가족의 기능을 수행하는 사람들'이라고 정의하고 있으며, 이 범위의 가구원은 누구든지 사회가 부여한 권리와 책임을 인정받을 수 있다.

따라서 하나의 고정적이고 획일적인 형태로서의 '가족(the family)'이란 존재하지 않는다. 대신 '가족들(families)'이라는 개념을 통해 변화 중에 있는 다양한 가족들이 존재한다는 것을 받아들이는 것이 중요하다(기틴스, 1997: 12; 소온 외, 1991). 즉, 가족이란 '지속적 논의를 통해 새로이 창조되는 열려 있는(open-ended) 구성물'(Cheal, 2008: 14)이라고 정의되거나 '다양하고 유동적인 관계를 지니는 양가적이고 모호하고, 변화 가운데에 있는 제도'(Stacy, 1991)로 정의될 수 있을 것이다. 변화하는 다양성을 인정하는 개방적이고 확대된 가족의 정의는 어떤 유형의 가족에 대해서도 수용적이고 지원적인 태도를 지니게 해주며, 가족의 변화나 재구조화, 그리고 바람직한 가족구조와 관계에 대한 우리의 인식을 확장시켜 줄 수 있을 것이다.

2) 가족의 이상과 실제

우리가 가족에 대해 갖고 있는 또 하나의 믿음은 가족이란 '험난한 세상의 피난처'와 같은 이상적 영역이라는 것이다. 즉, 가족관계는 대가 없는 사랑과 희생에 기반하며, 살과 피를 나눈 관계이고, 가족의 가장 본질적인 측면은 가족구성원 간의 애정적 요소라는 믿음이다.

그러나 가족이 사적 영역으로 간주되고, 가족 내에서 개인의 감정이 중요해진 것은 산업사회 이후의 상황이다. 전산업사회에서 가족의 가장 중요한 기능 중의 하나는 경제공동체로서의 역할이었으며, 가족관계 내의 정치적·전략적 역할도 항상 중요한 것이었다. 또한 이 시기의 가족은 공동거주나 혈연, 결혼관계에 의한 단위이기보다는 함께 노동하는 활동단위였으므로, 개별 핵가족 단위를 구분하는 것은 중요하지 않았다.

산업화와 도시화를 거치면서 비로소 개별 핵가족의 정서적 역할이 중요한 가족의 기능으로 간주되게 되었다. 이와 함께 가족은 공적 영역과 구별되는 사적 공간으로 등장하게 되면서 가족관계나 역할, 가족과 가족 외 사회와의 관계도 급격하게 변화하였다. 가족과 사회와의 분리로 인해 가족 내에 존재하는 갈등이나 문제는 사적인 것으로 간주되면서 공적 개입을 어렵게 하였다. 이 결과 가족 내의 많은 문제들은 은폐되거나, 억압되면서 공적 담론의 대상에서 제외된 채 지속되어 왔다.

실제로 현실의 가족은 이상적이고 이타적인 관계의 장소이기보다는 오히려 '상이한 행위와 이해관계를 지닌 사람들이 서로 갈등하는 장소'이다(하트만, 1988). 우선, 가족 내에서 성별에 따른 역할과 기대의 차이가 존재한다. 남성가장이 가족원을 부양하고 여성은 자연적 특성에 근거한 모성적 역할을 담당한다는 성별분업적 가족관념이나 이데올로기는 가족 내에서 여성의 의존성을 강화하고, 사적 영역으로 여성의 정체성을 제한하게 된다.

가족 내의 관계는 가족이라는 사적 영역에 국한되지 않는다. 피부양자로서의 여성은 노동시장 내에서도 불리한 위치에 놓이게 되며, 고용정책이나 사회복지정책에서도 여성의 일차적인 역할은 가족 내에서 돌봄 책임을 지는 것으로 전제하고 있다. 그러나 가족 내 부양자와 피부양자의 구분은 선천적 생물학적 성차에 의한 결과이기보다는 사회제도적 상황과 노동시장 내 여성의 경제적 조건과 긴밀하게 연관되어 있는 것이다. 결혼과 출산, 양육의 가치나 행위 또한 개인이나 개별 가족의 결정에 의한 것이기보다 사회문화적 상황과의 복합적 상호작용의 결과이다.

대부분의 사회에서 자녀의 성별에 특별한 관심을 나타내며, 다수의 사회가 남아를 선호한다. 남아는 대체로 재산과 가문의 상속자로서 또는 농장의 노동자나 관리자로서, 그리고 부계가족의 영속성을 이어주는 수단으로 선호된다. 그러나 소수의 사회에서는 여아들이 선호되기도 한다. 예를 들어, 여성이 담당하는 활동이 가구의 생존에 중요하거나 섬유산업 도시처럼 지역의 주요 노동력이 여성화되어 남성들이 할 수 있는 일이 부족한 지역에서는 딸을 원하기도 하였다(기틴스, 1997: 163). 즉, 아들과 딸에 대한 선호는 계급이나 지역의 경제상황, 가구원의 연령과 성별구조 등에 따라 다양하다. 따라서 아이를 원하거나 원하지 않는 이유뿐 아니라, 아들이나 딸을 원하는 이유 역시 자연스러운 생물학적 상황이라기보다는 복잡한 사회문화적 요인들의 결과라 할 수 있다.

가족 간 역할갈등이나 관계의 문제는 성별의 문제 이외에도 가족의 경제적 수준이나 인종, 문화 등 다양한 변수들과 연관되어 있다. 가족 내에서 권력을 행사하는 여성도 있고, 또한 남성의 입장에서도 실업이나 은퇴 등으로 기존의 역할이

상실될 경우 심한 자아상실감이나 외로움, 불안, 소외 등을 경험하게 된다.

따라서 여기에서 중요한 것은 여성이 억압받고 있다거나 갈등을 느낀다는 것보다는, 가족관계에 구조적으로 내재하는 상이한 성별 경험과 권력관계가 무엇이고 이를 어떻게 드러내어 공론의 장에서 함께 논의를 거쳐 대안을 모색할 수 있는가하는 것이다.

성인지적인 새로운 가족연구의 목적은 다양한 가족 경험의 근저에 존재하는 성별화된 불평등과 개별 가족의 삶에 대한 다양성이나 복합성, 모순들을 간과하게 하는 특정 가족이데올로기에서 벗어나, 개개인의 다양성과 존엄성을 수용하는 '이상적인 가족과 사회에 대한 새로운 비전'(Ferguson, 1991)을 마련하고자 하는 것이다.

 **핵심정리**

'성인지적 가족연구'는 가족을 둘러싸고 이루어지는 사회변화가 개별 가족 내의 여성과 남성에게 각각 어떠한 영향을 미치는지, 가족 내의 성별관계가 다시 사회의 성별관계로 이어지게 되는지 분석하려는 노력이다. 이를 바탕으로 다양한 가족 경험의 근저에 존재하는 성별화된 불평등과 개별 가족의 다양성들을 간과하게 하는 가족이데올로기에서 벗어나, 개개인의 존엄성을 수용하는 '이상적인 가족과 사회에 대한 새로운 비전을 마련'하고자 한다.

'성인지적 관점(gender sensitive perspective)'은 성에 따른 사회적 기대와 역할이 구분되어 있거나 성차별적인 사회에서 여성과 남성은 서로 다른, 때로는 상호갈등하는 이해관계와 사회적 기대를 지닌다는 점을 인식하고, 남성과 여성으로 이분화되어 배타적으로 범주화되는 현재의 상황에서 각각의 성이 지닌 긍정성을 모든 개인이 함께 공유할 수 있도록 격려하고 지지하는 지향을 지닌 사회로 변화시키고자 하는 입장이다.

 생각해 봅시다

Q1 우리에게 부여된 성적 역할과 기질, 특성들이 선천적인 것이 아니라 사회적으로 부여된 것이라 할 때, 내가 진정으로 원하는 성역할이나 특성은 무엇인지 생각해 보시오.

Q2 '가족이 무엇인가'라는 질문에 대해 떠오르는 이미지는 어떤 것들이 있나 열거해 보시오.

Q3 우리 사회에서 가족 내의 갈등이나 문제들은 사적인 것으로 은폐되면서 사회적 개입을 억제해 왔다. 우리 가족의 은폐되어 있는 갈등이나 문제는 무엇인지 생각해 보시오.

가족에 대한
사회적 인식

02

가족에 대한 사회적 인식

1 사회제도로서의 가족

개인은 가족을 통해 "나는 누구인가?"라는 자신의 정체감을 부여받고, 정서적 안정을 얻게 된다. 모든 사람은 태어나면서 가장 먼저 속하게 되는 집단이 가족이므로, 가족이란 개인과 사회를 연결시켜 주는 일차집단이다. 가족은 각 개인의 일생과 일상생활에서 불가분한 관계이고, 전체 사회구조에서 가족제도가 갖는 의미는 매우 크다. 자신의 가족을 통해 사회를 이해하게 되고 여러 가지 다른 관계를 맺게 된다. 사회에 따라 가족의 형태나 구성원, 기능 등은 다양하였지만, 가족은 어느 사회에나 존재하는 가장 보편적인 사회제도이다. 가족은 인간의 가장 기본적인 욕구를 충족시키는 동시에, 사회의 기본유형에 지대한 영향을 미친다.

가족이란 구성 면에서 결혼과 혈연 또는 입양을 통한 양자관계를 통하여 결합된 집단이고, 기능적인 측면에서는 공동으로 의식주를 해결하는 일상생활의 단위이며, 정서적·정신적 유대와 공동체적 생활방식을 공유하는 집단이라고 할 수 있다. 가족은 사회적 상호작용의 장이고 가족구성원 개개인이 사회라는 거시적 구조와 만나는 접점을 제공하는 사회제도이다.

한국에서는 '한 지방 밑에서 한 솥 밥을 먹고 같이 사는' 혈연집단을 가족이라고 생각해 왔다. 이같이 가족의 개념에는 인간관계에 관한 규정 못지않게 주거와 재산의 공유라는 물질적 기반도 매우 중요하다. 가족이란 혼인, 혈연, 입양의 유대로 맺어진 사람들의 집단이며, 단일가구라는 생활단위를 구성하고, 관계의 성격에 따라 형성된 남편, 아내, 아버지, 어머니, 아들, 딸, 형제, 자매 등의 사회적 역할을 수행함으로써 상호작용하고 정서적 유대를 공유하는 공동체집단이다.

가족은 혼인과 혈연에 기반한 특수관계의 공동체라는 점에서 공동체의 상호성과 연대를 보편화한다. 가족의 혈연적 특수주의는 뿌리 깊은 가부장제의 성차별과 부계혈통계승의 보수성에 기인한다. 또한 가족의 공동체적 본질은 기초적 생활단위로서 생존과 재생산을 위한 양성과 세대 간의 상호보완적 의존과 연대인 것이다. 이러한 성격의 특징은 가족의 개념에서 구성원의 동거여부를 부차적 조건으로 놓고, 부모-자녀관계의 성립 요건으로 혈연과 입양을 동등한 비중으로 인정하고 있는 점이다.

가족과 유사한 용어들

① 가구(家口, household) : 가구는 일상적으로 주거와 생계를 함께하는 생활집단을 가리킨다. 통계조사에서 주로 사용하는 용어이다. 가구에서는 취침, 음식 장만, 식사, 성관계, 돌봄 등의 활동이 이루어진다. 가구는 보통 가족관계를 중심으로 이루어지는 경우가 많지만, 동거인, 고용인, 기숙인도 주거와 생계를 공동으로 영위하면 가구에 속한 구성원이 된다.

② 세대(世帶) : 세대는 '현실적으로 주거 및 생계를 같이 하는 사람의 집단'을 가리키는 용어로 거주단위로 쓰인다. 가구와 동일한 집단인데, 조선시대의 '호구(戶口)'라는 용어도 유사한 개념이다.

③ 가정(家庭, home) : 가정은 일상적 차원에서 가족과 가장 가까운 뜻으로 쓰이는 경우가 많다. 사전적 의미로 보면 가정은 '부부를 중심으로 부모와 자녀 등 근친자들이 한데 모여 의·식·주 등의 일상생활을 공동으로 하는 생활 공동체'라고 정의된다. 가정은 가족구성원이 심신의 피로를 풀고 휴식을 취할 수 있는 보금자리를 의미하므로, 공동가계를 영위하는 집 울타리 안이라는 공간적 성격이 강하다.

④ 집(집안) : '집'이라는 말은 가족과 관련된 한국인의 일상용어인데, 공간적인 건물, 문화적인 가풍, 가족구성원과 친족원을 포함하는 포괄적 개념이다. '집안'이라고 하면 계보를 중심으로 한 전통적 집합체를 가리킨다.

⑤ 친족(親族, kinship) : 친족은 결혼과 혈연을 바탕으로 하여 상호관계가 형성된 혈족 및 인척 등의 총칭이다. 친족관계를 혈통연결의 형태에 따라 직계와 방계로 구분한다. 직계는 수직적으로 연결되는 관계인데, 직계존속과 직계비속이 있다. 부모와 조부모는 직계존속이고, 자녀와 손자는 직계비속이다. 방계는 공동의 시조에 의하여 연결된 관계로, 형제·자매, 종형제·자매와 그의 자녀가 해당된다.

최근에는 가족의 개념에 구성원의 필요에 따라서 기타 다양한 관련성을 맺고 있는 사람들이 지속적인 연대의식을 공유하며 일상생활을 함께 영위하는 집단까지도 포함시키는 광의의 개념에 대한 관심과 인식의 전환이 확산되고 있다.

2 가족의 기능

가족(FAMILY : FAther and Mother, I Love You)

"한때 우리 사회의 주역이자 영웅이었던 남성들은 이제 홀로 정원 벤치에 앉아 있다. 명절이면 흩어졌던 가족들이 한데 모이지만 그들은 대개 전통적으로 어머니의 공간인 부엌을 중심으로 화제의 꽃을 피운다. 그 굿판에 끼지 못하는 아버지는 정말 재미있어 보는 것인지 모르지만 텔레비전에서 때맞춰 특집으로 보여 주는 씨름에 눈을 고정하고 있다. 귀는 온통 부엌으로 향해 있으면서."

출처 : 라디쉬, 2008.5

가족이 인간사회에서 가장 보편적으로 존재하는 기본 구성단위가 된 이유는 무엇일까? 가족은 개인의 욕구 충족 및 생존뿐만 아니라 전체 사회의 유지와 존속에도 핵심적 기능을 수행하고 있기 때문이다. 가족은 개인을 사회제도적 구조와 결합시키고 문화적 가치와 연결시킨다. 가족의 기능이 수행된 결과로 사회가 유지·존속되고, 가족성원은 욕구를 충족시킨다. 가족의 기능은 복합적이며, 시대와 지역, 사회체계의 변천, 문화적 배경에 따라 다르게 나타난다.

가족의 기능은 고유기능, 기초기능, 부차적 기능으로 나눌 수 있는데, 각각 대내적 기능과 대외적 기능의 측면이 동시에 수행된다.

표 2-1 가족의 기능 분류

구분	대내적 기능	대외적 기능
고유 기능	성·애정 기능 출산·양육 기능	성적통제 기능 종족보존 기능
기초 기능	생산 기능 소비 기능	노동력제공 기능 경제질서유지 기능
부차적 기능	교육·보호·휴식·오락·종교 기능	문화전달 기능 사회안정화 기능

1) 성관계의 허용과 통제

인간은 생물학적으로 성적 욕구를 충족하려는 생리적 특성을 가지고 있다. 만약 성적 욕구 충족에 있어서 완전한 자유나 개방이 허용된다면, 이로 인한 갈등과 불화로 사회는 기본질서를 유지하기 어렵게 된다. 가족은 근친상간을 금기(incest taboo)로 하고 혼외 성관계를 제한한다. 개인에게 고정적인 배우자와의 성관계를 통해 욕구를 지속적으로 충족시키는 제도적 통로를 제공함으로써, 사회적으로는 무분별한 성관계를 통제하는 기능을 하는 것이다.

2) 사회구성원의 충원

사회는 유한한 존재인 인간으로 구성된다. 출산이라는 생물학적 행위는 개인적 차원에서 일어나지만, 결과적으로는 새로운 사회구성원을 만들어 내는 것이다. 가족의 출산 기능은 사회구성원을 공급함으로써 사회를 존속·발전시키고, 나아가 인간이라는 종의 영속에 기여한다.

3) 자녀양육과 사회화

갓 태어난 아이는 미성숙상태로 독립적 생존이 불가능하므로 일정기간 동안 성인의 보호를 받아 성장하게 된다. 대부분의 경우 생물학적 부모는 사회적 부모의 역할을 수행하게 된다. 태어난 아이는 대부분의 경우에 생물학적 부모의 자녀라는 지위를 갖게 되고 자신의 부모가 속한 사회계층에 속하게 된다. 가족은 태어난 아이를 키우는 과정을 통해 원초적인 사회화를 담당하는 기능을 수행한다. 또한 자녀가 사회에서 적절히 적응한 사회인으로 성장하도록 돕는 역할을 한다.

4) 경제적 협동 기능

가족은 함께 생활하면서 생산과 소비를 공동으로 수행하는 경제공동체이다. 전통적 농경사회에서는 가족이 자급자족의 단위로서 생산의 주체였고 생산노동이 가족을 통해 이루어졌다. 즉, 가족은 공동으로 노동하고 수확을 함께 나누는 단위였다. 그러나 가족관계에 기초한 가구생산체계(system of household-production)로부터 자본과 노동 사이에 계약이 존재하고 시장조건에 영향을 받는 공장생산체계로 전환되면서, 산업사회에서는 남성은 가정 밖에서 주로 생산활동을 전담하고 여성은 가정에서 소비를 담당하고 가사노동을 하는 성별분업체제가 형성되었다.

이제 가족은 일차적인 소비단위이며, 남녀 간의 경제적 협력단위가 되었다. 가족의 소비기능은 의식주와 같은 일상생활을 중심으로 이루어진다. 대부분의 생필품은 생산업체가 만들어서 제공하는 상품을 시장에서 구매하여 소비하게 되었다. 산업사회의 가족에게는 상품선택과 구매에 대한 소비자로서의 대처능력이 필요하고, 한정된 수입으로 가족구성원의 욕구를 충족시킬 수 있는 공평하고 합리적인 재정관리가 요구되고 있다.

5) 정서적 안정의 제공

가족은 구성원들의 상호관계의 복합체이므로, 정서적 토대는 가족관계의 형성 및 유지의 기초요인이 된다. 가족의 정서적 기능은 가족관계에서 친밀하고 지속적인 상호작용을 구체적으로 경험하는 것이다. 가족은 구성원들이 사회생활에서 경험하는 긴장감을 해소시켜 주고, 애정을 바탕으로 친밀한 관계를 유지함으로써 정서적 안정과 심리적 만족감을 제공한다. 사회생활로 지친 몸과 마음을 가정에 돌아와 쉬며 피로와 긴장을 해소하고 일상적 노동력을 재생산한다. 복잡한 인간관계와 정신적 부담이 많아진 현대사회에서 가족이 제공하는 안정감은 과거보다 더욱 중요하게 되었다.

가족은 감정적 욕구를 표현하는 기회를 제공한다는 의미에서 현대사회에서 개인의 피난처라고 할 수 있다. 가정과 직장이 공간적으로 분리되어 있어서 직장생활에서 경쟁이 심화될수록, 가정에서 편안한 휴식을 얻으려는 욕구는 비례적으로 상승한다. 가족은 '안식처'로서 공적 사회생활과 이해관계에서 분리된 사적 공간이고, 사생활의 영역으로 확보되어야 한다는 심리적 기대가 높아진 것이다. 애정과 친밀한 관계는 개인을 정서적으로 지원해 주고 인간적 성장 및 성숙을 가능하게 한다. 가족은 지속적인 동료감을 제공해 준다. 가족이라는 집단에서 가족구성원들은 기본적 의식주의 일상생활을 공유하고, 각자의 생활과 인생에서 경험하게 되는 실망과 기쁨을 함께 나누며 공감해 주는 동료이다. 가족구성원은 서로의 성공을 함께 진심으로 기뻐해 주고 실패한 경우 고통을 함께 나눈다. 경쟁적인 현대사회에서 가족은 개인에게 가족 밖의 사회적 관계와는 다른 의미에서 심리적 만족감과 보람을 부여한다.

6) 사회보장기능

가족은 질병과 위협으로부터 가족구성원과 재산을 보호해 준다. 또한 가족은 독자적인 생활능력을 갖추고 있지 않아서 부양과 보호가 필요한 노약자나 장애자를 보호한다. 가족은 이들의 안정적 일상을 보장하는 물질적·정서적 보호를 제공한다.

오늘날에는 사회보장이나 복지제도가 아동이나 노인, 환자, 장애인 등 사회적 약자에 대한 보호와 부양의 일부를 담당하고 있다. 사회활동에 참여하는 취업여성의 가족은 가정 내에서 수행되는 아동 및 노인에 대한 보호 기능을 보육시설, 탁아시설, 어린이집, 유치원 이외에 노인학교, 양로시설 등의 사회적 시설과 제도를 활용하여 충족시키고 있다.

7) 기타 기능

이상의 기능 외에도 가족은 여러 가지 기능을 수행한다. 먼저, 교육 기능을 보면, 아이들은 가족 내의 교육을 통하여 규범, 도덕, 생활지식 등을 익힌다. 전통사회에서는 가족구성원이 가족의 일상생활을 통해 배우고 습득하는 가치관이나 기능 등의 학습의 비중이 상당히 커서 가족은 중요한 교육 기능을 담당하였다. 그런데 오늘날에는 제도화된 교육이 사회적으로 보급되면서, 교육 기능은 교육전담기관인 학교나 학원을 비롯하여 도서관이나 박물관, 매스미디어 등에 의해 수행되고 있다.

가족은 여가 기능을 갖는다. 여가는 생활에 활기를 주고 재충전할 수 있는 기회인 동시에, 자아가 확대되고 삶의 의미를 중시하게 된 사회에서는 일 자체의 기능만큼이나 중요한 기능으로 부각되고 있다. 가족단위로 여가를 즐길 때 부모와 자녀가 한 자리에 모이게 되므로 교육적인 의미도 수반될 수 있다. 가족구성원이 함께 모여 시간을 보내는 그 자체로 마음이 편안해지고 가족 간의 대화는 심리적 안정감을 느끼게 한다. 가족의 오락적 기능은 부수적으로 보이지만 실상 그 의의가 적지 않다.

또한 종교적 기능도 가족의 정서적 유대에 기여한다. 오늘날 가족의 종교적 유대는 약화되었다. 가족단위로 이루어지던 종교행사가 교회나 사찰 등의 종교단체로 이양되면서, 가족은 종교기관의 활동에 참여하는 수동적 위치가 되었다. 신앙의 자유가 확산되어 종교는 가족단위가 아닌 개인의 선택사항으로 전환되었고, 한 가족 내에도 서로 다른 종교를 갖는 경우도 나타나고 있다.

3 가족의 유형

가족의 형태는 역사적 시기별로, 문화적 전통과 사회경제적 배경을 따라 매우 다양하다. 가족의 형태를 분류하는 기준으로는 배우자의 수, 배우자의 선택범위, 가족의 구성방식, 주거형태, 가계계승의 원칙, 가족 내 권위의 소재 등이 있다.

1) 배우자의 수

어느 사회에서나 보편적으로 발견되는 형태가 한 남자와 한 여자가 결합하는 단혼제(monogamy)이다. 단혼제는 일부일처제라고도 한다. 이에 비하여 복혼제(polygamy)는 배우자 중 어느 한 쪽이 두 사람 이상인 경우인데, 일부다처제와 일처다부제가 있다. 머독이 행한 565개 사회의 비교연구에서는 약 80% 이상의 사회에서 복혼제를 허용하고 있었고, 그중에서 일처다부제는 1% 미만에 불과하였다(Murdock, 1971). 일처다부제는 경제적으로 빈곤하여 인구를 줄이기 위해 여아살해 풍습이 있는 사회에서 나타나고 있다. 일부다처제 사회에서는 여성배우자의 수가 남성의 위신을 나타내는 상징이 된다. 그러나 모든 남성이 여러 명의 아내를 갖는 것은 아니고, 경제적인 이유와 성비의 한계로 인해 대다수의 남성들은 실제로 한 명의 여성을 부인으로 취하게 된다.

2) 배우자의 선택범위

결혼상대자를 정하는 데 있어서 허용되는 범위를 기준으로 족내혼(endogamy)과 족외혼(exogamy)으로 나눌 수 있다. 내혼이란 동일한 사회집단 내에서만 혼인이 이루어지는 것이다. 즉, 일정한 친족관계, 동일한 종교, 계층, 인종집단 등 외혼은 근친상간의 금기(incest taboo)가 확장된 것이다. 배우자를 친족 밖에서 선택하게 함으로써 친족집단의 성립과 사회적 질서를 유지하는 것이다. 우리나라의 경우, 현재는 폐지되었지만 민법의 동성동본금혼 규정은 같은 혈족 이외의 혼인만을 공식적으로 인정하는 일종의 족외혼제이다.

3) 가족구성원의 구성방식

오늘날 일반적으로 가족이라고 생각하는 부모와 자녀로 이루어진 가족이 핵가족(neclear family)이다. 확대가족(extended family)은 부모와 기혼자녀의 가족 등 3세대(世代) 이상이 같은 집에서 함께 사는 형태이다. 참고로 대가족이라는 용어는 구성방식이 아니라, 가족규모를 기준으로 한 것이다. 가족구성원의 범위 혹은 구성형태와는 상관없이 가족수가 많으면 대가족이 되고, 3세대로 구성된 확대가족이라도 홀어머니와 며느리, 손자만으로 구성된 3인가족은 소가족에 해당된다.

4) 가계계승 원칙

가계의 계승은 친족범위의 설정과 밀접한 관련이 있다. 계승의 원칙에 따라 가족의 재산이 한 세대에서 다음 세대로 상속된다. 부계제(patrilineal system)는 가명(家名)과 친족의 계보 및 가산(家産)이 아버지의 혈통을 따르는 것이고, 모계제(matrilineal system)는 어머니의 혈통을 따르는 것이다. 양계제(bilateral system)는 임의로 부계나 모계를 선택할 수 있는 경우를 말한다. 가장 보편적인 유형은 부계제 중 장자 상속제인데, 아버지가 사망하면 장남이 가계와 관련된 물질적 재산과 상징적 권위를 이어받아 집안의 대표권을 행사하게 된다. 현대사회에서는 과거와 비교해서 양계제적 경향이 나타나고 있지만, 부계제가 포기된 것은 아니라는 점을 유의할 필요가 있다.

5) 가족 내의 권위

가족은 구성원 각자의 삶에 관련된 여러 일들을 결정하고 집행하는 집단이다. 가족집단 및 가족원의 방침을 결정하고 집행하는 권위가 부계에 집중되어 있으면 부권제 또는 가부장제(patriarchalism)이고, 권위가 모계에 속하면 모권제

(matriarchalism)이다. 인류학적 연구에 의하면, 가부장제는 많은 사회에 존재하는 반면, 엄격한 의미의 모권제는 실질적으로 존재한 적이 없다고 한다. 현대사회에서는 가족 내의 인간관계가 점차 평등을 지향하고 있고, 부부의 책임과 권위가 과거보다는 균등하게 배분되는 방향으로 개선되는 경향이 있다. 그러나 가부장권이 조금 약화된 형태의 부권 가족이 지배적이고, 부권과 모권이 완전히 평등하게 분배된 가족형태는 아직 없다고 할 수 있다.

6) 거주원칙

핵가족이 제도적으로 정착된 사회에서는 혼인한 남녀 한쌍이 새로운 곳에서 독립된 생활을 하는 신거제(neolical system)를 채택한다. 신거제는 출생가족 (family of orientation)과 출산가족(family of procreation)을 공간적으로 분리시키는 제도이다. 출생가족은 태어나고 성장한 가족인데, 보통 부모와 형제로 이루어진다. 출산가족은 자신이 혼인함으로써 새로 형성된 가족으로 배우자와 자녀가 포함된다. 확대가족의 경우 남편의 출생가족과 함께 사는 형태를 부거제 (patrilocal system), 아내의 출생가족과 함께 사는 형태를 모거제(matrilical system)라고 한다. 또한 부거제의 가족형태 중에서 혼인한 아들가족의 부모와 동거하는 것을 직계가족(stem family)이라고 하고, 혼인한 아들들의 가족이 부모와 함께 사는 형태를 결합가족(joint family)이라고 한다. 우리나라에서 장남이나 외아들이 혼인하여 부모를 모시고 사는 3세대 가족은 전형적인 직계가족에 해당된다.

표 2-2 가족형태의 다양한 분류방식

분류 기준	가족형태		비고
배우자의 수	단혼제(monogamy)		일부일처제
	복혼제(polygamy)		일부다처제(polygyny) 일처다부제(polyandry)
배우자의 선택범위	족내혼(endogamy)		근친상간의 금기 (incest taboo)
	족외혼(exogamy)		
가족구성원의 구성방식	핵가족(nuclear family)	부부와 그들의 미혼 직계자녀로 구성된 가족(2세대 가족)	요소가족 (elementary family)
			부부가족 (conjugal family)
	확대가족(extended family)	부부와 친자 이외에 근친자 등이 포함된 가족(핵가족이 종적 또는 횡적으로 연결되어 형성)	직계가족(stem family) : 장남이 본가에 남아 부모를 모시고 가계 계승. 차남 이하는 분가
			방계가족(collateral family) : 핵가족이 횡적으로 확대된 가족(형제들이 결혼 후에도 부모와 동거하는 가족)
가계계승 원칙	부계제(patrilineal system)		가명과 친족의 계보가 부의 혈통에 따라 계승
	모계제(matrilineal system)		
	양계제(bilineal system)	가계에서 차지하는 친척의 범위와 비중이 부계·모계동격이거나, 개인 위주인 경우	이중계제 : 자녀에 따라 계승원칙이 상이함
가족 내의 권위	부권제(patriarchalism)		
	모권제(matriarchalism)		
	평등가족		
거주원칙	부거제(patrilocal system)		
	모거제(matrilocal system)		
	신거제(neolocal system)		

23

모계사회 : 중국 모쒀족

중국 윈난성의 모쒀족은 모계사회의 풍습을 유지하고 있다. 아이가 태어나면 어머니의 성(姓)을 따르고, 재산은 어머니에게서 맏딸에게로 대물림된다. 여자들은 당당하고도 자유로운 생활을 누린다. 모쒀족은 여자 중심으로 생활을 영위한다. 여자는 어느 가정에서나 가장 구실을 하며 '다부'라 불린다. 대부분 맏딸이 집안의 가장이 되지만 맏딸보다 더 능력이 있고 똑똑한 동생이라면 다부가 될 수 있다. 딸이 없을 경우 맏며느리가 가장 노릇을 한다. 슬하에 자식이 없으면 자매의 딸을 다부로 삼기도 한다. 이들은 다부를 중심으로 대가족을 이루며 함께 살아간다. 한 가정에는 할머니와 할머니의 자매형제들, 할머니의 자녀들 그리고 외손자들이 있다.

모쒀족에서 부부는 사랑이 유지되는 동안만 동거한다. 아버지는 어머니와의 사랑이 지속되는 동안에는 자녀들과 함께 살지만, 그렇지 않을 때에는 자기 누이의 집에서 조카들을 돌보며 생활한다.

모쒀족은 결혼이라는 제도적 장치를 따로 두지 않았다. 사랑이 지속되는 동안만의 남녀관계를 추구하기 때문이다. 청춘 남녀가 마을의 축제나 잔치에서 마음에 드는 상대를 찾으면 여자(아샤)는 밤에 남자(아주)가 자신의 처소로 올 수 있도록 대문이나 창문을 살짝 열어놓는다. 남자는 해가 저물기를 기다려 여자 집에 들어간다. 긴 밤을 보낸 남자는 동이 틀 무렵에 자신의 집으로 돌아가 어머니 집안을 위해 일한다. 이렇게 두 남녀가 각자 자기 어머니의 집에서 살면서 밤에만 만나는 일종의 혼인을 쩌우훈(走婚) 또는 아샤혼이라고 부른다.

모쒀족의 여자가 아샤혼을 치를 수 있는 나이는 13살이다. 하지만 대부분 10대 후반부터 관계를 시작한다. 한번 아샤혼을 맺었다고 해서 의무감이 따르는 것은 아니다. 언제든지 '쿨'하게 헤어질 수 있다. 인기 있는 여자는 평생 수십 명의 남자를 집으로 불러들이기도 한다. 하지만 한 사람과의 아샤혼이 오랫동안 지속되는 경우가 많다. 중년에 접어들면 대부분의 남자들은 여자의 집에 들어간다. 남자들은 자신 앞으로 땅도 집도 없기에 여자 조카의 부양을 받을 수밖에 없다. 친정에서 살기보다는 여자의 집으로 가서 자신의 자녀들과 사는 게 낫다고 생각하는 것이다.

모쒀족들에게 이혼의 아픔 따위는 존재하지 않는다. 그들의 아이는 계속해서 어머니의 집에서 자라면 된다. 아이는 어머니와 외삼촌이 아버지를 대신해서 교육을 시킨다. 함께 살지 않는 아버지의 존재는 미미하다. 아버지란 호칭도 따로 없다 외삼촌과 마찬가지로 쮸쮸일 뿐이다. 아버지는 아이에게 축제나 연말연시에 옷가지 등의 선물을 보내는 정도이고 자신은 누이의 아이들을 돌봐야 한다.

출처 : 한겨레21, 제481호, 2003.10.22

다음으로 가족조직의 형태와 특성은 사회조직 및 개인들의 역할에 관한 기본 전제들에 기반하고 있다. 대표적인 가족유형인 혈족가족, 부부가족, 공동체가족의 특성을 비교하여 검토해 보면, 가족 다양성의 기본적 성격에 대한 이해를 도모할 수 있다.

표 2-3 가족유형별 특성

구조적 변인	혈족가족	부부가족	공동체가족
기반요인	친족	혼인	우정
부모역할	친족(부모대체)	단일부모	복수의 부모
통제자	어른	부부	전체 성원
가계	단계	양계	가계 무관
지위구분	귀속적	성취적	지위구분 없음
권력구조	전제적	과두적	민주적
부의 분배	세습	교환	필요
혼인관계	일처다부, 일부다처 (부분적 / 일시적) 일부일처 (전반적 / 영구적)	연속적 일부일처 (전반적 / 일시적)	복혼 (부분적 / 영구적)
역할구조	성·연령 구분	성역할유연 / 연령 구분	평등
친족과의 관계	친족 속의 가족	가족 속의 개인	개인 중심
인성구조	부모-초자아 지배적	아동-본능(id) 지배적	성인-자아 지배적
관여유형	개인적(self) 개입	상호적 개입	애정에 기반한 개입
주요 정서	자존감, 구속, 공포, 좌절, 수치심	질투, 사랑, 열정, 죄의식, 원한	공감적 사랑, 연민, 기쁨
중심 가치	집합주의-물질주의 (생물학적 결정론)	개인주의-실존주의 (개인결정론)	인본주의-과학주의 (사회결정론)
사회적 과정	억압-갈등	계약-경쟁	관심-협동

4 다양한 삶과 대안적 가족형태

현대사회에서는 급속한 사회변화와 자유주의적 의식의 성장으로 자신이 원하는 삶을 영위하려는 욕구가 강한 개인들이 증가하고 있다. 정형화된 핵가족에서 벗어나서 개인의 선택에 따른 삶의 유형이 대안적 가족형태를 창출하게 되는 것이다. 다양한 가족의 형태가 공존하고 있는 현실에서 핵가족 이외의 가족을 일탈적이며 비정상적이고 바람직하지 않은 가족이라고 보는 것은 사회적 편견이다.

최근 우리 사회에서도 가족의 일반적 모습이라고 인식되었던 전통적 확대가족이나 근대적 핵가족과는 다른 형태와 성격의 가족이 출현하고 있다. 이는 개인들의 사고와 행태를 반영하는 것으로 가족과 사회의 유연한 상호관계들을 보여 주는 현상이다. 다양한 가족의 출현은 다원적 사회를 지향하는 변화의 단면이라고 볼 수 있다.

1) 대안적 가족형태

(1) 1인가족

1인가족은 혼자서 생활하는 가족이다. 독신으로 생활하는 사람은 생애주기의 각 시기별로 다양하다. 일생 동안 결혼을 한 번도 하지 않은 경우도 있고, 이혼이나 사별에 의해 혼자 살게 된 기혼독신자나 독거노인 등이 포함된다. 가사노동의 외부화 및 상품화는 1인가족이 겪게 되는 생활상의 불편을 감소시켰다.

기혼자가 대다수인 사회에서 독신생활자는 높은 보험료 책정 등의 현실적 불이익을 당하기도 하고, 사회적 차별을 받기도 한다. 직·간접의 사회적 압력에 민감한 독신자는 소외감과 고독감에 시달리기도 한다.

(2) 무자녀가족

자녀를 원하나 불임인 경우 또는 자발적으로 출산을 포기하고 남편과 아내 두 사람으로 구성된 가족이 증가하고 있다. 자녀의 출산을 최대한으로 연기하여 자녀가 없는 상태의 이익을 얻으려는 경우도 포함된다. 자녀를 경제적이나 정신적으로 부담이 되는 존재로 여기며 아이에게 드는 비용과 시간, 노력을 부부의 생활을 위해 충분히 활용하는 것이 행복한 삶이라고 생각하고, 부모의 역할을 포기하는 선택이다. 경제적 여유와 시간적 여유는 삶의 기회를 확대하여 풍요롭고 만족스러운 인생의 조건이 되기도 한다. 북유럽의 경우, 무자녀가족의 비율은 스웨덴이 32.2%, 핀란드가 30.6%에 이른다(김승권 외, 2000).

무자녀가족 중에서 부부가 맞벌이를 하는 경우를 DINK족(Double Income No Kids)이라고 한다. 딩크족이란 1980년대 후반 미국에서 만들어진 용어로, 남녀 모두 고소득 직종에 종사하면서 경제적으로 여유롭게 살기 원하는 사람들이다. 이는 개인의 가치가 가족이라는 집단의 가치보다 우선하는 것을 허용하는 사회적 변화와도 깊은 관계가 있다.

(3) 한부모가족

한부모가족은 아버지나 어머니 한쪽과 미혼의 자녀로 구성된 가족형태다. 이혼이나 사별로 배우자를 잃고 혼자서 자녀를 키우는 모자(母子) 또는 부자(父子)가족이 증가하고 있다. 또 결혼을 하지 않은 상태에서 자녀를 입양, 출산하여 혼자 양육하는 경우도 증가하고 있는데, 여기에는 미혼모(未婚母)나 미혼부(未婚父)가족 또는 비혼모(非婚母)나 비혼부(非婚父)가족이 있다.

(4) 동거가족

동거가족은 결혼하지 않은 남녀가 공동으로 거주하는 삶의 방식이다. 동거생활자는 법률혼주의의 결혼제도를 거부하거나 가족이 형성되었을 때의 책임을 회피하고자 하는 경우도 있고, 정식결혼의 전 단계로 실험적 성격을 띠고 있기도 하다.

서구사회의 경우, 동거가 결혼과정의 일부인 시험결혼의 성격을 벗어나 정상결혼의 한 유형으로 나타나고 있다. 결혼에 대한 경직성이 약화된 곳에서는 동거가 결혼의 대안으로 정착되기도 한다. 스웨덴에서는 동거가 일반화되어 있어서 함께 사는 부부의 75%가 동거부부이다. 자녀의 55% 이상이 법적으로 결혼하지 않은 부모에게 출생한 것으로 보고되고 있다. 스웨덴에서는 동거생활자의 재산 및 생활보장에 관한 권리가 법적으로 부여되어 있다. 프랑스에서는 신생아 중 약 40%가 혼외출산이며, 정식으로 결혼한 부부의 대부분인 약 90%는 동거를 경험한 바 있다고 한다. 프랑스의 시민연대협약(PACS, 1999)에서는 '모든 형태의 동거커플에게 결혼한 부부와 똑같은 사회적, 법적 세제상의 복지혜택 보장'을 규정하였다.

(5) 동성커플가족

이성(異性)이 아닌 동성(同性)이 커플로서 동거하는 가족을 말한다. 동성의 배우자를 갖는 가족의 수는 명확하지 않으나 점차 늘어나고 있다. 성적 취향에 대한 사회적 인식의 개방으로 동성애자들이 적극적으로 가족을 형성하고 있기 때

동성결혼을 인정하는 국가

동성 간 결혼은 용어나 인정 정도가 다양하다. 그렇지만 재산에 대한상속과 연금, 자녀양육 등의 이성 간 결혼에 해당하는 모든 재정적 혜택과 권위를 동등하게 부여하는 국가가 증가하고 있다.

2001년 세계 최초로 네덜란드에서 동성 간의 결혼을 허용하였다. 그 다음엔 2003년에 벨기에, 2005년에 스페인, 캐나다, 2006년에 남아프리카공화국, 2009년에 노르웨이와 스웨덴, 멕시코의 수도 멕시코시티 등이다. 아시아에서는 네팔이 윤리적, 종교적으로 동성결혼을 허용하였으나 아직 법적인 장치는 만들지 않았다

미국에서는 동성결혼이 연방법상 허용되어 있지 않다. 1996년 미국 국회를 통과한 결혼보호법은 이성 간의 결혼에 한하여 인정하였다. 그러나 주 차원에서는 뉴햄프셔, 매사추세츠, 메인, 버몬트, 아이오와, 코네티컷 등 6개의 주가 동성결혼을 인정하고 있다.

동성결혼을 이성 간의 결혼과 동등하게 인정하지는 않지만, 최소한의 법적 이익을 보장해주는 제도로는 시민결합, 파트너 등록제, 파트너 결합 등이 있다. 현재 그린란드, 뉴질랜드, 뉴칼레도니아, 덴마크, 독일, 룩셈부르크, 스위스, 슬로베니아, 아이슬란드, 안도라, 영국, 우루과이, 체코, 프랑스, 핀란드, 헝가리 등의 국가에서 시행하고 있다.

프랑스는 1999년 동성 커플간의 결합을 공인하는 시민연대협약(PACS)을 통과시켰다. PACS는 이성 또는 동성 커플이 동거계약서를 법원에 제출하고 3년 이상 지속적인 결합을 유지한 사실을 인정받으면 사회보장, 납세, 유산상속, 재산증여 등에서 법적 부부와 동등한 권리를 부여하고 있다.

출처 : 위키백과(http://ko.wikipedia.org)

문이다. 동성커플가족의 인정에 관한 논란은 진행 중으로, 아직까지는 법적으로 부부관계를 인정받지 못하고 있다. 동성커플은 법적 지위가 없는 사적인 관계이므로 공식적인 보호자가 될 수 없고, 국가가 보장하는 국민연금, 의료보험 등의 혜택도 받을 수 없다. 서구 사회에서는 동성 간 혼인을 이성 간 혼인에 준하는 것으로 인정하고 법적으로 보호하는 국가들이 증가하는 추세이다.

우리나라에서 동성애자는 차별받는 소수자에 해당되며, 동성커플가족에 대한 편견과 차별은 매우 심하다. 이러한 상황이므로 동성커플은 존재하지만 공개되기 어려워서 실태를 파악할 수가 없다. 2001년 11월 국가 인권위원회법에서는 성적 지향에 따른 차별금지 조항을 명문화했다.

(6) 공동체가족

혈연이 아닌 사람들끼리 모여서 가족으로 함께 살아가는 형태이다. 개별 가족의 경직성과 폐쇄성을 비판하고 개방적인 인간관계를 지향하는 운동의 형태로 공동체가족이 등장하였다. 정형화된 핵가족을 거부하고 자기실현과 양성평등의 중시, 친밀한 인간관계를 추구하는 삶의 방식이라고 할 수 있다. 미혼남녀뿐만 아니라 부부, 부모와 자녀들의 가족이 다른 사람들과 공동생활을 시도하고 있다. 공동재산으로 생활하고 공동가사노동을 하는 등 생활하는 방식을 채택하는 경우가 많다. 공동체가족의 참가자들은 집단적 거주의 장점을 살리고 자녀에게 다양한 역할모델을 기회를 제공하기 위해 공동체가족을 선택하는 부모도 있다. 우리나라에는 현재 도시노동공동체, 농촌공동체, 신앙공동체 등 수십 개의 공동체가족이 있는 것으로 추정되고 있다.

산청 민들레공동체

경남 산청군 신안면 갈전리 갈전마을에 있는 산청 '민들레공동체'에는 20명의 어른과 11명의 아이들이 함께 살아간다. 민들레공동체는 1991년에 설립된 영성공동체이다.

민들레공동체 식구들은 식량만큼은 온전히 자급자족한다. 5,000여 평의 다랭이논에 우렁이를 이용한 유기농 벼농사를 짓는다. 공동체의 연간 전체 수입은 대략 5,000만 원 정도이다. 소득의 절반 이상은 전국의 지인, 개인 후원자 등 외부 후원금에 의존하고 있다. 나머지는 대안기술센터, 민들레공방, 민들레학교 등에서 교육, 워크숍, 캠프, 공예품 판매 등을 통해 얻는다. 지출은 수입에 맞추어 한다. 돈으로 처리하는 습관을 경계하여 돈의 영향력을 줄여 나간다. 돈이 없으면 쓰지 않고 돈이 모자라면 지출을 줄인다.

직접 노동을 통한 생활양식을 개발한다. 공동체생활의 기본은 '무소유'이다. 내 것과 네 것의 구분은 분명히 있지만 이익을 좇아 살지 않고 더불어 함께 나누며 사는 게 민들레공동체에서 지향하는 무소유의 기본개념이다. 평생가족인 정회원은 생활에 필요한 모든 물품을 지급받는다. 생산과 나눔의 모든 경제과정에서 창조적으로 참여한다. 이것이 가장 기본적인 서로의 약속이고 믿음의 출발점인 셈이다. 평생가족의 공동생활 가족은 소정의 용돈을 지급받고, 민들레학교 교사 등 직원가족은 소정의 급료를 지급받는다. 공동체 소유의 동산, 부동산, 모든 유기물에 대한 매입, 매각, 임대, 증여는 평생가족회의의 협의를 거쳐서 집행한다. 설교, 강의, 노동, 판매의 대가로 외부에서 얻는 모든 돈은 공동체의 수입으로 보고 공동체 재정에 납부해야 한다.

민들레공동체는 사람들이 그토록 원하는 '사람 사는 세상으로 가는 길' 위에서, 생명과 평화의 영성을 몸과 마음으로 깨닫고 익히는 사람 사는 농촌마을 속에서 살아가고 있다.

출처 : 정기석, 「무소유를 욕심내는 산청 민들레공동체」, 『인물과 사상』, 통권 124호(2008. 8.)

딩크펫(DINK+pet) 가족

　자녀 없이 애완동물과 함께 사는 '딩크펫(DINK+pet) 가족'이 늘고 있다. 딩크펫은 맞벌이를 하면서 자녀를 낳지 않는 대신(DINK : Double Income No Kids) 애완동물(pet)을 키우는 가족을 말한다.

　직장인 김진석(40·가명) 씨 부부에게는 다섯 살 된 동생(?)이 있다. 흰색과 갈색이 자연스럽게 어우러져 복스럽고 귀여운 아메리칸 코커 스파니엘 '백몽'이다. 부인의 성을 따 '백몽'이라는 이름을 지어줬다는 김씨는 5년 전 우연히 친구 집에 놀러갔다가 4개월 된 몽이를 보고 둘 다 반해 분양받게 됐다고 한다. 아직까지 아이가 없는 김 씨 부부에게 몽이는 둘도 없는 가족이다. 몽이가 살이 찌지 않도록 비싼 저지방 사료를 먹이고 예방접종이나 털 관리로 40여 만 원이 들지만 전혀 아깝지 않다. 얼마 전에는 일본산 애견 전용 전자식 화장실을 100만 원 넘게 주고 구입하기도 했다. 김씨는 "주변 사람들은 개에게 그렇게 많은 돈을 들이는 것을 이해할 수 없다고 하지만 우리 부부에게 대화의 주제가 되고 위안과 웃음을 주는 몽이는 소중한 가족"이라고 강조했다.

　한국애견협회에 따르면 애완견을 키우는 인구는 약 1,000만 명(애견 350만 마리 기준)으로 전체 인구의 20% 정도를 차지하고 있다. 애완견을 '사고, 먹이고, 키우고, 입히고, 재우는' 용도로 들어가는 시장규모는 1조 원에 육박하는 것으로 추정된다. 애견 1마리당 연 평균 50만 원을 소비하고 있는 셈이다. 애견 전용 화장실, 애견 캠프, 애견 호텔, 애견 미용실, 애견 가구, 애견 장례식장 등 끊임없이 새로운 시장이 창출되고 있다.

　애견인구 중에서 약 70%가 여성으로 추산되는데 이들은 애완견을 자신과 동등한 인격체로 대하며 부모 형제나 연인, 자식 못지않은 깊은 애정을 쏟는다. 이들은 애완견을 자신의 동반자라는 의미로 '반려견'이라 칭한다. 감정이 풍부하고 섬세한 여성의 경우 반려견을 돌보면서 모성애가 충족되기 때문에 굳이 의무와 책임이 따르는 결혼보다 독신으로 살면서 반려견을 선택하는 경향이 생겨나고 있다.

출처 : 인터넷 한국일보, 2009.8.12

사이버가족

　인터넷이 확산되면서 사이버공간에서 구성된 사이버 패밀리족이 증가하고 있다. 실제 가족원 간의 공백을 메워주는 장점도 있지만, 부작용도 적지 않다.

　인터넷을 통해 가상으로 부부나 형제, 자매관계를 맺는 사이버가족이 늘면서 한 가상현실 사이트에는 전 세계 1,700만 명이 가입해 가족관계를 맺었다. 외국인들과도 관심분야의 정보를 공유할 수 있고 나아가 안부를 챙기고 고민을 상담하며 실제 가족 같은 역할을 하기도 한다.

　그러나 현실의 가족관계에 악영향을 미치는 경우도 많다. 사이버 상에서 다른 사람과 부부관계를 맺었다가 실제 부부 사이에 이혼소송이 벌어지는가 하면 현실 가족구성원들의 대화가 단절되기도 한다. 익명성 때문에 범죄에 악용될 가능성도 있다.

　사이버가족은 현실의 가족관계를 돈독하게 해주는 보완수단으로 활용해야 한다면 유용성이 있다. 현실의 가족구성원들이 사이버 상에서도 가족을 이루어서 대화의 창구로 이용하는 것이 바람직한 방법일 것이다. 현실의 가정이 건강해야 가상의 가정도 건강하게 발전할 수 있다.

출처 : SBS 뉴스, 2009.12.13

2) 가족 다양성의 의미

최근에는 사회변화에 따라 가족의 기능이 축소되고 있는 한편, 가족의 친밀성 표출 양상에서는 자유와 허용의 폭이 증대되는 변화가 나타나고 있다. 오늘날에는 개방성, 복잡성 그리고 다양성으로 특징지어지는 포스트모던 유연가족이 부상하고 있다는 견해도 있다(엘킨드, 1999). 개인이 독립적인 존재로서 자신의 인생유형을 선택할 수 있는 가능성이 높아지면서 결혼관이 유연해졌다. 미혼율 및 이혼율이 높아지고 있고, 독신생활자, 동거커플, 미혼모, 한부모가족, 공동체가족 등이 등장하고 있다. 이러한 현상은 표준화된 핵가족을 상대화하여 여러 유형 중의 하나인 특정유형으로 인식하게 한다. 개인들이 표준화된 유형의 가족을 형성해야 한다는 고정관념에서 벗어나서, 자신의 의사와 상황에 상응하는 가족적 삶을 살아가는 것은 가족 개념의 외연 확장 또는 유연화에 기여하고 있는 것이라 볼 수 있다.

오늘날 가족의 동요는 가족의 개인화현상과 함께 진행되고 있다. 가족이 개인의 삶을 규정하던 과거에서 개인의 삶이 가족의 형태를 변화시키는 방향으로 전환되고 있는 것이다. 가족의 개인화란 결혼, 출산, 이혼이나 재혼 등 가족과 관련된 행위가 개인의 결정에 의한 선택사항이 된 상황을 의미한다(目黑, 1993). 가족영역에서 수행되었던 기능이 상품화되고 시장영역에서 욕구가 충족되면서 개인은 가족을 매개로 한 사적 구속에서 점차 해방되고 있는 것이다. 그리고 가사노동영역의 상품화는 가사노동을 경감시키고 일상생활을 쾌적하고 편리하게 만들었다. 1~2인 가족이 증가하면서 소규모아파트나 오피스텔 등 소형주택의 수요가 늘어나고, 유통업체에서는 소형포장 상품, 가전업체에서는 소형가전제품을 출시하고 있다.

가족의 규모가 축소되고 형태가 다양화되면서 가족개념이나 정의에 대한 논의가 활발해졌다. 가족을 둘러싼 변화를 가족해체의 위기라고 보는 견해도 있고, 가족의 재구조화라고 보는 견해도 제기되고 있다. 과거와 같이 혈연이나 동거를 중시하는 한정적 관점을 탈피하여, 다양한 구성원의 연대와 조합을 긍정적으로 평가하고 정서적 지지 기능을 수행하고 있는 일련의 사람들로 구성된 집단을 가족으로 인정하는 것이 바람직하다고 보는 견해가 점차 많아지고 있다. 기든스(Giddens)는 오늘날의 가족은 친밀성이 증가했다고 분석하였다. 친밀한 관계가 다양한 방식으로 추구되는 방향으로 가족이 변화되고 있다. 성찰성의 증가는 성별이분화를 약화시켰고, 이에 따라 이성 및 동성 간의 친밀한 관계구성 가능성이 높아지고 있다(기든스, 2003). 개인이 자신의 의사나 취향에 따라 인생유형을 선택할 수 있게 되면, 결혼이나 출산, 가족의 형성도 선택할 수 있는 인생의 일부라는 인식이 싹트게 된다. 가족구성원의 안녕과 개인의 권리를 강조하는 추세로 변화하고 있는 것이다.

젠더의 관점에서 보면, 개인에 대한 가족의 구속력의 약화는 개인의 선택범위를 넓히는 것이므로, 가족의 탈제도화 현상이라는 긍정적 변화로 인식되었다. 대안가족은 성차별적이고 가부장제적이고 소비지향적인 핵가족의 모순을 지양하기 위한 선택으로 등장한 것이다(김승권, 2000). 개인의 사고 및 행동에서 자유의 폭이 확대되고, 여성의 사회경제적 권리와 기회가 증가되는 등 가치관의 변화가 가족의 다양화와 탈제도화를 야기한 것이다. 이는 기존가족의 해체인 동시에, 새로운 가족의 출현 및 재편이기도 한다. 가족의 개인화는 핵가족의 기능이 해체된 결과이고, 양성평등을 지향하는 페미니즘의 실천적 운동과 학문적 논의가 진전된 성과라는 측면도 있다.

사람들은 서로 억압하지 않고 함께 사는 방법을 탐구하고 있다. 일시적 혹은 일생동안의 삶의 방식인 일부일처제, 동성, 이성, 집단 등 다양한 형태의 동반자적 삶의 실험을 실행하고 있는 것이다. 가족의 본질이 혈연을 중시하는 혈연공동체에서 관계를 중시하는 정서공동체로 바뀌고 있다. 개방적인 가족개념은 개인의 삶의 선택지를 확장시킨다. 가족형태의 고정관념에서 탈피하여 개인의 자유와 개성이 존중되면 가족형태의 유연성도 커진다. 가족구성원 간의 친밀성과 자발성에 기반한 상호작용과 정서적 유대를 손상시키지 않으면서, 가족집단의 복지를 확보하며 가족공동체의 인간적 삶의 질을 향상하기 위해 다양한 형태의 가족관계와 가족의 생활양식이 모색되고 있다. 개인이 어떠한 가족형태를 구성하든 개별 가족에서 개인들이 생존과 생활을 영위하기 위한 필요조건을 제공하는 것이 바람직하다.

핵 심 정 리

모든 개인은 자신의 가족을 통해 사회를 이해하게 되고 사회적 관계들 속에서 살아간다. 가족은 인간의 가장 기본적인 욕구를 충족시키는 동시에, 사회의 기본유형에 영향을 미치는 보편적 사회제도이다.

가족이 수행하는 주요 기능으로는 성관계의 허용과 통제, 사회성원의 충원, 자녀양육과 사회화, 경제적 협동 기능, 정서적 안정의 제공, 사회보장 기능, 기타 기능 등이 있다.

가족의 유형은 배우자의 수, 배우자의 선택범위, 가족성원의 구성방식, 가계의 계승, 가족 내의 권위, 주거형태 등에 따라 분류한다.

최근에는 사회적 변화의 조류 속에서 개인들이 자신의 의지와 상황을 조합한 삶을 적극적으로 구성해 나가면서 대안적 가족형태들이 등장하고 있다.

생 각 해 봅 시 다

Q1 현재 자신이 속해 있는 가족의 유형을 가족원의 구성방식, 가계계승, 가족 내의 권위, 주거형태 등의 객관적 요인으로 표현하시오.

Q2 자신의 일상생활을 1일, 1주일, 1개월, 1년의 주기로 나누어서, 가족의 기본적 기능이 어떻게 수행되는지 구체적으로 설명하시오.

Q3 자신의 인생에서 가장 소중한 것은 무엇인지, 이것을 지키기 위해서는 어떠한 삶을 원하는지 진지하게 생각해 보고, 자신의 소망을 실현하는 삶의 방식을 가족의 형태로 표현하여 보시오.

사회변화와 가족

03

사회변화와 가족

1 가족과 사회적 환경의 변화

1) 산업화와 핵가족의 등장

사회적 변화라는 환경 속에서 살아가는 인간은 점진적인 변화와 적응을 선호하는 안정지향적 속성을 가지고 있다. 가족은 역사적인 산물이고, 시대나 사회의 변화에 따라 다른 양상으로 나타난다. 가족의 역사를 살펴보면 가족은 인간의 기본 속성과 당시의 사회구조의 밀접한 관련성을 통해 적합성이 높은 형태의 가족을 이루고 살아왔다.

인류 역사를 거슬러 올라가 보면, 가족은 경제생산의 형태와 경제구조에 따라 연동적으로 변화되어 왔다. 식량공급의 안정성과 적정량의 확보, 가족노동의 필요성, 직업에 따른 지역 이동성, 재산의 형태와 분량 등에 따라 가족의 형태가 결정되는 것이다. 생산기술이 발달되지 않은 단계인 원시시대에는 인간은 자연환경에서 생활에 필요한 것을 수렵과 채집을 통하여 마련하였다. 생존을 위한 식량을 획득하기 위해 원활한 이동성이 요구되는 사회에서는 가족규모가 크지 않고 가족구성도 단순한 가족형태가 성립되었다.

안정적인 식량확보가 가능한 농경사회가 출현하면서 좀 더 복잡한 사회조직이

형성되었다. 농경사회에서는 친족 중심의 지역공동체적 생활세계가 형성되었다. 혼인과 혈연을 중심으로 한 가구에서 생필품을 생산하여 소비하고 잉여분을 상호교환하는 가구경제였다. 식량의 원천인 토지에 의존하는 안정적 생활이 정착되자, 농업생산의 단위인 가족집단을 경제권 행사를 통해 통제하는 가부장권이 확립되었다. 자녀들은 성장하여 결혼을 한 다음에도 가족의 공유지에 속해 있는 노동력으로서 생활을 영위하였다. 부모가 연로하면 자녀세대가 가문의 토지소유권을 계승하여 대대로 농업에 종사하는 것이 일반적이었다.

오늘날 사람들이 생각하는 이상적 가족의 모습이란 '서로 애정으로 결합한 부부와 자녀로 이루어진 집단'이다. 이러한 가족의 전형은 유럽에서 산업화가 시작된 18세기 후반에 출현하였다. 핵가족은 근대 산업사회에서 등장한 새로운 가족모델이었다. 당시의 주류적 현상은 경제의 산업화와 개인주의로 집약되었다. 근대적 의미의 핵가족은 산업혁명을 가장 먼저 성공시킨 영국에서 등장하였다. 초기 산업화과정의 일련의 사회적 동향은 가족에서 생산을 분리시켜서 가족을 소비단위로 전환시켰다. 또한 '개인'이 사회시스템의 전면에 부상하면서 가족 내부에서 '개인'과 '개인'의 관계유형이 의식되기 시작하였다.

19세기에 근대화, 산업화, 도시화가 진전되면서, 유럽에서 핵가족이 제도화되어 갔다. 근대적 핵가족은 부부를 중심으로 하는 소규모집단이다. 산업사회에서 등장한 부부가족제에 기반한 가족이다. 부부가족제란 결혼으로 가족이 형성되고 자녀를 낳아 양육하고 모든 자녀는 성장한 다음 부모 슬하를 떠나서 자신의 가족을 형성하고, 부모는 다시 부부만 남게 되고 두 사람 다 사망하면 가족이 소멸되는 유형이다. 부부를 중심축으로 가족이 형성되고 소멸된다고 상정하는 1세대 가족이다. 전통적 가족에서는 세대 간의 연결성과 가족의 연속성을 강조하였던 것에 비해, 부부가족제는 배우자 상호 간 및 자녀에 대한 의무와 책임을 강조하는 가족제도이다.

그 후 근대화의 과정과 자본주의적 산업혁명은 현대사회의 구조적 측면에 변화를 가져왔으며, 가족생활의 의식과 형태도 많은 변화에 직면하게 되었다. 산업화로 생산활동이 공장으로 이전되면서 생필품을 물론 가족생활에 필요한 서비스도 시장을 통해 구매하는 시장경제로 전환되었다. 사회경제구조의 광범위한 변화는 가족생활의 독립성을 침해하였고, 사회경제적 부조리와 모순이 가족생활 속에 다각도로 반영되었다.

가족은 생산영역에 노동력을 공급하였고, 시장은 가족의 소비 욕구를 충족시키는 기능을 수행하였다. 직업선택과 계층이동의 기회 및 범주가 확대되면서 공간적 이동이 증가하였고 핵가족화는 가속화되었다. 또한 남편은 일을 통해 벌어들이는 소득으로 가족을 부양하고, 아내는 가정의 관리를 책임지는 분업이 정착되었다. 부부는 성별역할분담을 통해 상호보완적 관계를 유지하게 되었다. 아버지·남편이 생산영역의 노동력이 되었고, 어머니·부인이 소비를 위한 가사노동의 담당자가 되는 성별분업체제는 사회와 가족의 분리를 전제로 하였다. 친족 및 가족관계에서도 부모-자녀중심의 수직적 관계보다 부부 중심의 수평적 관계가 강조되었다.

　시대적 변화에 따라 살아 있는 유기체로서 가족은 형태와 기능 면에서 항상 변화를 거듭해 왔다. 오늘날에는 가족의 기본전제에 동요가 나타나고 있다. 가장의 권위가 약화되면서 부부관계와 친자관계에 수평적 성격이 나타나기 시작하였다. 가족의 보호 기능과 부양 기능이 약화되고 있다. 국가나 기업, 사회단체 등이 가족을 대신하여 보호 및 부양 기능을 부분적으로 담당하게 되어 가족에 대한 귀속감이 약화되는 경향이 나타나고 있다. 또한 시장원리의 확장으로 친밀영역인 가족에도 상품화 논리가 점차 침투되었다. 냉장고, 전기밥솥, 청소기, 세탁기 등 내구소비재인 가전제품이 가족영역에 보급되면서 의식주의 모든 영역에서 가사노동은 질적·양적으로 경감되었다. 의식주에 관련된 소비생활의 영역에서도 상품화가 진전되었다. 실제의 가족들에서 어떠한 변화 양상이 나타내는가를 다각적으로 파악하고, 가족의 현황에 대한 관심과 분석의 범주를 유연하게 확장해 나가는 것이 바람직하다.

　산업화의 결과로 형성된 경제적·사회적 구조는 남성과 여성, 남편과 아내, 부모와 자녀 간의 관계를 변화시켰다. 산업혁명 이후에 남성을 주된 경제활동의 주체로 하는 사회시스템이 형성되었다. 이에 상응하여 가족 내의 남성(남편·아버지)이 경제활동을 전담하고 가족, 즉 부인과 자녀들을 부양하는 성별분업의 형태가 근대적 핵가족의 기본적인 유형이 되었다.

　당시에 등장한 소비사회, 학교, 여가문화 등의 사회환경은 이전에 지역집단과 친족집단이 수행하던 역할을 부분적으로 대체하였다. 요컨대 가족영역과 공공영역의 분리, 가족성원 상호 간의 강한 정서적 관계, 핵가족, 자녀중심주의, 남성은 공적 영역에서 일을 하고 여성은 사적 영역인 가정에서 생활한다는 성별분업 등의 변화는 가족의 집단적 성격을 강화하였다.

2) 애정이데올로기와 우애가족

20세기에 들어서자 산업사회가 보편화되었고 근대적 핵가족모델은 대중적 주류로 확산되었다. 근대적 핵가족이 중요한 요소는 가족구성원 간의 애정이다. 성별분업구조를 근간으로 연애결혼이 제도화되기 시작했고 부부이데올로기와 애정이데올로기가 결합되면서 가족의 개인주의적인 경향이 강화되었다. 이러한 변화를 버제스(Burgess)는 '제도가족에서 우애가족으로(the family : from institution to companionship)' 전환되었다고 설명하였다. '우애가족' 이란 가족을 상호작용하는 인격의 통합체라고 보고 부부의 인격적 결합에 기초한 가족을 의미하였다 (Burgess & Locke, 1950). 이념적으로는 부부 상호의 신뢰와 애정이라는 부부이데올로기가 강조되었다. 부부 상호 간의 애정을 기축으로 하여 자녀에 대한 애정도 강조되었다. 이것이 자녀의 교육과 가정 내의 교육으로 실천되었다. 자녀는 부모에게 보호를 받는 동시에 관리되는 대상으로 규정되었던 것이다.

애정이데올로기는 성별분업을 유지시키는 중요한 장치로 작용하였다. 자녀에게 애정을 베푸는 것과 체벌을 동반한 엄격한 감독을 하는 것이 서로 다른 젠더의 부모에게 나누어서 할당된 사회적 규범이 되었다. 가정교육의 분담은 '엄한 아버지와 자애로운 어머니' 로 나타난다. 어머니가 자녀를 따뜻하게 보살피는 것과 아버지가 자녀를 엄격하게 감독하는 것도 '애정' 이라는 인식이 공고해졌다. 가족시스템에서 젠더에 의한 부모역할의 분담은 성별분업의 일환으로 전개되었다. 남편이 일을 하여 부인과 자녀를 부양하는 것, 부인이 식사준비를 하고 집안을 청소하고 자녀나 아픈 사람을 돌보는 것도 모두 '애정' 으로 수행하는 숭고한 행위로 간주되었다. 남녀가 각각의 젠더에 따라 할당된 역할을 제대로 수행하는 것이 가족의 애정표현의 전형이라는 의식이 정착되었다. 우애가족은 개인주의를 전제로 하고 '애정으로 유지되는 성별분업형 가족' 이었던 것이다.

3) 근대적 핵가족의 확산과 동요

근대적 핵가족에서는 가정은 여성과 아동의 공간이었다. 가정이란 생산영역에서 해방된 가족구성원이 일상생활을 함께 하고 식사와 휴식 등을 통해 정서적인 유대를 확인하는 장소로 자리잡았다. 가정은 가족원들이 상호 간의 애정을 표현하는 장소이고, 자녀들을 교육시키는 장소였다. 생산영역에서 배제된 여성들은 경제적으로 남성에게 의존하였고, 그 대신에 가정의 여주인공이라는 역할을 수행하도록 기대되었고, 여성들 자신도 긍지를 갖고 주부역할을 수용했던 것이다.

19세기에는 일부의 부유한 중산층에서만 남성 혼자 벌어서 부인과 자녀들을 부양할 수 있었다. 부인이 가정에서 자녀를 교육하고 가정을 도맡아 유지하는 것은 산업화 과정에서 등장한 노동자계급에서는 불가능하였다. 가정의 여주인이라는 주부역할은 하인을 거느린 중산층에서만 가능하였다. 육아, 요리, 청소 등의 가사노동은 하인이 수행하였고, 주부는 하인을 감독하는 역할을 하였다. 성별분업을 전제로 가정의 여성역할을 강조하는 중산층이데올로기는 점차 확장되어 노동자계급 여성들에게 확산하게 되었다.

부부 중심의 핵가족이 증가하면서 가족구성원의 역할이 성별과 연령에 따라 분화되었다. 대부분의 성인남성들은 가족의 생계를 담당하는 역할을 맡게 되고, 성인여성은 아동을 양육하고 가사를 책임지는 역할을 맡게 되었다. 이로써 '성실하게 일하는 믿음직한 남편과 요리 솜씨가 좋고 상냥한 부인, 가정교육을 잘 받은 자녀'이라는 고정적 핵가족 이미지가 창출되었던 것이다. 산업사회의 확대로 주부역할은 이상화되고 대중화되면서 가정 내의 모든 일은 '주부인 부인'이 수행하는 역할로 규정되었다. 성별분업의 구조화에 따른 전업주부의 창출은 모성이데올로기를 강화시켰다. 모성역할은 여성의 본능을 기반으로 하는 천직으로 규정되고, 자기희생적 어머니상이 미화되면서 고립적 핵가족에서 경험하게 되는 여성의 불안과 좌절은 은폐시켰다. 이와 같이 근대적 핵가족의 이념적 전형은 '성별분업'과 '애정이데올로기'를 두 축으로 하여 형성되었다.

그런데 20세기 말에 이르자 고도로 산업화된 사회에서 핵가족모델이 동요하는 경향이 나타나기 시작했다. 핵가족의 증가현상은 사회변동에 따른 결과인 동시에 새로운 문제를 야기하는 변화이기도 했다. 우선 핵가족은 친족집단으로부터 분리되어 있는 경우가 많아서 부부 중 어느 한쪽이 결손되거나 문제가 발생했을 때 가족의 존립 위기에 직면하기도 한다. 또 상호의존과 애정에 대한 기대가 높기 때문에 그것이 제대로 충족되지 않을 경우에는 가출이나 이혼 등과 같은 분열적 상태로 치닫기 쉽고, 가족해체의 가능성도 높다. 취업주부의 역할갈등이나 고령자의 부양문제도 매우 심각하여 가족 내부의 세대갈등이 첨예화될 소지도 다분히 안고 있다.

이에 따라 고정화된 젠더역할에 대한 의문이 제기되었고, 핵가족을 가족의 전형으로 설정한 부부가족제의 상대화가 등장하였다. 개인주의의 확산은 개인의 의사를 존중하고 가족성원 상호 간의 배려하는 태도를 강조하였지만, 한편으로는 민주적 의사소통과 양성평등적 관계의 지향을 촉진하였다. 또한 남녀 모두가 사회적 일에 종사하는 사람이 증가하면서 젠더로 고정된 가정 내 성별분업구조에 대한 의문이 제기되었다.

이러한 상황에서 민주적 관계와 성별에 의하지 않는 분업형태를 전제로 하는 '평등주의적 맞벌이가족'이라는 가족이념이 등장하였다. 또한 개인의 선택성 증대는 삶의 유형에서도 다양한 방향성을 나타내어 전형적인 핵가족에서 생활하지 않는 사람들도 증가하였다. 애정이데올로기가 보편화되면서 애정이 없는 커플은 관계를 지속하기 어렵게 되었고, 애정이 있다면 결혼여부에 상관없이 공동생활을 하는 커플도 생겼다. 결혼이 가족의 전제라고 할 수 없게 되었고, 성별분업적인 가족을 유지하고 강화해온 핵가족이데올로기가 약화되기 시작하면서 전형적 핵가족에서 이탈하는 가족의 탈제도화가 가속화하였다. 개인의 존엄과 선택성을 중요하게 여기는 사회에서 가족의 고정적 형태와 경직된 경계를 탈피하려는 개인들이 다양한 삶의 유형을 만들어가고 있다.

2 우리나라 가족의 변화 양상

1) 가족규모의 축소 및 세대구성의 단순화

가족의 구조적 측면에는 세대구성, 가족구성원의 수, 가족구성원 간의 세대별, 유형별 결합형태 등이 포함된다.

먼저, 가족의 형태적 변화를 보면, 가족의 규모를 나타내는 평균 가구원수가 1980년 4.50명에서 2005년 2.88명으로 25년 사이에 1.62명이나 감소하였다. 이는 총 가구수의 증가와 연동되어 있는 현상인데, 1980년 796만 9,000가구에서 2005년 1,588만 7,000가구로 약 2배나 증가하였다. 총 가구수의 증가와 평균가구원수의 감소는 가구의 분화현상을 의미한다.

표 3-1 가족의 세대구성 및 평균 가구원수

(단위 : 천 가구, %, 명)

연도	총 가구수	1세대 가구(%)	2세대 가구(%)	3세대 가구(%)	4세대 이상가구(%)	1인가구 (%)	비혈연 가구(%)	평균 가구원수
1980	7,969	8.3	68.5	16.5	0.5	4.8	1.5	4.50
1985	9,571	9.6	67.0	14.4	0.4	6.9	1.7	4.16
1990	11,355	10.7	66.3	12.2	0.3	9.0	1.5	3.77
1995	12,958	13.0	63.0	9.8	0.2	12.7	1.4	3.34
2000	14,312	14.2	60.8	8.2	0.2	15.5	1.1	3.12
2005	15,887	16.2	55.4	6.9	0.1	20.0	1.4	2.88

출처 : 통계청, 인구총조사

세대구성의 양상을 보면, 3세대 이상 확대가족의 감소와 부부와 자녀로 구성된 2세대 핵가족의 안정적인 지속, 1세대가구의 증가로 요약된다. '정상가족'의 모델로 간주되는 2세대가구의 비율은 과반수 이상의 점유율을 유지하고는 있지만, 1980년 68.5%에서 2005년 55.4%로 지속적 감소추세를 보이고 있다. 3세대 이상 가구는 같은 기간에 17.0%에서 7.0%로 현격하게 감소하였다.

1세대가구의 구성비는 1980년 8.3%에서 2005년 16.2%로 두 배 정도 증가하였다. 1세대가구에는 ① 결혼 후 자녀를 출산하지 않거나 첫 자녀 출산까지의 기간이 길어지는 경우, ② 성인 자녀의 독립으로 노부부만 남게 되는 경우, ③ 형제·자매들만 구성된 가족 등이 포함된다.

근년에 증가하고 있는 무자녀 부부가구의 비중은 1985년 7.8%, 1990년 9.3%, 1995년 12.6%, 2000년 14.8%, 2005년 14.2%, 2007년 14.6%(239만 가구)로, 계속 증가하다가 근년에는 정체현상을 보이고 있다. 무자녀가족의 증가폭은 이제 인생유형에서 무자녀가족이 하나의 선택방안으로 자리 잡고 있음을 의미한다. 과거에는 자식을 낳는 것이 '대(代)를 잇는다'는 차원의 의무였지만, 이제는 부부의 행복과 즐거움을 위한 '선택사항'으로 변화하고 있는 것이다.

가구원수에 따른 분포 및 변화추이에서 가장 특기할 만한 사항은 1인가구의 급격한 증가현상이다. 1980년에 4.8%에 불과했으나 2005년에는 317만 가구로 전체가구의 20.0%를 차지하였고, 지난 25년 사이에 구성비가 4배가 될 정도로 급증하였다. 1인가구의 성격을 몇 가지 변수로 나누어서 살펴보면(2005년), 혼인상태별 구성을 보면, 미혼 142만 8,000가구(45.0%), 유배우자 36만 8,000가구 (11.6%), 사별 100만 2,000가구(31.6%), 이혼은 37만 3,000가구(11.8%)로 나타 났다. 성별로 보면, 남성 141만 8,000가구(44.7%)이고, 여성은 175만 3,000가구 (55.3%)였다.

연령대별로 보아, 65세 이상 노인의 1인가구는 78만 3,000가구로 24.7%나 되 었다. 노인가구를 제외하면, 미혼자 중 10대와 20대 연령층도 증가하고 있다. 이 는 부모와 동거하지 않는 미혼자녀에 해당되는데, 자녀의 경제력과 세대 간 가치 관의 차이에 따른 독립, 개인주의적 성향, 수도권의 확장으로 직장이나 학교가 주거지와 멀어짐에 따라 독립생활을 하는 경우도 증가하고 있다.

가족규모의 축소는 일차적으로 자녀수의 감소에 기인하고, 다음으로는 3세대 이상의 확대가족의 비율 및 직계·방계친족과 함께 사는 복합가족의 비율 감소 로 인한 현상이다. 핵가족화의 변화추이는 확대가족 비율의 감소와 연동되어 있 다. 직계가족의 구성비는 1980년 10.4%에서 2005년에는 5.5%로 거의 반으로 감소하였다. 핵가족의 비율은 1980년에 68.3%에서 2005년에 65.0%로 소폭 감 소하였다. 반면에 확대가족이나 핵가족이 아닌 형태의 가구의 비율은 같은 기간 에 21.3%에서 29.1%로 높아졌다.

표 3-2 가족형태별 분포(구성비)

(단위 : %)

연도	핵가족			직계가족		조손 가족	기타 가족
	부부	부부와 미혼자녀	한부모와 미혼자녀	부부와 양(편)친	부부와 양(편)친과 자녀		
1980	6.0	53.0	9.3	0.6	9.8	–	21.3
1985	7.1	52.8	8.9	0.7	9.1	–	21.4
1990	8.3	51.9	7.8	0.8	8.4	–	22.8
1995	10.8	50.4	7.4	0.9	6.8	0.3	23.4
2000	12.3	48.2	7.9	1.0	5.7	0.3	24.6
2005	14.2	42.2	8.6	1.0	4.5	0.4	29.1

출처 : 통계청, 인구총조사

표 3-3 한부모가구의 현황

연도	부자가구		모자가구		계	
	가구수	비율(%)	가구수	비율(%)	가구수	비율(%)
1995	172,398	1.3	787,574	6.1	959,972	7.4
2000	219,997	1.5	903,857	6.3	1,123,854	7.9
2005	286,923	1.8	1,083,020	6.8	1,369,943	8.6

출처 : 통계청, 인구총조사

다음으로 변화추세가 주목을 끄는 가구형태는 한부모가구와 조손가구이다. 먼저 한부모가족의 실태를 보면, 2005년 통계청의 인구주택총조사 결과에 따르면, 한부모가구수는 총가구의 8.6%로 137만 가구이고, 이 중 모자(母子)가구가 108만 3,020가구(79.1%)로 부자(父子)가구(28만 6,923가구, 20.9%)의 약 4배를 차지하였다. 1995년과 비교하면 모자가구는 29만 5,449가구, 부자가구는 11만 4,525가구나 증가하였다. 지난 10년간 전체적으로 점진적 증가추세가 뚜렷한 가운데, 모자가구보다 부자가구의 증가폭이 큰 것을 알 수 있다.

최근에 등장한 조손(祖孫)가구는 자녀의 부모 세대가 없이 조부모와 손자녀로 구성된 2세대가구이다. 2005년 통계청의 인구총조사 결과에 따르면, 조손가족은 2005년 5만 8,101가구에 19만 6,076명이었다. 2000년 4만 5,000가구에서 5년 동안 1만 가구나 증가했다. 2005년 조손가구의 비율은 전체 가구의 0.36%에 불과하지만 1995년 3만 5,194가구와 비교하면 10년 사이에 65%나 증가하였다. 부모의 이혼(43%)이나 가출, 부모의 경제난(16.8%), 실직(6%) 사망 등으로 미성년자가 부모의 보호와 양육을 받지 못할 상황에서 조부모에게 맡겨지게 된 것이다. 조손가구가 소수의 예외적 사례가 아니라 하나의 가구유형으로 등장하게 된 것은 가족의 불안정성이 높아지면서 부모의 자녀부양 책임의식 및 행동이 약화되고 있음을 보여 주는 것이라 할 수 있다.

이와 같이 1인가구, 한부모가구, 조손가구 및 비혈연가구 등 비정형가구 비율의 지속적 증가는 가족형태 자체의 다양화가 진전되고 있음을 반영하는 것이다.

2) 결혼관의 유연화

가족의 구조적 측면의 변화를 야기하는 중요한 요인은 가족의 형성에 해당되는 결혼에 대한 의식과 행동이라고 할 수 있다. 결혼과 이혼의 동향을 보면, 결혼에 대한 의식과 행동에서 가족주의적 경향이 약화되면서 개인주의적 경향이 점차적으로 드러나고 있음을 알 수 있다.

통계청이 발표한 혼인통계에 따르면, 혼인율의 감소가 확연히 나타나고 있다. 2009년 혼인건수는 약 31만 건으로 전년보다 1만 8,000건 감소하였다. 남성보다는 여성이, 연령이 낮은 층이 높은 연령층보다 결혼제도의 긍정적 필요성이 덜 느끼고 있다.

연령별로는 20대 후반의 감소폭이 컸는데, 남성은 1만 건, 여성 1만 2,000건이나 줄었다. 조혼인율(인구 1,000명당 혼인건수)는 6.2건으로 통계 작성 이후 가장 낮은 수치이다. 혼인건수가 많은 연령대는 남성의 경우 30대 초반 10만 6,000건으로 혼인율은 53.6건이었고, 여성은 20대 후반으로 14만 4,000건으로 74.3건이었다. 혼인율의 감소현상은 경제성장의 둔화와 20대 후반의 혼인율 감소에 기인하고 있다.

이상의 통계자료는 결혼에 대한 태도가 변화하고 있음을 반영하는 것이다. 통계청의 사회조사(2006년)에 의하면, '결혼은 반드시 해야 한다' 는 의견은 전체 25.7%인데, 남성은 30.0%, 여성은 21.6%였다. '해도 좋고 안 해도 좋다' 는 의견은 남성 21.1%, 여성 33.6%였다. 특히 현재 미혼자의 응답을 보면, '반드시 해야 한다' 는 남성이 여성보다 2배나 많았다. 응답비율이 가장 높은 의견은 미혼남성은 '하는 것이 좋다' (46.8%)이고, 미혼여성은 '해도 좋고 안 해도 좋다'

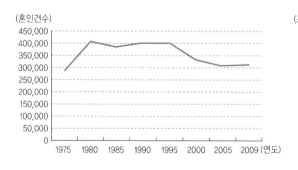
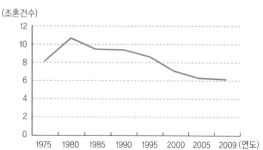

그림 3-1 혼인건수 및 조혼인율

출처 : 통계청, 인구동향조사

표 3-4 결혼에 대한 태도(2006년)

전국 15세 이상 인구	반드시 해야 한다	하는 것이 좋다	해도 좋고, 안 해도 좋다	하지 않는 것이 좋다	하지 말아야 한다	모르 겠다
전체	25.7	42.0	27.5	1.8	0.4	2.6
남성	30.0	45.1	21.1	1.0	0.3	2.5
여성	21.6	38.9	33.6	2.6	0.5	2.7
미혼남성	22.8	46.8	25.5	0.8	0.4	3.8
미혼여성	11.5	41.1	41.8	1.7	0.3	3.6

출처 : 통계청, 사회조사

(41.8%)였다. 이와 같이 남성과 여성의 결혼관 차이, 즉 여성이 남성보다 결혼에 대해 부정적 의견이 많은 것은, 결혼으로 인한 불이익의 정도, 기회비용 등에서 젠더격차가 있음을 반영하는 것이다.

결혼에 대한 태도가 '반드시 해야 되는' 인생의 과업에서 '해도 되고 안 해도 되는' 선택적 과업으로 변화되고 있음은 초혼연령의 변화에서 다시 확인된다. 초혼연령은 남녀 모두 상승추세가 지속되고 있다. 2009년 평균 초혼연령은 남자 31.6세, 여자 28.7세로 전년보다 각각 0.2세와 0.4세 상승했다. 30여 년 전과 비교하여 3~4세가량 높아졌다. 평균 초혼연령의 상승은 20대와 30대 연령층의 미혼율 상승을 의미한다. 이러한 현상으로 보아 결혼적령기 관념이 약화되어 평균 초혼연령도 높아졌고, 만혼현상이 뚜렷하게 나타나고 있음을 알 수 있다.

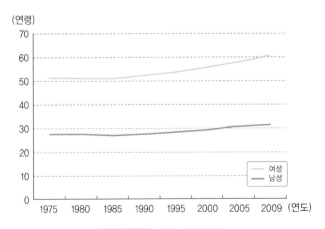

그림 3-2 평균 초혼연령

출처 : 통계청, 인구동향조사

초혼부부의 연령차를 보면(2009년), 연상녀·연상남결혼이 3만 3,794건, 비율로는 100쌍 중 약 14쌍으로 증가한 점이 주목을 끈다. 여성연상부부는 1990년 8.8%, 1999년 10.1%, 2007년 13%로 꾸준하게 상승해오다 2009년 14.3%로 거의 15%에 근접하게 되었다. 반대로 주류를 이루는 남성연상부부는 16만 4,774건으로 전체의 69.6%였다. 이는 역대 처음으로 70%선이 무너진 것이다. 10년 전인 1999년 76.5%보다 8% 정도 감소한 것이다.

연상녀·연하남 결혼이 증가하는 배경적 요인으로는 인구구조의 변화를 들 수 있다. 출생인구의 감소 상황에서 남아출생이 많은 성비 불균형이 심각했기 때문에 결혼적령기의 남성이 연하여성을 만날 확률이 낮아진 것이다. 초혼이든 재혼이든 여성이 연상인 경우 나이차가 1~2살이 가장 많았고 반대로 남성이 연상인 경우 나이차는 3~5살이 가장 많았다. 이처럼 최근의 연상녀·연하남 결혼은 나이차가 적은 것이 특징인데, 서로가 세대차가 거의 없어서 공감대를 형성하기 쉽고 평등적 부부관계를 형성할 가능성이 높다는 장점이 있다.

그리고 우리나라의 경우에 동거가족의 통계자료는 없지만, 일시적 또는 장기적 동거가족이 증가하고 있음을 내포하는 간접적 증거들이 있다. 2005년 보건복지부와 한국보건사회연구원에서 전국 20~44세 남녀 6,400명을 대상으로 한 조사에서 미혼여성의 44.7%가 '결혼할 생각이 있다면 먼저 살아보는 것도 좋다'는 견해에 동의했다. 또 2007년 한국가정법률상담소에서 전국 20세 이상 성인 745명을 대상으로 '사실혼에 관한 의식 및 실태'에서, 응답자의 70% 이상이 일정한 조건 내에서는 동거를 수용할 수 있다고 응답하였다.

통계청이 발표한 '2008년 사회조사'에서 젊은층의 인식 변화가 뚜렷이 나타났다. 전국 15세 이상 남녀 4만 2,000명을 대상으로 한 조사에서 '남녀가 결혼하지 않아도 함께 살 수 있다'는 응답이 약 40%로 나타났다. 특히 20~29세 연령대에서는 60%, 15~19세는 50% 이상이 긍정적 회신을 하였다. 특히 여성들의 개방적 의식이 특기할 만한데, 여성응답자 37.6%가 동거에 찬성하였다. 20대와 30대 여성의 찬성률은 55%대로 나타나서, 미혼여성 52.9%, 이혼여성 47.8%보다 높았고, 사별여성 24.1%와 현재 배우자가 있는 여성 35.9%는 이들보다 상대적으로 찬성률이 낮았다. 이로 보아 동거에 대한 허용적 의식이 확산되고 있음을 알 수 있다.

다음으로 가족의 해체에 해당되는 이혼의 동향을 살펴보면 다음과 같다. 이혼의 증가추세는 분명한데, 가치관의 변화, 여성역할의 변화 및 결혼에 대한 기대의 변화 등 여러 요인의 복합적인 결과라고 할 수 있다.

통계청의 이혼 통계를 보면, 이혼건수는 1975년엔 1만 6,453건이었는데 34년 후인 2009년에는 12만 3,999건으로 7.5배나 증가하였다. 1990년대 후반에 가파른 증가를 나타낸 이래 인구 1,000명당 이혼건수의 비율인 조이혼율이 2.5선 내외를 유지하고 있다. 2008년 6월에 '이혼숙려제도' 도입의 영향으로 이혼건수의 증가가 정체 국면을 나타내고 있다. 결혼대비 이혼율은 1975년에 5.8이었다가 2009년에 40.0을 기록했는데, 이는 결혼건수의 감소추세와 이혼의 증가추세가 맞물린 결과이다.

이혼부부의 '동거기간'을 살펴보면, 전 연령층에서 이혼이 증가하고 있으나, 특히 중년이혼이 급증하고 있고, 황혼이혼도 증가추세를 보이고 있다. 이혼한 부부 가운데 동거기간이 0~4년인 신혼이혼이 27.2%로 가장 많았다. 뒤이어 5~9년은 23.6%, 10~14년은 20.0%, 15~19년은 18.4%였다. 20년 이상 동거한 부부의 황혼이혼 건수가 22.8%를 점하였다. 황혼이혼 건수는 2009년 2만 8,300건으로 2008년 2만 6,900건보다 1,400건이 늘었다. 이혼부부의 평균 동거기간은 1980년대 7.9년이었는데, 2000년에는 10.0년으로 연장되었다.

표 3-5 이혼건수 및 조이혼율

연도	이혼건수(건)	조이혼율	결혼 대비 이혼율
1975	16,453	0.5	5.8
1980	23,662	0.6	5.8
1985	38,838	1.0	10.3
1990	45,694	1.1	10.8
1995	68,279	1.5	17.1
2000	119,952	2.5	35.9
2005	128,468	2.6	40.6
2009	123,999	2.5	40.0

*조이혼율 : (이혼건수/해당년도인구) × 1,000
출처 : 통계청, 인구동향조사

표 3-6 이혼사유별 분포

이혼사유	2000년		2009년	
	건수	비율(%)	건수	비율(%)
성격차이	48,067	40.2	57,801	46.6
가족불화	26,195	21.9	9,159	7.4
경제문제	12,786	10.7	17,871	14.4
배우자 부정	9,729	8.1	10,351	8.3
정신적·육체적 학대	5,205	4.4	6,246	5.0
건강문제	1,053	0.9	743	0.6

출처 : 통계청, 2009 이혼통계

재판이혼에 나타난 이혼의 사유를 보면, 성격차이가 전체의 46.6%(5만 7,801건), 경제문제가 14.4%(1만 7,871건), 배우자 부정이 8.3%(1만 351건), 가족불화(9,159건)가 7.4%, 정신적·육체적 학대(6,246건)가 5.0% 등 순이었다. 2000년과 비교하면 가족불화의 비중은 줄어든 반면 성격차이와 경제문제 비중은 늘어났다. 불화로 인한 이혼의 비중은 2000년 21.9%에서 2009년 7.4%로 떨어졌고, 건강문제로 인한 이혼도 같은 기간 대비 0.3% 감소했다. 그러나 성격차이로 인한 이혼의 비중은 2000년 40.2%에서 2009년 46.6%로 약간 높아졌고, 경제문제도 3.7% 높아졌으며, 이 외에도 정신적·육체적 학대로 인한 이혼은 4.4%에서 5.0%로 늘어났고 배우자 부정도 8.1%에서 8.3%로 소폭 증가했다.

이혼과 관련된 문제로는 이혼 후에 부모 모두가 자녀의 양육을 기피하는 현상이 증가하고 있어서 사회문제로 대두되고 있다. 2006년 여성정책연구원의 자료에 의하면, 이혼한 여성가구주의 취업비율은 이혼 전(50.9%)보다 이혼 후(82.8%)가 높았다. 그런데 이혼 후의 취업은 상당히 열악한 상태로, 절반 이상(65.0%)이 임시일용직에 종사하고 월평균 근로소득은 100만 원 이하였다. 남성의 경우는 이혼 전이나 후의 취업자 비율이 90% 전후로 비교적 안정적이며, 소득은 62.7%가 200만 원이 넘고 있어 고용 및 경제문제가 비교적 덜 심각한 편이있다.

이와 같은 이혼 동향의 배경적 요인으로는 개인주의의 확산, 여성취업의 증가, 양성평등의식의 확산 등을 들 수 있다. 남성의 가치관은 여전히 가부장적 가치와 전통적인 성역할에 근거하고 있으므로, 여성이 청구하는 이혼의 증가추세가 분명히 나타나고 있다. 이제까지 가부장적 결혼에 순응해 왔던 여성이 전통적 성별 위계질서에 의문을 제기하고 갈등적 부부관계에서 해방되기 위해 이혼을 선택함으로써 이혼율이 지속적으로 상승하고 있는 것이다. 가족 내의 성별분업과 양성 불평등이 결혼제도의 긴장과 붕괴를 초래하는 요인으로 작용하고 있음을 알 수 있다. 또한 이혼율의 상승추세는 가구의 분화를 촉진시켜서 가족적 삶의 형태를 다양하게 만드는 주요인으로 작용하고 있다.

3 인구동향과 가족

1) 저출산

(1) 저출산의 추이

인구와 가족은 우리의 생활과 밀접하게 연관되어 있는 현상이다. 사람들이 자신의 인생과 일상생활에서 경험하는 아이의 출생, 이사, 결혼, 조부모나 부모의 사망 등을 통계적으로 보면 인구현상을 구성하는 사례들이다. 인구학에서는 인구동태가 '다산다사(多産多死)'에서 '다산소사(多産少死)'를 거쳐서 '소산소사(少産少死)'에 도달한 과정을 '인구전환(demographic transition)'이라고 한다.

산업사회에서는 소규모가족이 대규모가족에 비해 유리하다는 선택적 적합성이 뚜렷하게 나타났다. 근년에는 산업화가 진전된 국가들에서는 출산율 저하현상이 공통적으로 나타나고 있다. 이로 보아 경제적인 풍요와 출산율은 관련성이 있다는 것을 알 수 있다. 저출산은 출생률이 지속적으로 저하되는 현상을 말한다. 가족은 자녀출산 기능을 수행하는 사회적 제도이므로, 인구변동과 가족은 매우 직접적 관련성이 있다.

우리 사회의 경우에는 인구성장률이 경제성장의 압박요인으로 작용함에 따라 국가 주도하에 적극적인 가족계획정책을 실시하였다. 이상적 자녀수에 대한 규범과 실제 합계출산율이 급격히 감소하여 출산율은 1960년에 평균 6.0명이던 자녀수가 2009년에는 1.15명으로 현격하게 감소하여 가족규모를 단기간에 축소시켰다.

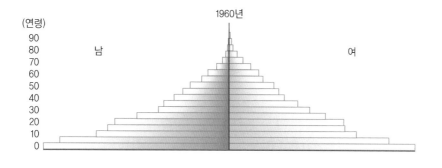

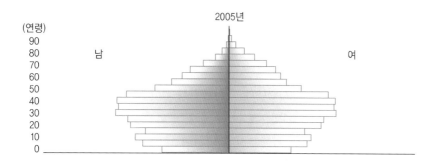

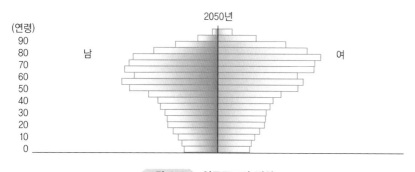

그림 3-3 인구구조의 변화

출처 : 통계청, 인구동향조사

　우리나라 출산율 추이를 합계출산율 통계자료를 통해서 살펴보면 다음과 같다. 합계출산율이란 출산이 가능한 가임연령(15~49세) 여성 1명이 일생 동안 출산하는 평균 자녀수를 의미하는 인구학적 통계수치이다. 1970년 합계출산율은 여성 1인당 4.53명이었으나 지속적인 가족계획의 실시로 1983년에는 2.00명을 기록하였다. 그 후 저출산추세가 정착되어 현재의 인구규모를 유지하기 위한 최소수준인 합계출산율 2.1을 밑도는 저출산 기조가 지속되었다. 합계출산율이

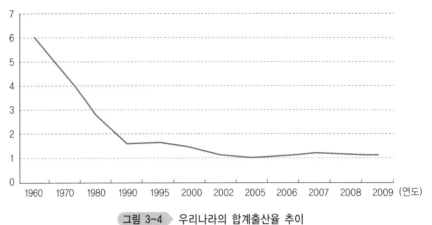

그림 3-4 우리나라의 합계출산율 추이

출처 : 통계청, 인구동향조사

1.6명 수준에 머물다가, 2000년대에 접어들면서 2004년 1.16명, 2005년 1.08명이었다. 이후 2007년에 1.25명으로 소폭 상승 추이를 보이다가 2009년에 다시 감소세로 돌아섰다. 2009년 합계출산율은 전년 대비 0.04명 하락하여 1.15명으로 나타났다. 2007년 연간 출생아수는 49만 7,000명이고, 합계출산율은 1.26으로 OECD 국가 중 최저치를 기록했다.

어머니의 연령별 출산율을 보면, 2007년 이후 20대보다 30~34세 연령층에서 가장 높게 나타나는 것으로 보아 만혼화로 인한 것으로 보인다. 30~34세 출산율은 101.5명으로 전년보다 0.3명 감소하였고, 25~29세 연령층은 80.7명으로 1995년 175.3명 이후 감소추세를 보이고 있다. 반면에 35~39세 연령층의 출산율은 27.4명으로 소폭 증가가 지속되고 있다. 이는 여성들의 사회활동 증가에 따라 초혼연령이 상승하고 있고, 취업 등으로 임신을 회피하다가 직장생활이 안정된 이후에 아이를 갖는 추세로 보인다.

(2) 저출산의 원인

저출산은 재생산 기능의 급격한 하락을 의미한다. 인구학적으로 보면, 1990년대 이후 저출산의 진전은 부부의 출산율 저하와 유배우자비율 저하에 의한 것이다. 한국보건사회연구원의 '전국 출산력 및 가족보건·복지실태조사'에 의하면, 15~49세 유배우여성의 이상적 자녀수는 1976년에 2.8명에서 2009년에 2.3명으로 감소하였다. 이상적 자녀수와 실질적 출산수를 비교하면, 출산율의 저하는 원

표 3-7 어머니의 연령대별 출산율* 추이

연도	나이						
	15~19세	20~24세	25~29세	30~34세	35~40세	40~44세	45~49세
1970	19.3	193.1	320.6	205.7	105.9	46.0	13.1
1980	12.4	135.9	242.7	114.0	40.2	15.1	5.6
1990	4.2	83.2	169.4	50.5	9.6	1.5	0.2
2000	2.5	38.8	149.6	83.5	17.2	2.5	0.2
2005	2.1	17.8	91.7	81.5	18.7	2.4	0.2
2008	1.7	18.2	85.6	101.5	26.5	3.2	0.2
2009	–	16.2	80.7	101.2	27.4	–	–

*어머니의 연령대별 출산율 : 해당연령 여성인구 1,000명당 총출산수
출처 : 통계청, 인구동향조사

하는 만큼의 자녀를 출산하기 어려운 장애요인이 존재한다는 것을 알 수 있다.

저출산과 사회·경제적 조건의 관련성을 보면, 고용 불안정, 양육·교육비 부담의 증가, 개인중심적 가치관 등으로 인하여 결혼과 출산의 기피현상이 심화되고 있다.

첫째, 노동시장의 불안정성이 증가하였다.

1997년 12월 IMF에 구제금융을 요청한 외환위기 이후에 평생직장 개념이 붕괴되고, 비정규직 고용비중이 증가하였다. 청년실업 및 중장년층의 명예퇴직 증가로 미래소득에 대한 불안감이 가중되었다. 고용안정성 저하에 따른 재취업이나 전직을 위한 사회적 기반시설이 취약해졌다. 직업교육과 취업알선 등 고용지원 비용은 OECD 국가 중 최저인 실정이다. 경제적 상황의 변화로 인한 이혼 등으로 가족해체가 증가하였다. 경제적 사유에 의한 이혼은 1990년 2.0%에서 2004년 14.7%로 높아졌다.

둘째, 개인의 가치관 및 결혼관이 변화하였다.

가족과 관련된 가치의 허용성이 증가하였고, 개인의 자아실현과 삶의 질을 중시하는 경향이 강해졌다. 개인중심적 가치관 확산으로 미혼율이 상승하였다. 만혼화가 진행되고 생애미혼율이 상승한 것이다. 평균 초혼연령은 1995년 26.9세에서 2007년 29.6세로 상승하였다. 이러한 상황은 육아 부담감, 일과 가족의 양립 부담감, 개인의 결혼관 및 가치관의 변화, 부모로부터 독립적 결혼생활에 대한 염

려 등에 기인한다. 자녀에 대한 기대와 비용이 변화하였다. 노후부양 등 자녀에게 얻을 수 있는 혜택에 대한 기대는 점차 감소하고 있다. 또한 첫자녀 출산연령은 1995년 26.5세에서 2007년 29.4세로 상승하였다. 이로 인한 불임 및 유산, 사산 등 여성건강을 위협하는 사례 증가도 저출산의 원인으로 작용하고 있다.

셋째, 돌봄역할에 대한 저평가와 불평등한 분배도 요인으로 작용하였다.

오늘날의 돌봄노동에 대한 사회적 평가는 돌봄역할 담당자가 부담하는 기회비용을 보면 알 수 있다. 경쟁 중심의 사회에서 돌봄역할 담당자의 분배가 불평등하면 돌봄노동에는 불평등한 조건이 부여된다. 돌봄역할의 수행기대를 보면, 남성은 여성이, 부모가 아닌 자는 부모가, 고용주는 노동자가, 국가는 개인이 돌봄의 기회비용을 지불하도록 기대하고 있다. 그런데 현실은 이러한 기대를 충족시키기 어려울 뿐만 아니라, 개선의 가능성도 매우 낮은 실정이다.

따라서 개인적 차원에서 돌봄역할 및 돌봄의 대상을 축소시키는 방안으로 저출산을 채택하고 있다고 볼 수 있다. 구체적 돌봄노동인 가사노동, 출산, 자녀양육 등의 주된 담당자가 여성이므로 이러한 불평등을 완화시키는 방안으로 출산을 기피하게 된 것이다. 또 가족 내 가사노동의 평등적 분담이 거의 기대할 수 없는 상황에서, 여성은 직장과 가사 중에서 하나를 선택할 수밖에 없게 되는 것이다. 부인이 가사노동을 전담하거나 주로 담당하는 비율은 1998년 92.0%에서 2006년 89.7%로 약간 감소하였다. 남편이 담당하는 비율은 1998년 2.2%에서 2006년 2.3%로 거의 변화가 없는 상태이다.

출산의 경우, 둘째자녀의 출산을 경험한 여성들의 90.5%는 둘째자녀 출산 직전 비취업 상태이다. 이로 보아 기혼 취업여성들의 둘째자녀 출산과 가족 내 부부의 '젠더 형평성 요인'이 유의미한 관계라는 것을 알 수 있다. 또 자녀양육은 대부분 부모가 직접 담당하고, 보육시설 이용비율도 낮다. 첫째자녀 출산 전후에 취업을 중단하는 비율은 49.9%이다. 자녀양육을 위해 보육시설을 이용하는 취업여성은 10.5% 정도에 불과하고, 퇴직 사유의 81.1%는 자녀양육 또는 육아휴직 취득 불가능이었다. 출산 및 양육부담이 여성에게 부과하는 과도한 부담이 출산의 기피로 이어지고 있는 것이다.

넷째, 자녀교육비 등 가계 부담이 증가하였다.

연간소비지출 중에서 자녀교육비가 차지하는 비중이 11.4%(2003, 도시가구기준)에 이른다. 또 주택가격이 급등하여 자녀수 증가에 따라 집의 규모를 늘리는 것은 가정경제에 가장 큰 부담이 되고 있다.

이상에서 보면, 성별 불평등구조와 사회적 불안정성이 저출산을 초래한 요인이라고 할 수 있다. OECD 20개국의 실증자료 분석결과를 보면, 출산율에 가장 유력하게 작용하는 영향요소는 양성평등 환경을 조성하기 위한 노력으로 나타났다. 노동시장에서 양성평등을 보장하고, 특히 육아·가사노동을 전담하고 있는 여성이 가정과 취업을 양립할 수 있도록 고용기회와 정당한 보수를 제공하는 것이다.

(3) 저출산으로 인한 문제점 및 대책

저출산현상은 인구규모의 축소이므로, 이러한 추세가 지속된다면 연동적으로 다음과 같은 여러 가지 사회적 변화양상을 야기하게 될 것이다.

첫째, 생산가능인구(15~64세) 및 생산가능노동력 규모가 감소한다.

2016년 3,650만 명을 정점으로 감소될 것으로 예상된다. 이에 따른 생산가능노동력의 규모도 감소하게 될 것이다. 출산율 1.2선이 지속된다면, 총 취업자 증가율은 2000년대에 0.97%, 2020년대에 -0.60%, 2030년대에는 -1.31%가 예상된다. 따라서 노동력은 공급 면에서 2015년에 63만 명, 2020년에 152만 명이 부족할 전망이다.

둘째, 생산가능노동력이 노령화되면 노동생산성 증가율도 감소한다.

생산가능인구의 평균 연령은 2005년 38세에서 2030년에는 43세로 고령화가 예상된다. 25~64세인 생산가능인구의 평균 연령도, 2005년 38세, 2015년 44.8세, 2030년 46.6세로 상승할 전망이다. 이에 따라 노동생산성의 증가율도 둔화되어 2000년대 1.8%에서 2040년대 1.1%로 낮아질 것으로 예상된다.

셋째, 저축률 감소와 사회보장 등 공공지출이 증가한다.

금융시장의 자금감소 초래가 예상된다. 자본축적 증가율은 2000년대 5.14%에서 2040년에 0.80%로 감소할 전망이다. 급속한 고령화로 국민부담이 대폭 증가하게 되는 것이다. 또한 저축, 소비, 투자의 위축도 예상된다. 2040년 중반부터 GDP의 10% 내외의 재정적자 예상, 재정안정성 위협의 우려가 있다. 이로 인해 성장잠재력이 둔화되고, 경제 활력의 저하가 예상된다.

우리나라의 출산율이 기존의 인구규모를 유지하는 수준인 2.1 이하로 떨어진 것은 1983년인데, 저출산 문제의 심각성이 본격적으로 공론화된 것은 2000년 이후이다. 최근 정부는 2010년 합계출산율 목표를 OECD 회원국 평균수준인 1.6명으로 정하고 출산율 제고를 위한 노력을 기울이고 있다. 2005년에는 '저출산·고령사회기본법'을 제정하였고, 저출산·고령사회위원회를 설치하였다. 2006년에는 저출산·고령사회기본계획으로 '새로마지 플랜 2010'을 수립하였다. 제1차 계획기간인 2006년에서 2010년까지 5년간 32조 746억 원의 예산을 투입하여 영유아에 대한 보육 및 교육비의 지원 확대, 방과후 학교의 내실화 등을 중점적으로 추진하였다. 이와 더불어서 일-가족 양립을 위한 법률을 제정하고, 가족친화적 기업활동 촉진사업 등을 전개하고 있다.

그런데 이상과 같은 현행의 출산장려정책은 몇 가지 점에서 한계점을 안고 있다.

첫째, 정책의 내용이 단기적이고 단편적 대응책이 많다. 구체적으로 출산축하금의 지급, 다출산가족 시상, 셋째자녀에 대한 양육비의 지원, 산전·산후 휴가급여 및 육아휴직 지원의 확대, 정관복원 수술보험료 적용 등이 있다. 이러한 정책들은 일견 다양한 구체방안인 듯하지만, 근본적인 원인에 대한 인식이 결여되어 있어서 정책의 실질적 효과를 달성하기 어렵다.

둘째, 출산과 양육에 대한 구조적 관점이 미비하다. 현실적으로 보면, 현대사회에서는 자녀에 대한 가치관이 변화하고 있고, 사회경제적 변화로 인한 가족의 변화 현상인 비혼, 만혼, 이혼 등이 증가하고 있다. 또한 기혼여성의 취업 증대와 가정과 직장의 양립 애로사항 등을 실질적으로 조명하는 정책이 부재하다.

셋째, 성장제일주의적인 접근이다. 저출산이 경제성장에 미치는 부정적 영향에 초점을 맞추어져 있다. 출산율이 높은 시기에는 인구팽창이 경제성장을 저해하므로 적게 낳아야 한다고 했다가, 출산율이 낮아져서 인구규모가 축소되면 저출산이 경제성장을 위협하니 아이를 많이 낳아야 한다고 주장한다. 출산에 관한 의식과 행태를 국가의 정책으로 조절하려는 접근은 과도한 국가개입주의 경향이라고 할 수 있다. 이제까지의 가족계획사업이나 산아제한정책의 한계는 일방적이고도 억압적 개입의 문제점과 부작용이라고 할 수 있다.

향후 인구 및 출산에 관련된 정책지향의 바람직한 방향 모색에서 고려해야 할 사항은 다음과 같다.

• 출산율의 제고를 위한 단기적이고 직접적인 정책과 함께 저출산현상을 지속시키는 구조적 원인을 분석할 필요가 있다. 사회경제적 조건의 개선책으로

는 노동시장의 고용안정성을 확보하고 교육비의 부담을 줄여야 한다. 또 양성평등의 환경을 조성하고, 일과 가족의 양립을 위한 종합정책을 강구하여 추진해야 한다.

- 기존의 성장지향주의를 포기하고 지속가능성의 추구로 전환하여야 한다. 성장주의는 배타적 민족주의, 이기적 가족주의, 경제성장 우선주의, 남성중심의 가부장주의의 성격을 띠고 있다는 사실을 인식해야 할 것이다.

- 친밀성의 구조변동이 진행 중이라는 사실을 직시해야 한다. 출산은 개인의 자율적 선택, 각자가 행복추구나 가치관에 따라 결정할 문제이다. 가족의 출산 및 양육의 부담을 완화하여 '아이를 많이 낳는 사회'에서 '아이를 잘 키우는 사회'로 전환해야 할 것이다.

2) 고령화

21세기에 들어서 인구 고령화는 전 세계가 직면하고 있는 중차대한 과제로 대두되고 있다. UN의 세계인구 통계자료에 의하면, 2004년 세계 총인구 60억 8,557만 명 중 고령인구는 6.9%에 달하여, 1995년의 5.2%에 비하면 증가추세가 가속화되고 있다. 2050년에는 16.1%에 이를 것이라는 장래추계치가 나와 있다. 인구구조의 고령화현상은 사회적 여건의 개선으로 사망률이 저하되어 평균수명이 신장된 반면 인구 충원에 해당되는 출산율이 낮아짐에 따라 생산연령인구 대비 부양인구의 비율이 높아지게 된 것을 의미한다. 이에 고령화현상을 공통과제로 인식하고 고령자 부양을 적절히 수행하기 위해 세계적 차원에서 고령화 대책의 방향성에 대한 모색이 시도되고 있다.

표 3-8 노인인구에 대한 규정

구분	내용
UN의 규정	• 고령화사회 : 전체 인구 중 65세 이상의 고령인구가 7% 이상인 사회 • 고령사회 : 14% 이상인 사회 • 초고령사회 : 20% 이상인 사회
한국의 규정	• 인구 통계 : 65세 이상 • 노인복지법 : 65세 이상 • 국민연금법 : 60세 이상 • 고령자고용촉진법 시행령 : 55세 이상

(1) 고령화의 현황

고령화의 현황은 2007년에 65세 이상 고령인구의 비율이 10.7%이다. 전국의 100세 이상 장수노인을 집계한 결과 1,284명이었다. 이 중 여성이 1,174명으로 92%를 차지하였다. 고령인구의 변화추이를 보면, 1960년에는 전 인구의 2.9%인 72만 6,000명에 불과했으나 1998년에는 305만 명, 6.6%로 늘었으며 2000년에는 337만 1,000명, 7.1%를 넘어 고령화시대에 진입하였고 2018년에는 14.3%에 이르게 되므로 우리나라도 고령화 사회(Aging Society)에서 상대적으로 짧은 기간에 고령사회(Aged Society)로 접어들게 된다. 특히 노인인구 비율이 7%에서 14%로 되는 기간이 프랑스 115년, 미국 75년, 일본 26년인 데 비해 우리나라는 18년이 소요될 것으로 예측되고 있다. 선진국들이 40~115년 정도가 소요된 것을 보면, 우리나라는 상당히 빠른 속도로 고령화가 진행되고 있는 것이다. 2026년에는 20.0%로 초고령사회에 진입할 전망이고, 2050년에는 38.2%로 세계 최고령국가가 될 것으로 예측된다.

고령화의 직접적 요인 중의 하나는 평균수명이다. 한국인의 평균 기대수명은 2008년 남성은 76.5세, 여성은 83.3세로, 세계 평균수명인 67.2세를 훨씬 상회하고 있다. 2008년의 수치를 10년 전인 1998년과 비교하면 여성은 4.8세, 남성

표 3-9 OECD 국가의 고령화 속도 비교

(단위 : 년)

나라	도달연도			도달기간	
	7% (고령화사회)	14% (고령사회)	20% (초고령사회)	7% → 14%	14% → 20%
한국	2000	2019	2026	19	7
일본	1970	1994	2006	24	12
프랑스	1864	1979	2020	115	41
독일	1932	1972	2012	40	40
영국	1929	1976	2021	47	45
이탈리아	1927	1988	2007	61	19
미국	1942	2013	2028	71	15

출처 : U.N.(각 연도), The Sex and Age Distribution of World Popluation; 일본 국립사회보장·인구연구소(2000), 인구통계자료집. 김미숙 외(2002), 『가족의 사회학적 이해』, p.229 재인용

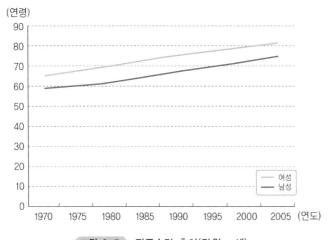

그림 3-5 평균수명 추이(단위 : 세)

출처 : 통계청, 인구동태통계

은 5.4세 증가하여 남성의 연장분이 더 길게 나타났다. 남녀 간의 기대수명 차이
는 6.8세로 1998년 7.4세에 비해 0.6세 축소되었다. 평균 기대수명이 가장 긴
최장수국은 일본으로 82.6세이다. 홍콩, 아이슬란드, 스위스의 뒤를 이어 우리나
라는 27위에 해당된다. 1930년에는 열악한 영양상태와 높은 영아사망률로 평균
기대수명이 여성 35.1세, 남성 32.4세였던 시기와 비교하면, 사회적 여건의 개선
으로 수명이 비약적으로 연장되었다고 할 수 있다.

인구의 연령별 구성비를 보면, 14세 이상 유년부양인구는 1970년 42.5%에서
2010년 17.2%로 감소하였다. 반면 15~64세 생산연령인구는 1970년 54.4%에
서 2010년 72.1%로 증가하였다. 현재의 유년인구가 생산연령층이 될 시점에서
생산연령층에 비해 노년부양인구의 규모가 커져서 부양인구 부담률이 높아질 전
망이다. 65세 이상 노년부양인구는 1970년 3.1%에서 2010년 10.7%로 높아졌
고, 2030년의 추정치는 23.1%로 나와 있다.

또한 노인인구의 증가는 노령화지수의 추이에 반영되어 나타난다. 1970년에
는 7.2였는데, 2010년에는 62.0이고, 2030년에는 186.6(추정치)으로 가파르게
급상승하고 있다. 이에 따라 노인 1명당 부양자수는 1970년에 17.7명에서 2010
년 6.7명으로 약 3배나 감소하여, 전체적으로 부양부담이 현격하게 증대되고 있
음을 알 수 있다.

표 3-10 연령별 인구구성비 및 노인관련지수(1970~2030)

구분	전체인구 중 비중			유소년 부양비율	노년 부양비율	총부양 비율	노령화 지수	노인 1명당 부양자수
	0~14세	15~64세	65세 이상					
1970	42.5	54.4	3.1	78.2	5.7	83.9	7.2	17.7
1980	34.0	62.2	3.8	54.6	6.1	60.7	11.2	16.3
1990	25.6	69.3	5.1	36.9	7.4	44.3	20.0	13.5
2000	21.1	71.7	7.2	29.4	10.1	39.5	34.3	9.9
2010	17.2	72.1	10.7	23.9	14.8	38.8	62.0	6.7
2020	13.9	71.0	15.1	19.6	21.3	40.9	109.0	4.7
2030	12.4	64.6	23.1	19.1	35.7	54.9	186.6	2.8

*노령화지수(0~14세 인구 100명당 65세 이상 인구의 비율)
*노년부양비율(15~64세 인구 100명당 65세 이상 인구의 비율)
출처 : 통계청, 인구총조사, 장래인구추계

(2) 고령화로 인한 문제점

인구구조의 고령화는 생산연령인구의 감소와 동시에 부양인구의 확대되는 현상이므로, 사회적 차원에서나 개인적 차원에서 여러 가지 문제점을 안고 있다.

첫째, 노인 부양부담이 확대된다.

고령화가 진전되면서 부양체계의 와해가 사회적 과제로 부각되고 있다. 개별 가족의 노인부양은 부부 사이 또는 부모-자녀 사이에 육체적·정신적 그리고 물질적 연대에 근거한다. 출산 기능의 저하와 평균수명의 연장은 가족부양의 구조에 영향을 미쳐서 부양관계가 약화되거나 단절된 가족도 점차 증가하고 있다. 부양은 경제적 측면뿐 아니라 육체적·정신적 측면의 부양을 동반하는 것이다. 사회부양체제가 불충분한 상황에서 가족부양이 약화되면 취약한 노인의 경우에는 생존과 생활의 안정을 위협받게 된다. 또한 노인인구의 증가현상과 이들을 부양할 생산가능인구의 감소에 따라 사회적 부담이 급증한다. 노인 1인당 부양자, 즉 15~64세의 생산가능인구수를 보면, 2005년에는 8명이었는데, 2030년에는 2.8명으로 감소할 것이 예측된다.

연금가입자는 2015년을 정점으로 급감하는 반면, 노령연금수급자는 계속 증가할 것이다. 따라서 국민연금 재정의 지속가능성이 위협받을 것이다.

또한 건강보험지출의 비율이 높은 의료수요층 노인인구가 증가하면, 건강보험 재정의 지출이 증가할 것이다. 2004년에 건강보험가입자 중 노인인구의 비율은 7.9%이고, 노인진료비의 비중은 23.8%였다. 노인 1인당 진료비는 15~44세 인구의 진료비 평균액의 4배 이상이다. 2001~2007년 노인인구는 1.4배 증가했지만 국민건강보험공단의 노인급여비는 3배나 늘었다. 노인의료비의 급증은 노인성 만성질환자가 증가했기 때문이다. 노인구성비는 2010년 11.0%, 2030년 24.3%, 2050년 38.2%로 증가할 것으로 추정돼 노인의료비 상승세는 지속될 것으로 전망된다.

둘째, 개인과 가족의 삶의 질에 영향을 미친다.

노인인구의 절대 규모가 커지면, 보호가 필요한 노인의 규모도 자연적으로 증가한다. 고령으로 노동기회 및 소득의 상실에 따라 돌봄비용 부담이 증가한다. 한편 노인 세대는 연장된 길어진 수명에 따른 건강의 잠재적 위험성은 증가하여 실질적인 삶의 질이 저하할 우려가 높아진다. 젊은 세대의 입장에서 보면 부모세대를 부양해야 할 부담이 높아지고 자신의 노후도 대비해야 하는 이중부담을 안게 되는 것이다.

노인은 연령이 높아짐에 따라 신체가 노쇠하고 건강상의 취약상태가 되므로 정상적인 생활을 유지하기 위해 누군가의 도움을 받아야 한다. 노인돌봄의 문제는 향후의 중요한 과제가 되었다. 가족이 노인을 집안에서 돌볼 경우에도 어떤 가족구성원이 담당할지, 또한 시간적·신체적·경제적인 애로점은 어떤 것이 있으며, 이것들을 어떻게 해결할 수 있는지 등의 여러 가지 문제가 발생하게 된다. 이제까지 노부모 부양은 개별 가족의 책임이었고, 거주형태는 동거가 많았고, 돌봄노동의 담당자는 주로 여성이었다. 타인에 대한 배려와 애정은 여성의 본능이라는 고정적 성역할의식이 강한 상황에서, 대부분의 경우 여성은 돌봄노동의 책임 및 역할 수행을 자발성이 아닌 상황적 강제성으로 수용하게 된다.

그런데 가족이 공급하는 요양서비스의 내용과 방법은 사회변화에 따라 전환되기 마련이다. 노부모가 일상생활의 영위하는데 타인의 돌봄이 필요한 상태가 되면, 자녀세대가구와 동거를 원하여 부모세대가 인구이동하는 형태, 즉 부모이주형 동거나 고향에 남아 있는 부모를 돌보기 위해 자녀세대가 이동하는 형태, 즉 자녀이주형 동거, 자녀세대의 '별거 돌봄', '원거리 돌봄' 등의 대응방식이 나타난다. 인구구조와 가족, 여성에 관련된 요인들이 변화하면서, 돌봄노동에 대한 젠더의 역할분배 및 가족과 지역사회, 국가 간의 책임분담 방식의 전환이 해결해야 할 당면과제로 대두하게 된 것이다.

노인의 부양에 부수하는 돌봄서비스는 가족이나 친족에 의한 '사적(私的) 돌봄'에서 '사회적 돌봄'의 방향으로 점차 전환되는 것이 일반적인 추세이다. 사적 돌봄과 사회적 돌봄의 공존이라는 시점에서 검토해 보면, 3세대 동거비율이 높은 지역에서는 사적 돌봄에 의존하는 비율이 높고, 3세대동거 비율이 낮은 지역에서는 사회적 돌봄에 의존하는 비율이 높다는 지역차가 존재한다. 또한 '돌봄의 사회화'란 요양서비스가 가족이라는 사적 영역에서 가족의 외부인 '사회'로 이전되고 있는 것을 가리킨다. 노인돌봄의 수요가 양적으로 증대되었고, 가족의 형태와 기능이 변화된 현재의 상황에서 가족 내부에서 노인돌봄 기능을 전적으로 수행하는 것은 매우 어려워졌다는 점을 반영한 것이다.

노인관련정책은 복지정책뿐 아니라 사회구조의 전반적 변화와 직결되어 있는 당면과제가 되었다. 고령화율이 상대적으로 높은 여러 선진국에서는 가족, 시장, 국가, 지방자치단체가 노인 돌봄을 해결하기 위한 책임과 소요비용의 분담 문제에 직면하고 있다. 인구구조 고령화의 초기단계에서는 공적 영역에서 복지서비스를 제공하는 것을 중점과제로 설정하였다. 그런데 시간이 경과하면서 노인인구규모의 증대와 고령기의 연장이라는 현실적 변화에 대처해야 할 긴박성의 정도가 높아지고 있고 재정부담의 확대 속도도 빨라지고 있다. 그리고 노인의 입장을 존중하는 관점에서 노인가족에 대한 관심이 제고되면서, 노인가족의 현실적 상황을 고려하는 자발적 자조지원에 대한 관심도 점차 구체화되고 있다.

 핵심정리

　산업사회가 보편화되면서 근대적 핵가족모델, 즉 성별분업형 가족이 정착하였다. 오늘날에는 핵가족이데올로기가 동요하여 가족의 탈제도화가 진행되고 있다.

　우리나라에서 가족은 구조적 측면에서 그 규모가 축소되었고, 세대구성이 단순화되었다. 또한 가족주의적 경향은 약화되고 개인주의적 경향으로 결혼관이 유연화되고 있다.

　근년 인구구조의 특성은 저출산과 고령화이다.

　저출산현상은 부부의 출산율 및 유배우자비율의 저하에 기인한다. 저출산의 근본적 해결방법은 성별 불평등구조와 사회적 불안정성을 개선하고 가족의 출산 및 양육 부담을 완화하는 것이다.

　또한 고령화가 진행되면서 노인 돌봄의 책임과 비용의 분담문제 등 돌봄의 사회화 방식이 당면과제로 대두되고 있다.

 생각해 봅시다

Q1 나 자신과 부모님은 현재 한가족을 이루고 있지만, 서로 다른 가족경험을 갖고 있다.
　부모님이 태어나서 성장한 가족의 가계도와, 현재의 가족, 즉 나의 부모님이 부모의 지위이고 자신이 자녀의 지위인 가족의 가계도를 각각 그려서 비교해 보시오.
　두 가계도의 상이점에 반영되어 있는 우리 사회의 변화요인을 설명해 보시오.

Q2 고령화사회에서는 평균수명의 상승으로 노년기가 길어졌다.
　자신이 원하는 노년기의 삶을 실현하기 위해서는 청년기와 중년기에 어떤 준비가 필요하고, 어떠한 사회적 여건이 마련되어야 하는지 생각해 보시오.

Chapter

04

가부장적 가족의
형성

04

가부장적 가족의 형성

1 근대화와 서구의 가족변화

1) 근대가족과 가부장제

우리가 지니고 있는 가족에 대한 이상적 이미지나 정형화된 관념에도 불구하고, 가족은 항상 변화해 왔으며, 지금도 변화하고 있다. 이러한 변화에 대해 우리는 수동적으로 적응하기도 하지만, 동시에 새로운 변화의 주체로서 역할을 담당하고 있다. 우리 사회의 가족변화에 대한 성인지적 검토를 위해 가부장적 가족변화의 원인과 과정을 이해하는 것은 매우 중요하다.

가부장제는 가족구성원에 대한 가부장의 지배를 지지하는 체계를 의미하며, 이러한 지배는 남성들 간의 위계관계와 남성에 의한 여성지배로 나타난다(조옥라, 1986). 즉, 가부장적 사회는 권력의 기초가 되는 다양한 권력자원의 접근이 남성에게 유리한 제도이며 결과적으로 남성이 권력화된 사회이다(조형, 1996).

가부장제의 기원에 대해서는 다양한 견해가 있으나 대체로 근대가족이 등장하기 훨씬 이전부터 존재하는 것으로 국가나 부의 형성과정과 긴밀한 관계를 갖는다고 간주되고 있다. 가부장제의 내용, 범위, 형태, 억압의 정도는 역사적 과정을 거치며 매우 다양한 방식으로 사회구성원들과 기타 사회제도들에 대해 영향력을 행사해 왔다.

그러나 이 장에서는 가부장제가 17세기 이후 근대적 가족형태와 상호연결되는 과정에 초점을 맞추어 살펴보고자 한다. 17세기는 봉건주의가 붕괴되고, 전통주의 및 공동체적 가치가 약화되는 대신 산업화와 도시화, 자본주의화, 관료화 등의 근대사회의 특징이 등장하기 시작하는 시기이다. 또한 계몽주의사상을 기반으로 변화와 진보에 대한 가치관이나 합리적 사고방식과 세속화, 그리고 개인의 권리와 개별 가족의 중요성 등이 근대화를 주도하는 중요한 가치로 자리 잡게 되었다. 그리고 이러한 사회적 변화는 전근대사회와는 전적으로 새로운 성별 분업구조와 사회적 관계 및 가치의 변화를 초래하게 된다.

2) 가부장적 가족의 형성과 공·사 영역의 분리

(1) 인구구조 변화와 가족

전근대사회와 근대사회를 구분하는 가장 중요한 요소는 사망률의 차이이다. 즉, 19세기에 이르기까지 대다수 사람들의 기대수명은 매우 낮았으며, 사망률, 특히 영아사망률은 매우 높았다. 예를 들어, 잉글랜드의 경우 17세기 후반 기대수명은 32세, 독일의 브레슬라우 지역은 27세에 불과하였다(기틴스, 1997: 23). 우리나라도 1930년대 여성의 평균 기대수명은 35세, 남성은 32세 정도였다.

이러한 높은 사망률이 가족에 대해 지니는 의미는 매우 크다. 우선, 부모의 입장에서 성인기까지 생존할 수 있는 자녀를 얻기 위해서는 많은 수의 자녀를 출산해야 한다. 유아사망률이 높았던 당시 사회에서는 자녀가 어느 정도 자랄 때까지 이름을 지어주지 않거나 같은 이름을 다른 자녀들에게 지어주기도 하였다고 한다. 자녀를 잃거나 부모 또는 배우자를 잃는 경험으로 가족은 빈번하게 해체되거나 재구성되었으며, 이때 빈곤가족일수록 사망률과 가족의 변화가능성은 더 높았던 것으로 나타난다.

1700년대의 한 기록에 의하면, 한 여성이 세 번 결혼하는 데 소요된 기간은 12~15년 정도에 불과하여, 과거의 가족이 보다 결속력이 강하고 안정된 제도라는 일반적 통념은 잘못된 것으로 여겨진다. 즉, 당시의 사망률을 감안한다면 결혼하는 사람들 중 30% 이상이 홀아비와 과부였을 것이고, 조부모를 거의 알지 못했으며, 설령 알았다 해도 함께하는 기간은 길지 않았을 것이므로 안정된 대가족제도는 사회적 이념에 불과하였을 것이다. 이러한 사망력 위기는 17세기 이후 점차 잉글랜드, 웨일즈 : (1700)   600만 명→ (1800)   900만 명 → (1900) 영국 3,700만 명
프랑스   : (1700) 1,900만 명→ (1900) 4,100만 명
이탈리아   : (1700) 1,150만 명 → (1900) 3,300만 명

출처 : 기틴스, 1997: 41

감소하기 시작하여 1800년대에 들어서면 사라지게 된다(기틴스, 1997: 24).

반면, 전 산업사회에서는 높은 사망률과 더불어 출산율도 매우 높았던 것으로 나타난다. 높은 사망률에 대응하기 위해 많은 수의 자녀를 출산하는 것뿐 아니라, 당시 사회에서 많은 자녀는 잠재적 노동력을 늘리는 확실한 방법이었다. 19세기 후반에 이르기까지 높은 출산율은 유지되어, 서유럽에서 20세 이하의 인구는 당시 전체 인구의 절반가량을 차지하는 '젊은 사회'였다. 20세기에 들어오면서 '노령사회'로의 인구구조 변화는 가족자원과 가족관계, 가족원의 역할에 커다란 영향을 미치게 된다(기틴스, 1997; 틸리 외, 2007).

(2) 자본주의의 발전과 성역할구조의 변화

한편, 같은 시기에 진전된 자본주의화 과정은 자본의 합병과 임노동의 보편화를 통해 도시 부르주아계급 및 도시와 농촌의 프롤레타리아 계급을 성장시켰다. 부유층은 입법을 통해 공유지를 사유지화하는 등 부를 집중시키고, 소규모 자작농은 임노동자화되었다. 한편, 임노동의 기회가 증가하면서 결혼 전 생계수단 마련을 위한 시간이 단축되어 혼인연령이 낮아지고 출산율도 높아졌으며, 전체적인 인구규모, 특히 젊은 인구의 비중이 확대되었다.

다른 한편, 기계화의 결과 이루어진 탈숙련화와 프롤레타리아화 과정에서 숙련기능공을 중심으로 하는 남성노동조합은 여성노동자를 배제 또는 차별하였다. 19세기 후반까지 조합의 대부분은 가장 숙련된 직종과 기술을 가진 남성들로만 구성되었으며, 이들의 주요목표는 '가족임금'을 획득하는 것이었다. 가족임금이란 남성노동자 혼자 일한 대가로 자신뿐 아니라 아내와 자녀를 부양할 수 있는 수준의 임금을 의미한다.

그러나 가족임금제는 중간계급의 생활방식과 가치에 따라 형성된 것으로, 19세기에 가족임금을 받을 수 있는 노동계급 가족의 비율은 극소수였다. 대신, 노동계급의 대다수를 차지하는 반숙련노동자, 미숙련노동자, 병약자, 과부, 별거인, 미혼모 등은 자신들의 삶을 '남성 단독 가계부양'의 이상에 맞추어 나가야 했으므로 훨씬 어려운 상황에 놓이게 되었다. 이처럼 실제상황과 관계없이 '생계부양자로서의 남성가장'과 '피부양자로서의 여성'이라는 이미지가 구축됨으로써 '남성의 공간인 일터'와 '여성의 영역인 가정'이라는 공·사 영역 간의 새로운 성별분업이 강화되었다.

이처럼 '여성과 가정' 사이의 적합성은 중간계급이 등장하는 역사의 특정 시점에 발생한 현상임에도 불구하고, 일단 만들어진 남녀 역할분리는 자연적이고 생물학적이며 보편적인 것으로 재정립되었다. 또한 성별역할 분리 및 공·사 영역 간의 분리로 인해, 공적 영역에서의 보수를 받는 '생산적' 일과 사적 영역에서의 보수를 받지 않는 '비생산적' 일이 구분되고, 여성의 일은 평가절하되었다. 예를 들어, 공·사 분리 이전에는 목축이나 방적, 요리, 바느질 등은 생계유지에 중요한 일로 간주되며 가구경제의 한 부분을 차지하고 있었으나, 분리 이후에는 이러한 일들이 가구생계유지를 위해 마찬가지로 중요함에도 불구하고 무보수의 일이라는 점에서 '비생산적 작업'으로 평가절하된 것이다.

아울러 집과 일터가 공간적으로 분리되면서, 어린 자녀가 있는 여성들은 일하는 동안 아이들을 돌봐야 하는 문제에 부딪치게 되었다. 따라서 이들의 상당수는 임시직, 시간제, 계절제로 고용되거나 집안에서 할 수 있는 성냥갑 만들기, 밀짚모자 만들기, 장갑 만들기, 바느질 등의 일로 활동이 축소되었다.

당시의 여성들은 토지나 가업 등을 상속받지 못하였고, 임금은 남성의 절반 정도에 불과하였으므로, 아버지의 집에서 생활하던 때와 유사한 수준으로 지내기 위해서는 동등한 배경의 남성과 결혼해야 했다. 실제로 여성의 고용기회가 부족한 지역에서 여성들이 상대적으로 빨리 결혼하는 경향이 있었다. 많은 여성들이 재정적인 이유로 결혼한 결과, 결혼관계 내에서 여성들은 남편에게 종속되고, 가사일에 대한 책임을 지는 가부장적 가족관계에 편입되게 되었다(기틴스, 1997: 120~121).

이 과정에서 교회와 국가도 가부장적 가족제도가 공고화되는 데 중요한 역할을 하였다. 종교개혁 이후 교회와 국가는 빈곤의 구원에 일차적 책임을 지니고 있었는데, 16세기부터 시작된 사회경제적 변화에 따라 빈곤이 심화되고 실업자가 증가하면서 그 부담이 기하급수적으로 증가하게 되었다. 한 예로, 사생아를 데리고 있는 여성들은 국가와 교구의 가장 주요한 구빈대상자였는데, 결혼 당시 임신상태에 있었던 신부가 19세기 전반 38%에 이르렀다는 것은 혼외 임신, 출산이 빈번하고, 구빈대상도 많았다는 것을 알 수 있다. 따라서 교회와 국가는 재정적 부담을 줄이고자 가부장적 전제, 즉 여성은 남성에 의존해야 한다는 가정에 기초해서 결혼과 혼인 내 임신, 출산을 장려하게 되었다.

그럼에도 불구하고 가부장적 가구 내에서 살 수 없거나, 살려고 하지 않았던 독립적인 여성들이 전체 여성인구 중 무시 못할 소수집단을 형성하고 있었다. 이들은 결혼제도 내의 가부장적 통제와 권위를 벗어나는 대신, 제도 밖의 여러 사회적, 경제적, 성적 위험에 놓이게 되었다. 제도 내에 편입되지 않으려는 여성들에 대한 가부장제 사회의 두려움과 의심은 16세기, 17세기 유럽과 미국의 '마녀'에 대한 가혹한 박해와 처형으로 귀착되기도 하였다.

당시의 여성은 가족의 재산으로 간주되었던 것으로 보인다. 예를 들어, 앵글로색슨 시대 이래 강간을 처벌하는 엄격한 법률이 존재해 왔는데, 그 내용은 기본적으로 여성을 보호하기 위한 것이라기보다는 그녀의 아버지, 또는 남편의 재산으로서의 여성을 보호하기 위한 것이었다. 즉, 가족이 보호하는 처녀나 기혼여성에 대한 강간은 엄중한 처벌대상이지만, 가부장제 가구 밖에 있는 여성, 예를 들어 노처녀, 과부, 별거녀, 이혼녀 등에 대한 강간의 처벌은 상대적으로 약하거나 때때로 오히려 여성들이 강간을 자초한 것으로 간주되었다(기틴스, 1997: 83; 틸리 외, 2007).

새로이 형성된 근대의 가족이데올로기는 구조와 형태뿐 아니라 내적 특성이나 태도, 심성의 측면에서도 전 시대와 차별화하면서 개인의 가치와 사회제도의 틀을 확립하는데 기여하였다. 이 과정을 살펴보면서 우리는 가족이 무엇이고, 또 무엇이어야 하는가에 대한 이상과 진술, 즉, 가족이데올로기의 중심에 젠더관계에 대한 신념이 자리하고 있음을 알 수 있다. 다른 한편 사회제도와 문화가 특정 가치와 행동을 유도하거나 강제하고, 다른 가치나 행동은 금하는 방식을 분석하면, 특정 시기의 '가족'이 실제로 의미하는 바에 대한 역사적, 문화적 특수성을 간파할 수 있게 된다. 이러한 인식은 가족관계와 규범을 포함하는 현 제도와 문화도 변화할 수 있고 도전받을 수 있다는 사실을 우리에게 알려준다.

2 우리나라 가부장적 가족형태의 변화

우리나라의 근대 가부장제 가족의 형성과정은 사회경제적 기반의 변화를 중심으로 이루어진 서구와 달리 정치적, 이념적 요소의 영향이 큰 것으로 보인다. 즉, 우리 사회에서는 고려 말 이후 성리학의 수용과 조선시대의 건국과정을 통해 기존의 신분제적 가부장제도가 성차별적 가부장제로 변화하게 되었다. 가부장권은 유교적 체제와 긴밀하게 연결되어 있으며, 가부장적 가족의 기능과 역할은 유교적 체제를 구현 유지하는 데 있어서 중요한 역할을 하였다.[1]

1) 고려시대의 가족제도 : 부계 우위의 비단계적 가족

먼저, 가부장적 가족의 형성과정에 대해 논의하기 전에, 비교를 위해 고려시대 가족에 대해 살펴보는 것이 도움이 될 것이다. 가부장제가 확립되기 이전의 가족을 충분히 설명하기 위해서는 고대 이후 가족 변화양상을 전반적으로 검토하는 것이 필요할 것이다. 그러나 고려시대 가족에 초점을 맞춘 이유는 이 시대의 가족이 조선이후 가족제도 및 관습과 상당한 차이를 나타내면서도 상대적으로 많은 자료들이 남아 있어 정확한 검토가 가능하기 때문이다. 또한 고려시대 전후의 가족변화의 원인과 과정에 대한 검토를 통해 가족이 시대와 사회의 조건을 반영하는 제도인 동시에 영향을 미치는 변화 가능한 영역이라는 것을 이해할 수 있게 될 것이다.

고려시대 가족은 우선 일부일처에 기반한 부부와 미혼자녀로 구성된 핵가족이 가장 일반화된 가구형태였다. 조부모나 부모가 살아있는데도 자손이 분가하여 제대로 모시지 않으면 처벌한다는 별적이재금지법(別籍異財禁止法)이 존재하였으나, 법 위반에 대한 처벌이 가볍고 실제로 잘 지켜지지 않았던 것으로 보인다. 오히려 부모의 공양에 문제가 없으면 형제자매가 분가하는 것이 일반적이었고,

---

1) 이 절에서 소개된 고려시대와 조선시대의 가족에 대해서는 다음 자료를 참고하여 작성하였다.
　　이효재(1990), "한국가부장제의 확립과 변형", 『한국가족론』, 여성한국사회연구회편, 까치.
　　이효재(2003), 『조선조 사회와 가족』, 한울아카데미.
　　권순형(2006), 『고려의 혼인제와 여성의 삶』, 혜안.
　　최홍기(1997), "유교적 친족제도에로의 변천과정", 『종교와 가족문화』, 한국가족학회 추계학술대회 발표문, 1997.11.15.
　　박병호(1998), "한국에 있어서의 가장권법제의 형성", 『한일법학』, 7호.
　　이순형(1993), "조선시대 가부장제의 유학적 재해석", 『한국학보』, 19권 2호.
　　이순형(1997), "한국가족의 사회역사적 특성과 성의 이중기준", 『가족과 문화』, 2집.

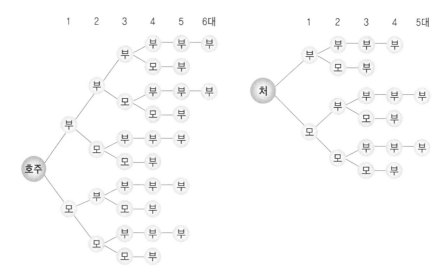

그림 4-1 팔조호구(八祖戶口)의 세계추심도(世系推尋圖)

출처 : 최홍기, 1997: 97

때로 부부의 노부모나 생활능력이 없는 가까운 미성년 친척들이 함께 가족을 구성하기도 하였던 것으로 여러 기록들에서 나타나고 있다.

　가계계승의 원리 및 친족의 범위는 왕위계승을 포함한 가계계승 및 상속제도 등에서 부계 계승의 원리와 모계 및 처계 계승의 두 원리가 동시에 나타나고 있는 것이 특징적이다. 즉, 현재의 가족구성 원리보다 훨씬 융통성이 있고 포괄적인 친족관계가 이루어지고 있었다는 것을 알 수 있다.

　그림 4-1에서 나타난 호주 및 그 부인의 가계계승과 관련된 조상의 분계수(分界數)를 보면　호주와 처의 분계수는 10 : 6이며, 호주와 처의 세대수는 6 : 5로 부계(父系)와 모계(母系)가 동등하지는 않으나, 4대 조상까지의 기록을 보면, 부부 모두 부계와 모계, 즉 친가와 외가를 함께 기록하고 있어 부계와 함께 모계도 비교적 중시하고 있었음을 알 수 있다.

　또한 조상관계도 역시 조상 중심의 친족관계인 출계집단(出系集團)보다는 본인을 기준으로 하는 다변적 관계망을 중시하였다. 즉, 고려 호적에는 호주부부의 부, 모, 조부, 증조부와 외조부까지 거슬러 기록하는 사조호구(四祖戶口)와 사조 외에 그 조부모, 증조부모, 처부모의 4조를 추가로 기록하는 팔조호구(八祖戶口)의 두 양식이 함께 존재하였다. 이와 같이 여계를 포함한다면 가족계보는 선(線) 구조가 아니라 망(網)구조가 되며, 망구조 속에서 무슨 성씨 무슨 파 몇 대손이

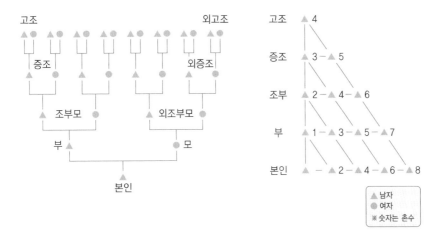

그림 4-2 본인 중심의 16조도(祖圖)와 고조(高祖) 중심의 부계 족보
출처 : 이효재, 1990: 27

라는 위치는 표시되기 어렵다. 이를 현재 우리 사회의 조상관계도인 부계족보와 비교해 보면 그 차이를 잘 이해할 수 있다(그림 4-2).

당시의 다른 가족관련 제·도들을 살펴보아도 유사한 결과를 확인할 수 있다. 먼저, 근친 간의 강한 유대가 공적 질서에 미치는 영향을 견제하고자, 동일한 관청에서 일하거나 관련되는 업무에 종사할 수 없도록 상피제도(相避制度)가 존재하였는데, 이때 제한되는 근친의 종류를 살펴보면, 조선조에는 포함되지 않은 이질(姨姪: 부인의 자매의 아들)과 이종(姨從)형제(어머니의 자매의 아들)가 포함되어 있어 모계 친족과의 친밀성을 확인할 수 있다.

또한 고위관직을 지낸 자의 자손에게 과거를 거치지 않고 관직을 수여하는 제도인 음서제도(蔭敍制度) 역시 인종 대에 음직(蔭職)을 부계의 아들, 손자, 조카 외에 외손과 사위까지 계승자를 확대하였고, 고종 대에는 승음자(承蔭者)의 수를 1인으로 제한하면서도 아들이 없을 경우 호주의 조카뿐 아니라 부인 쪽의 조카나 사위도 인정하였다고 기록되어 있다. 심지어, 충렬왕 대 이후에는 승음자 순위에서 부인 쪽 조카를 호주 쪽 조카보다 우선시하였다는 기록도 나타난다.

장례제도 중 가장 중요한 복상(服喪)제도는 사망한 사람와의 관계에 따라 입게 되는 상복의 종류와 상복을 입는 기간을 규정한 것인데, 고려시대의 복상제는 중국의 오복제도에 비해 상대적으로 모계와 처계가족을 더 중시하는 것으로 나타난다. 중국의 오복제도(五服制度)는 사망한 사람과의 부계친족관계를 중심으로 상장(喪裝)과 상기를 각각 5등급으로 구분하고 있다. 그러나 고려의 복상제도에 의하면 부모 모두 동일하게 3년복이었고, 상례나 제례를 위한 휴가나 봉양 등에서도 동일하였다. 처가와 친가의 차이는 있었으나, 중국이나 조선후기와 비교하면 처가와 외가가 상대적으로 더 중시되었다.

한편, 고려 왕조 이전부터 지배적이었던, 상층의 혼인관습은 거듭되는 '친족 간혼인금지령'을 통해서도 알 수 있듯이, 왕족이나 귀족뿐 아니라 평민에 이르기까지 광범위하게 시행되고 있었음을 알 수 있다. 근친혼에 따른 결합은 친족집단에 특별한 결속력으로 작용하게 되는데, 많은 경우 부계와 모계친족 간의 구별이 어려워 친족의식도 양계의 전체 친족체계로 응집되게 된다.

고려시대의 결혼풍습 역시 비록 소수 귀족계층에서는 중국의 부계제를 따르기도 하였지만, 대부분 부계제와 모계제가 혼재된 형태였다. 예를 들어, 고대 이래 17세기에 이르기까지 서류부가혼(婿留婦家婚) 또는 솔서혼(率婿婚: 데릴사위제)이 보편적으로 시행되었다. 서류부가혼은 신부집에서 혼례식을 올린 뒤, 일정기간 머무르다가 아이가 큰 뒤 시가로 돌아가는 제도이다. 부모들은 혼인한 아들이나 딸 구별하지 않고 어느 쪽과도 동거하였으며, 많은 경우 사위는 아들과 다름 없었던 것으로 여겨진다. 이 제도는 조선 중기 이후 18세기경부터 붕괴되기 시작하였으나, 20세기 이후에도 해묵이와 3일 신행 등의 풍습으로 일부 남아 있다.

조선시대에 여성의 재혼을 금지하였던 것과는 달리, 고려시대에는 3남 4녀의 전 남편의 자식을 데리고 재가한 충선왕비 허씨의 예를 통해 알 수 있듯이 여성의 재혼이 일반적이었다. 전 남편의 자식과 재산을 가지고 재혼한 여성들의 사례를 보면, 재혼과 관련하여 여성들이 특별히 불이익을 받지는 않았던 것으로 여겨진다.

반대로, 여성들이 결혼을 한 뒤에도 친정부모에게 효도를 하거나, 아예 결혼하지 않고 친정부모를 모시는 사례들도 종종 발견된다. 개인의 결혼을 그다지 강요하지 않았던 것은 친족집단에 대한 종법(宗法)의식이 확고히 자리 잡지 못하였던 것도 연관이 있지만, 당시에 지배적이었던 불교의 영향이 컸다. 불교의 윤회설에 의하면 당사자의 전생의 업보에 의해 현재의 신분별 존재가 규정되므로, 불교는 기본적으로 가족적이라기보다 개인주의에 기반하고 있어, 조상에 대한 숭배나 그를 정점으로 한 부계 공동체 의식이 확립되는 데도 한계가 있었을 것이다. 따라서 재산도 부계공동체를 중심으로 상속되기 보다는 모든 자녀에게 균등하게 분배되어, 여성과 남성은 동등한 상속권을 지녔던 것으로 보인다. 딸이 친정에서 받은 재산은 남편에게 귀속되지 않고, 독자적인 재산권을 지니고 있었던 것으로 여겨진다. 고려시대 절에 기증된 토지 중에는 여성의 토지가 적지 않고, 남편과 구분하여 부인의 소유라 명시되고 있다. 남편이 죽은 뒤 아내는 남편의 재산을 물려받았고, 반대로 아내가 죽었을 때 아내의 재산은 남편이 소유하였지만, 남편이 죽은 뒤 자식이 없으면 그 재산은 다시 아내의 친정으로 귀속되었다.

호적의 기재도 연령 순으로 해 아들과 딸을 차별하지 않았고, 장성한 아들이 있어도 어머니가 호주가 되는 경우도 많아 맏아들로서의 우위의식은 상대적으로 약했던 것으로 보인다. 제사의 경우도 고려시대는 불교의 영향을 받아 절에서 재를 올리는 것이 일반적이었다. 절에서 재를 지낼 경우 행사 주관은 승려가 하고 가족들은 비용만 내면 되므로 형제자매가 돌아가면서 재를 베푸는 윤회봉사(輪廻奉祀)가 가능하였다.

이러한 관습은 특히 고려시대에 동성(同姓)양자제도가 없었다는 사실로도 확인할 수 있다. 고려시대의 양자제도는 집안의 대를 잇기 위해 문중에서 들이는 것이 아니므로 이성(異姓)양자를 들이는 경우도 많았고, 양자가 되어도 본래의 성을 반드시 바꾸는 것이 아니었다. 즉, 아들 외에도 딸이나 사위가 노부모 봉양, 윤회봉사 등을 통해 가계계승을 할 수 있으므로, 특별히 아들을 대신할 동일 부계의 양자에 대한 필요성은 높지 않았다. 오히려 양자보다는 양녀(養女)를 들이거나 외손주에게 가계를 잇게 한 기록도 발견된다.

또한 이 시기에는 가부장이라는 용어가 사용되지 않았고, 가족관계는 부모, 자녀, 부처, 조부모와 손자녀 등 개별적 관계로 파악되었을 뿐이며 가장과 가족관계로 파악하지 않았다고 한다. 따라서 가장은 법률상 공식적으로 집을 대표하고 일상적인 집안일을 관장하고 통솔하는 대외적인 가족의 대표를 의미하였으며, 가족원 간의 관계는 성별상호존중과 분리원칙에 입각하여 이루어졌다. 가부장적 가장의 실질적 권위는 가족이나 친족구조가 부계성씨 중심의 동족부락을 이루었던 조선 후기 사회에 가서야 비로소 확립된 것으로 보인다.

물론, 고려사회의 가족제도가 비부계적(非父系的)이거나 양성평등적이라고 하기는 어렵다. 부모의 지위에 있어서는 비교적 동등한 위상을 갖고 있었으나 부부 간의 지위에 있어서는 차이가 있었던 것으로 보여진다. 즉, 여성의 불효가 남성에 비해 더 심하게 규제되었고, 처에게 있어 남편은 부모와 동격이었으나 남편에게 처는 그러한 존재가 아니었다는 기록도 있다. 상복제도에서도 남편이 죽었을 때 처와 첩은 3년복을 입었지만, 처가 죽었을 때 남편은 1년복을 입었고, 정절관념도 여성에 대해 더 엄격했으며, 간통죄처벌 내용도 여성에게 더 엄격하였다. 이혼 시에도 남편과 아내의 지위차이가 커, 남편은 부귀나 출세, 정치적 이유로 아내를 버리는 경우가 많았던 반면, 처의 이혼은 아주 어려웠던 것으로 보인다. 그럼에도 불구하고, 다음에서 살펴보게 될 조선 중기 이후의 가부장제 사회와 비교해 볼 때 상대적으로 여성이나 모계, 처계에 대한 사회적 인정이 이루어졌던 양계적 또는 부계우위의 비단계적(非單系的) 가족제도가 지배적인 사회라 할 수 있을 것이다.

2) 조선시대의 가족 : 가부장제의 형성과 확립

조선조는 엄격한 유교적 개혁을 단행하여 가족을 포함하는 사회전반적 변화를 도모하였다. 유교의 기본적인 인간관은 사회체계를 성립시키는 두 가지 사회관계인 차등주의(義)와 친소관계(仁)로 설명된다. 차등적인 사회관계를 바탕으로 하는 위계적인 사회질서가 사회의 본질적인 상태라는 것이다. 이러한 수직적 상하에 따라 위계관계를 구분하는 차등주의는 가족관계에서는 성, 세대에 의한 차등으로 나타나게 된다.

유교의 기본적인 인간관과 가부장제의 핵심이 되는 가치나 태도를 소학과 같은 전통적 문헌을 통해 보면, 일상생활을 지배한 가부장적인 요소들은 남녀유별(男女有別)과 부내부천(夫內婦天)이 대표적이다. 남녀유별의 개념은 삼종지도나 칠거지악의 개념과 연결되며, 부내부천의 이념은 가장과 다른 가족원간의 관계를 군왕과 신하의 관계처럼 지배복종의 관계로 규정한다. 또한 유교에서는 개인의 존재가 죽은 뒤 영생불멸을 통해 살아남는 것이 아니라 자식을 통해 자기존재의 연장을 꾀한다. 따라서 가족관계에서도 부부관계보다 부모–자녀관계가 우선시된다.

조선초 새 나라 건국의 정당성을 확보하고, 고려조 패망의 당위성을 역설하기 위해 불교를 배척하고, 무속 등의 관습을 비판하는 대신 유교를 새로운 정치이념으로 삼고, 중앙집권적 양반관료체계를 확립하는 동시에 유교적 가족, 친족이념과 제도를 공식화하였다. 그러나 상층부터 수용하기 시작한 새로운 가족제도가 일반화되는 데는 상당한 시차가 존재하여 17세기경에 와서야 전체사회로 확산되었다. 이 시기는 조선사회의 유교적 생활규범이 전 사회적으로 파급되고 정착되기 시작한 시기이며, 부계우위 비단계적 가족이 가부장적 가족으로 급격히 변화하고 여성의 사회적, 가족 내의 지위도 크게 변화하는 우리나라 가족사에서 매우 중요한 전환적 시기이다.

가부장제 가족은 주거나 혈통 계승의 기준, 가족 내 권력관계, 상속의 성격 등 다양한 요소들에 의해 형성되며, 부계제(父系制), 부거제(父居制), 부권제(父權制)가 통합될 경우 강력한 가부장제(patriarchy)를 이루게 된다. 이 시기를 전후로 혼인거주규칙과 그에 다른 가족유형, 상속과 양자제도, 상제, 족보 등 가족제도 영역에 부계적 요소가 강화되면서 가족의 범위도 부계혈연의 배타적 가족체제를 강화하게 되었으며, 가족 내의 역할구조도 가장권과 효 중심의 생활원리가 뿌리를 내리게 되었다. 특히 조선시대의 가부장권의 근거는 부계혈연적 원리에 의한 것이며 가족 내 제반 사항들은 가장의 의견을 중심으로 결정되었다. 유교적 이상인 장유유서와 효의 원리에 의해 가장권이 강화되었다. 이와 함께 주부권도 존재하였으나 전통가족에서 주부권은 가장권에 복속되는 하위개념이었다. 가장은 혈연의 가족원뿐만 아니라, 첩, 노비, 고공(雇工) 등 비혈연 가족원의 주인으로서, 가속을 통솔하는 등 가장의 법적 지위 및 책임도 제도화되었다. 예를 들어, 공법상으로 호구신고의 의무, 가족혼인에 대한 의무, 그리고 국가법령으로 금하는 행위를 가족이 범하는 경우 책임을 지는 '금제위반(禁制違反) 감독의 의무' 등이 주어졌다. 가장권은 후기로 갈수록 더욱 강화되었고, 사법상의 재산관리권도 점차 뚜렷하게 강화되었다.

가족원의 범위는 조선의 호구(戶口) 기록을 통해 볼 때, 호주 부부의 4대 조상 및 동거하는 자손, 동생, 조카와 노비가 기재되는 반면, 여자 후손과 사위는 배제됨으로써 고려시대 가족원의 범위보다 협소해 졌음을 알 수 있다. 17~19세기의 기록에 의하면 부부가족의 비율이 65%에 이르고 있으나, 분가한 경우에도 호주상속을 통한 지위계승의 의무, 제사상속, 부모부양의 책임은 여전히 지속되었다. 따라서 근친의 부계와 함께 모계 및 처계와도 친밀한 친족관계를 유지하던 고려의 친족제도는 조선조에 이르러 동성(同姓) 또는 부계친족으로 범위가 축소되는 대신, 부계 내 친족 범위는 점차 확대되게 되었다.

이에 따라 상제(喪制)에 있어서도 성종 대에 완성된 경국대전에 따르면 고려시대의 오복제를 전승하면서도 처부모와 외조부모를 친부모와 현격하게 차별하는 방향으로 차등을 두었다. 또한 제례에 있어서도 유교의 가묘제(家廟制)에서는 가묘를 설치해 제사를 지내므로, 자연히 맏아들을 중심으로 한 부계친족 중심의 가문개념과 여성배제경향이 나타나게 되었다. 대신, 적장자 아들이 없는 경우 같은 성을 가진 부계친족 집단의 조카를 입양하는 동성양자(同姓養子)제가 정착되게 되었다. 상속제도와 관련하여서도 17세기 중엽까지는 균분상속(均分相續)의 사례가 나타나지만, 장자우대차등상속제(長子優待差等相續制)가 제정되는 등 점차 장남우대와 남녀차별의 경향이 지배적으로 되었다.

전통적 혼인관의 근저에는 남성과 여성이라는 생물학적 두 범주를 자연의 법칙 또는 천리로 여기는 음양오행사상이 있었다. 음양이론의 근본에는 성별 간의 균형과 조화를 강조하며 일체만물의 절대 평등을 주창하는 세계관을 내포하고 있다. 이는 남녀가 생물학적으로 동일하지는 않지만 각자의 역할과 모습 속에 평등성을 가지며 상호의존적임을 가정한다. 그러나 가부장적 가족제도와 유교적 차별주의를 통해 성별 간의 위계는 강조되고, 혼인은 부계혈통을 잇기 위한 수단이 되었다. 이러한 상황에서 딸은 친정의 입장에서 혈통이 다른 후손을 낳기 때문에 출가외인으로 간주되는 반면, 열녀관과 재가금지 등의 규범이 확립되었다. 또한 남녀칠세부동석, 부부유별, 부창부수, 삼종지도, 칠거지악 등 점차 여성억압적 요소들이 강화되면서, 여성들은 부계혈연집단의 강력한 통제대상이 되는 동시에 공적 정체성을 상실하게 되었다.

그러나 고려시대 이후 이어져 오던 혼인의 풍습은 완전히 사라지지 않고 변형된 형태로 지속되기도 한다. 예를 들어, 서류부가혼을 친영제로 변경시키는 과도적 조치로 16세기 중종, 명종조에는 반친영(半親迎)제가 제시되나, 18세기에 이르기까지 서류부가혼이 곳곳에서 발견되었다. 특히 평안도 함경도 산골에서는 19세기 말에도 일반적인 혼인 형식이었고, 20세기 이후에도 혼례식이 신부집에서 이루어지거나 해묵이와 3일 신행, 혼인 후 처가 체류 및 처가 왕복 등의 형태로 풍습이 남아 있다.

장본인의 16조도(十六祖圖)

17세기 중엽에 간행된 어느 가문의 족보에 나오는 16조도를 기초로 가상의 인물인 장본인의 16조도를 재구성한 다음 조상도를 보고, 나의 10대조나 20대조 또는 시조의 의미에 대해 생각해 보시오.

밀양박씨	김승지	남원양씨	이거웅	한양조씨	신세영	인천최씨	정운경	개성박씨	이회원	파평윤씨	이세운	연안이씨	남대식	남원양씨	장고조 (5대)
광주김씨		이사부		거창신씨		정기근		경주이씨		이대율		의림남씨		장증조 (4대)	
전주이씨				정동진				전주이씨				장조부 (3대)			
동래정씨								장부 (2대)							
장본인(1대)															

출처 : 서울대 2008학년도 정시논술문제 중 한겨레신문, 2008.12.8 재인용

3) 자본주의 근대화와 가족변화

일본제국주의 식민지 통치 하에서 내선일체, 천황제 군국주의와 식민지 여성의 성노예화 등으로 인해 가부장적 사회관계와 제도는 보다 강화되었다. 특히, 일제는 1909년 식민지통치의 목적으로 가족구성원에 대한 통제와 감시를 강화하기 위해 일본식의 민적법을 시행하였다. 새로운 호주제는 기존의 호구조사를 위한 수단으로서 존재하던 호적제도의 의미를 넘어 가(家) 또는 집안 내에서의 개인의 신분관계를 증명하는 제도로 작용하게 되었다. 이와 함께 호구 상의 가구주로서 남녀 모두 가능했던 호주의 지위도 남성으로 호주 자격을 제한하면서 가독상속자(家督相續者)의 지위로 강화되었다. 가독상속자는 원래 일본 무사계급에서 적장자가 그 집의 가산과 호주권을 독점적으로 상속하는 제도인데, 이 제도의 도입으로 여성들은 분재(分財)권과 상속권을 상실하게 된 것이다. 부계가족 호적은 본적을 기반으로 하였으며, 호적에 입적될 수 있는 가족의 범위도 호주를 중심으로 하는 부계친족으로 제한함으로써 가부장제는 새로운 형태로 강화되면서 오랜 기간 동안 부계우선 혈통주의와 남성 우월의식 및 성차별을 조장하여 왔다.

해방 이후 자본주의적 근대화가 본격적으로 추진됨에 따라 가족제도와 구조도 급격한 변화가 이루어졌다. 이 시기는 서구사회의 가족제도가 수세기 동안 거쳐

온 과정을 2~30년간에 단축시킨 급격한 변화의 기간이기도 하다. 즉, 소비와 휴식처로서의 가족 기능이 강조되는 한편, 생산영역과의 경계는 점차 강화되었다. 또한 남성은 경제적 활동을 담당하고, 여성은 가정 내에서 보호와 배려를 제공하는 정서적 역할을 담당하는 성별역할분업에 기초한 새로운 가부장적 가족이 본격화되었다.

1960년대 이후 본격적인 국가 주도의 산업화가 진행되는 동안 형성된 공·사 영역 간의 엄격한 구분, 공적 영역의 중요성 강조, 성장과 저임금 위주의 가부장적 노사관계도 가부장적 가족을 재강화하는 역할을 하였다.

그러나 가부장적 가족제도와 이데올로기와 달리, 현실 상황은 계급에 따라, 가족유형에 따라, 그리고 시기에 따라 매우 다양한 양상을 나타낸다. 예를 들어, 식민지 하에서 남성들이 주로 전장에 나가거나 징용에 끌려감으로써 아버지나 남편의 역할이 이루어질 수 없었던 시기가 있었고, 이후 산업화가 진행되는 과정에서도 교육이나 노동을 위해 아버지가 부재하는 모(母)중심가족이 상당히 보편적으로 존재하였다. 오히려 어떤 형태로든 일을 하는 여성이 사적 영역에 국한되는 역할만 하는 여성보다 다수를 차지하고 있었다. 그럼에도 부재 중인 아버지의 공식적, 상징적 권위는 여전히 강하였고, 영향력을 발휘하였던 것으로 나타난다.

우리나라 가부장적 가족제도를 유지해 온 3대 원칙으로 부계혈통주의에 기반한 '동성동본불혼', '성(姓)불변의 법칙', '타성(他姓)양자(養子)금지'를 들고

헌법재판소의 동성동본금혼 규정 헌법불합치 결정 요지

우리 민법을 보면 동성동본금혼을 규정한 이 사건 법률조항이 없다고 하더라도 부계와 모계의 최소한 8촌 이내의 혈족이거나 혈족이었던 자 및 8촌 이내의 인척이거나 인척이었던 자 사이의 혼인은 모두 무효로 하거나 금지하고 있으므로, 이 정도의 규제로도 우생학으로 문제되는 근친혼의 범위는 벗어났다고 할 수 있다.

동성동본금혼 규정은 자유와 평등을 근본이념으로 하고 남녀평등의 관념이 정착된 현대의 자유민주주의 사회에서 사회적 타당성 내지 합리성을 상실하고 있다. 이것은 인간의 존엄성과 행복추구권을 규정한 헌법이념, 그리고 개인의 존엄과 양성의 평등에 기초한 혼인과 가족생활의 성립, 유지라는 헌법정신에 정면으로 배치된다. 또한 혼인을 제한하는 범위를 동성동본인 혈족, 즉 남계 혈족에만 한정하여 적용하는 이 금혼 규정은 성별에 따라 차별하는 결과가 되어 헌법의 평등원칙에도 위반된다.

출처 : 사건번호 95헌가6등(1997.7.16) http://www.ccourt.go.kr

있다. 이 중 동성동본불혼은 1998년 가족법개정에 의해 폐지될 때까지, 그리고 나머지 원칙들은 2005년 호주제 폐지 시까지 지속됨으로써 현재 가족제도의 이념과 기본 틀을 이루어왔다. 호주제 폐지 시, 많은 전통가족 옹호론자들은 우리나라 고유의 가족이 붕괴될 것이라고 하며 크게 저항하였다. 그러나 호주제의 폐지란 조선조 이후 확립된 '부계혈통 가족'의 붕괴를 의미하는 것일 뿐이다.

 종중 재산을 둘러싸고 이루어진 다음의 두 판례를 비교해 봅시다

① 성별평등분배 판례 : 용인 이씨 33세손 출가자들은 종중이 1999년 3월 임야를 건설업체에 매각해 생긴 현금 350억원을 남녀 차별을 두어 분배하고 여성들에게는 '분배'가 아닌 '증여' 형식으로 지급하자 소송을 냈지만 1심과 2심 재판부는 여성에게 종중원 자격을 인정하지 않는 기존 대법원 판례에 따라 원고패소 판결을 내렸다. 이에 대법원 전원합의체는 2005년 7월 '20세 이상 성인 여성에게도 종중원 자격을 인정해 달라'며 용인 이씨 사맹공파, 청송 심씨 혜령공파의 출가여성 8명이 종친회를 상대로 각각 낸 종원(宗員) 확인 청구소송에서 전원일치로 여성들에게 패소 판결한 원심을 깨고, 사건을 서울고법으로 돌려보냈다.

　이는 지난 1958년 이후 47년간이나 지속된 '종중 회원은 성년 남성에 한 한다'는 관례를 깨고 여성의 종중원 자격을 법적으로 인정한 것으로, 재판부는 "여성에게 종원 자격을 부여하지 않은 그동안의 관습은 1970년대 이후 사회환경과 국민의식의 변화로 법적 확신이 상당히 약화됐다."며 "공동선조의 분묘 수호와 제사, 친목 도모를 목적으로 한 종중의 본질에 비춰 공동선조의 성(姓)과 본(本)이 같으면 성별과 상관없이 종원이 돼야 한다."고 밝혔다.

② 부계혈족 우선 판례 : 우봉 김씨 계동공파 종중은 200년 6월 은평구에 있는 종중의 땅이 공익사업 토지로 수용되면서 137억여 원을 받자 총회 의결을 통해 독립 세대주에게 50억 원, 20세 이상 비세대원과 20세 이상 딸들에게 40억 원을 나눠준다는 원칙을 세워 남성 세대주에게 3,800만 원, 비세대주와 여성 출가자에게 1,500만 원씩을 줬다. 이에 여성 종중원 27명은 차등 지급에 반발해 "합리적 이유 없이 출가한 여자를 차별해 평등권을 침해했다."며 토지수용 보상금 가운데 종원에게 배분하기로 한 90억 원을 공평히 나눠 3,100만 원씩을 달라고 소송을 냈다. 서울서부지방법원 민사12부(김재협 부장판사)는 우봉 김씨 계동공파 16·17·18대손인 김모(65)씨 등 여성 종중원 27명이 "독립 세대주인 남성 종중원과 똑같은 액수의 재산을 나눠달라."며 종중을 상대로 낸 분배금 청구소송에서 원고패소 판결했다고 밝혔다.

　재판부는 판결문에서 "종중이란 공동 선조의 분묘 수호와 제사 및 종원 상호 간의 친목 등을 목적으로 구성되는 자연발생적인 종족 집단"이라며 "성과 본이 같은 후손을 중심으로 구성된 세대와 여자 후손으로 다른 종중원과 결혼해 다른 종중의 후손을 낳아 구성된 세대를 차등화한 것은 부계 혈족을 중심으로 구성된 종중의 특성상 합리적인 범위 내라면 허용될 수 있다."고 밝혔다.

　재판부는 "남녀 평등의 관점에서 반드시 바람직하다고 단정할 수는 없지만 사적자치 원칙의 한계를 넘었다거나 총회의 결의 내용이 제반 사정에 비춰 현저히 불공정해 무효라고까지 단정하기는 부족하다."고 설명했다.

새로운 성씨

1985년 통계청 조사로는 당시 우리나라 성씨(姓氏) 275개 중 한반도 밖에서 유래한 외래 성씨가 136개에 달했다. 2000년 통계청 조사에선 성씨가 728개로 3배가량 늘었다. 이 중 기존에 존재했던 성씨가 286개이고, 외국인의 귀화로 새로 생긴 성은 이보다 1.5배 많은 442개였다. '궐랑로즈(필리핀계)', '고전(古田 · 일본계)', '누그엔티수안(베트남계)' 등 생소한 성도 우리나라 성씨로 편입된 것이다. 외국인이 귀화해 가족관계등록부를 만들면서 한국식으로 개명하지 않고 원래 이름을 유지하는 경우가 많기 때문이다.

전통적인 귀화 성씨 중 가장 많은 것은 '중국계'로 90% 이상을 차지하는 것으로 알려져 있다. 진양(晋陽) 화(化)씨는 명나라 때 들어온 성씨로, 시조 화명신이 명나라가 망한 것을 개탄해 경주에 정착하면서 생겼다. 밀양(密陽) 당(唐)씨의 시조 당성은 원나라 말기에 병란을 피해 고려에 귀화한 뒤 태조 이성계를 도운 공으로 밀양을 본관으로 하사받았다. 베트남계로는 화산(花山) 이(李)씨가 있다. 화산 이씨는 시조 덕에 베트남에서는 '왕손'의 대우를 받는다. 베트남 첫 독립국가인 리(Ly) 왕조 8대 왕의 숙부이자 왕자 신분의 군 총수였던 이용상(李龍祥)은 한 척신이 왕을 폐위시키고 왕족을 몰살하는 반란을 일으키자 베트남을 탈출했다. 그가 몸을 실은 배가 당도한 곳이 본국에서 3600㎞ 떨어진 황해도 옹진반도의 화산이었다. 이곳에 정착한 이용상은 몽골군의 침략을 받자 섬사람들과 힘을 모아 이를 물리쳤고, 이 사실이 고려 조정에 알려져 고종은 그에게 본관을 화산으로 하는 이씨 성을 하사했다.

연안(延安) 인(印)씨는 몽골계 귀화 성씨. 시조 인후(印侯)는 몽골인으로 1275년 충렬왕비인 원나라 황녀 제국공주를 따라 우리나라에 들어와 정착했다. 위구르계인 덕수(德水) 장(張)씨의 시조 장경(張卿)은 원나라 세조 때 공민왕 비였던 노국공주와 함께 고려에 왔다가 귀화했다. 일본계로는 함박(咸博) 김(金)씨가 있다. 임진왜란 때 귀화한 김성인을 시조로 2000년 통계청 조사에서 함박 김씨는 국내에 4,579명이 거주하는 것으로 확인됐다.

1970년대에는 광복 후 강제송환된 부모와 떨어져 국내에 남겨졌던 일본인 망절일랑(網切一郞)씨가 귀화해 한국식 발음 그대로 '망절'이라는 성을 등록했다. 현재 국내에는 그와 그의 자손인 10명의 망절씨가 살고 있다

출처 : 조선일보, 2009.8.22

---

3 가족과 종교

이 절에서는 가족과 종교와의 관계를 이해하기 위해 우리나라 가족제도에 중요한 영향을 미친 주요 종교(유교, 불교, 기독교)의 가족 관련 특징들에 대해 간단히 검토해 보고자 한다.[2]

---

2) 이 절에서 소개된 내용은 다음 자료들을 기초로 작성한 것이다.
　　서선희(1995), "가족중심주의에 대한 유교적 해석", 「가족학 논집」, 7집.
　　서선희(1997), "유교의 가족관", 한국가족학회, 「종교와 가족문화」, 한국가족학회 추계학술대회 발표문, 1997.11.15.
　　이숙인(1999), "유교의 관계윤리에 대한 여성주의적 해석", 「한국여성학」, 15권 1호.
　　이정덕, "불교의 가정윤리", 「종교와 가족문화」, 한국가족학회 추계학술대회 발표문, 1997.11.15.
　　김병서, "기독교적 입장에서 본 결혼과 가정", 「종교와 가족문화」, 한국가족학회 추계학술대회 발표문, 1997.11.15.

1) 유교가족의 지속성과 상호보완성

유교사상의 핵심은 일원론으로 자연과 그 자연 밖의 초자연을 구분하지 않는다. 동양사상에서 자연이란 '스스로 그러함'을 뜻하는 말로, 사물의 존재나 생성의 원인이 그 자체에 내포되어 있어, 자체의 역동적인 힘으로 살아서 움직이는 생명체이고, 만물은 자연으로부터 생성된다고 한다. 인간의 질서도 이러한 자연의 질서와 상호 긴밀한 관계를 맺고 있는데, 유교에서는 가족윤리가 모든 윤리의 기본이며 국가나 기타 다른 사회제도들은 가족의 연장으로 이해된다.

먼저, 유교에서는 이 세상의 모든 생명은 유한(有限)하다는 전제에 기반하여, 유한한 생명과 생명을 연결함으로써 즉, 조상과 후손 간의 혈연관계를 통해서 이러한 인간의 유한성을 극복하고자 한다. 따라서 유교의 가족은 과거의 시조로부터 조상을 거쳐 미래의 자손에 연결되는 초시간적인 관념적 집단으로, 사회제도 중에서 가장 중심적 위치를 차지하게 된다. 이러한 상황에서 가족의 가장 중요한 기능은 대를 잇는 것이며, 부부간의 성적 결합의 가장 중요한 의미도 생식이라는 차원에 맞추어지게 된다. 또한 제례는 생명의 영원성을 확인하는 제도로 중요한 위치를 차지하게 되며, 효(孝)는 과거와 미래를 현재라는 실재에서 접속시키는 구체적 도구인 동시에 모든 생명체를 계속해서 유전시켜 나가는 지속력의 원천으로 핵심적 가치가 된다.

두 번째, 유교에서 인간의 완성은 수신(修身)-제가(齊家)-치국(治國)-평천하(平天下)의 수련단계를 거쳐 이루어진다. 가장 기본단계인 수신의 중심이 되는 기준은 인(仁)의 윤리인데, 이때 가족은 투철한 도덕적 자아를 확립하기 위한 원리를 체화하는 장소로서 가장 기본적 역할을 하게 된다.

세 번째, 가족은 자연의 질서에 상응하는 제도로, 가족질서의 원리는 자연의 질서로부터 유추된다. 유교에서 자연은 살아 있는 생명체이며 전체를 위해 각각의 고유한 기능을 수행하는 여러 부분들로 이루어져 있다. 각 부분들은 각자가 지니는 고유한 성분에 따라 분별되는 것이 자연스럽고 올바른 상태라고 간주된다. 따라서 유교의 가족규범에 의하면 각각의 가족구성원은 하나의 부분으로서 전체 가족에 대해 가지는 역할이 다르다. 유교에서 자연은 끊임없이 변하고 변하는 것이지만, 만물의 위치는 불변하다. 즉, 하늘과 땅이 끊임없이 변하지만 항상 하늘은 위에 있고 땅은 아래에 있다는 것이다. 따라서 우주의 삼라만상은 전체와의 관계에서 본말의 차이, 선후의 차이, 친소의 차이가 존재하고, 가족윤리에서도 장유유서, 부자유친, 부부유별 등 가족원 간의 서열이 규정되며, 이러한 차이와 서열이 잘 수용되고 유지될 때 덕(德)의 상태를 이룰 수 있으며, 자연의 생명이 유지될 수 있다.

그러나 다른 한편, 이러한 위계적 차이는 상호보완성을 전제로 하는 것이다. 즉, 유교의 자연은 여러 부분들이 그물처럼 연계되어 있어, 한 부분의 존재나 기능은 반드시 다른 부분의 존재와 기능에 의존하는 것이다. 예를 들어, 여자의 역할과 남자의 역할은 다르지만, 각각의 역할은 상대적이며, 상호의존적인 것이다. 또한 이러한 위계성은 겸도(謙道)를 전제로 한다. 천지와 음양이 만나 만물을 화생시키는 교감이 되기 위해서는 일정한 이치를 따라야 한다는 것이다. 즉, 하늘이 높고 땅이 낮지만, 하늘이 낮아져서 땅을 받들어야 교감이 가능하고 만물이 화생할 수 있는 것으로 위계적 차이를 기본으로 하면서도 상보적 배려의 도를 강조하고 있다.

이러한 유교의 기본 윤리와 가족관은 앞 절에서 살펴본 바와 같이 고려말·조선초 우리나라에 도입되면서 지배집단의 정치적 목적과 결합되어, 보수적이고 위계적 유교 윤리와 요소들이 강조되면서 가부장제 가족을 확립하는 주요 이념적 도구로 기능하였다. 그러나 유교의 원리적 측면과 역사과정에서 구체화된 유교를 구분해서 그 순기능과 역기능을 균형적으로 검토하는 일은 중요한 과제가 될 것이다.

2) 불교의 평등성과 자비사상

불교의 가족윤리는 불교 윤리의 근본사상과 사회나 시대적 조건에 따라 변할 수 있는 구체적 내용으로 중층화되어 있다. 기층 부분인 근본사상 속의 가족윤리를 파악하기는 쉽지 않으나. 이러한 기본적 가족윤리는 어느 사회에서나 보편적으로 적용될 수 있다. 그러나 구체적 가족 윤리를 제시하고 있는 내용들은 사회문화적 상황에 따라 상이하게 해석될 수 있다.

기본적 불교 가족윤리에 의하면 남편과 아내는 같은 진리의 길을 가는 도반(道伴)이며, 결혼은 오백 번 윤회(輪回)라는 인연을 통해 이루어지는 가장 의미깊은 만남이라고 설명하고 있다. 그러나 깨달음을 통한 중생제도의 '하화중생

(下和衆生)' 사상과 같이 사회의 가정화와 가정의 불교화를 지향하는 한편, 현세적 가정을 부정하기도 한다. 불교의 가족윤리는 불교의 근본 개념인 자비(慈悲), 연기(緣起), 해탈(解脫), 공성(空性), 중도(中道)사상 등에 용해되어 있다.

먼저, 자비사상은 평등성과 무아성(無我性), 역동성, 실천성이 내포된 사랑의 개념이다. 이를 바탕으로 하는 가정윤리에서 부부간의 관계는 인격적으로 평등하다. 또한 부모는 부모의 위치에서 자녀는 자녀의 위치에서 서로 다름의 무아적 통합을 이루므로, 부모-자녀 간의 쌍방적 의무를 지닌다. 즉, 남편은 아내에 대해, 아내는 남편에 대해, 그리고 부모는 자식에 대해, 자식은 부모에 대해 지켜야 할 도리를 지키는 평등성과 무아성을 바탕으로 사랑이 실천되어야 참된 자비가 이루어진다는 것이다.

두 번째, 연기사상에 의하면 일체만물이 독자적으로 존재하는 것이 아니라 여러 가지 조건에 연유하여 생기는 것이다. 이러한 상의상관(相依相關) 속에서 나타나는 가정윤리의 상은 가정 내의 부부, 부모-자식, 형제자매 간 윤리관계는 혈연을 중심으로 하는 것이 아니라, 자타합일의 자비, 즉 무아적 합일의 사상에 기초하는 것이다. 또한 부부는 일심동체이며 부모-자식 간의 관계가 천륜이라는 것은 혈연에 기반하는 것이기보다는 인연에 의한 깊은 상호의존관계에서 기인하는 것이기 때문이다.

세 번째, 해탈은 영원한 죽음을 의미하는 생사윤회의 해탈이 아니라 인간의 참된 모습을 깨달아 일체의 속박으로부터 벗어나는 것을 의미한다. 이처럼 세상의 본래 모습과 자신의 불성을 자각하는 깨달음의 결과 모든 생명은 스스로 자신의 주인이 되며 한 몸이 되는 세계를 이루게 된다. 해탈관을 토대로 나타나는 가정윤리의 상은 가정과 사회가 서로 일치하되 가정의 사회화가 아니라 사회의 가정화를 이루는 것이다. 불교의 해탈적 가정관은 모든 갈등과 망상이 가라앉은 열반의 세계, 모든 고통으로부터 해방된 세계, 자신의 불성을 자각하는 깨달음의 세계가 가정이 되도록 주체적으로 변화시켜 나가야 한다는 적극적 의지를 지닌다.

네 번째, 공성사상에 따르면 인연에 의해 서로 의존하지 않고 생긴 것은 아무 것도 없으므로 모든 것이 공(空)이라는 것이다. 이때 공개념은 정적 개념이 아니라 동적인 개념이다. 우주도 인생도 공이며 주관도 객관도 공이고 공 자체도 공이라는 무아의 사상을 기초로 하는 불교 가정윤리에 의하면, 가족구성원 각자는 서로 의존관계 속에서 존재한다. 이때의 의존관계는 자신의 존재를 가능하게 하는 연기적 인연에 절대적으로 의존하는 것이다. 즉, 가정에서의 공은 상대방을 통해 자신의 생존이 가능하다는 공동체 윤리의 철저성을 의미하므로, 가정생활은 능동적이고 활동적인 속성을 근본으로 한다. 부모는 자녀가 자기의 생활을 충실하게 할 수 있도록 뒷받침하고, 자녀는 부모가 평안하도록 모심으로써 가족구성원 각자는 전체 가족의 부분이면서 동시에 주인으로서 적극적인 생활의 장을 조화롭게 만들어 갈 수 있다.

마지막으로 중도사상은 불교의 근본사상을 생활화할 때 지켜야 할 실천율로, 무엇이든 지나침은 피해야 한다는 사상이다. 특정가치를 지나치게 추구하는 것은 그 자체로 의존관계의 균형을 깨뜨리게 되므로 적절하지 않다. 가족구성원 사이에서도 자비적 관계가 너무 지나치지도, 너무 부족하지도 않아야 한다. 중도사상에서 강조하는 가정윤리에 의하면 혈연적 관계를 우선하기보다는 가정과 사회의 중간, 즉 은혜의 많고 적음, 인연의 깊음과 적음을 기준으로 삼는 것이 옳다.

불교의 기본윤리에 기초한 가족 이해와 가족구성원 간의 역할에 대한 설명과 달리, 초기 불교에서 재가자가 지켜야 할 실천규범 즉, 세속적 일상생활의 도리와 예절을 가르치고 있는 '육방예경(六方禮經)'에서는 가족원의 역할을 구체적으로 제시하고 있다. 남편은 아내를 존경하고, 아내에 대해 예절을 지키며, 스스로의 정의(情義)를 지키고 가정 일을 아내에게 맡기며 아내에게 의복과 패물을 주어야 한다고 제시하고 있다. 반면, 부인의 도리는 가정의 질서를 지키고, 집안에서 부리는 사람을 인격적으로 대하고, 스스로의 정조를 잘 지키며, 남편의 수입을 낭비하지 말고, 가사에 부지런하여 게으르지 않을 것을 강조하고 있다. 이와 함께 자식이 부모를 섬기는 도리나 부모가 자식을 대하는 도리에 대해서도 효도와 순종, 그리고 교육적, 경제적 지원 등에 대해서도 제시하고 있다. 그러나 이 경전은 구체적 생활지침을 제시한 것이니만큼 가족 간의 신뢰와 화목, 상호의무를 강조한 근본 의도를 수용하고, 구체적 내용에 대해서는 시대적 변화를 감안한 유연한 해석이 요구된다 할 것이다.

3) 기독교의 이중적 여성 이미지

기독교윤리에 따르면 가족, 경제제도, 국가, 문화공동체, 교회와 같은 모든 제도는 신의 창조적 질서에 의한 것이므로, 인간은 신의 질서에 속하는 사회제도

안에서 신의 뜻에 따라 생활해야 할 의무가 있다. 신의 창조적 질서 중에서 결혼과 가족은 타 제도의 기본이 되는 매우 중요한 제도이다.

기독교에서는 신과 인간과의 관계를 가족관계에 비유하고 있다. 즉, 결혼하고 가정을 이루는 것은 단순한 법적 계약과 성적 결합이 아니라, 하나님과 그리스도를 머리로 모시고 남녀가 한 몸으로 연합하여 이룬 성스러운 일이다. 따라서 기독교에서는 성서의 가르침에 따라 가정생활을 하고, 자녀를 양육함에 있어서도 도덕적 종교적 훈련과 훈계를 신앙으로 하도록 권면하고 있다.

구체적인 가족 관계에 대해서는 "남자가 홀로 있는 것이 좋지 않음으로… 여자를 창조했다… 남자가 온전한 인간됨은 여자를 알게 됨으로 결혼하여 가정을 이룰 때 형성된다. 그러므로 남자는 아버지와 어머니를 떠나 아내와 결합하여 한 몸을 이루는 것이다."와 같은 창세기(2 : 18, 23, 24)의 내용이나 "남편이신 여러분, 그리스도께서 교회를 사랑하셔서 교회를 위하여 자기를 내주신 것 같이 아내를 사랑하십시오… 남편들도 자기 아내를 자기 몸과 같이 사랑해야 합니다. 자기 아내를 사랑하는 사람은 자기를 사랑하는 것입니다."라는 에베소서(5 : 25~28)의 내용, 그리고 "남자는 저마다 자기 아내를 두고, 여자도 저마다 자기 남편을 두도록 하십시오. 남편은 아내에게 남편으로서의 의무를 다 하고, 아내도 그와 같이 남편에게 아내로서의 의무를 다하도록 하십시오."라는 고린도 전서(7 : 2~4)의 내용들은 부부간의 상호존중과 사랑을 기반으로 하는 가정의 완전성을 강조하고 있다. 더 나아가 "유대사람이나 그리스사람이나 종이나 자유인이나 남자나 여자나 차별이 없습니다. 그것은 여러분이 그리스도 예수 안에서 다 하나이기 때문입니다."라는 갈라디아서(3 : 28~29)의 내용처럼 남녀 간의 평등, 모든 인간의 동등성을 직접적으로 강조하고 있다.

그러나 동시에, "아내이신 여러분, 주님께 순종하는 것 같이, 남편에게 순종하십시오, 그리스도께서 교회의 머리이심과 같이 남편은 아내의 머리이기 때문입니다… 교회가 그리스도께 순종하는 것 같이 남편에게 순종하십시오."라는 에베소서(5 : 22~24)의 다른 구절과 같이 남편에 대한 아내의 복종을 요구하기도 한다. 이브가 아담을 유혹했다는 창세기 신화 역시 여성을 사악하고 색정적이고 신뢰할 수 없는 존재로 여기게 한다. 그러나 동정녀 잉태의 신화는 임신의 기적에 대한 모든 명예와 구원의 기회를 신에게 돌리며, 동정녀 마리아를 신의 의지를 전달하는 수단으로서 선한 존재로 간주하고 있다.

성서의 내용들을 전반적으로 보면, 그리스도가 모든 이의 영적 평등을 강조했고, 많은 수의 여성 사도를 거느렸던 데 반해, 사도 바울과 후기의 신학자들은 상대적으로 여성혐오적 메시지를 설교하고 있으며, 로마 가톨릭교회와 국가가 조직화되고 중앙집권화될수록 여성은 더욱더 권력의 자리에서 배제되고, 남성과 가족에 봉사하는 존재로서 권리보다는 의무가 더 강조됨을 알 수 있다.

이러한 상호모순적 기독교 역사기록을 놓고, 성서라는 텍스트의 특성을 어떻게 이해하고 어떻게 해석해야 할 것인지에 대해 근본주의와 비근본주의적 입장이 나뉘어진다. 근본주의 교파에서는 "성서는 하나님께서 직접 쓰신 것이나 마찬가지이므로 문자 그대로 해석해야 한다."고 주장하고 있다. 반면, 비근본주의 교파에서는 "성서는 다양한 시대와 다양한 문화적 여건에 있던 사람들이 각자의 체험과 사고의 틀을 토대로 하나님의 계시에 대하여 서술한 책이므로, 성서의 내용이 궁극적으로 지향하는 바가 중시되어야 한다."고 주장한다.

여성과 가족에 대한 다양한 성서의 내용, 기독교 교회의 가르침, 그리고 이에 대한 해석방식의 불일치 중 어떤 쪽을 택할 것인가에 따라 기독교가 가부장적 결혼과 가족, 종속적 여성역할을 유지하게 하는 중요한 이념적 도구로서 역할을 할 수도 있고, 평등성과 상호존중에 기반한 새로운 가족으로의 변화를 위한 기반을 제공하는 도구가 될 수도 있다.

 성경을 해방시켜라

나 또한, 우리의 종교적 전통을 제도화하였기에 그 전통이 오늘날의 우리에게 전달될 수 있었음을 인정한다. 만약 우리의 경험을 서술한 성경이 없었더라면, 그리고 우리의 공통된 전승을 집약한 신조가 없었더라면, 우리 크리스천들은 오래 전에 이미 지구상에서 소멸하였을 것이다. 내가 논쟁하려 하는 바는 성경이나 신조 그 자체가 아니라, 이러한 도구들을 시간 속에 동결시켜 버리는 일, 그리하여 성경이나 신조들이 그것들을 만들어낸 당시의 주관성과는 무관하다는 가정에 대하여 논쟁하려는 것이다. 성경이나 신조는 진리를 향한 창문일 뿐이며, 그것들 자체가 진리인 것은 아니다. 그것들은 하나님의 사람들이 신앙의 여정에서 정립한 귀중한 작품들이다. 그것들은 진리를 위한 매개변수(parameter)를 제시하고, 우리로 하여금 그 매개변수를 진지하게 다루라고 요청한다. 그러나 성경이든 신조든 그것들을 문자 그대로 받아들이거나, 어찌어찌하여 객관적인 진리가 인간의 언어들 속에 잡혀 있는 것처럼 생각해서는 안 된다. 그 이해의 장벽을 넘지 않고서는, 기독교의 성경이나 신조들이 동터오는 21세기의 존경받는 진리의 원천 혹은 생생한 선택이 될 기회를 상실하고 말 것이다.

출처 : 스퐁, 2002: 318-320

핵 심 정 리

가부장제 가족의 형성은 17세기 근대 사회로의 변화와 밀접한 관계를 지닌다. 이 시기는 봉건주의가 붕괴되고, 전통주의 및 공동체적 가치가 약화되는 대신 산업화와 도시화, 자본주의화, 관료화 등의 근대사회의 특징이 등장하기 시작하는 시기이다.

이러한 사회적 변화는 가족 내외의 새로운 성별분업구조와 사회적 관계 및 가치의 변화를 초래하였다. 즉, 가족과 사회, 공적 영역과 사적 영역, 그리고 남성의 일과 여성의 일 사이의 구분이 이루어졌다. 아울러 가족 내 여성들은 피부양자로 그리고 이들이 담당하는 일은 비생산적인 일로 평가절하되게 되었다.

우리 사회에서도 고려 말 이후 성리학의 수용과 조선시대의 건국과정을 통해 기존의 보다 양계적이고, 평등적인 가족제도가 성차별적 가부장제 가족으로 변화하게 되었고, 이러한 부계 중심의 가부장제 가족은 현재에 이르기까지 우리 사회 가족제도와 규범, 가치에 중심적 역할을 해 오고 있다.

생 각 해 봅 시 다

Q1 서구 근대사회의 높은 사망률이나, 평균수명, 경제적 조건 등을 고려할 때 안정적인 결혼제도가 유지되거나 대가족제도가 지배적이었다고 하기는 어렵다. 이러한 사실들은 자신이 생각하는 과거 사회 가족의 이미지와 어떠한 차이가 있는지 생각해 보시오.

Q2 고려시대의 가족제도를 볼 때 현재의 가족보다 오히려 모계와 처계를 존중하고 있다. 이는 우리 사회가 오랫동안 가부장적이며, 남녀불평등한 사회였다는 일반적 믿음과는 배치되는 것이다. 우리나라의 시대별 가족에 대해 면밀하게 살펴보시오.

결혼과 가족

결혼과 가족

사람들은 왜 결혼을 하는 것일까? '사람들은 왜 결혼을 한다고 생각하는가?' 라는 질문에 대해 예상할 수 있는 답변은 '서로 사랑하기 때문에', '인생의 동반자를 얻기 위해서', '경제적 안정을 얻기 위해서', '자녀를 갖기 위해서' 등등일 것이다. 결혼은 자녀의 출산과 양육을 통해 가족을 형성하는 첫 단계라고 인식되고 있다.

거의 대부분의 합법적인 결혼은 개인에게 행복을 가져다 준다는 희망 위에서 성립된다. 그러나 결혼의 현실적인 모습에 눈을 돌려보자. 불같이 뜨거웠던 사랑도 영원히 지속되는 것은 아니다. 또 처자식을 부양할 책임이 기대되었던 남편이 경제적으로 무능할 경우, 살림을 알뜰살뜰 꾸려나가는 가정주부의 행복한 일상을 원했던 여성이 생계를 위해 직업 일선에 나갈 수밖에 없다. 또 자신의 분신을 낳아서 키우는 기쁨과 만족감을 기대했으나 자녀가 생기지 않는 수도 있다. 결혼 상태를 지속하고는 있지만 화목한 관계라고 볼 수 없는 부부도 많이 있다. 일생 동안 동고동락을 같이 하기로 한 신뢰의 약속은 허물어지고 이혼은 지속적으로 증가하는 추세이다. 이와 같은 몇 가지 단편적인 예만 보더라도 결혼에 거는 기대가 결혼을 통해 반드시 충족되는 것은 아님을 알 수 있다.

1 결혼의 사회적 함의

1) 결혼의 사회적 성격

거의 모든 사회에서는 결혼제도를 통해 성인남녀의 공동생활을 공식화하고, 가족집단이 사회의 기초단위로 기능하게 한다. 결혼식이라는 공개적인 의례절차를 수반하는 결혼은 사회적으로 적법한 성적 결합으로 지속성을 전제로 기획된다. 생애주기에서 성인기의 남성과 여성은 결혼으로 부부가 됨으로써 이성관계의 욕구를 합법적으로 충족시키며 자녀를 출산·양육하며 가족적 삶을 살아간다.

인류의 역사를 통해 보면, 결혼은 사회적 의미를 내포하고 있는 사회제도이다. 결혼제도는 개인의 삶과 의식을 규정하는 사회적 구속력을 갖고 있다. 결혼은 남녀의 결합이라는 수평적 관계이고, 혈연관계가 없는 남녀의 결합은 계약의 성격을 띠게 된다. 결혼은 사회적 결합, 경제적 결합, 인간적 결합, 법적 정당성에 근거한 계약이다. 명시적인 결혼계약에서는 배우자 간 및 배우자와 장래의 자녀의 사이에 상호적으로 권리와 의무의 관계를 규정한다. 결혼은 사회적 계약이므로 계약은 해소될 수 있다. 결혼관계의 해소는 법률적 이혼이다.

일반적으로 결혼생활이라고 하면, 결혼한 두 사람이 경제적으로 공동생활을 하고, 친밀하고 애정이 넘치는 유대를 형성하며, 합법적인 성행위를 하고 자녀를 출산하고 양육하는 것이라고 생각한다. 그런데 이러한 결혼의 모습은 그다지 오랜 역사를 가지고 있지 않다. 넓은 의미에서 본 결혼의 정의는 사회적으로 정당하다고 승인된 계속적 성관계이고 그 관계에서 태어난 아이는 사회적으로 승인된 성원이 되는 관계이다. 여기에서 공동생활이나 애정은 필수사항이 아니다.

산업화 이전 사회에서 결혼은 경제적 교환의 의미가 컸다. 엥겔스는 사유재산의 발달과 적출 상속인의 필요에 의한 역사적 결과가 결혼과 가족이라고 하였다(엥겔스, 1987). 경제적 자원에는 재산은 물론이고 시간, 공간, 노동, 서비스, 그리고 성애 등의 요인도 포함된다. 부유한 사람에게 결혼은 재산이나 정치적 협상물이었다. 결혼은 재산을 늘리거나 공고히 하는 방법이었고, 정치적 동맹의 확보, 사회적 연결망의 형성 등 양가의 결합에 결정적 수단이 되기도 했다. 그러나 경제적 여유가 없는 사람들의 경우에는 노동, 기술, 봉사, 거주 공간 등의 필요에 의해 결혼을 하였다(기틴스, 1997). 또한 결혼은 노동생활의 핵심적 과정이었다.

농업을 가업으로 하는 농가에서 장남은 가업을 계승하고 딸은 시집을 가는 것이 일반적이었다. 남성에게 결혼은 가업을 함께 담당하는 일손을 얻는 것이었고, 여성은 결혼을 통해 배우자의 집에 들어가서 가업을 공동으로 담당하고 차세대 노동력인 자녀를 출산하였다.

19세기 서유럽사회에서 도시화와 산업화가 진전되면서, 임금노동자가 대규모로 창출되었다. 이러한 사회환경은 공동체를 약화 내지 해체하였고, 개인주의를 확산시켰다. 경제적 생산활동의 수준이 낮은 시대에는 개인의 의사보다도 집단의 이익이 우선되었다. 남편이나 아내의 개인적 의사를 존중하면 가족의 붕괴를 야기할 위험성이 발생하기 때문이었다. 결혼이 개인의 자유로운 선택에 바탕을 둔 행위가 되기 위해서는 경제적 발전과 함께 사회의 생산활동 단위가 가족에서부터 개인으로 전환되는 것이 중요하였다.

현대사회에서 개인주의와 민주적 관계가 점차 확산되고 정서적 만족감에 대한 기대가 높아지면서 우애적 결혼을 당연시하는 의식이 보편화되고 있다. 제도적 결혼은 가족과 공동체에 대한 의무를 강조하였고, 개인의 행복보다 가족의 안정을 유지하는 것이 우선시되었다. 그러나 우애적 결혼에서는 애정의 표현, 남편과 아내의 평등성, 민주적 의사결정, 가족관계를 통한 행복감 등의 기대가 중요시된다. 당사자의 합의로 성립된 우애적 결혼은 부부간의 결혼의무 이행에 있어서 상호성과 자발성을 기초로 하기 때문이다(이효재, 1991). 결혼을 통해 부부가 된 남녀는 성적으로 서로를 독점할 수 있는 권리, 정서적인 일치, 배우자에 대한 노동력의 제공과 경제적 책임 등에 관한 기대를 갖고 공동생활을 시작하게 된다. 각각 다른 집안과 사회적 환경에서 살던 두 사람이 새로운 사회적 관계인 부부로서 하나의 단위를 이루게 되는 것이다. 결혼생활에는 부부관계를 비롯하여 배우자가족과의 관계, 출산과 자녀양육, 아내역할과 가사노동 등의 가족관계 및 역할수행의 측면이 포함된다.

일부일처제 사회에서 결혼은 개인의 일생에서 일회적인 과정으로 보편화되었다. 결혼생활에 관련된 행동이나 조건에 대한 기대는 사회변화에 따라, 개인의 인생주기에 따라, 주위의 환경적 여건에 따라 가변적이다. 결혼관계에서 개인적 성취에 대한 요구가 등장하게 되면, 결혼이 '의무'의 영역에서 '선택'의 영역으로 이동한다. 개인이 자발성에 의해 선택한 배우자와 결합된 결혼은 창조적 성격을 띠게 된다. 결혼 당사자에게 선택의 자유가 인정되기 시작하는 것이다. 이러한 선택성은 결혼관에 유연성을 증가시켜서 결혼을 선택하지 않을 자유, 결혼을 늦게 하거나 자발적으로 결혼관계를 해소하는 자유도 확대하였다. 결혼의 선택성이 강화되면 결혼에 따른 책임성도 높아지고, 가족형태는 더욱 다양해질 가능성이 있다.

한편, 경제학자 베커(Becker)는 인간행동과 상호작용을 경제학적 관점에서 분석하여 노벨경제학상을 수상하였다. 비시장영역에 대한 경제학적 접근을 시도한 대표적 이론가인 베커는 신가정경제학을 통해 결혼시장의 구성과 남녀 간의 결합규칙을 제시하였다. 그는 개인이 독립적으로 효용의 극대화를 추구하는 방향에서 의사결정이 이루어진다는 가설을 전제로 하여 결혼에 관한 선택적 행동을 분석하였다. 개인들은 자신에게 가장 적합한 배우자를 찾아내기 위해 경쟁하고 시장의 여러 조건이 부과하는 제약들에 예속되므로, 결혼시장이 존재하게 된다는 것이다. 독신으로 남을 때보다 결혼으로부터 얻게 되는 편익이 비용보다 상대적으로 크다고 자각할 때 결혼이 성사된다. 효율적인 결혼시장은 시장 내 가정산출의 총합을 극대화하는 경향이 있기 때문에 대개 '정적 선택혼(positive assortive mating)'이 많아지게 된다. 정적 선택혼이란 조건이 좋은 남성은 조건이 좋은 여성과, 조건이 낮은 남성은 조건이 낮은 여성과 혼인한다는 것을 의미한다. 여기서 조건의 우월함이란 남녀 간의 보완성과 비교우위를 바탕으로 한 평가이다. 즉, 남녀의 어떤 자질이 서로 보완재일 경우에는 우월한 사람끼리의 결합이 서로의 특성을 강화시키지만, 대체재일 경우에는 정적 선택혼이 서로의 장점을 오히려 상쇄시키게 된다(베커, 1994).

이러한 베커의 분석에 대하여 가정을 경제적 효용성의 척도에 한정하여 맞추어 분석할 수 없으며, 결혼제도와 문화가 젠더체계에 기반한다는 사실을 간과하고 있다는 비판이 제기되었다.

2) 성별화된 결혼

(1) 결혼의 동기와 젠더체계

결혼은 여성을 주변화시키는 남성지배적 권력구조 안에서 실행되는 의식이고 사건이다(Delphy, 1977). 결혼에 대한 사회인식과 법적 규정이 변화하고 있음에도 불구하고, 여성은 결혼하면 자신의 정체성을 상실하고 남성의 소유물이 된다는 사고방식은 뿌리 깊어서 오늘날의 많은 법과 관습에도 잔존하고 있다(터틀, 1999). 여성은 배우자를 선택할 때 경제력과 직업, 학력 등을 중시한다. 경제적 안정과 계급 상승에 대한 기대는 즉 여성의 상향혼 지향현상에 나타난다. 그런데 최근으로 올수록 선택혼이 늘어나고 동류혼, 즉 계급내혼의 경향이 강화되고 있다. 남성의 경우에는 외모, 직업을 배우자 조건으로 중시하는 변화양상이 나타나고 있지만, 자신보다 아내의 수입이 더 많은 것은 불편하게 생각하기도 한다. 맞벌이부부의 경우에도 남성은 자신의 가사 참여를 보조적인 것으로 여긴다. 여성은 자신의 경제적 벌이가 보조적이며, 남편이 가족 전체의 부양자이기를 원한다.

결혼할 때는 부모로부터 독립해 나만의 가정을 꾸린다고 생각하고, 결혼한 부부는 대등한 동반자라고 말해지지만, 실상은 그렇지 않다. 여성의 경우에 결혼을 하면, 자신의 부모가 있는 출생가족에서 벗어나는 대신 남편의 가족 안으로 들어가게 된다. 여성들에게 결혼은 남성이 지배하는 권력구조에서 위치를 이동하는 것이다. 성장기에는 딸로서 가부장인 아버지의 보호를 받다가, 성인이 되면 아내로서 남편이라는 남성의 보호로 편입되는 것이다. 이러한 이동은 여성의 종속적 지위를 그대로 유지시킨다. 결혼과 가족은 가족 내의 성별분업, 자녀양육의 방식과 책임, 성적 표현 또는 행위, 심리적 지향의 측면에서 남녀의 차이가 분명하게 드러나는 젠더화된 제도이다. 결혼에 낭만적 사랑이 개입되면서, 부부 사이의 정서적 만족감을 기반으로 하는 행복한 가정이라는 사적 영역의 성취가 여성의 성공적인 인생이라는 인식이 확산되었다. 그런데 정서적인 측면의 강조는 부부관계의 긴장과 갈등을 증가시켜서 결혼의 제도적 안정감이 약화되었다. 여성은 결혼을 하면 자신의 생활을 남성의 요구에 맞추고 자신의 인격을 남편의 인격 속에 포섭시키는 것이 행복한 여성의 당연한 선택이라고 생각한다. 결혼에 대한 기대나 평가가 성별에 따라 다르기 때문에 이혼에 있어서도 남성과 여성은 서로 다른 가치관과 이해관계를 가지게 된다.

혼외출산에 대한 사회적 수용성이나 이혼여성의 사회경제적 위치도 결혼시장 내의 배우자 선호에 영향을 미치는 요소이다. 결혼연령도 젠더체계에서 규정되는 규범적 연령의 영향을 받는다. 결혼시장에 참여하는 개인은 젠더체계 속에서 사회화된 '젠더화된 개인'이며 남녀 간의 결혼은 젠더관계를 기반으로 하는 사회에서 삶의 유형을 선택하는 것이고, 이를 재생산하는 기제로 작용하고 있다.

평등하고 열린 부부관계를 지향하는 결혼서약서

• 존 스튜어트 밀(1851년)

"그녀의 동의를 얻어서 이렇게 행복해 하면서, 내가 알아 온 유일한 여성, 가능했더라면 내가 이미 이전에 결혼했을 여성과 결혼관계에 들어가면서, 그녀와 나는 법적으로 형성된 결혼관계의 전반적 성격을 완전하게 반대한다. 법률은 결혼계약을 통해 상대방 여성의 인격, 재산, 행동의 자유에 대한 법적 권력과 통제권을 그녀 자신의 의도와 관계없이 남성에게 부여하기 때문이다.

나 스스로 그러한 부당한 권력에 대해 저항할 수단을 갖지 못하므로, 나는 그러한 권력이 부여되는 현행 혼인법에 대해 반대하고, 그러한 권력을 결코 사용하지 않을 것이라는 엄숙한 약속을 기록으로 남기는 것이 나의 의무라고 생각한다. 그리고 테일러부인과 나의 결혼에서, 그녀가 모든 면에서 절대적인 행동의 자유와 자신을 마음대로 할 자유를 존속시키자는 것이 나의 뜻이며 우리의 결혼조건임을 선언한다. 그리고 이러한 결혼으로 인해 얻은 나의 모든 권리를 부인하고 거부한다."

출처 : 장필화, 1998: 146

(2) 연애결혼의 허와 실

한 개인이 타인이었던 이성을 배우자로 결정하는 과정에는 다양한 요인이 작용한다. 배우자 선택은 사회적·경제적·정서적·성적 요인들이 복합적으로 작용하는 미묘한 과정이다(필립스, 2001). 결혼의 목적이 집안의 영속을 위한 수단이었던 전통사회에서는 결혼은 개인과 개인의 결합이 아니라 가문과 가문의 결합이었다. 그래서 배우자 선택도 개인적 동기보다는 가문이나 사회경제석 지위가 중시되었고 부모가 자녀의 결혼 결정권을 행사하는 중매혼이 주류를 이루었다. 이러한 결혼은 경제적 안정, 사회적 지위 획득, 자녀 출산 등 실재적 필요성을 근거로 하여 도덕성과 사회규범이 강조된 제도적 성격이 강했다.

18세기경 유럽에서 연애결혼이 등장하였다. 산업사회가 성립되면서 결혼은 애정이 있는 상대와 해야 한다는 의식이 형성되어 연애결혼이데올로기가 보급되었다. 농업사회에서는 남성이 가업을 계승해야 했지만, 산업화가 진행되자 많은 남성들이 도시의 공장이나 회사에 근무하는 노동자가 되었다. 가업의 계승과 노동력의 충원이라는 필요에 의해 배우자를 선택할 필요가 없어졌고, 부모의 의견을 따른 필요도 없어진 것이 애정에 기반하여 배우자를 선택하는 연애결혼 성립의 전제조건이 된 것이다.

기독교의 윤리에서는 연애와 결혼을 연계하면서 결혼의 제도적 성격을 강화하였다. 결혼생활에서 부부간의 애정과 친밀성, 성실성이 중요하다는 것을 강조하였다. 결혼생활에서 낭만적 사랑이 지속되기를 기대하면서 부부 이외의 사람과 연애나 성관계는 억제하였다. 애정을 느낀 특정 이성을 배우자로 선택한다는 결혼관, 결혼을 하면 남녀 모두 다른 이성에게는 애정을 느끼거나 성관계를 해서는 안 된다는 의식이 보급되었다. 성관계는 인간의 본질적 욕구이고 그 욕구를 충족시키는 정당한 수단은 결혼이라고 하여, 성과 결혼을 결합하고 부부간의 성관계만이 바람직한 것으로 규정하였다. 연애결혼은 애정을 결혼제도 안에 제한하는 역할을 하게 된 것이다. 이와 같이 연애결혼은 결혼과 애정과 성행위를 연결하는 이데올로기로 확립되었다.

현대사회에서는 양성평등의식의 보급과 개인주의의 확산 등으로 배우자 상호간에 동료로서의 연대감, 애정, 자아성장 등 개인의 정서적 욕구의 충족을 추구하게 되었다. 이에 따라 배우자관계도 상호적인 요구수준이 높아지고 있다. 결혼의 목적이 개인의 행복 추구, 자아실현 등으로 변화하면서 두 사람 간의 애정과 인성을 바탕으로 한 개인적 동기에 치중하게 되었고, 당사자 스스로 배우자를 선택하는 자유혼이 증가하게 되었다. 이성교제가 보편화되면서 배우자 선택에서 낭만적 사랑이라는 정서적 애착관계를 중요시하는 경향이 지속되고 있다.

그런데 연애는 본질적으로 제도로서의 결혼과는 상반되는 성격을 갖고 있다. 연애감정은 두 사람이 상대방에게 육체적·인격적 애착을 표현하는 것이다. 연애의 자유를 인정한다면 혼외성관계를 금지하는 것은 모순이다. 낭만적 사랑을 결혼에 의해 영속가능하게 한다는 것은 연애결혼이데올로기이다. 일부일처제의 질서는 낭만적 사랑을 표방하는 연애결혼이데올로기에 의해 성립된 제도이다. 일부일처제 결혼을 유지하기 위해서 연애를 결혼에 종속시키고 합법적 성관계를 근대적 부부관계의 근간으로 삼았던 것이다.

연애결혼이 확산되는 시기에 성역할분업도 점차 확립되어 갔다. 결혼으로 결합된 부부가 가업을 공동으로 담당하던 관계에서, 남편은 밖에서 일하여 수입을 얻고 부인은 집에서 가사와 육아를 담당하는 분업관계로 전환된 것이다. 부부의 성역할분업은 남성과 여성의 배우자선택의식에 변화를 야기했다. 남성은 자신의 인생설계나 생활수준은 배우자의 조건에 영향을 받지 않는다. 남성의 경우, 결혼은 배우자를 맞아들이는 일종의 통과점이라고 인식되었다. 결혼을 통해 여성은 남성의 사회경제적 조건과 지위를 수용하고 경제적 생활을 의존하게 되므로, 심

여성의 신비(The Feminine Mystique)

1963년 미국에서 출간된 베티 프리단(Betty Freidan)의 『여성의 신비』는 당시 여성운동의 기폭제가 된 저서이다. 저자 자신의 경험과 고민을 바탕으로 한 문제의식에서 출발하여, 결혼이 여성을 구속하는 측면을 심층인터뷰 방식을 통해 생생하게 드러내어 사회적 주목을 불러일으켰다.

1960년대에 경제적으로 안정되어 교외에 있는 주택에 거주하는 평범한 가정에서 어머니와 아내로 사는 중산층 주부의 삶은 행복해 보이지만, 실상은 행복하지 않다는 사실을 밝혀내었다. 여성들이 가정주부로서 겪고 있던 내면적 갈등을 구체적으로 묘사하여 '이름 붙일 수 없는 문제들'로 규정하고 여성들이 이로 인해 고통받고 있다고 하였다. 주부가 된 여성은 온순하며, 순종적이며, 타인에 대한 따뜻한 배려심이 있으며, 집안을 청결히 하는 것을 좋아하고, 가족들에게 사랑을 베푸는 자애로운 사람이라는 고정관념 때문에 가정에 충실해야 한다는 강박감에 사로잡히게 된다는 것이다. 여성에게 가정은 '편안한 포로수용소'라는 강박적 현실이라고 하였다. '여성의 신비'란 '여성다움이라는 이름으로 여성에게 신비하게 덧씌워진 고정된 역할과 이미지'인 것이다.

여성들은 이러한 상황을 자각하고 남편과 육아에서 해방되어 사회적 활동을 통해 자신의 정체성과 양성평등을 모색해야 한다고 주장하였다.

이 책의 성공으로 프리단은 미국 최대의 여성운동 단체인 전미여성기구를 비롯하여, 전미낙태권행동리그, 전미여성정치회의를 창립하였고, 낙태, 출산 휴가권리, 승진과 보수에서의 남녀평등을 위한 운동을 전개했다. 그러나 이 책은 여성 내부의 인종적·계급적인 차이를 간과했다는 비판을 받았다.

출처 : 베티 프리단(2005), 『여성의 신비』

리적으로도 상당한 변화를 경험하는 인생의 최대 사건이 되었다. 따라서 여성들은 애정을 매개로 하여 가족이라는 제도적 틀 안에서 타협하고 가족집단을 유지하려는 경향이 있다. 낭만적 사랑은 남성과 여성의 성규범을 강화하고 신성시한다. 결혼이 낭만적 사랑을 매개로 한 남녀의 배타적 인간관계로 인식되는 것은 결혼의 환상성과 가부장적 이데올로기가 결합된 결과인 것이다.

(3) 결혼의 불평등구조

자본주의경제를 채택한 근대국가는 성별분업체제에 기초한 결혼시스템에 의해 경제발전을 이루었다. 가부장제와 자본제가 결합한 근대 결혼제도는 '남성은 일, 여성은 가사와 육아'라는 성별분업체제를 기반으로 하여 성립되었다. 가부장제 사회에서 여성은 가사·육아·돌봄이라는 성역할을 배당받고, 결혼을 통해 아버지를 떠나 남편의 지배로 이동한다. 자본주의에서 남성은 노동자로 사회적 생산영역에서 착취당하고, 여성은 가정에서 노동력을 재생산하는 역할을 하여

자본주의체제를 유지시킨다. 여성이 수행하는 가사노동의 본질은 임금노동의 이면에서 그림자로 존재하는 무임금노동이다. 자본주의의 경제시스템은 성별분업이데올로기에서 여성의 가사노동을 당연시하고, 노동력의 재생산활동에 대한 임금을 지불하지 않는다. 또한 여성은 노동시장에 들어가서도 '가사와 육아가 여성의 천직'이라는 성별분업이데올로기로 인해 '이류노동자'로 취급되고 임금이나 직무배치에서 차별받는다. 즉 여성은 자본주의체제에서 가정과 노동시장에서 이중적으로 착취당하고 있는 것이다.

결혼은 남성과 여성 사이의 특수한 노동관계이다. 결혼을 하면 남성은 아내의 보살핌과 무급 가사노동의 혜택을 누리는 사회경제적 이득을 얻는다. 반면, 여성은 일생동안 자신의 노동, 성애, 재생산능력을 남성에게 제공하고, 이에 대한 대가로 보호를 받고 생계를 유지하며, 자녀에 대한 일정한 권리를 갖게 된다 (Leonard, 1980). 가부장제의 관념은 여성을 아버지나 남편의 가구에서 생활하고 일을 하는 종속적 존재로 규정한다. 남성들에게 결혼이란 독립과 권위를 성취할 수 있는 수단이다. 남편은 아내와 자녀에게 서비스와 복종을 받고, 그 대신에 그들에게 복지를 제공할 책임이 부과되었다. 결혼은 여성에게 경제적 안정과 지위 획득의 필수적 수단이 되었다. 결혼제도는 여성에게 부모와 남편과 자녀들을 위해 일하고 희생하는 의무를 부과하였다. 여성은 경제적으로, 사회적으로, 정치적으로 종속된 상태에 머물 수밖에 없는 것이다. 결혼관계 속에서 아내와 남편의 삶이 상호의존적 필요성과 상호책임의 적합성, 그리고 결혼에 대한 기대 및 기혼자의 사회경제적 지위의 측면에서 불평등한 구조가 형성되어 있어서, 기혼여성은 헌신성과 수동성을 암묵적으로 강요받는 사회적 약자의 입장에 놓이게 되고 만다.

현대사회에서는 자원과 생활기회에 접근할 수 있는 가능성이 젠더에 따라 차별화되어 있다. 따라서 결혼의 평등과 이상을 실현하는 것은 거의 불가능하다. 배우자 선택 과정에는 우애적 요소가 중요시되었지만, 결혼 후의 부부관계는 기존의 전형적인 남성중심적인 관계구조 및 성역할분담의 틀이 그대로 고수되고 있는 경우가 매우 많다. 결혼제도가 남성중심적 권위와 관계망을 전제로 하고 있으므로, 부부관계에서 남성과 여성은 쌍방이 만족하는 현실적인 친밀성 공유는 매우 힘든 과업일 수밖에 없다. 결혼이 여성의 인생을 좌우한다는 결혼관은 시대적 가치관 및 세대적 특성이 반영되어 있는 것이다. 결혼에서 남성과 여성의 불평등한 관계는 의무와 책임에서 가부장제이데올로기를 기반으로 하고 있다. 양성불평등적 사회구조가 여성의 삶을 규정하는 가치관으로 내면화되어 있다.

전통적인 젠더구조에서 여성은 가족의 표출적인 과업을 수행하게 하므로 결혼한 여성은 가족생활에서 가족구성원들에게 보살핌이나 지원을 제공하는 역할을 수행한다. 여성으로서의 자신의 삶을 정당화하는 중심적 역할가치가 현모양처이고, 결혼의 영속성을 기본전제로 하는 결혼관은 자아향상 동기보다는 가족에 대한 헌신을 우선시하는 행동의 선택으로 표출된다고 볼 수 있다. 그런데 여성이 다른 가족구성원들에게 혜택을 받는 것은 상대적으로 적으므로 기대가 충족되기 어렵다. 여성의 경우, 아내와 어머니로서의 역할과 직장인으로서의 역할을 결합시키고, 아내를 남편에게 종속시키지 않고, 부부를 독립적이고 동등한 존재로 인정하는 결혼관계를 유지하는 것은 결코 쉬운 일이 아니다.

여성에 대한 모든 형태의 차별철폐에 관한 협약

• Convention on the Elimination of All Forms of Discrimination against Women

정치적, 경제적, 사회적, 문화적, 시민적 분야에서 양성평등을 달성하는 데 필요한 조치를 규정하고 있는 다국간 조약이다. 1979년 12월 18일에 UN 총회에서 채택되어, 1981년 9월 3일에 발효되었다. 이 협약은 법령뿐만 아니라 사실상 또는 관행상의 차별도 포함시켰고, 사적인 영역의 차별철폐 의무를 부과하고 있다.

협약에서는 여성차별이란 "정치적, 경제적, 사회적, 문화적, 시민적 또는 기타 분야에 있어서 여성이 인권과 기본적 자유를 누리는 것을 저해하는 모든 형태의 구별, 배제 혹은 제한을 의미한다."고 규정하였다. 당사국에게 남녀평등의 원칙을 헌법, 또는 기타 법률에 명시하고, 차별을 금지하기 위한 입법, 제재조치를 강구할 것을 요구하고 있다. 양성차별을 철폐하기 위해 잠정적 시행을 전제로 하는 적극적 조치(affirmative actions)를 규정하였다.

협약에 제시된 주요 내용을 보면, ① 양성평등과 여성의 발전을 확보할 국내 입법의 의무화, ② 결혼 또는 이혼에 따른 차별해고 방지, ③ 모성보호를 위한 조치, ④ 가사 책임에 관한 남녀 분담, ⑤ 교육과 노동의 기회, 임금 등의 평등, ⑥ 재산관리 및 사법 절차에서의 남녀평등, ⑦ 여성의 법적 능력을 제한하는 계약 · 문서의 무효, ⑧ 투표권 및 공무담임권의 평등, ⑨ 국적취득권의 동등과 처의 국적독립권, ⑩ 인신매매 및 매음의 금지 등이다.

2009년 5월 현재, 협약의 서명국은 98개국이고, 체약국은 186개국이다. 협약 당사국 회의에서 뽑힌 임기 4년의 여성문제 전문가 23명으로 구성된 여성차별철폐위원회는 각국 정부의 이행 보고서를 심의하고 권고하며 UN 총회에 보고한다. 한국은 1984년 12월 27일에 일부조항을 유보한 상태로 협약에 비준하였다.

여성주의운동은 양성평등의 관점에서 성별분업체제에 대한 비판을 가하였다. 1979년에 성립된 '여성차별철폐협약'에서는 사회와 가정에서 남녀의 전통적 역할분업을 해소하고 출산이 여성차별의 원인으로 작용하지 않도록 가사책임에 관한 남녀 분담을 지양하고 가사와 육아를 남녀공동으로 수행해야 한다고 명시하고 있다.

3) 우리나라의 혼인거래 관행

결혼의 성립은 배우자를 선택하면서 구체화되기 시작한다. 배우자 선택은 의식주, 문화생활 등 가족성원들의 현실적 요구를 충족시켜야 하는 가족의 형성과 직접 연관되는 과정이다. 결혼할 의사가 있는 남녀는 결혼에 대한 기대에 따라 다른 만남의 방식을 선택한다. 맞선의 경우에는 상대방에 대한 기대가 우선되므로 이른바 상대방이 갖추고 있는 구체적 조건이 강조된다. 기대에 맞춘 조건이 결혼을 성립시키는 요인이 되는 것이다. 맞선을 통해 결혼상대자를 고르는 경우 상대방에 대한 기대는 외형적인 것으로 나타나는 것이 보통이다.

혼인에 대한 남녀의 상이한 태도는 혼인시장의 교환 또는 거래형태를 초래한다. 혼인거래 관행이란 신혼 가재도구, 예물, 예단, 신혼가구 성립을 위한 주거마련, 부모의 물질적 보조 등 일련의 물질적 재화의 이동을 말한다(이효재 외, 1991). 물질적 교환·거래 행위는 결혼의 성립과정에서 양측의 갈등을 야기하기도 한다. 신부와 신부가족은 시댁의 지위나 신랑의 조건 또는 시댁측의 노골적인 요구를 받을 가능성이 높고, 혼수가 결혼의 반강제적 조건이 되는 경우도 있다. 남성을 경제적 부양자로 보고 신랑감을 선택할 때, 여성은 자신의 생계를 확실하고 안정적으로 책임질 수 있는 양질의 학력과 직업을 가진 사람을 우선 조건으로 삼게 되고, 신부측의 혼수부담은 좋은 조건의 신랑을 구매하기 위한 신랑값에 해당된다. 신부쪽에서 신랑의 부모와 가족 및 친족에게 보내는 예단은 결혼과정에서 양가의 경제적 배경의 격차를 가장 여실히 드러내는 사항이 된다. 예단을 신부측이 신랑의 가족적 지위를 평가하는 잣대로 여기는 물질주의적 풍조가 생기면서 예단은 갈등과 마찰의 직접적 요인으로 작용할 소지가 더욱 커지게 되었다(김모란, 1995).

결혼정보의 상업화

• 결혼정보회사와 배우자지수

최근에 한국 사회에서는 결혼정보를 활용한 비즈니스가 활기를 띠고 있고, 많은 예비신랑·신부가 결혼정보회사를 이용하고 있다. 여기에서 결혼정보란 결혼상대자의 자질을 간접 평가하는 대리지표이다.

한 결혼정보업체에서 만든 배우자지수는 직업, 연봉, 학벌, 재산, 가족배경, 신장, 체중, 용모, 인상, 종교, 취미 등 150~160여 항목의 종합점수를 바탕으로 사회경제적 지수, 신체매력지수, 가족환경지수 등을 산정한 것이다. 이 지표 역시 젠더에 따라 각기 다른 척도로 평가된 결과물이다.

이 업체의 회원가입 자격조건을 보면, 남성은 전문대졸 이상의 안정적인 직장을 가진 사람이고, 여성은 직업 유무와 상관없이 고졸 이상이다. 남성은 직업과 연봉을 위시한 사회경제적 지수가 여성의 경우에는 키와 몸무게 등의 신체매력지수가 가장 큰 비중을 차지한다. 특히 여성의 외모가 남자의 직업보다 더 높은 비중을 차지한다. 동일 학력과 직업을 가진 경우 남자가 여자보다 더 높은 배우자지수를 받으며 외모가 불리한 경우 여자가 남자보다 훨씬 더 낮은 배우자지수를 받는다.

한 결혼정보업체 회원들 중 결혼에 성공한 933쌍에 대한 분석결과(2005년)에 의하면, 인상이 '호감'인 여성이 '비호감'인 여성들보다 평균연봉 1,300만 원 많은 남성과 결혼하였다고 한다. 이러한 현상은 결혼시장에서의 젠더화된 몸의 교환가치를 의미한다.

출처 : 주간한국, 2008.6.19

골드미스 vs 골드미스터

• 골드미스는 커리어에 성공하거나 재력을 가진 여성을 지칭한다. 골드미스는 높은 경제력으로 인해 상대적으로 가치가 높게 책정되기는 하지만, 결혼시장에서는 그 가치에 버금가는 교환가치를 인정받지 못하는 성공의 벌(success penalty)을 받게 된다.

여성의 경우, 노동소득이 증가하면 결혼을 선택하는 확률이 높아지지만 일정수준의 소득액을 넘을 때는 결혼선택확률이 오히려 낮아진다.

• 골드미스터는 고연봉의 전문직종사자로서 자기관리를 꾸준히 하는 남성이다. 신장은 170cm 이상에 세련된 매너는 기본이고, 명문대 출신에 연봉 6,000만 원 이상이며 30대 중후반의 싱글 남성을 가리킨다. 안정된 경제력을 바탕으로 자기 계발에 열심이며 외모에도 아낌없이 투자한다.

이들은 경제력 있는 여성보다는 수준급의 외모와 화목하고 유복한 가정환경에, 4~6세 연하이고 가정적인 여자를 선호하는 경향이 있다. 골드미스터의 배우자 선택에서는 전통적 성역할이데올로기와 외모지상주의, 경제적 안정성 추구가 복합적으로 작용한다고 볼 수 있다.

출처 : SBS 뉴스, 2008.6.20

가족의 지위계승기능은 자녀교육과 결혼, 그리고 재산상속 등을 통해 계속 강화되고 있다. 특히 '동류혼'의 혼인거래관행은 가족의 지위계승기능의 주통로이다. 가장 일반적인 혼인거래관행은 신랑은 집을 마련하고 신부는 살림도구를 장만한다는 것이다. 결혼 당사자 및 양가의 사회·경제적 배경인 직업, 교육정도, 수입 등과 인구학적 배경인 연령, 고향, 종교 등이 동질적인 사람들끼리의 결혼과 혼인거래관행을 통한 가족의 지위계승기능은 사회계층의 구조화가 진행되면서 더욱 강화되고 있다. 앞으로 사회계층의 고착화로 계층이동의 폭이 축소되고 점차 계층이 구조화되면, 가족배경이나 직업, 거주지역, 문화생활 등에 따라 뚜렷하게 구별되는 가족생활양식이 대두될 가능성이 있다.

4) 비혼(非婚) : 결혼제도에 대한 거부

한국 사회에서는 결혼이 개인의 선택사항이 아니라 누구나 당연히 해야 하는 사회적 규범이었고, 성인기 삶의 전형이었다. 결혼이 당연시되어 있는 사회에서 결혼을 안 하는 선택은 용납되기 쉽지 않다. 미혼상태인 사람을 보면 결혼을 못하는 사람으로 동정하거나, 언젠가는 결혼을 할 것이라고 여기는 것이 보통이다. 결혼의 선택성을 인정하지 않으면, 비혼(非婚)은 이해되기 어렵다. 비혼자란 결혼하지 않은 상태의 모든 성인남녀를 통칭하는 말이다. 비혼과 독신을 혼용하는 경향이 있는데, 비혼은 '아직 결혼하지 않았음'을 뜻하는 미혼과 다르다. 결혼이 아닌 다른 방식으로 공동체를 형성하거나 가족을 만들거나 혹은 혼자 살아가는 것을 포괄하는 용어이다. 비혼은 결혼제도에 반기를 들고 결혼이 아닌 다른 방식으로 자신의 삶을 살아가려는 인생유형의 한 형태인 것이다.

비혼여성은 증가추세이다. 통계청의 인구총조사에 의하면, 2005년 현재 비혼가구는 280만 2,636가구로, 전체 가구의 20%를 차지하고 있다. 이는 지난 1995년에 비해 60%나 증가한 수치로 10년새 2배 이상 증가했다. 이 밖에 배우자와 이혼이나 사별을 한 상태에서 다시 결혼하지 않고 살아가는 여성들도 다수 존재한다. 결혼을 하지 않고 살겠다는 사람들이 증가하고 있다. 2006년 11월, 보건복지부 저출산·고령사회정책본부가 성인 1,000명을 대상으로 '저출산·고령화 현상에 대한 국민인식 조사'의 결과를 보면, '앞으로 결혼을 하지 않을 수 있다'는 응답이 54.2%였으며 이 중 여성이 70%나 되었다.

한국 사회에서는 비혼여성들이 비혼을 선택하면서 가족 안에서 큰 갈등을 겪게 된다. 결혼이 기정사실화되어 있는 사회에서는 비혼자와 기혼자는 대립적 위치에 놓이기 때문에, 결혼하지 않겠다는 선택은 출생가족 및 친족들의 강한 반대와 부정을 경험하는 경우가 많다.

결혼하지 않는 것과 아이를 갖지 않거나 육아에 관심 없다는 것은 반드시 일치하지는 않는다. 비혼싱글맘의 자녀가 기혼가족의 자녀가 받는 혜택을 못 받는다면 결혼제도의 기득권을 유지하려는 사회적 차별이다. 또 결혼제도의 강요는 주택문제 대한 차별에도 나타난다. 유자녀가족이 아파트 분양에서 우선순위가 되고, 세금공제액수도 더 크다. 차세대 아이들이 훗날 부모세대를 부양하기 때문에 혜택을 주는 것이다. 그렇다면 비혼가족의 아이들에게도 동일한 혜택이 제공되어야 한다. 차세대의 양육은 사회전체의 미래를 위한 선택이므로, 유자녀 비혼가족을 차별하는 것은 모순이다. 복지의 수혜대상을 경제적 정도가 아닌 결혼의 유무로 나누는 것은 국가가 국민에게 동일한 삶의 방식인 결혼을 강제하는 것이다.

저출산이 정착되면서 출산장려책에 대한 사회적 합의도 확산되고 있고 다자녀 가족에게 출산장려금을 제공한다. 출산장려책과 결혼장려책이 분리된다면, 또한 결혼하지 않고도 아이를 낳아서 제대로 키울 수 있는 환경이 조성된다면, 출산율 저하가 완화될 가능성을 모색할 수 있을 것이다.

 비혼여성운동-언니네

언니네는 '결혼하지 않을 권리'도 있음을 세상에 널리 알리며 본격적인 비혼여성운동을 시작한 여성단체이다. 이 단체가 주관한 '비혼여성 축제-비혼 꽃이 피었습니다'에서는 '비혼식'행사를 마련했다. 순백의 웨딩드레스로 정절과 순결을 맹세하는 결혼식과 달리 짙은 자주색의 비혼예복을 입고, 비혼선언문을 낭독했다.

'비혼여성'으로 살기에 고단한 현실이지만, 그래도 이들은 꿈을 꾼다. 바로 '비혼여성마을'이다. '전화하면 달려올 수 있을 정도의'거리에 친구들과 모여 사는 일이다. 생활협동조합을 통해서 아이나 반려동물을 맡아줄 수도 있고, 행정기관에 비혼여성 요구안을 공동으로 제출해 제도 개선을 모색할 수도 있다.

언니네에서는 비혼여성들의 모임인 '비혼으로 함께 잘 살기'소모임이 온·오프라인으로 활성화되어 있어 공동체의 꿈을 키워가고 있다. 비혼여성주의자들의 라디오방송 '야성의 꽃다방'도 있다.

올해 초에는 귀농을 원하는 여성들이 농촌에 '비혼여성 공동체'를 만드는 모임을 진행하면서 꿈의 현실화에 한 발 다가섰다.

출처 : 한겨레신문, 2007.12.20

비혼선언문

우리는 비혼여성입니다.

결혼 하지 못한 미혼여성이 아닌, 결혼하지 않은 상태를 선택한 비혼여성입니다.

그러나 우리는 고립된 섬을 선택하지 않습니다.

우리는 홀로 꽃필 수도 있고, 함께 꽃필 수도 있는 자유롭고 완전한 존재입니다.

우리는 배타적인 정상가족과 결혼제도를 넘어 새로운 공동체를 꿈꿉니다.

다양한 사람들이 다양한 생활방식으로 살아나가며, 다름이 문제가 아닌 더 큰 힘이 되는 공동체를 만들려 합니다.

우리는 가장 나다운 방식으로 멋지게 살아나갈 것이며, 비혼 차별이 없어지는 그 날까지 비혼여성임을 자랑스레, 끊임없이 선포할 것입니다.

오늘 우리는 자유를 열망하는 사람들의 떠들썩한 축복 속에서 비혼으로 홀로 또 함께 잘 살겠노라고 신성하게 선언합니다!

2007년 3월 10일

출처 : 언니네 홈페이지(www.unninet.net)

결혼과 상관없이 아이들이 많이 태어나고 건강하게 잘 자랄 수 있는 사회가 되려면, 부모의 존재양태와 관계없이 모든 아이들을 인정하고 보호하며 혜택을 공평하게 제공하는 방식의 제도가 마련되어야 한다.

2 이혼의 사회적 함의

1) 이혼의 성격

이혼은 결혼관계에 있는 부부가 법적으로 유효하게 성립된 결혼을 해소하는 것이다. 결혼은 계약 당사자인 쌍방 또는 일방에 의해 파기되면 이혼으로 종결되는 임의적 계약이다. 이혼은 불행한 결혼의 직접적인 지표가 아니라, 지속될 수 없는 결혼에 대한 해결방법의 하나이다. 부부관계의 법적 구속력은 사회경제적 지위와 개인적 자율성의 인지에 따라 다르게 나타난다. 따라서 갈등이나 마찰이 빈번한 결혼은 이혼으로 종결될 잠재적 가능성이 높아졌으나, 불안정한 결혼생활을 지속하는 부부도 적지 않다. 모든 결혼은 파탄에 이를 수 있는 잠재성을 내포하고 있지만, 부부관계의 공식적 소멸은 이혼제도를 통해서만 현실화되기 때문이다(필립스, 2001: 167~172).

이혼은 결혼생활의 종결단계로 개인적·가족적·사회적 행위와 연관성이 높은 선택의 결과이다. 이혼의 발생은 개인의 삶에 결혼의 사회적 함의가 미치는 규정성에 영향을 받게 된다. 개인의 권리와 성적·정서적 만족을 통한 개인의 행복을 추구하는 가족이데올로기가 확장되면서 만족스럽지 못한 결혼을 해체시키는 이혼이 자유화되었다. 개인적인 성취목표를 실현하지 못한 것이 결혼을 포기하는 이유로 작용하게 된 것이다. 이혼의 증가는 '행복해질 권리'가 신장된 결과라고 볼 수 있다. 이혼의 원인에 대한 연구에서는 결혼 당시의 연령, 결혼생활의 기대치에 대한 변화, 이혼한 부부들의 평균여명, 이혼에 대한 태도의 변화 등이 관련 요인이라고 밝혔다. 이혼의 증가현상이 현재 결혼상태에 있는 부부의 의식에 영향을 미치기도 한다(필립스, 2001: 378~380).

이혼의 기회구조를 보면, 이혼관련 법률의 내용이 자유화됨에 따라 갈등적인 결혼관계의 해소가 용이해졌다. 이혼에 대한 사회적 인식도 개방적 방향으로 변화하고 있다. 결혼은 일생에 단 한 번만 허용되는 것이 아니고, 재혼의 가능성이 과거보다 많아졌다. 여성의 교육수준이 높아졌고, 여성이 경제적으로 자립할 수 있는 능력도 향상되었다. 취업기회의 증가는 불행한 결혼을 유지하는 인내심을 약화시켰다. 남성들도 불행한 결혼생활을 위해 비용을 지출하는 의무감에서 과거보다 해방되었다. 또한 자녀들을 위하여 참고 살아야 한다는 것이 더 이상 정당한 이유로 인정되지 않게 되었다.

오늘날에는 이혼을 사회병리적 현상으로 보는 시각은 약화되었고 이혼에 대한 허용적 분위기는 확산되고 있지만, 한편에서는 가족해체를 방지하기 위해 가정의 가치를 일깨워야 한다는 보수적 사회여론이 조성되어 있는 것도 사실이다. 가정의 소중함에 대한 강조에는 이혼한 사람들이 인내심이 부족하고 이기적이어서 가정을 지키지 못했다는 질책과 비난이 내포되어 있다. 이는 이혼이 의도적인 가족해체라는 점에서, 개인의 자율성과 가부장적 가족질서에 대한 문제의식보다는 가족해체라는 부정적 결과에 초점이 맞추어졌기 때문이다.

이혼율이 높아지고 있음에도 불구하고 결혼제도는 건재하다. 개인의 삶에서 결혼이 필수불가결한 것이라고 인식하고 있다면, 현재적 삶은 하나의 결혼이 이혼으로 끝나면 다시 결혼하는 방식으로 끊임없이 이어지는 '연속적 결혼(serial marriage)'의 한 과정이 된다(벡 외, 1999). 이혼한 남녀 모두가 재혼을 원하는 것을 보면, 결혼제도 자체에 문제가 있다기보다 오히려 결혼을 만족스럽고 할 만한 가치가 있는 것으로 만들려는 욕구가 강해진 결과인 것이다. 오늘날의 결혼은 세대 간의 재산이나 지위를 계승하려는 기능이 약화된 대신에 개인적 차원의 만족이 중시되게 된 것이다. 이혼이 증가하는 현상은 결혼에 대한 기대의 내용, 가족의 기능의 변화에 따른 것이라고 볼 수 있다.

2) 젠더와 이혼

젠더의 관점에서 보면, 가족 및 결혼에서 남녀의 차이가 명백하므로 이혼도 남성과 여성의 차이점이 나타난다. 가부장적 사회에서는 남녀의 차이가 지속적으로 생산되고 재생산되는 과정이 존속한다. 이혼한 부부는 이혼과정에 이르게 된 갈등의 내용, 이혼사유에 대해 서로 다르게 인식하고 있는 경향이 있다. 여성이 남성보다 상대적으로 오랜 기간에 걸쳐 결혼생활의 문제나 위기를 인식하며, 따라서 이혼을 원하는 비율도 높다.

이혼은 부부간의 결혼생활에 대한 기대와 결혼생활의 현실 사이에 존재하는 불일치에서 야기된다. 이혼과정에 관련된 사항으로는 재산분배, 위자료, 부양비, 자녀에 대한 합의, 재혼가능성 등이 있다. 이혼은 부부였던 남녀의 친밀하고 밀접한 관계의 변화를 가져오고 개인의 사회적 정체감이 단절된다. 이혼은 자녀들 및 친족과 사회적 관계망에도 영향을 미친다. 자녀가 있는 경우에, 자녀들은 부모가 함께 존재하는 관계가 단절되고, 부모역할이 부분적 상실과 역할 강화라는 형태로 재편하게 된다. 자녀의 양육을 담당하지 않는 배우자는 부모역할을 상실하게 되고, 자녀를 양육하는 사람은 부모역할 수행에서 배우자의 지원을 상실하게 된다. 미성년인 자녀는 부모의 이혼으로 비예측성과 불신감, 불안정성을 경험하게 된다.

또한 이혼한 사람들이 겪는 문제나 갈등 역시 성별로 차이가 있다. 이혼으로 인해 경제적 부양자를 잃어버린 여성들은 경제적 문제뿐 아니라, 자녀문제, 사회적 낙인, 사회적 지원체계의 부재 등으로 인해 복합적인 어려움을 겪는다. 경제적으로 위축된 상황에서 자녀를 양육해야 하는 이혼여성은 사회적 활동이 적어지고 사회적 지위가 열악해지는 경우가 많다. 한편, 이혼한 남성들은 정서적 불안, 일상생활의 유지와 자녀양육의 어려움 등으로 고통을 받는다. 국가의 복

이혼과 자녀-서울가정법원 '솔루션모임'

부부가 이혼할 때 가장 크게 상처받는 사람은 미성년 자녀들이다. 부모의 이혼이 불가피하다면 자녀들이 경험하는 상처를 최소화하는 게 필요한데, 해결방법을 찾기 쉽지 않다는 것이 문제다.

2010년 1월에 시작된 서울가정법원 '솔루션모임'은 "미성년자의 친권자 지정과 양육, 면접교섭권 등에 대해 법원이 직권으로 정하는 경우, 만 15세 미만의 자녀라도 의사를 파악할 수 있도록 연령별 의견청취지침서를 발간한다."고 밝혔다. 현행 가사소송규칙에는 "자녀가 만 15세 이상인 때는 자녀의 의견을 들어야 한다."고만 돼 있을 뿐 구체적 기준이 없다. 의견청취지침이 마련되면 이혼과정에서 소외되었던 어린 자녀들의 의사가 보다 적극적으로 반영될 수 있을 것으로 보인다.

솔루션모임은 부모들이 친권과 양육권, 재산분배 등으로 다투는 사이 말 못하고 고통받는 자녀들의 입장을 고려하여, 부모들에게 '이혼 잘하는 방법'을 훈련하고, 소송을 원만하게 마무리짓는 방법을 모색한다. 소송과정에 자녀문제가 있거나, 법리만으로 해결하기 어려운 경우에, 해당 재판부가 솔루션모임에 의뢰하면 자녀양육의 방법을 함께 고민하고, 전문 상담원 등이 맞춤 상담을 실시하고 있다.

출처 : 경향신문, 2010.3.6

지정책이 확대되면서 이혼으로 해체된 가족에 대한 여러 가지 지원이 시행되고 있다.

3) 이혼의 법적 절차

이혼의 법적 절차에는 재판이혼과 협의이혼이 있다. 재판이혼은 부부 중 어느 한쪽의 의사로서 강제적으로 이혼을 하기 위해 법률이 정한 원인을 이유로 들어 가정법원에 이혼의 조정 또는 심판을 청구하는 방법이다. 이에 비해, 협의이혼의 경우에는 행정절차가 매우 간단하다. 협의이혼은 부부가 이혼에 동의했다는 합의 표명 서류가 이혼의 유일한 성립요건이다. 부부가 각각 날인한 소정의 서류를 구비하고 남편의 본적지 또는 현주소지의 가정법원에 함께 출두하여 법관에게 이혼의사의 합치가 이루어졌다는 확인을 받는다. 그리고 3개월 이내에 남편의 본적지나 현주소지의 행정사무실에 신고하면 이혼은 법적 효력을 갖게 된다. 따라서 재판이혼의 경우에는 이혼의 제기자와 사유를 알 수 있지만, 협의이혼의 경우에는 이혼의 책임소재나 원인이 은폐되고, 합의하는 과정에서 부부간의 대등성이 있었는지 여부와 아무 상관없이 이혼이 성립되는 것이다.

이혼의 법률적인 효과로는 우선, 혼인으로 부부 사이에 생긴 신분상 및 재산상의 모든 권리와 의무가 소멸된다. 즉, 부부 사이의 정조의무, 동거·부양·협조의 의무 및 부부재산관계가 없어지는 것이다. 그리고 이혼한 처는 원칙적으로 자신의 친정에 복적되며, 배우자의 직계혈족과의 인척관계, 계모자(繼母子)관계, 적모서자(嫡母庶子)관계도 소멸되고, 서양자(婿養子)는 물론 양친자(養親子)관계도 소멸된다.

이혼을 한 후에 자녀의 양육에 관한 사항은 부모가 협의하여 정한다. 협의가 되지 않거나 생사불명 또는 정신병 등으로 협의할 수 없는 경우에는, 가정법원이 당사자의 청구에 의하여 그 자녀의 연령, 부모의 재산상황, 기타 사정을 참작하여 양육에 필요한 사항을 정한다. 이혼 후 자녀를 직접 양육하지 않는 부모 중 한쪽은 면접교섭권을 가진다.

이혼이 증가하면서, 재산분할에 관련된 관심이 높아지고 있다. 가장 대표적 규정으로는 부부별산제와 재산분할청구권이 있다. 부부별산제는 남편과 아내 각각의 개인소유를 인정하는 것으로 부부 중 한쪽이 혼인 전부터 가진 고유재산과 혼인 중 자기명의로 취득한 재산을 그의 특유자산으로 규정한다. 현실적으로 가족이 보유하고 있는 재산을 가장 명의로 하는 것을 당연시하는 경향이 있다. 재산을 남편과 아내 공동명의, 또는 아내 명의로 취득하지 않는 한, 여성 특히 전업주부들이 가사노동을 통해 기여한 재산에 대한 정당한 몫을 받기는 어렵다.

개정가족법에서는 이혼부부의 재산분할청구권이 신설되었다. 이혼한 배우자가 재산분할청구권을 갖게 된 것이다. 배우자의 한쪽은 다른 한쪽에 대하여 기여도에 따라 재산분할을 청구할 수 있다. 혼인 중에 이룩한 재산을 부부가 공동으로 협력한 것으로 보아 혼인이 해소되었을 때 이혼 배우자 중 한 사람이 다른 사람에 대하여 재산의 분할을 청구할 수 있는 권리이다. 이는 가사노동의 경제적 가치를 법적으로 인정하고, 양성평등의 이념을 도입한 조항이다. 재산분할 청구의 기준은 재산형성의 기여도이다. 재산분할의 대상은 결혼 후 취득한 동산과 부동산을 포함한 경제능력이 산정되는 것이 원칙이다. 그런데 여성은 결혼생활 중에 남편과 공동으로 형성한 재산의 절반에 대한 권리를 인정받기가 쉽지 않은 것이 현실이다.

다음으로 위자료를 보면, 협의이혼의 경우에는 당사자가 협의하여서 정하지만, 재판상 이혼의 경우 이혼피해자는 잘못이 있는 배우자에 대하여 이혼으로 인한 재산상의 손해와 정신상의 고통에 대하여 손해배상청구를 할 수 있다. 이것을 보통 위자료라고 한다. 판례상 인정되고 있는 위자료의 산정기준으로는 배우자의 재산 정도, 배우자로부터 받은 정신적 고통의 정도, 양당사자의 학력, 경력, 연령, 생활 정도, 혼인기간, 재산축적에 대한 부부의 협조와 공로 등이 참작되고 있다.

또한 아내의 상속분을 자녀의 상속분에 50%를 가산하는 제도가 있는데, 가족 재산에 대한 아내의 기여도에 대한 평가로 충분하다고 보기 어렵다. 상속법에 기여분제도가 있으나, 아내의 기여도를 산출하기 어려워 실효성은 낮은 편이다. 자녀에 대한 친권, 양육권, 면접교섭권 및 양육비 지급한다. 협의이혼을 할 경우, 자녀의 양육사항 및 친권자 지정 합의를 의무화하고 있다. 협의이혼 시 부부는 양육자의 결정, 양육비의 부담, 면접교섭권의 행사 여부 및 그 방법 등이 기재된 양육사항과 친권자 결정에 관한 합의서 또는 가정법원의 심판정본을 의무적으로 제출해야 한다.

한편, 정부에서는 이혼 증가현상에 대한 대책으로 이혼 전 상담제도를 의무화하였다. 그런데 이혼 전 상담은 이혼 결정의 신중성을 높이는 효과를 기대할 수 있으나, 개인의 선택권이 침해될 우려도 있다. 또 이혼을 거의 결정한 사람들을 대상으로 한 상담보다는 결혼 초기에 부부·가족상담 체계의 활성화와 양성평등적 부부관계, 평등한 가족관계에 대한 교육이 민주적 가족의 안정화에 도움이 될 것이다. 이혼관련 상담에는 개인의 의사가 존중된 올바른 선택과 이혼 후의 사회적, 심리적 적응 및 경제적 자립을 지원할 수 있는 내용이 포함될 필요가 있다.

 이혼숙려제도

이혼숙려제도는 2008년 6월부터 시행되고 있는 이혼 전 상담제도인데 모든 협의이혼에 의무적으로 적용된다. 협의이혼 신청 후 유예기간을 두어 성급한 이혼을 막고 미성년자녀의 복리를 도모하기 위한 제도이다. 숙려기간은 이혼의사를 확인한 후 자녀 양육 합의를 위해 자녀가 있을 시 3개월, 자녀가 없을 시 1개월의 숙려기간을 두도록 하고 있다. 이혼 전에 상담을 하도록 하는 이혼절차법 시행 이후 이혼건수가 감소하는 효과를 보이고 있다. 서울가정법원에 의하면, 2006년부터 이혼숙려제를 시범 실시한 결과 이혼청구를 취소하고 재결합하는 비율이 8%대에서 16%대로 2배 정도 높아진 것으로 나타났다.

그러나 국가가 개인 간 합의된 이혼문제에 개입하는 것은 개인의 자유와 개인의 행복추구권에 위배되며, 추가비용, 의무상담 등 이혼을 결심한 사람들에게 이중의 고통을 주는 것이라는 등의 반대론도 지속적으로 제기되고 있다.

핵심정리

　　모든 사회에서는 결혼제도를 통해 성인남녀의 공동생활을 공식화하고, 가족집단이 사회의 기초 단위로 기능하게 한다. 결혼에서 젠더 불평등은 가부장적 이데올로기에 기반한 의무와 책임에 기인한다.

　　한국 사회의 혼인거래 관행은 혼인에 대한 남녀의 상이한 가치관을 반영하는 있는 사회현상이다. 근년에는 결혼제도를 거부하는 비혼이 인생유형의 한 형태로 등장하고 있다.

　　이혼은 결혼관계에 있는 부부가 법적 계약관계를 해소하는 것이다. 이혼은 부부간의 결혼생활에 대한 기대와 결혼생활의 현실 사이에 존재하는 불일치에서 야기되는데, 이혼의 과정과 결과에 성별 차이가 나타난다.

 생각해 봅시다

Q1 '결혼은 해도 후회하고 안 해도 후회한다' 는 말이 있다.

　　결혼을 통해 행복한 삶을 살고 있는 기혼여성과 비혼이라는 자신의 인생 선택에 만족하는 여성이 만나서 결혼제도에 관해 진솔한 대화를 나눈다면, 어떤 내용이 전개될지 상상해 보시오.

Q2 젠더 관점에서 평등한 결혼을 희망하는 신혼부부의 실천적 약속목록을 만들어 보시오.

Q3 이혼가족에 대한 사회적 편견은 어떤 것들이 있고, 이를 극복할 수 있는 방안은 무엇인지 생각해 보시오.

자녀출산과
모성

06

자녀출산과 모성

1 자녀출산의 사회적 함의

아이가 있으면 좋은 일

• 아이를 갖기로 한 사람은 적어도 이십 년 동안은 '도대체 왜 사는지?'라는 고민을 하지 않아도 된다. 당장 아이를 돌봐야 하는데, 뭔 딴 생각을 해!

• 아이가 있으면 언제나 할 일이 생긴다. 아이를 낳으면 그 순간부터 우리는 없어서는 안 될 존재가 된다.

• 아이는 권위를 준다. 세상에 어떤 인간이 그토록 열심히 우리 말에 귀를 기울이고 그토록 철저히 우리를 믿어 줄 것인가?

• 아이는 우리 자신이 세상에 다시 없이 좋은 사람임을 깨닫게 해준다. 아이가 있으면, 적어도 일정한 기간은 그 무엇에도 비할 수 없는 열광의 대상이 된다. 이렇게 좋아서 숨이 넘어가는 아이를 보며 모든 시름을 잊는 게 아니겠는가?

• 아이를 볼모로 잡고 있는 한, 이미 정열이 식어버린 배우자라도 곁에 붙들어 놓을 수가 있다. 더 이상 애정이 없을지라도 아이는 버릴 수가 없을 테니까.

• 아이는 예쁜 것을 좋아하는 우리 정서를 만족시켜 준다. 미운 아이는 없으니까.

• 아이는 순수함을 좋아하는 우리의 정서도 채워준다. 아이들은 모두 순수하니까.

• 종교를 가진 사람에게 아이는 영생을 의미한다. 모든 종교는 자체의 존속과 권력의 확장을 위해 신도수를 늘려야 한다. 그러니 뱃속의 아이를 죽이는 일은, 천벌을 받을 큰 죄로 친다.

• 종교가 없는 사람에게 아이는 지상에 계속 뿌리를 내리는 보증이다. 인류가 존속하는 한 백 년이 지난 후에도 누군가가 빛바랜 사진을 꺼내 들고 증조부와 어디가 닮았고 어쩌고 하며 우리에 대한 얘기를 할 것이다. 아무튼 이따금씩 누군가가 우리를 생각해 줄 것이다.

출처 : 에스터 빌라(1997), 『사랑하니까 결혼한다고?』

출산, 즉 인적 재생산은 섹슈얼리티, 임신, 출산, 양육에 걸친 인간의 재생산을 의미하는데, 생리적인 과정인 동시에 사회적 성격을 내포하고 있다. 부모가 된다는 것은 개인적인 욕구의 충족은 물론이고 사회적 자산인 아동을 충원하고 양육하는 매우 가치있는 일이다. 사회가 존속하기 위해서는 차세대의 육성이 불가결하므로 출산율의 유지와 양육의 실현은 중요한 사회적 과제이다. 서구사회에서는 자녀를 위해 희생을 해야 하는 귀찮고도 어려운 일로 생각하여 부모가 되기를 회피하는 부부들이 점점 증가하고 있다. 한국에서는 예로부터 자손을 귀히 여겼으며 자녀를 갖지 못하는 것을 불행으로 여겼다. 자녀를 갖는다는 것은 부모가 된다는 개인적 의미보다도 가문이나 혈통을 계승할 후손을 갖게 되었다는 의미가 더 강했다.

자녀의 출산은 생물학적 생식이다. 일반적으로 결혼한 여성은 아이를 낳을 것이라고 가정된다. 대다수의 결혼한 여성은 부부관계의 역할 수행에 적응하면서 출산과 육아라는 완전히 새로운 역할취득을 체험하게 된다. 생식은 남녀의 성적 상호관계의 결과인데, 남성의 경우에는 성관계에 한정되지만, 여성은 정자와 난자가 수정된 순간부터 신체 내에서 태아를 9개월 이상 키우는 과정을 거치므로 경험상에 분명한 차이가 있다. 또한 출산의 실질적 과정인 분만은 신체적 위험을 감당해야 하는 여성 고유의 경험이 된다. 임신은 생명의 잉태이고, 출산을 통해 어머니가 되는 것은 생명 탄생의 기쁨이 강조된다. 출산은 여성의 특권이라고 찬미되고 있지만, 한편으로는 정신적·신체적인 부담과 고통도 동반되는 생리적 과정이다. 이 과정에서 여성은 상당한 정서적 불안과 긴장이 연속되는 복합적 경험을 하게 된다.

1) 자녀출산의 요인

먼저, 개인적 요인을 보면, 부모는 자녀의 출산을 통해 사회적 지위를 획득한다. '여성＝어머니'로 인지하도록 길러진 여성에게 출산은 지위변화를 가져다 준다. 특히, 가부장제 사회에서 남성은 자녀가 없더라도 완벽한 지위를 갖을 수 있지만, 여성은 자녀, 특히 아들 없이는 정식 지위를 획득할 수 없다.

또한 자녀를 생산하는 것은 본인과 가족의 영속성을 확보하게 한다. 자녀는 부모의 재산을 상속하는 사람인 것이다. 사유재산제도가 확립된 사회에서는 결혼하여 적출자를 확보할 필요가 있다. 재산이 많을수록 상속자를 생산하는 일은 매우 중요하다(엥겔스, 1987).

부모에게 있어서 자녀는 노후보장의 수단이기도 하였다. 그러나 현대사회에서는 자녀가 부모의 노후를 부양하지 않게 되었다. 자녀의 보험기능이 약화되면서 복지제도가 발달하게 되었다. 복지기금이나 연금이 출산감소로 인한 가족 크기 축소의 직접적 동인이 되었다는 주장도 있다.

또한 출산력의 변화는 사회구조적 요인에 기인한다. 출산에 영향을 미치는 경제적 변화요인으로는 경제적 결핍이나 풍요, 임금노동으로의 이동, 남녀의 이주 유형 등이 있다. 정치적 불안정과 극적인 이데올로기의 변화도 영향을 미친다. 사망력이나 혼인율 등 인구학적 요인도 작용한다.

출산력에 대한 사회적 관심과 대응을 보면, 18세기 말에는 인구와 출산조절은 국가의 중요한 정치적 문제였다. 급속한 경제변화, 도시화, 계급의식 및 계급대립의 결과로 사회전반이 불안해졌다. 이러한 상황에서 국가의 자원인 가족, 도덕성, 성애, 인구에 대한 관심이 높아졌다. 또한 출산력은 노동력 공급, 군사력, 사회계급의 상대적 규모, 부양가족에 대한 재정적 책임, 여성의 상대적인 의존과 독립에도 영향을 미쳤다(기틴스, 1997).

출산을 국가차원에서 보면 인구문제가 되는데, 인구문제는 경제적, 정치적 문제와 긴밀하게 연관되어 있다. 인구는 부의 원천이고, 인력과 노동력이고, 성장을 위한 필요자원이다. 따라서 인구문제는 국민의 규모와 질, 국가의 부와 자원뿐 아니라, 정치적, 사회적 안정과 직접 연계되어 있으므로, 관련사항을 입법화하기도 하고 인구의 질적 향상을 도모하는 정책을 시행한다. 예를 들면, 인구규모를 늘릴 필요가 있을 때 정부에서는 출산을 장려하기 위해 가족수당을 지급한다. 아동보건 및 아동복지법은 국가의 미래노동력과 병력의 질적 수준을 향상시키려는 목적으로 시행한다. 자녀양육에 대한 세금 공제는 아동양육의 재정적 책임을 가족의 부담으로 하려는 의도와 관련성이 있는 조세정책이다.

한편, 한국 사회에서 인구관련 시책의 역사적 과정을 살펴보면, 다음과 같다. 일제강점기 말에는 제국주의 전쟁을 수행하기 위한 인력 확보 차원에서 출산을 장려하였다. 해방 후에는 이승만정부에서는 국가의 안보를 책임지는 인력을 늘리기 위해 인구증가를 표방하여, 다산여성을 표창하였다.

1960년대 이후 우리 사회의 인구정책을 보면, 1961년 경제개발 계획 수립과정에서 여성의 출산력이 가부장적 가족, 국가 및 출산의료기술의 통제 하에서 놓이게 되었다. 1962년 박정희정부에 의해 가족계획사업은 경제개발정책의 일환인 국가시책으로 도입되었다(공세권 외, 1981). 초기에는 보건 조직망을 통해 피임에 관한 계몽교육과 상담 서비스를 제공하였다. 가족계획사업은 전국적으로 2,000명 이상의 가족계획요원을 통해 추진되었고, 1968년에는 전국 16,823개 마을에 가족계획어머니회가 설치될 정도로 신속하게 확대되었다. 그러나 이 과정에서 기혼여성의 의견을 반영할 수 있는 대의체계나 지역대표자협의회, 전국적인 대표체계 등은 전혀 없었다. 정부는 기혼여성을 인구조절정책을 몸으로 실현시켜야 할 대상으로 인식하였으며, 이들을 정책의 주체로 인정하지 않았다.

1970년대에는 여성의 불임시술 실시를 확대하고, 임신중절 범위를 규정하는 모자보건법을 제정하여 인공중절을 조건부로 합법화하였다. 또한 각종 규제를 완화하고 보상책을 마련하는 등 제도적 지원시책을 실시하여 사업의 지속적 발전을 도모하였다.

1980년대에는 인구증가의 사회경제개발에 대한 파급 효과를 강조하여서 인구조절 강화정책을 시행했다. 구체적으로는 규제와 보상의 방식을 통한 사회적 지원시책의 단계적 강화, 남아선호의식의 불식을 위한 사회제도의 개선, 사업 활성화를 위한 운영 및 관리제도 개선 등을 실시하였다.

1990년대에는 출산조절정책을 인구자질정책으로 전환하였다. 합계출산율이 인구의 대치수준 이하인 상태에서 모자보건 증진과 출생성비 불균형 해소, 청소년 성문제 해결에 역점을 두면서 인구고령화에 대비하였다.

이상과 같은 가족계획사업에서 국가가 경제발전을 위한 저출산장려정책으로 경구피임약, 정관수술, 난관수술 등 각종 피임방법을 적극적으로 보급하였다. 1966년 5.4명에서 1986년의 1.6명으로 정부의 출산율 목표가 성공적으로 달성되었다. 그 기간 동안 가임기 여성의 몸은 통제의 대상이 되었다. 피임 및 인공유산 등 출산통제수단 사용의 일상화와 이 과정의 고통이나 부작용에 대한 사회적 무관심이 초래되었다. 출산과 모성은 공적 담론에서 의미화되지 못했다. 이는 출산조절과 이를 통한 조국 근대화를 명분으로 사적 영역인 가족에 국가가 적극적으로 개입하여 근대가족을 만들어 가는 가족정치의 구체적 과정이었다고 할 수 있다(김홍주, 2002).

표 6-1 한국의 인구정책 표어

구분	표어 및 포스터	
1960년대	• 적게 낳아 잘 기르자 • 많이 낳아 고생 말고 적게 낳아 잘 키우자 • 덮어놓고 낳다보면 거지꼴을 못 면한다 • 적게 낳아 잘 기르면, 부모 좋고 자식 좋다	
1970년대	• 딸 아들 구별 말고 둘만 낳아 잘 기르자 • 내 힘으로 피임하여 자랑스런 부모 되자 • 하루 앞선 가족계획 십년 앞선 생활 안정	
1980년대	• 잘 기른 딸 하나 열 아들 안 부럽다 • 적게 낳아 엄마 건강, 잘 키워서 아기 건강 • 하나 낳고 알뜰살뜰 • 둘도 많다 • 무서운 핵폭발, 더 무서운 인구폭발	
1990년대	• 아들바람 부모세대 짝꿍 없는 우리 세대 • 하나씩만 낳아도 삼천리는 초만원 • 하나 낳아 젊게 살고, 좁은 땅 넓게 살자 • 훌륭하게 키운 딸들, 새 시대의 주역들	
2000년대	• 아빠, 혼자는 싫어요, 엄마, 저도 동생을 갖고 싶어요 • 한 자녀보다 둘, 둘보단 셋이 더 행복합니다. • 자녀에게 물려줄 최고의 유산은 형제입니다.	
2010년	• 하나는 외롭습니다. 자녀에게 가장 좋은 선물은 동생입니다.	

2) 재생산권리와 출산의 의료화

자녀출산의 사회구조적 측면에서 조망하면 재생산권리(reproductive right)라는 개념이 부상한다. 유사 이래 여성의 성과 생식을 포함한 신체는 공동체나 국가, 남성에 의해 지배되고 착취되어 왔다. 근대사회에서도 수동성이나 성적 무지를 여성의 미덕으로 여기는 통념이 여성을 출산에 종속시켰다. 여성은 원하지 않는 임신을 피하는 피임에 관한 정보를 얻거나 교육을 받을 기회나 권리가 주어지지 않았다. 선진국의 여성운동에서는 인공 임신중절은 여성의 신체에 대한 자기결정권의 방안이라고 주장하였다.

재생산권리의 개념은 여성의 건강에 관한 권리를 확립하기 위해 출산을 비롯하여 사춘기 및 갱년기를 포함한 여성의 평생건강을 과제로 포괄한다. 개인의 '성과 생식에 관한 권리'에 대한 논의는 1990년대부터 본격적으로 전개되었다. 1994년 카이로에서 개최된 '국제인구개발회의'에서는 여성인권의 시각에서 재생산권리를 재조명하였다. 카이로회의에서는 재생산권리를 "모든 커플과 개인이 출산 및 자녀수를 책임적 자유의사로 결정하고 이에 관한 정보를 얻을 기본적 권리"라고 규정하였다. 나아가 출산과 건강관리의 관점에서 "어떠한 경우에도 임신중절을 가족계획의 수단으로 권고해서는 안 된다."는 규정을 기본원칙으로 하였다. 임신중절이 건강에 미치는 영향을 중시하는 입장을 명백히 한 것이다. 카이로회의의 행동계획에서는 건강한 출산을 강조하였다. "재생산건강이란 출산시스템 및 그 기능과 과정에서 육체적·정신적·사회적으로 완전히 건강한 상태를 의미하고, 질병이나 질환이 없는 것에 한정하지 않는다."

또한 1995년 북경에서 개최된 '제4회 세계여성회의'에서는 재생산권리를 여성의 기본적 인권에 포함시키고 이에 대한 규정을 논의하였다. 재생산권리란 안전하고 만족스러운 성생활을 영위하고 생식능력과 출산시기와 자녀수를 결정할 자유를 갖는 것을 의미한다. 자녀의 수, 출산 간격, 피임 등에 관한 정보, 성과 생식에 관한 유익한 정보의 확보 등이 모든 개인의 기본적 권리로 확립되어야 한다. 구체적으로는 성생활과 생식에 관한 정보를 얻거나 자신이 선택한 가족계획방법을 이용할 남녀의 권리, 합법적인 방법으로 스스로 선택한 출생조정 방법의 활용, 여성의 건강한 임신과 출산의 수행, 건강한 자녀 출산을 위해 커플이 적절한 건강관리 서비스를 받을 권리 등을 포함한다. 이러한 재생산권리는 성적 자기결정권, 출산정책, 양육지원정책을 연결하는 재생산의 통합적 정책패러다임을 구축할 근거를 제공한다(양현아, 2005).

산모가 병원에서 분만을 하는 의료출산이 보편화된 가운데, 여성의 주체적 출산에 관한 논의도 제기되고 있다. 의료기술과 의료인들의 개입으로 여성이 자신의 몸을 통제하는 권리를 박탈당한 측면이 있다. 임신여성은 정기적 산전 검진을 받고 병원에서 출산하게 되었는데, 의사가 진통과 분만과정을 통제함으로써, 출산은 의료영역에 편입되었다. 출산에 관한 과학적 지식을 가지고 있는 의사에게 임신과 출산은 진단으로 시작해서 의료적 서비스를 받고 퇴원하는 의료적 사건이지만, 여성에게 임신과 출산은 어머니라는 사회적 지위 변화를 수반하는 인생의 사건이다. 산모의 역할과업은 진통과 분만에 대한 만족할 만한 개인적 경험, 갓난아기와의 관계 정립, 자신의 생활양식을 모성적 요구에 통합시키는 일련의 과정인 것이다.

여성에게 임신과 출산은 자녀의 생산이라는 핵심적 경험인데, 출산의 의료화는 여성들에게 유용성을 제공하기도 했지만, 여성의 재생산권리를 제한하는 문제를 초래하였다(조영미, 2004). 산전 관리와 분만 과정에서 여성의 몸은 인격체로 존중되지 않으며, 임산부에 대한 정서적 지원이나 배려의 부족은 여성 신체의 출산능력을 제대로 인정하지 않는 것이다. 의료서비스의 대상이 된 여성들의 출산경험은 여성에게 오히려 상실감과 무력감을 경험하게 한다. 이러한 문제점을 포착하여 여성중심적 출산의 재조명이 제기되었다. 여성중심적 출산이란 여성의 출산능력과 경험을 중시하는 재생산권리의 관점에서 출산을 재정의하는 것이다. 여성이 재생산의 중심적 행위자 혹은 의사결정권자가 되는 권리인 신체자결권(bodily self-determination)과 여성의 몸에 대한 침해나 학대로부터 자유롭고 재생산능력을 존중받는 권리인 신체통합권(bodily integrity)이 확보되어야 하는 것이다.

의료화된 병원 분만을 비판하고, 여성의 신체적 출산 능력을 회복시킴으로써 자연적이고 주체적인 출산 경험을 통해 여성의 정체성을 확립하려는 운동도 있다. 여성주의관점에서 여성의 재생산권리를 함양하는 실천으로, 출산 당사자인 여성과 출산 조력자가 비위계적 관계를 형성하고 출산관련 의료정보를 수평적으로 공유하며, 다양한 수준의 출산조력자를 참여시키는 방안의 모색이 제기되고 있다. 생태적 측면에 초점을 맞춘 출산운동에서는 모유주의, 자연식, 환경문제 등으로 운동의 시야를 확장시키고 있다.

3) 생식기술과 가족

과학기술과 사회의 상호관계를 보면, 과학기술에는 기술적인 측면과 사회적인 측면이 동시에 내포되어 있다. 기술은 생산품, 사람, 조직, 문화적 의미와 지식을 결합시키는 일종의 연결망이다. 기술과 사회는 기술변화의 우발적이고 이질적인 과정을 통해 서로가 서로를 구성한다. 특히 기술여성주의의 입장에서 보면 기술은 젠더관계의 원천이며 또 동시에 젠더관계의 효과라 할 수 있다. 특정 기술의 의미와 효과는 사회적 맥락에 따라 다양한 현실로 나타난다.

산업사회에서 기술의 발전이 불가역적으로 진행되고 있는 가운데, 생식기술도 예외는 아니다. 생식은 두 사람의 이성이 육체적으로 만나서 새로운 생명을 출현시키는 매우 신비로운 과정이다. 단 한 번의 성교섭이 출산으로 이어질 수도 있고, 태어나는 아이의 성별 등도 의도와 상관없이 결정되어지기 때문이다. 재생산은 원래 여성에게 고유한 자연적인 과정을 뜻하는 개념인 데 비해, 기술은 가부장적이고 여성과 자연에 대한 남성의 지배를 가능하게 한다(와츠만, 2001). 그런데 생식에 관련된 기술은 성교섭을 통해 출산에 이르는 과정에 인공적으로 개입하는 것이다. 재생산기술은 생명체에 인간이 개입하는 것으로 복잡한 도덕적 문제를 내포하고 있는 생명기술이다.

(1) 피임과 임신중절, 불임치료

오늘날의 사회에서 생식기술은 결혼과 출산을 개념적으로 또 현실적으로 분리시켰다. 성과 생식의 분리는 성적 쾌락을 인정하고 당사자에게 자녀 출산의 결정권을 부여하는 것이다. 이는 다양한 피임방식이나 인공 임신중절 기술의 개발로 나타났다. 여성주의운동에서는 피임 및 인공 임신중절을 성적 관계에서 여성과 남성을 대등하게 하는 조건으로 인식하여 임신중절의 자유화를 주장하였다. 재생산에 대한 통제는 여성의 평등한 삶을 보장하는 조건이고, 재생산의 자유는 피할 수 없는 여성의 평등과 자유의 핵심문제라고 볼 수 있다. 여성은 피임을 통한 산아제한이나 인공 임신중절을 생식과정의 자발적 통제수단으로 활용하게 되었다. 이에 많은 국가에서 인구규모를 조절하는 피임방식으로 경구피임약을

표 6-2 각국의 임신중절에 관한 법적 규제

규제 내용	해당국가
전면 금지	이집트, 필리핀, 인도네시아 등
모체의 생명 위험 시 합법	벨기에, 브라질, 칠레, 콜럼비아, 이란, 아일랜드, 말레이시아, 멕시코, 스리랑카 등
모체의 생명 및 건강상에 이유가 있을 때 합법	한국, 오스트레일리아, 캐나다, 케냐, 네덜란드, 스위스, 태국, 이스라엘 등
사회·경제적 이유, 또는 건강상의 이유가 있을 때 합법	루마니아, 체코, 불가리아, 독일, 인도, 일본, 폴란드, 영국 등
자유로운 선택 가능	오스트리아, 중국, 덴마크, 프랑스, 이탈리아, 노르웨이, 싱가포르, 스웨덴, 미국, 러시아, 유고슬라비아 등

출처 : 江原由美子 外(1994), 『ジェンダーの社会学』, p.129

개발하여 인가하였다.

인공 임신중절의 법적 규제는 각 국가의 법제도, 종교적 기반 등에 따라 다양한 방식의 대응이 출현하였다. 인공 임신중절을 전면적으로 금지하는 국가들과 자유로운 선택을 합법적으로 인정하는 국가들도 있다. 이 두 가지 방식의 사이에는 조건부 합법화를 채택한 국가들이 있다. 모체의 생명 위험이나 건강상의 이유, 또는 사회·경제적 이유 등을 인정하는 부분적 합법화 국가들도 다수 있다.

한국은 모체의 생명이나 건강상의 이유에 한정하여 임신중절을 부분적으로 허용하는 국가에 속한다. 1973년에 제정된 '모자보건법'에서 인공유산이란 용어로 일정한 경우에 낙태를 허용하고 있다. 의사가 본인과 배우자의 동의를 얻어 낙태시술을 할 수 있는 조건을 보면, 우생학적, 유전학적 장신장애와 신체장애, 전염성 질환, 강간, 준강간에 의한 임신, 혈족, 인척 등 혼인하지 못하는 사람들 사이의 임신, 임신의 지속이 모체의 건강을 심각하게 저해할 우려가 있을 때이다. 이러한 규정은 여성의 상황이나 권익, 자신의 신체에 관한 자기결정권 및 행복추구권을 인정하지 않는 것이다.

한국의 임신중절 실태를 2005년 보건복지부의 '인공 임신중절(낙태) 실태조사'를 통해 보면, 한해 최소 34만여 건의 낙태시술이 이루어지고 있다고 추정된다. 이 중 성폭력에 의한 임신, 산모의 건강이 임신으로 위협받는 상황 등 모자보건법에서 낙태를 합법으로 인정하는 경우는 4.4%에 불과하다. 나머지 95.6%는 불법낙태시술에 해당된다. 낙태시술의 96%가 임신 12주 미만단계에서 실시되고 있고, 전국 산부인과 병·의원의 80%가 낙태시술을 시행하고 있다.

여성주의법학의 관점에서 보면, 임신중절인 낙태실태와 정책에는 임신하고 출산하는 여성에 대한 존중의식이 결여되어 있다는 지적이 있다(양현아, 2005). 산부인과 병원에서 낙태가 편만하게 이루어고 있음에도 불구하고 불법적 범죄행위로 규정되어 있는 것이다. 또한 낙태행위를 합리적으로 이해하거나 지지하는 담론도 거의 형성되어 있지 않다. 이제는 낙태는 여성의 신체통합성, 성적 결정권, 노동권과 같은 관점에서 여성의 생존권 자체로 재개념화하는 것이 필요하다. 법정책에서는 사회현실을 직시하고 모자보건법상의 낙태사유를 폭넓게 인정하고, 형법상 여성 동의하에 이루어진 낙태시술은 처벌하지 않는 원칙이 요청된다. 낙태 허용사유에 '사회경제적' 사유를 포함해야 하고, 배우자의 동의 조항의 삭제가 요망된다. 또한 미혼여성과 10대여성의 재생산활동을 지원하는 정책의 수립이 시급하다. 국가가 낙태를 감소시키려면 여성의 원치 않는 임신을 줄이는 데 주력하고, 혼인지위와 무관하게 출산에 호의적인 사회여건을 조성하는 여성중심적 재생산정책을 수립할 필요가 있다는 것이다.

한편, 자녀를 원하지만 임신이 불가능한 생식연령의 남녀에게 의학적 조치를 실행하는 생식기술이 의료차원에서 개발되었다. 최근 보조생식기술은 비약적 발전을 보이고 있다. 정자와 난자를 수정시켜 배양하는 기술이 고도화되어 성공률이 점차 높아지고 있다. 물론 체외의 생식세포를 체내에서처럼 완벽하게 키우는 것은 불가능하지만, 운동성이 약한 세포를 치료하고 착상 전에 유전자 검사를 통해 수정란의 유전적 결함을 확인하는 것은 가능하다. 생식보조의료에는 부부의 정자·난자·배아를 활용하는 방식 및 제3자가 제공한 정자·난자·배아를 활용하는 방식, 인공수정이나 체외수정, 수정란의 이식, 대리모 임신 등 다양한 방법이 있다.

불임치료의 대표적인 방법으로 인공수정과 시험관아기 시술이 있다. 인공수정이란 정상적인 부부관계를 거치지 않고 여성의 배란기에 맞춰 남성의 정액을 자궁에 넣어 임신을 유도하는 방법이다. 자궁 경부 점액이 부족하거나 자궁 경부 염증이 심한 경우, 또는 남성에게 불임의 원인이 있는 경우에 적용된다. 남성 정자의 수가 적거나 활동성이 약한 경우에 여성의 자궁 내에 정자를 주입하여 수정 및 임신율을 향상시키는 방법이다. 시험관아기 시술은 정자와 난자가 만나 수정하는 과정을 인체의 나팔관이 아닌 시험관에서 수정하는 방법이다. 의학적으로는 체외수정이라고 하며, 성숙한 배아를 자궁에 이식하므로 체외수정 및 배아 이식술이라고 한다. 시험관아기 시술은 난자와 정자의 상태파악, 난자와 정자의 수정능력, 배아의 발달능력 등을 직접 확인할 수 있어서 진단적인 가치가 크다는 장점이 있다.

한국에서는 1985년에 서울대병원에서 최초로 시험관아기가 탄생하였다. 2002년 현재 전국 100여 개소의 불임클리닉에서 전 세계 시험관아기의 20%인 약 8,000명의 아이가 출생했다. 이같은 급격한 확산의 원인으로는 환경오염과 만혼 등으로 인한 불임부부의 증가, 혈연에 기초한 가족계승과 가족중심주의의 지속, 생물학적 모성을 여성의 본질적 정체성으로 인지하는 관념 등을 들 수 있다. 이는 가부장적 한국가족의 전통과 시험관아기 기술이 상호 접목된 현상이라고 볼 수 있다.

여성의 재생산권 부정하는 낙태 방지 정책 즉각 철회하라!

… 한국에서 이루어지고 있는 수많은 낙태 건수 중 90% 이상이 사회·경제적 이유로 발생하고 있지만 현재 이 모든 사회·경제적 사유의 낙태는 '불법'으로 규정돼 있다. 이는 법이 구체적인 현실과 사회변화를 전혀 반영하지 않고 있음을 보여 준다. 기혼여성들은 더 이상 자녀를 원하지 않아서 또는 아이를 기를 만한 경제적 여건이 되지 못해서 낙태를 선택한다. 비혼여성들은 결혼제도 밖의 임신이 도덕적으로 지탄받고 비난받아야 할 행동으로 여겨지는 사회 분위기 속에서 낙태를 선택한다. 즉, 낙태의 배경에는 여성들이 성관계와 임신, 출산을 스스로 통제하고 자율적으로 결정하기 어려운 우리 사회의 이중적인 성문화와 미비한 사회제도 안에서 낙태를 선택할 수밖에 없는 여성들의 삶과 경험이 존재한다.

… 임신한 여성들이 자신과 태어날 아이의 삶을 계획하는 과정에서 낙태가 유일한 선택지가 되지 않으려면, 무엇보다도 여성을 둘러싼 이러한 삶의 조건들이 개선되어야 한다. 여성들이 피임을 스스로 선택할 수 있어야 하고 비혼여성의 임신과 출산, 그리고 한부모 가족 아이들에 대한 사회의 따가운 시선과 차별이 사라져야 한다. 임신한 십대가 출산을 선택한다면 학교를 그만두지 않고 아이를 낳고 기를 수 있어야 하며 양육의 책임도 여성만이 아니라 남성과 국가, 사회가 나누어야 한다. 이러한 현실을 개선하지 않고 낙태를 줄여 저출산 문제를 해결하겠다는 것은 국가의 책임을 여성들에게 전가하려는 시도일 뿐이다.

… 원하는 사람은 누구나 아이를 낳아 키울 수 있어야 하고, 원치 않는 임신을 중단하고자 하는 여성은 안전하게 낙태할 수 있는 권리를 보장받아야 한다.…

출처 : 한국여성단체연합 홈페이지(www.women21.or.kr)

(2) 생식보조의료와 가족관계의 모호성

생식보조의료의 진보는 의학적 문제뿐 아니라, 윤리적·법적 문제도 파생시키고 있다. 의료기술의 발달로 성행위 없는 생식이 가능하게 되었고, 생식영역도 상품화되어 가족관계를 인위적으로 형성하게 되면서, 유전학적 부모-자녀관계를 모호하게 하는 경우가 발생하고 있다. 생식기술의 발달로 등장한 체외수정이나 대리모 등의 경우에, 생물학적 아버지와 어머니의 개념에 관한 재검토가 필요하게 되었다. 타인에게 제공받은 정자에 의한 체외수정, 제공된 난자에 의한 체외수정, 제공된 수정란의 이식, 대리모 등의 실시에서 부부 이외의 제3자의 정자·난자·배아를 사용하는 방법과 부인 이외의 제3자가 자녀를 출산하는 방법 등은 부모-자녀의 인정방식이나 상업주의 관점 등의 문제가 발생할 소지가 다분히 있다. 유전적 부모와 비용을 부담한 부모 등에 관한 합법적 인정방식이 문제가 된다. 또한 아이의 성별이나 능력 등을 통제하는 '맞춤아기' 의 생산이라는 윤리적 문제도 파생되고 있다.

생식보조의료의 실행적 차원에서는 사회적 규범을 고려한 규정이 요청되고 있다. 대리모나 인공수정을 통해 태어난 아이의 경우, 친권문제가 발생한다. 법률상의 부부 이외의 독신자나 사실혼 커플의 경우에는 태어날 아이의 부모가 원래 존재하지 않으므로, 아이의 법적 지위가 불안정하여 아이의 복지에 문제가 발생할 우려가 있다. 미국법원의 판결에서는 혈연관계나 유전적 관계보다 규범적 가족을 옹호하였다. 정상적인 또는 합법적인 결혼생활을 하는 부모가 아이의 양육권 결정에 중요한 요인으로 작용한 것이다. 규범적 혼인관계에 근거한 가족의 법적 권리가 유전적 관계보다 우선적으로 인정되었다.

이제는 정자나 난자의 제공 등에 의한 생식보조의료의 대상을 법률상의 부부로 한정하는 방안도 검토할 필요가 있다. 체외수정의 경우에는, 정자나 난자의 제공은 명백한 의학적 사유가 있는 부부의 경우에 한정하여 허용해야 한다는 견해도 있다. 배아의 이식방법은 아이의 복지를 위한 안정적 양육환경이 확보된 불임부부의 최종적 선택방식으로 한정한다는 것이다. 생식보조의료에서는 태어날 아이의 복지를 우선적으로 고려해야 한다. 안전성을 충분히 확보해야 하고, 우생사상이나 상업주의는 철저히 배제되어야 한다. 정부는 배아를 이용한 연구에 대해 압력을 받고 있다. 신성한 생명창조의 영역에 과학의 기술이 침범하는 것에 대해 윤리적, 종교적 차원의 반대가 강하다(와츠만, 2001). 윤리적 차원에서는 인간을 생식의 수단으로 취급하는 것은 용납되지 않으며, 인간의 존엄성을 지키는 것이 무엇보다도 중요하다.

구글 베이비 : 계급·상품화된 여성, 그리고 '아기 아웃소싱'

1986년 대리모의 인공수정 아기에 대한 친권 주장으로 미국을 들썩이게 한 '베이비 M사건'이 20여년 지난 지금, 여성의 출산능력은 더욱 체계적으로 상품화되고 있다. 생명공학의 발전이 세계화와 맞물리며 여성의 출산능력은 세계적 사업으로 부상하기에 이른다. 이러한 현실을 고발하는 다큐멘터리, '구글 베이비'(Google baby, 2009)가 제6회 EBS 국제다큐영화제 개막작으로 화제를 모았다.

▲ 국제적 산업이 된 대리모 출산의 문제를 다룬 다큐멘터리 〈구글 베이비〉의 한 장면.
'고객'에게 '주문' 받은 아이를 임신한 가난한 인도의 대리모 여성들이 줄지어 누워 있다.

다큐 속 주인공 이스라엘 기업가 도론은 자신을 베이비 프로듀서라 소개하는 '아기 아웃소싱' 사업가다. 동성 커플인 그 스스로가 대리모를 통해 딸을 얻은 경험을 바탕으로 대리모 출산 가격을 낮추기 위한 방안을 구상, 상대적으로 저렴한 인도 대리모를 통해 미국, 이스라엘, 인도 3대륙에 걸친 아기 아웃소싱을 현실화한다.

도론의 아기 아웃소싱 사업에 필요한 것은 범세계적 네트워크 구글 그리고 신용카드. 고객이 직접 자신이 원하는 유전자의 난자와 정자를 인터넷을 통해 미팅 사이트에서 파트너를 고르듯 구미에 맞게 선택하면 도론은 이를 미국 실험실에서 수정시키고, 이를 인도로 가져가 저렴한 가격의 인도 대리모의 자궁에 착상시킨다. 이후 제왕절개로 '꺼내진' 고객의 욕구에 맞게 '만들어진' 아기는 도론을 통해 고객에게 '배달'된다.

그 과정에 3대륙, 3가지 계급의 여성이 직접 관여된다. "나는 배란하는 기계예요."라 말하며 배란 촉진 약물로 2주간 생식기를 관리하는 미국의 난자 기증자. 돈을 위해 자신의 아이와 분리된 채 타인의 아이를 임신하는 인도 대리모. 그리고 임신 성공률을 높이기 위해 2명의 대리모에게 이식한 후, 그중 골라서 낙태시키겠다고 웃으며 말하는 다양한 국적의 고객. 이들의 관계를 통해 다큐는 세계화 속 더욱 가속화된 여성의 계급화와 철저한 체계 속에서 아기와 여성의 출산능력이 '상품'으로 전락한 현실을 시사한다.

출처 : 여성신문, 1050호, 2009.10.1

2 아동기의 사회적 형성과 부모역할

1) 아동지위의 변화

현대의 아동은 아동중심사회에 살고 있다. 그런데 사회사연구에서는 아동의 본성에 대한 근대적 인식과 함께 근대적 교육, 근대적 가족이 함께 등장했다고 주장한다. 프랑스 역사학자 아리에스(Aries, 1962)는 『아동의 탄생』이라는 저서에서 중세에는 아동기에 대한 개념이 없었고, 근대사회에서 사회적으로 구성되었다고 하였다. 중세에는 어린이를 단지 '작은 어른'으로 보고, 그에 상응한 대우를 하였다. 중세의 초기에는 도제생활과 함께 유아의 불확실한 생명 보존이 특정 아동에 대해 감정적 애착이 발달하는 것을 배제하였다. 부모는 아동들이 공동적 가족과업에 기여하도록 양육하였고, 가족은 재산과 이름의 계승을 보장하는 사회적 실재였다. 또한 일상생활은 공개적으로 영위되었고, 집은 사적인 장소가 아니라 공적인 공간으로 친구, 친척, 손님, 하인들 등이 만나서 교류하는 장소였다. 따라서 아동은 가장의 권위를 수용하게 하는 통제와 훈육의 대상이었고, 특히 복종을 위해 체벌이 필수적이라고 믿었다.

근대사회에서 생애주기의 한 단계로서 '아동기'라는 개념이 형성되면서 아동의 지위가 변화하였다. 연약한 존재로 보호를 받아야 하는 아동기의 이미지가 만들어졌고, 부모와 자녀 간의 애정적 유대에 대한 찬사가 등장했다. 아동기의 출현은 생활과 풍속에 대한 기독교의 영향력 증가와 관련성이 있다. 아동은 신의 약하고 순수한 창조물이므로 신성한 삶을 살도록 조심스럽게 양육되어야 하는 존재가 되었다. 아동기 개념의 발달은 가족을 변화시켰다. 아동의 정신적 복지에 대한 관심이 발달하면서, 가족은 아동의 정신과 육체를 형성시켜주는 책임을 수행하였다. 부모는 자녀와 함께 생활하며 자녀들을 애정으로 돌보기 시작하였다. 부모와 자녀 간의 애정에 가치가 부여되었고 가족은 사적인 영역이라는 성격을 띠기 시작했다. 가족을 감정적 실재로 인식하는 것은 육체적·정신적으로 친밀한 집단이라고 인정하는 것이다. 중간계급에서는 가족을 지역사회로부터 분리하여 사생활을 보호하는 단위로 재정립되었다.

19세기 중엽 일련의 개혁과정에서 산업체학교 및 국가나 교회가 운영하는 학교가 생겼다. 교육이 제도화되면서 성인에게 의존하여 살아가는 기간인 아동기

젠더사이드(Gendercide, 여아에 대한 조직적인 살해)

영국 주간 경제지 이코노미스트는 중국, 인도 등의 남아선호현상으로 1억 명의 여아들이 낙태 등 '젠더사이드'를 당했다고 보도했다.

중국에서 1980년대 후반에 태어난 세대의 성비는 여아 100명당 남아 108명이었다. 그러나 2000년대 초에 태어난 세대의 경우, 여아 100명당 남아 124명이다. 일부 지방에서는 남아의 수가 130명에 육박하고 있다. 중국이 가장 심각하지만 대만, 싱가포르 같은 동아시아 국가를 비롯해 아르메니아, 아제르바이잔, 그루지야, 보스니아 등이 남아선호현상이 뿌리 깊은 지역으로 꼽히고 있다. 젠더사이드는 거의 모든 대륙에 걸쳐 빈부, 교육수준, 종교와 상관없이 자행되고 있다.

"각국은 여성교육을 독려하고 딸이 재산을 물려받지 못하게 하는 법과 관습을 없애고 모든 분야에서 여성들이 참여하도록 하는 등 여아의 가치를 높일 필요가 있다."며 "중국은 성비를 크게 왜곡시키는 한자녀 정책을 철폐해야 한다."고 촉구했다.

여성이 '하늘의 절반을 떠받치고 있다'는 마오쩌둥의 말을 인용해 "하늘을 무너뜨릴 수도 있는 젠더사이드를 막기 위해 더 많은 노력을 기울여야 한다."고 강조했다.

출처 : 연합뉴스, 2010.3.7

가 7, 8세에서 점차적으로 연장되어 10대 후반인 청소년기까지 포함되게 되었다. 아동기의 교육은 차세대 노동자들에게 자본주의적 질서와 훈련을 체득시키는 한편, 기술수준을 향상시키는 데 기여하였다. 아동은 본질적으로 선한 존재로 간주되기 시작하여 온화한 훈육이 도입되었다. 중간계급을 중심으로 아동의 노동을 제한하고 교육을 의무화하는 법률들이 제정되었다.

2) 부모역할과 젠더

개인이 성인기에 담당해야 하는 역할 중에서 부모역할은 상당히 비중이 큰 역할이다. 일단 자녀를 출산하면 부모라는 역할을 수용해야 한다. 부모-자녀관계는 일단 성립되면 일생동안 지속되는 관계이고, 상호 간에 지속적인 영향을 주고받는 특수한 인간관계이다.

부모-자녀관계는 가변적 표출성에 의해 시대와 문화에 따라 다양한 관습과 의사소통방식, 교육 등으로 나타난다. 자녀양육의 양태는 시대에 따라 변화하는데 자녀양육의 물리적 수고는 경감되었지만 정신적 책임은 증가하고 있다. 오늘날 부모가 자녀인 어린 생명을 보호하는 것은 보편적인 행동이고, 구체적으로는 타자성과 애착, 거리감 등 부모-자녀관계의 공통적 틀이 존재한다.

(1) 모성과 부성

모성과 부성이라는 구분은 생물학적 규정성이 강한 개념이다. 부모역할에서 아버지와 어머니의 역할은 서로 다른 사회적 배경과 의미를 갖고 있다. 남성과 여성은 생물학적으로 염색체가 다르므로, 자녀양육의 책임과 능력, 적성 면에서도 다른 것이 당연하다는 통념이 있다. 물론 임신, 출산, 수유는 생리적으로 여성만이 가능한 기능이지만, 그렇기 때문에 육아 전반도 여성의 적성이라고 보는 것은 문제이다. 여성이 선천적으로 육아에 적합한 적성을 가지고 있다면 육아노이로제는 존재하지 않을 것이다. 또한 여성이 첫째자녀의 육아보다 둘째나 셋째자녀의 육아에 숙달되는 것을 보면, 자녀양육의 능력을 성역할 사회화 및 시행착오의 체험으로 학습하는 것임을 알 수 있다. 부모의 성차는 객관적으로 존재하지만, 성차를 부당하게 확대하지 않는 것이 중요하다. 생물학적인 성차인 어머니의 임신·출산·수유가 육아젠더 전체에 확대되어서는 안 된다는 것이다.

자녀양육은 여성에게 적합한 임무이므로 여성의 책임이라는 역할의 고정화가 문제이다. 사회적 역할로 규정된 어머니의 이미지가 확장되어서 모성을 성별역할로서의 어머니의 행동과 의식으로 대체한다. 현실적으로 대부분의 어머니가 자녀들을 세심하게 돌보고 있으므로 이것을 모성의 본질이라고 생각하는 경향이 있다. 그래서 아버지는 규범성과 원칙성을, 어머니는 상냥함과 수용성을 가지고 있다는 고정관념이 만들어졌다.

그러나 실제로는 아버지와 어머니는 인간으로서 두 가지 원리를 동시에 갖고 있다. 문화로서의 모성·부성관념은 이 두 가지 원리를 생물학적 차이로 구분해 놓은 것이다. 엄격함과 상냥함, 규율과 허용 등의 대립항은 실제로 성별에 상관없이 모든 인간이 공유하는 자질이다. 자녀를 양육하는 일은 모성적 책임에 한정되는 것이 아니라 인간적 책임인 것이다. 부모의 역할 수행에는 인간으로서의 공통성에 대한 존중과 인권의 관점이 필요하다. 아이를 양육하는 과정에는 다양한 인생의 선택지가 보장되어야 하고, 관계성의 문제로 다른 성별과 자질을 갖고 있는 개인들이 대등한 관계를 형성하는 것이 바람직하다.

(2) 아버지의 가족 내 위치

아버지는 가장으로서의 수단적 역할을 수행하고, 어머니는 실제 '살림'과 가족구성원 간의 유대를 위한 핵심적 역할을 담당한다. 직장생활을 지배하는 권위

내 손으로 아기 기르는 재미

하예린을 낳기 전에 나는 이른바 '무서운 삼촌'이었고, 나에게 달라붙는 아이들을 윽박질러 울려놓기 일쑤였다.

나는 모성애니 부성애니 하는 것이 타고난다기보다는 애와의 접촉 정도에 따라 생긴다고 믿는 사람에 든다. 내가 하예린 기르는 일에 동참하지 않았다면, 그 애의 똥기저귀 치우기를 기꺼이 하지 않았다면, 그 애가 기분 좋게 잘 수 있도록 신경을 쓰지 않았다면 과연 그 애를 이처럼 사랑할 수 있었을까? 나는 거의 아니라고 단정지을 수 있다. 그 애에 대한 내 애정은 그 애에 대한 내 정성에 비례한다.

그리고 어느 하나도 빼먹거나 건너뛰지 않고 하나씩 밟아가는 그 애의 성장과정을 신비롭게 바라본 나의 시선과 관계가 있다. 고개를 가누고 뒤집고 앉고 기고 붙잡고 서고 뒤뚱뒤뚱 걸어다닐 때까지를 지켜본 나는 그 애의 행동 어느 하나도 소중하지 않은 것이 없다. 그림책에 있는 사자를 보고나서 길을 가다가 '똥개'를 보고 '사자'라고 외치는 그 애를 보고 나는 폭소를 터뜨렸고 조만간 동물원에 데려가야겠다고 생각했다. 그 애의 어처구니 없는 실수와 행동까지도 사랑스러우니 이를 어쩌랴!

출처 : 최정현(1992), 『반쪽이의 육아일기』, 여성신문사-제1회 평등부부상 수상

주의는 스트레스를 가중시키고, 술문화를 조장한다. 직장우선주의적 문화는 공식적인 근무시간뿐 아니라, 퇴근 후의 비공식적인 모임들도 공식활동의 연장으로서 중요시해야 한다. 남성들의 생활에서 '실질적으로' 가족이 차지하는 중요성은 축소될 수밖에 없다. 특히 성장기 자녀들과 돈독한 유대를 맺을 시간적 여유와 유대형성 기술이 부족한 편이다. 따라서 아버지가 자녀들을 경제적으로 부양하는 도구적 존재로 인식되면, 가정 내에서 소외된 존재가 된다. 가족을 위해서 일한다는 원래의 의도를 수행하는 과정에서 가족과의 유대는 오히려 점차 약화되는 것이다. 예를 들면, '간 큰 남자' 시리즈나 중년남성을 '젖은 낙엽'이라고 하는 것은 직장 내에서 일에 몰두하느라, 가족 내에서의 자리를 잃어버린 남성들의 상황을 풍자한 것이다.

자녀양육 과정에서 아버지의 참여 및 기여도는 어머니에 비해 상대적으로 낮지만, 자녀에게 미치는 영향은 결코 적지 않다. 최근에 아버지역할은 생계부양자, 엄격한 훈육자로부터 놀이나 대화상대와 같은 정서적 역할과 돌봄 지원에 이르기까지 다양한 역할로 확대되고 있다. 아버지의 부모권리를 보장하고 양성평등적 가족문화를 조성하기 위해서는 부성을 지원하는 정책과 다양한 서비스의 마련이 요청되고 있다.

아버지선언

아버지문제를 생각하는 사람들, 좋은 아버지가 되려는 교원들의 모임, 환경사랑 아버지모임 등 17개 단체가 연합한 아버지모임전국연합에서 아버지헌장을 제정하였다.

① 아버지는 가족의 생계와 행복을 위하여 힘쓰며, 가족은 이를 인정하고 협조해야 한다. 아울러 자녀와 배우자를 보호하며, 정신적 지주로서 참된 가장이 된다.

② 아버지는 자녀들이 건전한 자아를 가진 성숙한 인간으로 발달할 수 있도록 적절한 환경과 기회를 제공한다. 또한 올바른 가치관과 행동을 지키며, 자녀양육과 교육의 공동 책임자로서 그 본분을 다한다.

③ 아버지는 가족 중심에서 벗어나 다른 어린이들에게도 애정을 가진다. 그리고 지역 사회 발전에도 힘쓰며, 효·평등·협동 등을 토대로 한 공동체 문화를 이끌어간다.

④ 아버지는 개인임과 동시에 직장과 사회·국가의 일원으로서, 그 발전에 이바지하며 책임 있는 생각과 행동을 유지한다. 아울러 아버지들의 이러한 노력은 존중되고 높게 평가되어야 한다.

⑤ 아버지는 한 인간으로서 건강하고 행복한 삶을 영위할 수 있는 자유를 보호받을 수 있어야 한다. 그리고 현실적인 능력이 아닌 한 인격체의 인품으로서 순수하고 참되게 평가되어야 한다.

⑥ 아버지는 끊임없이 자기를 계발하는 가운데 자신의 올바른 역할과 권리를 찾는다.

⑦ 아버지는 가족뿐만 아니라 사회와 국가로부터 아버지 역할을 잘 할 수 있도록 협조받아야 한다. 또한 건강을 잃었거나 위기에 처했을 때에는 도움을 줄 수 있는 대책이 세워져야 한다.

출처 : 문화일보, 1997.1.19

오늘날의 가족관련정책에서는 여성들이 어머니와 노동자로서 경험하는 이중적 부담의 완화에 집중되어 있는 경향이 있다. 그러나 여성의 이중부담을 해결하기 위해서는 돌봄노동의 사회적 분담과 남녀의 성별공유가 전제되어야 한다는 점에서 아버지역할의 수행을 위한 사회적 관심과 지원이 필요하다.

3 모성과 모성이데올로기

1) 출산과 어머니역할

(1) 출산과 양육의 구분

현대사회에는 양성평등이라는 선언적 명분이 있음에도 불구하고, 여성은 생명을 출산하는 성(性, gender)으로서 출산으로 파생된 차별을 경험하고 있다. 성차와 성차별은 다른 의미를 갖고 있다. 그러나 '여성은 남성과 달리 출산하는 존재'라는 명백한 생물학적 차이가 있기 때문에, 모성으로 인한 성차와 성차별을 적절히 구별하는 것은 매우 어려운 과제가 된다.

여성의 성역할, 젠더, 모성의 관련성에 대한 논의는 일반적인 인식의 허구성을 밝혀주었다. 초도로우(Chodorow)는 출산, 모성, 일차적 양육자로서 어머니역할, 성별분업, 가족 내의 성별관계 등이 여성의 생물학적 본질에 기인한다는 기존 인식에 의문을 제기하였다(Chodorow, 1978). 기존의 성별분업적 사회구조로 인한 여아와 남아의 차별적 사회화가 자아와 성별특성의 차이를 야기하는데, 이는 성역할의 차이를 만들어 내는 순환적 관련성에 기인한다고 설명하였다. 남아는 어머니로부터 자신을 의식적으로 분리시킴으로써 개체가 되는 경험을 하여 독립적이고 주체적인 자아를 형성하게 된다. 반면, 여아의 경우에는 사회화 과정에서 동성인 어머니와 지속적 관계를 갖게 되므로, 남아에 비해 상대적으로 관계적인 자아가 형성된다. 이것이 성인이 된 여성을 어머니역할에 익숙하게 만드는 심리적 바탕이 되어 모성역할의 재생산에 기여한다는 것이다.

그러므로 여성의 독점적 양육을 전환시키려면 출산과 양육을 분리하는 가족구조가 필요하다고 하였다. 아버지와 어머니가 부모로서의 책임을 동등하게 분담하여 초기 양육과정에 함께 참여하게 되면 여성성·남성성, 어머니·아버지역할에 대한 성별 역할기대가 유연화될 것이다.

이 이론은 백인중산층 가족을 모델로 한 분석이라는 점에서 흑인, 노동자 계급 여성이나 가족의 생활을 간과하였다는 받았다. 그럼에도 불구하고, 여성의 신체적인 임신·출산 과정과 사회문화적 양육과정의 분리, 그리고 변화가능성을 제시하였다는 점에서 의의가 있다.

(2) 모성애와 어머니역할의 다양성

어머니가 되는 것, 모성애의 의미, 바람직한 어머니역할 등에 대한 인식은 시대에 따라, 사회에 따라 다양하고 가변적이다. 모든 여성이 본능적으로 모성애를 가지고 있다는 고정관념과, 자녀는 어머니의 집중적인 사랑과 보살핌을 필요로 한다는 통념은 근대에 형성된 사회적 산물이다.

'어머니라는 존재'의 생물학적 기초는 임신과 출산이다. 여성은 임신 순간부터 아기와 직접적 신체관계가 생성되기 때문에 아버지보다 자녀에게 더 밀착적인 친밀감을 경험하게 된다. 출산과 수유를 통해 형성되는 유대감은 여성의 생애에서 매우 강렬한 경험이다. 가장 직접적이며 상징적인 모성역할인 모유 수유는 본능적인 행위가 아니라, 역사적으로 문화적으로 변화해 왔다. 간접 수유에 사용되는 젖병은 근대적 발명품이 아니라 고대 이집트 이후 많은 문화권에서 사용되던 것이다. 전근대기에 유럽에서는 대부분의 아이들이 어머니가 아닌 유모의 보살핌을 받았다. 이로 미루어 보면, 모유 수유는 어머니의 유아에 대한 사랑과 보살핌의 대표적 행위가 아니라, 사회문화적 관습이라는 것을 알 수 있다. 자녀양육 전반을 여성의 모성본능에 귀착시키는 통념은 사회적으로 구성된 것이다.

모성본능은 결혼한 여성에게만 존재하는 것일까? 가부장제는 어머니를 여성의 자연적 운명이라고 정의하는데, 이러한 자연적 운명이 혼외자녀를 가진 여성에게는 적용되지 않는다. 이것은 어머니가 되는 것이 사회적 실체라는 사실을 증명해 준다. 근대 서유럽사회에서는 교구나 국가는 사회적 아버지가 없는 아이들을 재정적으로 책임지지 않기 위해서 미혼모와 혼외자녀에 대한 사회적 처벌을 강화하였다(기틴스, 1997). 이는 여성이 출산하기 전에 한 남자와 '반드시 함께 살아야 한다' 는 것을 여성에게 의무로 부여하였다는 것과, 가장인 아버지가 부양 가족의 생계를 책임져야 한다는 가부장적 이데올로기에 기인하는 것이다.

한편, 자녀에게 행사할 수 있는 어머니의 영향력은 명문화되어 있지 않는 경우가 많다. 어머니는 자신이 낳은 자녀를 기르면서 일상적인 사회화와 보호의 의무를 담당하고 있으므로, 자녀의 행동, 태도, 교육에 막대한 잠재적 영향력을 미친다. 어머니가 자녀에게 대해 갖는 권력과 통제의 정도는 아버지의 존재 여부, 계급적 지위, 자녀의 성별에 따라 다르다.

2) 모성이데올로기

(1) 모성의 개념

현대사회에서 모성은 복잡하면서도 애매한 개념이다. 모성이라는 용어에는 출산, 수유, 모성적 양육, 모성애 등이 연관되어 있고, 따뜻함, 상냥함, 관대함, 허용성 등의 심리적 및 문화적 이미지가 연상된다. 모성은 '어머니다움' 이나 '어머니인 기간' 등의 의미를 갖고 있다. 어머니라는 말은 매우 단순한 듯하지만, 사실은 어머니 자신의 자기의식, 어머니다운 행동, 어머니역할 등 다양한 측면을 내포하고 있다. 모성이란 용어는 어머니라는 성(性), 어머니다운 성질, 어머니의 마음, 생명을 키우는 존재라는 의미로 비약적으로 확대된다. 모성은 사람들이 세상에 태어나서 살아가는 데 매우 본질적인 인간적 요소로 인식되는데 실제적으로는 모순을 동반한 복합적인 의미를 담고 있는 사회적 현상이다.

모성이란 무엇인가? 어머니가 되는 것은 무조건적인 인내를 전제로 해야 하는 것일까? 현실 속에 나타나는 모성의 정황에는 아버지에게 육아책임은 부차적인 것이라는 암묵적 전제가 깔려 있다. 현실적으로 여성이 임신하고 출산하면 자연적으로 모성이 생긴다는 일반적 관념이 있다. 그러나 모성의 당사자인 어머니 자신이 모성에 대한 의문을 제기하기도 한다. 실제로 임신과 출산을 경험한 여성들 중에는 출산우울증에 시달리기도 하고, 육아에 지쳐서 고민하고, 고독감을 느끼며, 일과 가사노동·육아의 과중한 부담에 허덕이기도 한다.

모성역할은 여성에게 있어서 천직으로 간주된다. 여성은 천부적으로 어머니역할을 잘 수행할 수 있고, 기쁨과 보람이라는 정서적 만족을 얻는다고 여겨진다. 여성이라면 당연히 어린아이를 돌보고 통제하는 책임을 지고 있다는 것이다. 이러한 견해는 아이를 보호하고 끊임없는 주의를 요구하는 어머니의 역할이 힘들고 지겨운 중노동이며, 고립된 상태에서 수행된다는 사실을 은폐한다. 여러 경험적 연구들이 아동에 대한 보살핌은 양적 측면보다 질적 측면이 중요하다는 점, 보살펴 주는 사람의 생물학적 동일성 여부가 아니라는 점, 실제로 아동은 다양한 여러 어른들과 접촉하는 것이 건전한 정서 발달에 필요하다는 사실을 제기하고 있음에도 불구하고, 무조건적 모성 책임론은 여전히 호소력을 유지하고 있다.

현대사회에서 부모-자녀관계의 심리학적 분석을 보면, 모성은 항상 모자의 조화로운 관계에 한정되지 않고, 첨예한 이해관계의 대립에 직면하는 경우도 적지 않다. 임신중절, 모체와 태아 중 택일해야 하는 상황, 어머니의 인생과 자녀의 요구의 갈등 등의 현상이 비일비재하다. 또한 부모와 자녀의 관계에는 애정과 증오가 공존하고, 시간의 경과를 통해서 형성되는 것이다. 사랑과 증오, 관심과 무관심, 애착과 이탈은 동전의 양면과 같은 이중가치적 현상으로 동요하는 것이기도 하다.

(2) 모성의 이데올로기화

일반적으로 모성이데올로기는 '여성＝어머니＝자연'을 동일시하는 관념이다. 즉 여성은 출산을 하고 어머니가 되고 육아를 담당한다는 것이 '자연'이라는 관넘이다. 모성이데올로기는 여성을 자연과 문화의 중간에 위치시키는 문화적 장치이다. 출산의 생리과정은 자연적이지만, 여성이 출산하는 것과 아이를 양육하는 것은 단순한 자연이 아니다. 모성이데올로기의 매체로는 육아서, 육아잡지, 육아프로 등 매스미디어가 있고, 의사, 간호사, 보모 등의 전문가들, 친족 및 친지 등 어머니와 가까이에 있는 사람들이 있다. 이들은 모성이데올로기의 전달자로서 비의도적이지만 효과적이고 강력한 메시지를 보내는 경우가 많다.

모성이데올로기의 성격을 보면, 성별분업의식이 강하게 전제되어 있다. 자녀를 낳고 양육하는 것은 반드시 어머니가 전적으로 담당하는 것이 아니지만, 육아는 어머니의 천직이라는 관념이 지배적이다. 출산과 육아영역에서 성차와 성차별, 그리고 육아젠더의 문제는 신중하게 검토되어야 한다. 남성은 아버지가 되든 아니든 한 사람의 인간으로 인정받지만, 여성의 경우에 모성이 인격 전체를 규정하는 경우가 많다. 모성이데올로기는 여성을 모성중심으로 규정함으로써, 여성의 인간으로서의 권리를 침해한다.

또한 모성이데올로기는 출산하지 않는 여성, 출산할 수 없는 여성, 육아에 전념하지 않고 다른 일을 하는 여성을 소외시킨다. 출산하지 않는 여성에 대한 차별과 출산한 여성에 대한 억압은 동일한 뿌리에 기인한다. 불임여성의 입장에서 보면, 출산기능의 강조는 불임여성을 열등한 존재, 결함이 있는 존재로 낙인찍을 위험성이 있어서 여성의 억압이 된다. 또한 출산을 선택하지 않은 여성의 입장에서도 모성예찬은 위험하다. 실제로 여성은 출산여부와 상관없이 여성이라는 사실만으로도 다른 사람을 돌보는 모성적 태도와 역할이 기대된다. 모성의 강조나 과잉적 예찬을 억압으로 본다면, 모성이데올로기로부터의 해방이 곧 전면적 모성거부를 의미하지는 않는다. 모성은 자연스럽고 바람직한 역할이므로, 여성에게 만족감과 성취감을 부여한다는 모성이데올로기는 매우 굳건한 신화이다. 그래서 여성주의 관점에서 모성은 해결되기 어려운 난제인 것이다.

모성에는 '여성으로서의 모성'과 '자녀를 위한 모성'의 두 측면이 있다. 본래 인간의 권리라는 측면에서 어머니와 자녀는 동등해야 하지만, 자녀를 위한 모성에만 초점이 맞추어지는 경우가 많다. 어머니와 자녀는 동일한 인권을 가지고 있는 주체임에도 불구하고, 자녀가 우선시되고 어머니는 자녀를 위해 자기희생을 하는 것이 당연하다는 통념이 있다. 이는 어머니와 자녀 사이에 인간관계의 거리가 부재하다는 것을 의미한다. 여성이 자신의 인간적 존재감을 인정받지 못할 때

공동육아운동-공동육아의 사회적 의미

급격한 사회변화에 따라 개인과 개별 가족이 감당하기 어려운 육아의 여러 영역인 보호와 생활, 교육 나아가 학교교육을 보완하기 위한 공동체적 육아방식으로 육아공동체가 모색되고 있다.

공동육아는 아동의 성장을 돕는 일을 부모만이 아니라 사회가 공동으로 책임지고 수행하는 것이다.

부모는 물론 육아에 관련된 각종 사회조직과 집단이 육아의 책임 담당자가 되어 우리 사회의 미래 성원을 신체적으로나 정신적으로 건강하게 양육하는 과정에 적극적으로 참여하는 것이 바로 공동육아 개념의 핵심이다.

① 공동체적 삶의 영역을 이 사회 안에서 넓혀 나가는 일이다.
② 공동체적인 삶의 방식을 어릴 때부터 몸으로 익힐 수 있도록 하는 일이다.
③ 아이들이 경험한 공동체적 가치관과 삶의 방식을 보완해 주고 지지하는 일이다.
④ 사회전체가 공동체적 원칙에 의해 대응해 줄 것을 요구하고, 그 변화를 유도하는 일이다.
⑤ 우리 아이들과 미래를 위해 오늘의 현실 속에서 사회문화적 환경변화를 모색하는 일이다.

출처 : 사단법인 공동육아와 공동체교육 홈페이지(www.gongdong.or.kr)

자녀와 자신을 동일시하는 일체감으로 살아가는 경우도 많다. 자녀를 위해 자신의 인생을 희생하는 자기희생적 어머니상은 왜곡된 자기애이기도 하다(船橋·提, 1992). 모자관계에 밀착적일수록 여성의 자아와 주체성이 성숙하기 어렵다.

그렇다면, 바람직한 어머니역할의 사회적 기준은 무엇일까? 한국 사회에서 아이의 질병이나 사고 시, 아이가 비행소년이 되거나, 학교성적이 떨어질 때, 대학입시에 낙방할 때 모든 일차적인 책임과 비난이 어머니에게 돌아온다. 이러한 책임은 어머니들 스스로도 인정하고 있다. 특히, 직장에 다니는 많은 어머니들이 자녀의 문제에 대해 많은 죄의식을 느낀다. 직장에서의 성공도 부모로서의 성공이 뒤따라줄 때 의미가 있고, 인정받을 수 있다고 여긴다.

또한 최근에는 신자유주의 질서 하에서 '교육매니저'로서의 어머니역할이 등장하였다. 중산층 가족은 세계적인 차원의 경쟁 체제 속에서 사회계층적 지위의 유지와 상승을 위하여 자녀교육의 비중을 강화하고, 기존의 자녀교육을 담당하던 어머니의 노동을 더욱 가중시킨다. 이는 성별화된 세대 간 전략(an intergenerational and gendered project)이라고 할 수 있다. 고학력인 중산층의 전업주부 어머니는 자녀의 두뇌에 좋은 건강식 챙겨 먹이기, 사교육과 대학입시 정보수집, 자녀의 사교육 수강을 위한 운전기사역할을 하고, 자녀의 숙제를 위해 스스로 공부하거나 아예 대신해서 숙제를 해주기도 하고, 사교육비 부담 등 교육의 시장화와 입시경쟁을 부채질한다. 이러한 교육적 행위를 통해 어머니는 대리만족을 만족을 하기도 하고, 자녀들의 삶을 통해 보상받고자 하는 심리도 있다.

중산층의 전업주부 어머니가 자녀교육에 매진하는 현상은 취업모나 저소득층 어머니에게 상대적 박탈감을 주고 좌절 및 불안감을 심화시킨다. 이는 경쟁적이고 계급차별적인 사회구조 재생산에 적극적으로 기여한다. '과잉적' 어머니역할에 대한 사회적 비난도 만만치 않다. UN 인권위원회는 한국에서 사교육의 부담에 시달린 초등학생의 자살이나 조기교육 열풍과 입시위주의 교육체계가 아동의 인권을 침해하고 있다고 지적하였다.

국가는 경제적 번영과 국방에 중요한 자원인 미래의 병사와 노동자를 위해 '좋은 어머니'를 강조한다. 이를 위해 모성보험을 제정하고, 모성보호기금과 가족수당 등을 신설한다. 동시에 '나쁜 어머니'에 대한 규정도 암묵적으로 구성되어, 아이들에게 부정적 영향을 미치는 가족들로부터 아이들을 격리시키는 구실을 만들어 준다. 이러한 정책이나 법안은 계급특수적이고, 성특수적인 성격을 갖고 있다. 중간계급의 가족들과 어머니들은 좋은 가족, 좋은 어머니로 정의된 반면, 일하는 기혼여성들은 비록 자신들의 노동으로 아이들의 생계와 보호를 책임지고 있더라도 '좋은 어머니'와는 동떨어진 '나쁜 어머니'로 규정되어 빈번히 비난의 대상이 되고 만다. 정형적 핵가족과 모성이데올로기에서 벗어난 일탈가족들은 국가기관으로부터 점점 더 많은 감독과 간섭을 받아야 했다.

(3) 모성이데올로기의 양면성과 한계

이상적인 어머니의 사랑

한 소녀를 사랑한 젊은이가 있었네
그를 조롱하며 소녀가 물었지
"너는 두렵지? 오늘 나에게
네 어머니의 머리를 쟁반 위에 담아 가져오는 것이"

청년은 달려가 어머니를 죽였지
어머니의 가슴에서 선홍빛 심장을 도려내어
사랑하는 연인에게 달려갔네
숨이 가빠 넘어지고 쓰러지면서

심장이 땅바닥에 구르고
애처로운 목소리를 내었네
그리고 온화한 음성이 흘러나왔네

"아가야, 다치지는 않았니?"

출처 : 배리 쏘운 외(편) (1991), 『페미니즘의 시각에서 본 가족』

모성이데올로기는 양면성을 가지고 있다. 위의 시는 어머니의 사랑이 얼마나 끝이 없는 것인지를 보여 주는 전형적인 예이다. 시 속에서의 어머니는 자식이 자신을 배신하고, 목숨을 빼앗아가는 순간에도 분노와 좌절보다는 포용심과 이해심을 발휘하는 희생적이고 헌신적인 존재로 묘사된다. 어머니에 대한 찬양인 동시에, 강력하고 전지전능한 어머니의 이미지를 각인시킨다. 이러한 기준을 충족시키지 못하는 어머니에 대한 비난의 근원이 된다. 모성애의 강조는 어머니의 권력을 강화하는 동시에, 어머니역할에 대한 갈등과 분노 등에 대해 침묵하게 하여 은폐시킨다. 그러나 현실세계 속의 어머니들은 이상화된 기준에 자신을 맞추어야 하는 부담과 억압 속에서 스스로를 비하시키거나 죄의식에 사로잡히는 경우도 적지 않다.

어머니에게 무한정한 책임을 부과하는 모성이데올로기가 지배하는 사회에서 어머니는 인간으로서의 권리가 인정되지 않는다. 어머니는 우리들 가운데 희생자이고, 자유가 없는 여성이고, 순교자이다(리치, 1995). 따라서 어머니는 자녀양육을 즐기는 여유를 경험하기 어렵고, 자신의 인생을 선택하거나 일을 하는 권리를 현실화하기 어렵다. 여성에게 모성을 선천적인 역할로 부여하는 모성이데올로기는 가족에서뿐 아니라 교육과 노동시장에서도 여성의 역할을 규정한다. 학령기 여아는 제도교육인 학교에서 모성을 갖추도록 교육을 받는다. 여성들은 모성이데올로기로 인해 역할기대의 내용에 '온화한 돌봄'이 항상 포함되어 있다. 노동현장에서 고용주는 직업경력보다 모성이라는 여성역할이 우선적이라고 인식하므로, 여성의 고용기회는 제한된다. 이는 제한된 취업기회와 성별 임금격차의 기본적인 요인으로 작용한다.

모성이데올로기는 여성이 자연스럽게 출산과 육아라는 임금이 지불되지 않는 노동을 담당하게 한다. 이를 전제로 하여 언제나 공적인 임금노동에 헌신할 수 있는 남성노동자를 준비시킬 수 있기 때문에, 모성이데올로기는 현대 자본주의 사회에서 적합성이 높다. 모성의 강조나 모성예찬은 여성이 인간으로서 자유로운 삶을 사는 데 저해요인으로 작용하고, 여성을 출산과 양육이라는 그림자노동에 함몰시킨다. 여성의 권리와 자녀의 권리의 균형을 현실화하기 위해서는 여성이 자신감을 갖고 자녀를 사랑할 수 있도록 하는 사회적 지원이 필요하다.

핵심정리

　출산이 의료화되고 생식기술이 발달하면서, 출산 주체의 재생산권리에 대한 인식이 제기되고 있다. 출산을 통해 부모가 된다는 것은 개인적인 욕구의 충족은 물론이고 사회적 자산인 아동을 충원하고 양육하는 일이다.

　근대사회에서 아동기가 생애주기의 단계로 형성되면서 아동의 지위가 변화하였다.

　부모-자녀관계는 시대와 문화에 따라 다양한 관습과 의사소통방식, 교육 등으로 나타난다.

　모성이데올로기는 '여성-어머니-자연'을 동일시하는 관념이므로, 여성을 자연과 문화의 중간에 위치시키는 문화적 장치이다.

　부모의 역할 수행에는 인간으로서의 공통성에 대한 존중과 인권의 관점이 필요하다.

생각해 봅시다

Q1 출산과 관련된 의료 및 과학기술 발달의 긍정적인 면과 부정적인 면을 각각 나열해 보고, 부정적인 면을 해소하기 위한 방안을 제시해 보시오.

Q2 여성의 모성애가 '내 자식의 성공'이라는 개별 가족의 도구적 목적에 한정되는 것을 넘어서서, 우리 사회의 아이들에 대한 폭넓은 사랑으로 확장시키는 방법으로는 어떤 것이 있는지 생각해 보시오.

Q3 가족에 대한 부양책임이 강한 아버지는 일상생활과 가족관계에 관련된 역할 수행에는 소홀하기 쉽다. 자녀에게 '좋은 아버지'가 되기 위한 방법을 구체적으로 제시해 보시오.

가족 내의
권력관계

07

가족 내의 권력관계

1 가족관계와 젠더

1) 가족 내의 역할분담

(1) 맞벌이가구의 증가

한국에서 사회경제적 측면에서 노동시장이 유연화되고, 고실업에 따라 가구경제의 불안정성도 심화되고 있다. 생계유지뿐만 아니라 삶의 질이나 여유로운 생활을 추구하기 위해 수입을 증대하려는 경제적 요구도 높아지고 있다. 한편, 여성의 교육수준이 향상되면서 자신의 능력을 발휘하여 개인적 성취를 도모하는 취업의식도 높아지고 있다. 자녀출산은 감소한 반면에 평균수명은 길어졌다. 가전제품의 보급으로 가사노동의 시간은 감소하고 있다. 이러한 상황에서 여성들의 평생직업 필요성에 대한 인식도 확산되고 있다.

통계청의 자료(2005)를 보면, 맞벌이가구는 35.2%, 남성부양가구는 46.3%, 부인만 일하는 가구는 4.0%로 나타났다. 이는 과거에 주류를 이루었던 남성＝생계부양자, 여성＝가사노동자/양육자라는 성별분업적 가족의 비중이 감소하고 있음을 의미한다. 앞으로도 여성노동시장 참여 및 맞벌이가구는 지속적으로 증가할 전망이다.

부부가 동시에 노동을 하는 맞벌이는 가구의 소득을 증대시키려는 선택인데, 맞벌이의 증가는 가족이념의 변화와 밀접한 관련성이 있다. 유교적 가족이념에서는 보수적 가족복지체제가 전제되어 있었다. 노인, 아동, 여성에 대한 사회정책적 보호를 지체시키고, 가정을 통한 가족복지를 지향하였다. 미국이나 유럽의 선진국가들에서 보면, 경제발전과 민주화, 복지정책의 발달 등이 진전되면 맞벌이가구의 증가는 공통적으로 나타나는 사회현상이기도 하다.

여성노동력의 노동시장 진출이 활발해지면서 도구주의적, 개인주의적 가족이념과 정서적 가족이념이 혼재하게 되었다. 한편, 친족관계에도 변화양상이 나타나는데, 남편가족을 중심으로 한 관계성의 경계가 유연화되어 친정을 포함하는 혈연중심의 가족복지 대응양상으로 확대되는 전략이 나타난다. 부계중심성과 출가외인 이데올로기의 약화는 친족관계가 평등화 방향으로 진행된 결과로 볼 수 있다.

(2) 맞벌이가구의 성별분업

여성의 경제활동참여가 증가하여 여성도 생계부양자로서의 역할의 일정 부분을 남성과 공유하게 되었다. 그럼에도 불구하고 맞벌이가구에서 남성들의 가사·양육의 참여 정도에는 별다른 변화가 나타나고 있지 않아서, 여성들의 일-가족 갈등이 심화되고 있다. 맞벌이가구의 여성들은 다중역할의 수행으로 인한 육체적 피로와 정신적 긴장 및 갈등을 경험하고 있다. 직장에서는 노동을 하고 집에 돌아와서도 가사노동, 자녀의 양육 및 교육, 부모 돌보기 등의 집안일을 해야 하는 심리적 갈등도 역할긴장을 높이는 요인으로 작용하고 있다.

가족 내의 성별분업은 자유로운 개인들 간의 선택이기보다는, 사회 전반에 내재화된 성별분업구로에 기반하고 있다. 그런데 성별분업구로 자체에 내재적으로 성별권력관계가 함축되어 있다. 따라서 취업여성은 자신에게 기대되는 역할과 자신이 지각하는 역할인지가 불일치하는 상황에서 역할 수행을 해야 하므로, 역할갈등을 경험하게 되는 것이다. 이는 성역할 규범에서 변화속도의 젠더격차를 보여 주는 것으로, 여성이 남성보다 변화의 속도가 빠르게 나타나고 있다는 것을 보여 주는 것이다.

스웨덴 남성 '세계 1등 신랑감' -남녀 평등의식, 가사 참여 높아

영국 일간 '텔레그래프' 등 외신에 따르면 옥스퍼드대학교 경제학과 알무데나 세빌라 산즈 교수가 미국, 노르웨이 등 주요 12개국 남녀를 대상으로 조사한 결과 스웨덴 남성이 배우자로서 최고 점수를 얻었다.

산즈 교수는 가사노동에 대한 태도가 결혼 성공률에 얼마나 영향을 미치는지 알아보기 위해 20~45세 남녀 1만 3,500명을 대상으로 가사 참여도 등 평등지수와 결혼·동거 비율을 조사해 비교했다. 연구 결과 평등지수가 낮은 국가의 여성들은 그렇지 않은 경우보다 결혼·동거를 통해 정착하는 비율이 20~50%나 낮았다. 가사 참여도가 낮은 남성은 여성에게 배우자로서 매력도가 떨어졌다는 의미이다.

스웨덴 남성들은 세탁, 요리, 쇼핑 등에서 골고루 참여도가 높아 최고의 남편감으로 낙점됐다. 반면 맥주를 좋아하고 스포츠와 각종 야외활동에 매진하는 이미지를 가진 호주 남성들은 가장 인기가 떨어졌다. 남편감 2, 3위는 각각 노르웨이와 영국이었으며 미국 남성들도 4위에 올랐다. 9~11위는 각각 일본, 독일, 오스트리아 남성이 차지했다.

이로 보아, 평등지수가 높은 사회의 남성들은 가정 내 역할에 충실하기 때문에 화목한 가정을 형성할 가능성이 높고, 결과적으로 결혼 성공률도 높음을 알 수 있다.

출처 : 세계일보, 2009.8.6

(3) 가사분담의 실태와 영향요인

근년 우리 사회에서는 맞벌이에 대한 선호도가 남녀 모두 상승하고 있는 데 비해, 가사노동의 분담은 제대로 이루어지지 않고 있다.

통계청의 '우리나라 부부의 자화상(2009년)'에 따르면 여성취업에 대해 긍정적인 견해를 밝힌 남편의 비율이 2009년에 81.5%로 2006년 65.3%보다 크게 늘어났다. 맞벌이부부에서 가사를 공평하게 분담하고 있다는 응답은 남편은 11.8%, 부인은 12.0%에 불과했다. 맞벌이부부의 가사분담 불균등은 생활시간에 확연히 나타난다. 부인의 경우 요일평균 여가시간이 3시간 25분으로 전업주부 5시간 37분보다 2시간 12분이 적은 반면, 남편의 여가활동시간은 맞벌이(4시간 14분)와 비맞벌이(4시간 17분) 간에 차이가 거의 없었다. 가정관리와 가족보살피기에 부인은 요일평균 3시간 20분을 사용하는데, 남편은 겨우 37분이었다. 자녀돌보기 역시 절반 이상의 가정에서 부인이 주로 담당하고 있는 것으로 나타났다. '자녀와 함께 놀아주기'와 '아플 때 돌봐주기'는 각각 32.1%, 28.1%로 부부 공동의 비율이 높지만, 남편이 자녀를 적극적으로 돌보는 비중은 1.6~7.4%에 불과했다. 주말이나 휴일의 여가활용 방법으로 남편은 'TV 및 비디오시청'이 34.6%로 가장 큰 비중

표 7-1 부부의 가사분담 실태

(단위 : %)

연도	부인 전담	주로 부인	공평 분담	주로 남편	남편 전담
1998	44.9	47.1	5.7	2.0	0.2
2006	36.5	53.2	7.9	1.9	0.4

출처 : 통계청(2009), 우리나라 부부의 자화상

을 차지했으나 부인은 '집안일'이 31.6%로 가장 비중이 컸다. 부인의 경우에는 귀가한 후에는 집안일을 하느라 거의 여가활용을 하지 못하고 있는 실정이었다.

가족 내의 가사분담 실태를 보면, 부인이 전담하거나 주로 담당하는 비율은 약간 감소하였으나, 남편이 담당하는 비율은 거의 동일하다. 부인 전담의 경우는 1998년에 44.9%에서 2006년에 36.5%로 줄었고, 주로 부인은 47.1%에서 53.2%로 약간 증가하였다. 공평하게 분담하는 경우는 5.7%에서 7.9%로 소폭 높아졌다. 그러나 여성이 거의 모든 가사노동을 담당하는 비율이 거의 90%에 이르는 상황은 거의 변화하지 않고 있는 실정이다.

그런데 외국의 남성가사 참여시간의 실태는 우리나라와는 다른 양상을 보이고 있다. 우리나라가 하루에 22분에 지나지 않는 것에 비해, 영국과 미국, 네덜란드는 2시간을 약간 상회하고, 핀란드와 캐나다, 덴마크는 1시간 30분 이상이다. 그런데 일본은 31분에 불과한 것으로 나타났다. 이로 보아 우리나라와 일본은 성별역할에 대한 고정관념이 강한 국가임을 알 수 있다.

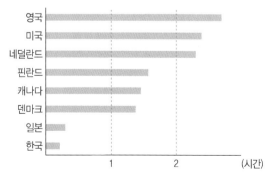

그림 7-1 국가별 남성가사참여시간(2001)

출처 : 여성가족부(2006), 제1차 건강가족 기본계획

부부의 가사분담 방식의 선택에 영향을 미치는 요인을 보면, 서구 사회의 경우에는 ① 배우자의 상대적 자원인 교육, 소득, 협상 능력, ② 부부의 유급노동시간, ③ 성역할 가치관, 특히 남편의 평등주의 가치관 등이 있다. 그런데 우리나라의 경우에는 의사결정권의 평등성과 남편의 유급노동시간은 유의미한 관련성이 있으나, 소득과 가치관은 영향력이 낮은 것으로 나타났다.

가사분담의 공평성과 결혼만족도의 관련성을 보면, 가사노동 분담의 불만족이 결혼 갈등과 부인의 이혼 고려를 증대시킨다. 그러나 가사분담의 양적 차이보다 공평성에 대한 인지도 및 분담 만족도가 중요한 매개변수로 작용하고 있다.

특히 양육기의 자녀가 있는 맞벌이가구의 경우에 가사와 육아는 여성의 전담 책임으로는 해결이 불가능하므로, 실질적인 분담이 절실한 당면과제이다. 그런데 관념상으로는 남녀 모두 가사분담에 공감하지만, 남성들의 실천을 얻어내기가 쉽지 않은 것이 현실이다. 육아와 가사는 남편과 아내 누구든 상황에 따라 용이한 사람이 먼저 자발적으로 행할 수 있다는 사고의 유연성이 필요하다. 맞벌이가구에서 남성의 가사분담은 해도 되고 안 해도 되는 선택사항이 아니고 반드시 실행해야 하는 필수적 사항이 되어 가고 있다.

살림하는 남편 : '전업 주부(主夫)'

맞벌이부부 중 어느 한쪽이 가사를 맡는다면 과거엔 당연히 아내 몫이었다. 하지만 요즘은 부부 중 소득이 적은 쪽이 일을 포기하는 경향이 있다. 여성의 사회적 지위가 높아지고, 전문직·고소득 여성이 많아졌으며, 연상녀·연하남 커플이 증가한 것 등이 그 원인으로 꼽는다.

통계청 자료(2008)에 의하면, 부인이 밖에 나가 일하고, 남편이 집에서 가사를 전담하는 부부가 15만 1,000쌍에 달했다. 집에서 육아·가사 활동을 하는 남자는 지난 5년 사이 42%(2003년 10만 6,000명 → 2008년 15만 1,000명)나 늘었다.

인터넷 포털에 있는 '살림하는 남편 일기' 카페에는 2,300명의 회원이 활발하게 정보를 교환하며 활동하고 있다. 집에서 살림하는 알뜰한 남편들은 '가족 건강지킴이' 역할을 톡톡히 한다. 유통기한이 넘은 음식은 물론이고, 조금이라도 탄 반찬은 식구들에게 절대 내놓지 않는다. 신문에 난 건강상식과 요리법을 정독하고, 스크랩해둔 덕분에 몸에 밴 '주부(主夫) 내공(內功)'이다. 일하는 아내에게 외조역할도 하고 있다.

이처럼 바뀐 성역할에 대해 관용적인 자세가 필요하다. 가족구성원 각자가 자신들이 가정에 공헌할 수 있는 역할을 융통성 있고, 개방적인 자세로 받아들여야 할 것이다.

출처 : 조선일보, 2009.7.27

(4) 부부 유급노동시간의 조합 유형

크롬프톤은 가족 내 유급노동과 무급노동이 성별에 따라 분배되는 방식에 따른 유형화를 시도하였다. 부부의 주단위 유급노동시간(couple work arrangement)은 노동시간과 부부의 조합형태에 따라 표 7-2와 같이 5가지 유형으로 구분할 수 있다(Crompton, 2006).

부부의 유급노동시간은 공동생활에서 파생되는 가사노동의 분담에 직접적으로 영향을 미친다. 부부가 둘 다 전일제 취업으로 장시간노동을 하는 몰입형 가구는 가정에 머무는 시간이 짧으므로 일-가족의 갈등을 가장 많이 경험한다. 이에 비해 중도형과 교대형 가구는 노동시간이 상대적으로 짧아서 가정에서 생활 관련 일을 처리할 시간적 여유가 있으므로, 일-생활이 조화로운 상태를 유지할 수 있게 된다.

표 7-2 노동시간에 따른 부부의 성별분업 유형

유형별	유급노동시간의 조합
몰입형	남편과 부인이 둘 다 40시간 일하는 가구
중도형	남편과 부인이 둘 다 전일제로, 주당 35~40시간 미만 일하는 가구
신전통주의	남편이 40시간 이상, 부인은 40시간 미만 일하는 가구
교대형	남편과 부인이 둘 다 40시간 미만 일하지만, 한편이 35시간 이상을 넘지 않는 가구
전통주의	남편만 35시간 이상 전일제로 유급노동을 하고 부인은 하지 않는 가구

2) 가족 내 자원의 배분

(1) 부부중심가족의 허구성

부부관계는 부부중심가족의 중심축이다. 결혼에서 서로 만족스러운 관계를 형성하기 위해서는 상호 간의 배려와 개인적인 발전을 위한 끊임없는 노력이 요청된다. 결혼을 하면 부부는 각각 서로의 관계 설정, 의사소통 방식, 결혼생활의 성취감, 상호 간의 욕구충족 방법, 성적 관계의 적응 등에 관해 의식적으로 또 무의식적으로 타협하고 적응하면서 부부관계를 유지하게 된다. 정서적 측면을 비롯하여 경제적·사회적 측면과 가족에 대한 책임감 등이 결혼관계의 지속여부

돈 잘 버는 여자, 밥 잘하는 남자(The Second Shift)

··· 프랭크와 카르멘 부부에게도 낡은 것과 새로운 것이 흥미롭게 뒤섞여 있었다. 이들은 전통적 방식으로 생각하고 말하고 느끼지만 현대의 경제적 환경에 적응해야 했기 때문이다. ··· 프랭크는 아내에게 일을 시키지 않아도 되는 남자가 되기를 원했지만, 생계를 위해선 아내의 수입이 필요했다. 카르멘은 부엌을 자신만의 영역으로 지키고 싶었지만, 현실에서는 남편의 도움이 필요했다. 프랭크는 부엌이 아내의 영역이라고 생각했지만 어쨌든 거기서 일했다.

··· 프랭크가 회계를 담당하는 것은 아내가 엉뚱한 곳에 먼저 돈을 쓰기 때문이고, 프랭크가 바느질을 하는 것은 장모가 해주지 않을 경우 아내가 바느질을 못하기 때문이다. 프랭크가 현금출납기에서 돈을 찾는 것은 아내가 비밀번호를 '항상 깜박하기' 때문이고, 프랭크가 슈퍼마켓에 같이 가는 것은 아내가 운전을 못하기 때문이었다. 카르멘의 계산된 무능함으로 프랭크는 집안일의 거의 절반을 도맡게 되었다.

··· 프랭크는 남녀의 세계는 유별하다고 생각했지만, 아내가 슈퍼마켓에서 물건을 고를 때나 동결된 봉급으로 꾸준한 물가상승을 따라잡기 위해 계산기를 두드릴 때 늘 그녀 옆을 지키고 있었다. 카르멘은 자신의 일에서 경제적인 것 이외의 의미는 배제하면서 자신의 일을 좋아했다. 이들 가정에 카르멘의 수입이 필요하지 않을 때까지 그녀는 남자다움과 여자다움에 대한 이상과 모순되는 곤혹스러운 힘을 여전히 갖게 될 것이다

출처 : 훅실드(2001), 「돈 잘 버는 여자, 밥 잘하는 남자」

에 지대한 영향을 미치는 요인으로 작용한다. 결혼은 안정, 조화, 조정을 중시하는 제도인 동시에 갈등상태에 있는 이해관계와 공동목적을 위한 결합이란 이중적 성격이 뚜렷하다(미셸, 1991). 결혼생활에서 남편과 아내의 역할수행이 중시되는 기능적 성격이 강할수록 가족구성원이 가족의 집단적 복지에 상호의존하게 되고 가족집단의 안정성은 높아지게 된다.

부부관계에서 역할 및 책임의 공유는 매우 중요한 사항이다. 부부관계를 권력관계의 관점에서 본다면, 생활세계에서 나타나는 부부관계에 상황적 권력(situational power)이 작용한다. 개별 부부관계에 개입되는 권력의 자원인 구체적인 생활세계에서 동원 가능한 자원의 종류와 양, 의사결정의 상황, 권력자원을 동원하는 방식 등에 따라 부부는 서로 다른 상황적 권력을 갖게 되는 것이다. 상황적 권력이 비대칭적인 부부관계에서는 취약한 입장에 놓인 여성에게 자발적 협동과 유연한 적응이 요청된다(조형, 1992). 남성중심적인 가부장적 부부관계에서는 관계의 유지 및 파기의 결정권을 남성이 독점적으로 행사한다. 결정권이 거의 없는 여성은 며느리, 아내, 어머니로서 역할을 헌신적으로 수행하는 것을 통해 가정이 유지된다고 굳게 믿고 있다.

성별위계로 인한 권력의 차이는 남편이 아내의 고민과 갈등을 이해하기 어렵게 만들며 많은 남편들은 결혼생활에 문제가 없다고 여긴다. 결혼의 평등성과 안정성은 부부간의 정서적 관계유지에 대한 책임을 공유하는 것을 통해 향상될 수 있다. 바람직한 부부관계는 남편과 부인이 성숙한 개인으로 상호성과 평등성 원리에 입각하여 자발적으로 상호협동하는 유연한 유대를 형성하고 인생주기에 따라 지속적으로 변화하는 가변적 관계이다.

(2) 자원의 불균등한 분배

동일한 가족집단에 속해 있는 가족성원들이라도 각각 경험하는 가족생활은 같지 않다. 가족 내부의 자원 배분은 가족관계 및 역할 분담과 밀접한 관련성이 있다. 부부 중 일방이 상대방에 대하여 갖는 권력의 크기는 상대방에게 제공할 수 있는 자원의 크기에 비례한다.

가부장적 가족에서는 가족 내부의 자원이 불균형하게 분배되어 있다. 사회적 규범과 가족이념은 궁극적인 가족관련 권위를 남편에게 부여하고 있다. 여성이 경험하는 가족생활과 모성은 일차적으로는 노동과 자원의 불공평하게 분배된 결과이고, 갈등이나 폭력에 내포된 권력관계의 영향을 받는다. 여성은 가정 내 역할로 인해 자기발전의 기회를 제한받고 있다. 결혼이나 이혼을 선택할 자유, 교육을 받거나, 일할 기회를 선택하는 과정에서도 제약이 있다. 여성이 수행하는 가사역할은 적절하고 충분한 사회적·경제적 보상을 받지 못하고 있다. 여성이 수행하는 무보수의 집안일은 남성에 대한 의존성을 강화한다.

최근에는 가정경제 영역에서 여성의 경제적 권리에 대한 관심이 증가하고 관련제도도 개선되고 있으나, 소득분배 방식이 불공평하고 법과 제도적 지원도 미비하다. 예를 들면, 부동산구입 시 소득증명 요구, 아파트 분양권을 세대주(대부분 남편)에게만 제한하고 있다. 가족 내 경제적 분배에 있어서는 가족을 위한 소비권은 여성에게 있지만, 여성 자신을 위한 투자의 비율은 매우 낮은 상태라 할 수 있다.

사회적 규범과 가족이념은 궁극적인 가족관련 권위를 남편에게 부여한다. 현대사회의 부부관계는 일정 한계 내에서 자율성을 인정하는 위임된 권력을 행사하고 있는 경우가 대부분이므로, 평등한 부부관계라고 평가하기 어렵다. 그럼에도 불구하고 일상생활 영역에서는 부부의 공동결정이나 자율적 결정이 점진적으로 증가하고 있는 경향도 분명히 나타나고 있다.

부부간의 정서적 관계유지에 대한 책임을 공유한다는 측면에서 보면, 평등한 결혼은 결혼안정성에 기여한다. 그런데 배우자와의 애정적 역할에 대해서는 부부 모두 중요도를 낮게 평가하고 있다. 오히려 성별위계에 기반한 성역할을 지지한다. 과도한 대학입시경쟁과 자녀에 대한 높은 교육열로 인하여 부부의 일상생활을 자녀중심으로 재구성되는 경향이 있다.

2 가족 내 폭력

1) 가정폭력의 개념과 유형

폭력이란 다른 사람에게 의도적 또는 잠재적 의도를 가지고 완력을 사용하여 신체적 고통이나 상처를 입히는 행위이다. 가족관계에서 불평등과 권력행사가 가장 극단적으로 나타나는 것이 가정폭력이다. 가족성원 중의 한 사람이 다른 가족성원에게 계획적이고 의도적으로 물리적인 힘을 반복적으로 사용하거나 정신적 학대를 통하여 심각한 신체적·정신적 손상과 고통을 주는 행위이다. 오랫동안 가정에서 발생하는 폭력은 부부의 사랑싸움이나 사소한 갈등이라고 여겨서 외면하거나 사회적 비난이나 처벌을 가하지 않았다. 가정폭력은 사적 영역의 일이라고 생각하여 사회적 문제로 인식되지 못했다.

그러나 여러 조사연구에 의하면, 실제로 부부 사이에, 형제간에, 부모-자녀간에 상당히 위험한 폭력행위가 많이 발생하고 있다. 경제적 위기상황이 발생하면, 가족의 안정성이 약화되고 자원 분배를 둘러싼 가족갈등이 증폭되어 가정폭력을 야기하기도 한다. 가족은 친밀한 관계이므로 갈등적 상황에서는 오히려 격한 감정적 반응이 유발될 가능성이 높은데, 격렬한 언사나 폭력이 일어나는 경우에도 폐쇄된 공간 속의 사사로운 일로 취급되어 버리는 경우가 많다. 가족 내의 폭력은 경찰이나 복지기관, 법원 등 공적 기관의 중재를 받아야 하는 사안이 아니라, 가족생활의 일부인 사사로운 집안싸움이라고 간주되는 것이다. 그러나 가정폭력은 가해자와 피해자뿐만 아니라 가족성원 모두에게 깊은 상처를 입히는 것이므로 가족 모두가 피해자가 되는 심각한 사회적 사건이다.

가정폭력에 관한 잘못된 통념들

• 부부싸움은 칼로 물 베기다?
• 가정폭력은 흔히 있을 수 있는 일이다?
• 남자는 남자답게, 여자는 여자답게 길러야 한다?
• 가정폭력 가해자는 성격이상자나 알코올중독자다?
• 맞고 사는 아내에게 문제가 있다?
• 종교적 신앙이 남편의 폭력을 교정시킬 수 있다?
• 남편의 폭력은 교정될 수 있다?

• 맞을 짓을 했으니까 맞는다?
• 귀한 자식일수록 때려서 가르쳐야 한다?
• 노부모에게 폭력을 가하는 자식은 있을 수 없는 일이다?
• 가정폭력은 가난한 집안에서 많다?
• 아내가 좀 더 잘해주면 남편의 구타가 없어질 것이다?
• 아내가 이혼하려고만 한다면 이혼은 쉽다?

'가정폭력 방지 및 피해자 보호에 관한 법률'에서는 가정폭력을 '가족구성원 사이의 신체적, 정신적 또는 재산상 피해를 수반하는 행위'라고 정의하고 있다. 구체적으로는 신체적 폭력에 한정하는 경우가 많지만, 성폭력(성학대), 정서적 학대 그리고 유기(태만, 의무 불이행)상해, 폭행, 학대, 아동혹사, 체포, 감금, 협박, 명예훼손, 모욕, 주거·신체 수색, 강요, 공갈, 재물손괴 및 아동구걸 강요 등이 포함된다.

가정폭력은 폭력의 종류에 따라 신체적 학대, 정서적 학대, 성적 학대, 경제적 학대, 방임과 유기 등으로 분류할 수 있다. 또한 가정폭력은 가해자와 피해자의 관계에 따라 부부폭력, 아동에 대한 폭력, 노인에 대한 폭력으로 나눌 수 있다.

표 7-3 가정폭력의 유형

폭력의 종류	구체적 내용
신체적 학대	상대방이 원하지 않는 신체적 접촉, 공포, 상해의 원인행위, 억압행위
정서적 학대	상대방을 비난하거나 무시하는 언어, 억압적 태도, 협박, 거부, 고립, 손괴, 의사 결정침해, 위험상황의 방치 등
성적 학대	상대방의 동의가 없는 상태에서 강제적으로 성적 접촉을 하는 행위
경제적 학대	경제권 독점, 태만, 반복적 낭비 등. 또한 생활비를 주지 않는 행위, 배우자 동의 없이 재산을 임의로 처분하는 행위, 수입·지출을 독점하는 행위 등과 같이 금전과 관련된 학대 등
방임과 유기	의도적으로 가족성원에게 무관심, 방치, 유기하는 행위

(1) 부부폭력

① 매 맞는 아내

아내폭력은 가족해체의 직접적인 원인이 되며 다른 가족구성원에게도 장기적이고도 심각한 영향을 미친다. 학대를 당하는 부인의 반수 정도가 폭력가정에서 성장했고 의존적인 성향이 있는 편이다. 아내에게 상습적으로 신체적 폭력을 가하는 남편은 흔히 아내의 모든 행위를 통제하려는 경향이 강하다. 피해여성이 폭력남편을 떠나려고 하면, 남편은 부인을 붙들기 위해 위협과 협박을 가한다. 남편의 위압적 태도는 부인을 고립시키고 무력감에 빠뜨린다. 폭력행위로는 칼이나 흉기로 위협을 가하기도 하고 직접 찌르거나 구타하는 등 매우 난폭한 방법이 동원되기도 하고, 목조르기를 포함한 잔인한 폭행이 자행되는 경우도 있다. 일부 남성은 폭력행동 후에 후회와 죄책감을 표시하기도 하는데, 이런 행동으로 부인은 개선 가능성이 있다는 막연한 희망을 갖게 되지만, 근본적인 인식 전환이 없이는 폭력행사는 절대 근절되지 않는다.

② 매 맞는 남편

경제적 여건이 어려워져서 가계부양자의 역할을 제대로 수행하지 못하는 남성들은 자신감을 상실하게 되는 경우가 많다. 실업의 위험과 경제적 궁핍이 지속되면서 돈을 못 벌어오는 남편에게 폭력을 행사는 아내가 증가하고 있다. 피해남편은 자신의 경제적 무능이 노출되면 조롱의 대상이 될 것을 두려워하는 경향이 있다. 이러한 상황에 놓인 남성들은 반격행동에 대한 사법처리를 염려하고, 돈을 벌 수 있는 방법을 찾지 못해서 상황을 개선할 가능성이 거의 없다고 느끼고 자포자기 상태에 빠지기도 한다. 중년 이상의 남성이 젊은 여성과 결혼했을 때, 남편에 대한 학대가 보고되는 경우가 많다.

(2) 아동에 대한 폭력

가정에서 부모가 힘이 없는 자녀에게 교육적 효과와는 전혀 관계없이 화풀이 대상으로 학대를 하는 것이다. 아동학대는 아내구타보다 2배 이상 높은데, 학대 아동의 3분의 1이 정신지체나 뇌손상을 보이고 있다. 학대를 경험한 아동은 자존감을 손상하고 학교에서는 집단따돌림이나 학교폭력의 가해자가 되기도 한다. 부부가 폭력을 행사하면 자녀도 상처받아 자아존중감이 낮아지고 불행감, 무력감, 거부감, 죄의식, 분노를 느끼게 된다. 폭력피해아동은 두통, 복통, 천식, 야뇨증, 불면증, 말더듬증, 우울증 등의 신체적 장애, 학교공포증 혹은 거부증, 비행행동, 학습장애 등의 정서적 장애를 나타내기도 하고 심한 경우에는 자살을 하기도 한다. 이러한 아동이 성장하여 부모가 되면 자신의 자녀를 학대하는 폭력의 대물림현상이 나타나는 경우가 많다. 폭력가정에서 성장한 남아는 폭력남편이 될 가능성이 높고 여아는 남성혐오증, 남성기피증을 보일 수 있다.

(3) 노인에 대한 폭력

노인들은 사회와 가정에서 지위와 권위를 상실하고 경제력이 없어지면서 여러 종류의 폭력을 당하게 되는 경우가 많은데, 수치심 때문에 주위사람들에게 잘 알려지지 않는다. 노인복지법에서는 노인학대를 노인에 대하여 신체적, 정신적, 성적 폭력 및 경제적 착취 또는 가혹행위를 하거나 유기 또는 방임을 하는 것으로 규정하고 있다. 노인학대는 학대의 발생장소를 중심으로 가정 내 학대, 시설 내 학대, 자기방임 또는 자기학대로 나눌 수 있다. 노인학대의 가해자는 자녀, 배우자, 자녀의 배우자의 순서인데, 부모세대의 수명연장으로 부양에 대한 경제적 부담의 증가가 중요한 요인으로 작용한다. 고령화로 노인인구의 비율이 지속적으로 높아지는 상황에서 가정에서 학대받아 자살하는 노인의 증가는 심각한 사회 문제로 대두되고 있다.

2) 가정폭력의 발생원인

가정폭력, 특히 부부폭력이 발생하는 원인은 신체상의 요인, 사회심리적 요인, 사회구조적 요인, 여성주의 관점에서 본 요인 등으로 나누어 볼 수 있다.

(1) 신체상의 요인

염색체 이상, 선천적인 뇌손상, 성호르몬의 과다분비 등 생물학적 요인에 의해 공격성향을 보는 경우이다. 공격적 성향이 강화되고 충동을 조절하는 능력에 문제가 초래되는 경우에 폭력행동이 빈발한 가능성이 높다. 유전적인 폭력성, 간질 발작뇌졸중, 두부손상, 알코올중독, 약물중독 등의 생물학적인 요인이 가정폭력의 원인이 되기도 한다.

(2) 심리적 요인

부부관계에서 배우자에 대한 의심이 지나치게 표출되는 의처증과 의부증도 중요한 요인으로 작용한다. 성장기에 가정폭력을 경험했거나 건강상태가 취약할수록, 또 경제력과 사회능력이 낮을수록 피해를 무저항적으로 수용하게 되는 경향이 있다. 폭력남편들은 정서적으로 미숙하고, 의존적이며, 자신의 표현이나 주장을 적절히 표현하는 방법을 모르고, 스스로가 부적절감을 느끼고 있는 경우가 많다.

개인적 성격장애로는 반사회적 인격장애, 충동조절 장애, 가학적이고 의존적이고 미숙한 성격, 분노처리가 행동화되는 성격 등이 있다. 또한 우울증 또는 정신장애가 있는 경우에는 반복적인 구타로 인해 자존심의 손상이 심각하다. 적개심을 표현하지 못하고 억압하면 스스로에 대한 모멸과 자괴심에 빠지는 경우가 많다.

(3) 사회구조적 요인

사회적 환경의 문제로는 사회의 불평등, 비민주적 사회구조, 계층이동의 경직성, 불안정한 일상생활 등으로 인한 좌절감과 절망감, 폭력을 용인하는 문화, 왜곡된 남성성의 강조 등이 있다. 또한 영화나 매스미디어를 통해 유통되는 간접적 폭력문화가 사회 전반에 만연하면서 가정폭력을 부추기는 요인으로 작용하기도 한다.

사회생활에서 사회적 스트레스의 강도가 높은 가장일수록 돌발적인 분노표출 방법을 단기 해결수단으로 여기는 경향이 있다. 안정적인 생활환경 여건이 부족한 경우 가정폭력이 발생할 가능성이 높다. 부모의 가출로 인한 결손가정 아동들은 아버지나 어머니의 알코올중독으로 어려움을 겪기도 하고, 성폭행이나 구타 등의 가정폭력을 경험한 경우가 적지 않다. 결손가정의 어린이와 청소년들은 대부분 부정적인 사고, 사회성 결여, 학습부진, 경제적 빈곤으로 인한 도벽, 거짓말, 심각한 의존심 등의 문제행동을 가지고 있는 것으로 나타났다.

(4) 여성주의적 관점에서 본 요인

가부장제 사회는 여성에 대한 성폭력과 가정폭력을 무시하고 묵인해 왔다. 가부장적 문화에서는 사회적 위치가 낮은 여성을 통제하는 수단으로서 폭력이 행사되고, 폭력이 권위를 행사하는 수단이기도 하다. 남성이 가정, 직장 그리고 동료와의 관계에서 좌절 또는 위협을 경험하는 상황에서 폭력이 발생하기 쉽다.

왜곡된 가부장적인 가족구조가 가족갈등과 가정폭력을 심화시키는 요인으로 작용한다. 배우자구타나 자녀구타와 같은 폭력을 잘못된 버릇을 고치거나 가정 내 갈등을 해결하고 질서를 유지하는 수단의 하나로 여긴다. 내 아내와 내 자식을 내 마음대로 할 수 있다는 소유의식에 의한 것이다. 남편의 폭력에는 부인을 모욕함으로써 자기 자신의 자존심을 세운다는 왜곡된 의도가 내재되어 있다. 참을성이 없고 충동적인 남편은 제3자에 의해 유발된 분노를 아내에게 분풀이로 표출한다. 가정폭력으로 남성다움을 완력으로 표현하는 잘못된 욕구, 여성의 비인간화 그리고 여성을 자신의 소유물로 간주하는 태도 등에 기인하는 문제이다. 그리고 가해자의 장기적 행동유형을 보면, 폭력행동 자체가 폭력행동을 강화시키는 현상에도 주의를 기울여서 대처할 필요가 있다.

3) 가정폭력의 실태

가정폭력은 가정 안에서 일어나고 문제가 외부로 노출되기 어렵다는 특성 때문에 적절한 예방, 개입, 치료의 시기를 놓치기 쉽다. "부부싸움은 집안에서 해결해야 한다.", "남의 집안일에 간섭하지 말아야 한다."는 무책임한 사회통념과 사생활 침해라는 인식은 주변의 가정폭력을 알면서도 방치하게 한다. 가정폭력의 피해자들은 수치심이나 자책감 때문에, 외부에 도움을 요청하지 않는 경우가 많아서 은폐된 상태에서 반복적이고 지속적인 폭력에 노출되게 된다.

일반적으로 보면, 폭력에는 일정한 주기가 있다. 처음에는 간헐적으로 행사되던 폭력도 시간이 지나면서 점점 습관화되고 심각하게 발전되는 경우가 많다. 가정폭력의 피해자는 많은 경우에 정신의학적 후유증에 시달리게 된다. 상습적 폭력행위는 신체 손상의 문제에 그치지 않고 피해자의 주체성과 인격을 짓밟아서 자아개념을 혼란시키며, 우울증과 분노, 불안장애, 성격장애, 화병 등 정신병적 증상을 야기하기도 한다. 가해자에 대한 복수심이 커지면 또 다른 폭력을 야기하거나, 삶의 가치와 의욕을 상실하여 자살을 기도하기도 한다.

'가정폭력방지 및 피해자보호 등에 관한 법률'에서는 여성부장관이 3년마다 가정폭력에 대한 실태조사를 하여 그 결과를 발표하고, 이를 가정폭력을 예방하기 위한 정책수립의 기초자료로 활용해야 한다고 규정되어 있다. 여성가족부에서 실시한 '2007년 전국가정폭력 실태조사'에 의하면, 조사대상 가구 중 50.4%에서 가정폭력이 발생하였다. 반수 이상의 가구에서 가정폭력이 발생했다는 것은 가정폭력이 사적 문제가 아니라는 심각한 사회문제라는 것을 보여 주는 증거이다. 폭력의 종류별로 보면, 정서적 폭력이 46.2%로 가장 높았고, 신체적 폭력 30.7%, 방임 16.0%, 성학대 9.6%, 경제적 폭력 3.5%의 순이었다. 지역별로 보면, 가정폭력발생률은 도시 50.7%, 농어촌 46.9%로 큰 차이는 없었다. 도시지역은 정서적 폭력, 신체적 폭력, 성학대의 발생률이 높았고, 농어촌지역은 경제적 폭력과 방임의 발생률이 높았다.

부부폭력의 경우, 남편의 아내폭력은 33.1%이고 아내의 남편폭력은 27.1%로 나타났다. 폭력행위별로 보면, '모욕적인 어투로 말을 하는 행위'가 가장 많았고, 그 다음은 '무관심하거나 냉담하게 대하는 행위'와 '때리려고 위협을 하는 행위', '원치 않음에도 성관계를 강요하는 행위', '배우자의 물건을 파손하는 행위' 등의 순서였다.

아동학대의 경우에는 2007년의 발생률이 66.9%로 2000년 43.7%보다 20% 이상 증가하였다. 아동학대 가해자의 대다수는 친부모로 파악되어서 친부모의 자녀양육방식, 부모의 아동기 폭력경험, 음주 정도, 가부장적 요인, 자기통제력, 생활만족도 등이 영향요인으로 나타났다.

법무부의 '여성통계'를 보면, 2007년 가정폭력사범 피해자수는 1만 2,840명으로 그중 1만 461명이 남성이고 2,309명이 여성이었다. 피해자의 관계를 보면 배우자가 6,415명으로 가장 많았고, 다음이 직계비속 1,718명이었다. 연령별로는 남녀 모두 40대가 가장 많았고, 30대, 50대, 20대의 순서로 나타났다. 죄명별 분포를 보면, 상해·폭행이 9,865명, 폭력행위 등 처벌에 관한 법률 위반이 1,566명, 재물손괴 506명, 협박 110명 등이었다.

폭력은 강력한 통제메커니즘이므로 폭력피해자의 행동은 실제 폭력행위와 폭력에 대한 공포에 의해 제한받는다. 가정폭력은 피해자에게 신체적 후유증은 물론이고, 심리적 후유증을 동반하여 우울증, 스트레스, 공격성, 무기력감이 증대하고 편집증, 적대감, 공포불안, 강박, 대인관계 기피 등이 나타나기도 한다. 특히 장기간의 구타와 협박으로 자존감이 파괴되면 자율적 행위능력을 상실해서 폭력으로부터의 탈출이나 대안 모색이라는 시도가 거의 불가능해진다.

"저는 오늘 꽃을 받았어요"-피해여성이 피해여성에게 주는 편지

저는 오늘 꽃을 받았어요
제 생일이거나 무슨 다른 특별한 날이 아니었어요
우리는 지난 밤 처음으로 말다툼을 했지요
그리고 그는 잔인한 말들을 많이 해서 제 가슴을 아주 아프게 했어요
그가 미안해하는 것도,
말한 그대로를 뜻하지 않는다는 것도 전 알아요
왜냐하면 오늘 저에게 꽃을 보냈거든요

저는 오늘 꽃을 받았어요
우리의 결혼기념일이라거나 무슨 다른 특별한 날이 아닌데도요
지난 밤 그는 저를 밀어붙이고는 제 목을 조르기 시작했어요
마치 악몽 같았어요
정말이라고 믿을 수 없었지요
온몸이 아프고 멍투성이가 되어 아침에 깼어요
그가 틀림없이 미안해할 거예요
왜냐하면 오늘 저에게 꽃을 보냈거든요

저는 오늘 꽃을 받았어요
그런데 어머니날이라거나 무슨 다른 특별한 날이 아니었어요
지난 밤 그는 저를 또 두드려 팼지요
그런데 그전의 어떤 때보다 훨씬 더 심했어요
제가 그를 떠나면 저는 어떻게 될까요?
어떻게 아이들을 돌보죠?
돈은 어떻게 하구요?
저는 그가 무서운데 떠나기도 두려워요
그렇지만 그는 틀림없이 미안해할 거예요
왜냐하면 오늘 저에게 꽃을 보냈거든요

저는 오늘 꽃을 받았어요
오늘은 아주 특별한 날이었어요
바로 제 장례식이었거든요
지난 밤 그는 드디어 저를 죽였지요
저를 때려서 죽음에 이르게 했지요
제가 좀더 용기를 갖고 힘을 내서 그를 떠났더라면
저는 아마 오늘 꽃을 받지 않았을 거예요

*이 글은 〈한국 여성의 전화 연합〉에 보내온 이메일에서 인용했다. 작가 미상이고, 옮긴이는 신혜수이다.

출처 : 정희진(2003), 『저는 오늘 꽃을 받았어요-가정폭력과 여성인권』

폭력은 가족관계를 파괴시키고, 폭력 가해자에 대한 증오뿐 아니라, 폭력의 학습을 통한 가정폭력의 재생산이라는 불행한 결과를 초래한다.

4) 가정폭력에 대한 대응

국가는 오랫동안 인구학적 자원에 대한 관심이나, 사회적 병리현상 또는 국가에 재정적 책임을 요구하는 사항들을 제외하고는 가족 내부의 일에 개입하거나 고려하지 않았다. 그런데 가정폭력의 심각성에 대한 사회적 공감대가 형성되면서, 폭력에 대한 제도적 방지장치가 마련되었다. 1998년에 '가정폭력 방지 및 피해자 보호 등에 관한 법률'과 '가정폭력범죄의 처벌 등에 관한 특례법'이 시행되었다. 이 법의 제정을 통해 가정폭력을 범죄로 정의하고, 가정폭력이 더 이상 가정 내부의 문제가 아니라 가정폭력에 대한 사회의 적극적인 제도적 개입과 예방이 가능하게 되었다. 폭력은 가정 내부에서 이루어지든 밖에서 이루어지든 어떠한 상황에서도 정당화될 수 없는 인권유린행위이므로 가해자는 처벌되어야 한다.

가정폭력은 '가정폭력범죄의 처벌 등에 관한 특례법'에 따라 응급조치, 임시조치 및 보호처분의 대상이 되며, 접근 제한, 친권행사 제한, 사회봉사, 수강 명령, 보호관찰, 보호 감호 등의 사법적 처분을 할 수 있다. 피해자의 충격 해소 및 안정을 위해서는 '가정폭력방지 및 피해자보호 등에 관한 법률'에 따라 상담 서비스, 1366 긴급전화 운영, 가정폭력 피해자보호시설 운영, 의료서비스 등이 운영된다.

여성부에서 발간한 '2009 여성권익증진사업 운영지침'에 의하면, 먼저 긴급 구호로 가정폭력범죄에 대하여 신고한 경우 경찰로부터 폭력행위의 제지, 가해자·피해자의 분리 및 범죄수사 등의 조치를 받을 수 있다. 가정폭력범죄 발생 직후 긴급한 도움이 필요한 경우 여성 긴급전화센터 1366, 범죄피해자 보호·지원기관 또는 여성폭력피해자 지원센터에 요청하면 응급조치, 병원후송, 친인척 연락 등 신속한 도움을 받을 수 있다.

의료지원으로는 치료보호 및 무료진료가 있다. 의료기관은 피해자 본인·가족·친지나 긴급전화센터, 상담소 또는 보호시설의 장 등이 요청하면 피해자에 대하여 치료보호를 해야 한다. 치료보호에 필요한 일체의 비용은 원칙적으로 가해자가 부담해야 하지만 피해자가 치료보호비를 신청하는 경우 국가나 지방자치단체가 가해자를 대신하여 치료보호에 필요한 비용을 의료기관에 지급한다. 가정폭력 관련 피해자와 그 동반 자녀는 가정폭력 피해로 인한 신체적·정신적 후유증의 치료에 대하여 여성부와 협약을 맺은 전국지방공사 의료원에서 무료로 진료를 받을 수 있다.

법률구조로는 가정폭력 피해여성(국내 거주 외국인여성 포함) 및 13세 미만 남아는 가정폭력 관련 민사·가사사건에 대하여 무료법률구조를 신청할 수 있다. 가정폭력과 관련된 형사사건의 구속피의자 또는 피고인인 여성은 해당 형사사건에 대하여 법률구조를 신청할 수 있다.

교육지원으로는 피해자나 피해자가 동반한 가정구성원인 아동(만 18세 미만)은 주소지 외의 지역에 있는 학교로 취학(입학·재입학·전학 및 편입학 포함)할 수 있다. 여성폭력피해자 보호시설에 입소한 여성은 동반한 만 4세 이하의 자녀에 대한 보육료를 지원받을 수 있다.

긴급지원으로는 가정폭력을 당하여 가구구성원과 함께 원만한 가정생활이 곤란하거나 가구구성원에게 성폭력을 당하여 본인 또는 그와 생계 및 주거를 같이 하는 가구구성원이 생계유지 등이 어렵게 된 경우 긴급지원을 받을 수 있다.

가정폭력 관련 법률의 주요 내용

'가정폭력방지 및 피해자보호등에 관한 법률'과 '가정폭력 범죄의 처벌 등에 관한 특례법' (1998년)

① 모든 국민은 건전한 가정과 가족제도를 유지, 발전시키도록 노력하여야 하며, 국가와 지방자치단체는 가정폭력의 예방을 위하여 노력을 기울여야 한다.
② 가정폭력을 알게 된 자는 누구든지 이를 신고할 수 있다.
③ 가정폭력 사건의 피해자 또는 폭력행위자가 아닌 법정 대리인은 폭력행위자를 고소 또는 고발할 수 있다.
④ 가정폭력 사건 신고를 받은 경찰서에서는 즉시 출동하여 제반조치를 취한다.
⑤ 법원은 피해자의 보호 또는 사건의 조사 및 심의를 위하여 필요하다고 인정한 때에는 피해자의 신청에 의하여 폭력행위자에 임시퇴거법 명령, 또는 피해자 접근 금지령을 내릴 수 있으며, 그 밖에 보호관찰에 의한 사회봉사, 수료명령, 감호위탁, 치료위탁, 상담위탁을 할 수 있다.
⑥ 가정보호 사건의 조사와 처분결정은 특별한 사유가 없는 한 2개월 이내에 종료하도록 한다.
⑦ 국가 또는 지방자치단체는 국가폭력상담소를 설치·운영할 수 있으며, 국가 또는 지방자치단체는 민간단체로 하여금 이 사업을 대행하게 할 수 있다.
⑧ 국가 또는 지방자치단체는 상담소 또는 보호시설의 설치, 운영에 소요되는 경비를 보조하도록 한다.

기초생활보장으로는 가정폭력피해자가 '국민기초생활 보장법'에 따른 수급권자에 해당할 경우 같은 법에 따른 급여를 받을 수 있다.

그 밖의 지원으로는 가정폭력피해자는 가정폭력피해자 보호시설에서 숙식 제공, 전문적 상담 및 치료, 법률지원 등을 받을 수 있다. 보호시설에 입소 중인 가정폭력 피해여성은 자립 및 자활을 위해 직업훈련비를 지원받을 수 있다. 피해자는 가해자가 본인과 주민등록지를 달리하는 경우 세대주의 배우자·직계혈족·배우자의 직계혈족 또는 직계혈족의 배우자 중에서 대상자를 지정하여 시장·군수 또는 구청장에게 본인과 세대원의 주민등록표의 열람 또는 등본·초본의 교부를 제한하도록 신청할 수 있다.

5) 가정폭력 대응의 미비점 및 과제

가정폭력은 개인의 문제나 가정의 문제가 아니라 사회적 문제이므로, 인권 보호의 차원에서 가정폭력방지법의 제정 의의는 크다. 그런데 사건 발생의 보도 및 사회적 여론 등에 의해 법률 자체의 인지도는 높아졌으나, 현실에서 사건이 발생했을 때, 법률의 취지에 따라 피해자의 인권을 보호하는 대응은 미흡한 실정이다.

법률이 시행된 후에 나타난 문제점들로는 다음과 같은 것들이 있다.

- 가정폭력이 전화로 신고하여 접수했는데도 경찰이 늦장 출동하거나, 사소한 집안일이라며 출동조차 하지 않는다.
- 사건 발생 시에 경찰이 출동한 후에도 적극적으로 가해자를 제지하지 않고, 여전히 남의 집안일이라며 법적으로 해결하는 노력을 기울이지 않는다.
- 경찰들이 기존의 가부장적인 사고에 기초하여 오히려 가해자를 일방적으로 옹호한다.
- 피해자들을 대하는 경찰관들의 태도가 고압적이고 문책하는 듯한 태도를 보인다.
- 피해자의 명확한 의사표현이 있음에도 불구하고, 가정보호사건이 아니라 처벌 수위가 낮은 형사사건으로 처리하는 경우도 있다.
- 가정폭력은 사건이 접수된 후 조사과정에서 시간이 지체되면 피해자의 공포감은 더욱 가중된다는 점을 고려하여 신속하게 처리하는 것이 필요하다.

- 가해자를 가벼운 벌금형으로 처벌함으로써 피해자에게 돌아오는 가중피해 가 발생하는 경우도 적지 않다.
- 신고자의 신분이 가해자에게 노출되어 나중에 불이익의 피해를 당하기도 한다.
- 가정폭력 피해자녀의 전학 처리 시에 일선기관의 이해 부족으로 학교생활 적응에 문제가 발생한다.
- 가해자의 상담, 치료, 사회봉사 명령 후에 집행결과에 대한 확인절차가 없다.
- 경찰의 적극적인 대응과 경찰에 대한 신뢰감 회복이 조속히 강구되어야 한다.

가정폭력은 일회성에 그치지 않고 지속적으로 반복되는 특성이 있어서 피해자 는 물론이고 가해자와 다른 가족성원들에게 미치는 부정적 영향력이 매우 심각 하다. 가정폭력범죄의 처벌 등에 관한 특례법에서는 보호처분제도를 도입하였는 데, 가해자에 대한 국가개입의 확보에 치중한 나머지 피해자 보호조치가 미흡해 진 측면이 있다. 피해자의 상황과 욕구에 맞는 상담소 및 보호시설의 보호와 지 원활동을 보장하고, 피해자의 자립 지원을 위한 체계적인 서비스가 제공되어야 한다. 피해자지원은 정부, 경찰, 의료기관, 상담소, 보호시설, 교육기관, 취업훈 련기관 등이 협력적으로 연계하는 종합적 지원이 갖추어져야 한다.

피해자에 대한 철저한 보호와 자립 지원을 강화하고, 가해자에 대한 처벌과 적 절한 치료가 단계적으로 실시되어야 한다. 가정폭력을 특정한 개인들의 사적인 문제가 아니라 사회적 문제로 인식하고, 양성평등의식을 고취하여 가정폭력을 예 방하고 근절하기 위한 효과적인 방안을 모색하는 것이 무엇보다 중요하다. 가정 폭력의 순환성이나 전파성에 대해 사회적 차원에서 심도 있게 논의하여, 가정폭 력에 적극적으로 대응하여 가정폭력을 근절하는 사회체계를 구축하여야 한다.

가족 내의 성별분업은 사회의 성별분업 규범에 기반하고 있다. 여성이 생계부양자의 역할을 남성과 공유하는 맞벌이가구에서도 남성들의 가사·양육의 참여 정도는 거의 변화가 없어서, 여성들의 일 -가족 갈등은 심화되고 있다.

가부장적 가족에서는 가족관련 권위를 남편에게 부여한다. 아내가 경험하는 가족생활과 모성은 노동과 자원이 불공평하게 분배된 결과이다.

가족관계에서 불평등과 권력행사의 가장 극단적 표출이 가정폭력이다. 가정폭력에는 부부폭력, 아동에 대한 폭력, 노인에 대한 폭력이 있다. 왜곡된 가부장적인 가족구조가 가족갈등과 가정폭력을 심화시키는 요인으로 작용한다.

가정폭력을 사회적 문제로 인식하고, 양성평등의식을 고취하여 가정폭력을 예방하고 근절하기 위한 효과적인 방안을 모색해야 한다.

Q1 맞벌이가구에서 남편과 아내가 가족적 책임을 완전하게 공동으로 수행하는 이상적 모델을 상상해 보시오.

기상에서부터 취침까지 남편과 아내, 각각의 하루생활을 시간대별로 서술해 보시오.

Q2 가정폭력은 폭력 가해자 및 피해자 모두에게 깊은 상처를 남긴다.

가정폭력의 가해자가 자신의 문제를 극복하고 평등적 가족의식을 갖게 하기 위해 필요한 치료와 교육과정은 어떤 것이 있는지 제시해 보시오.

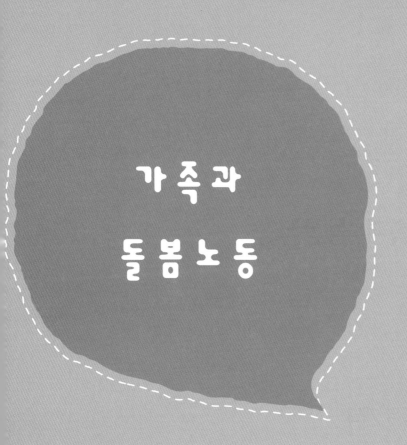

Chapter

08

가족과
돌봄노동

08

가족과 돌봄노동

1 돌봄노동의 개념

1) 돌봄노동에 대한 사회적 평가

현대 산업자본주의 사회에서 일이란 '시장에서 교환할 재화와 용역을 생산하는 활동이며, 화폐로 보상되고 따라서 그에 상응하도록 근면하고 성실하게 수행해야 하는 활동'이라고 정의된다. 즉, '일'이라는 용어는 '유급노동'과 같은 의미로 사용되고 있다. 그러나 사회에서 수행되는 상당수의 일은 무급의 일이며 노동시장 밖에서 이루어지고 있다. 노동시장 밖, 특히 가족 내에서 이루어지는 무급의 돌봄노동은 주로 아동, 노인, 장애인, 환자 등 도움을 필요로 하는 사람들을 대상으로 이루어진다. 이러한 일들은 개인과 가족, 사회가 유지되기 위해서 필수적일 뿐 아니라, 많은 시간과 노력, 기술이 요구되는 일이다.

자신이 필요로 하는 재화나 서비스를 완전히 자급자족할 수 있는 인간은 한 사람도 없다. 건강하고 충분한 소득이 있는 경우에도 본인이 의식하지 못하는 필요가 제3자에 의해 충족되는 일도 드물지 않다. 따라서 이러한 돌봄의 필요는 일부 '약자'에게만 발생하는 것이 아니라 '보편적'인 것이다(오사와, 2009: 41). 그럼에도 불구하고, 이러한 노동시장 밖에서 이루어지는 무급의 돌봄 일들은 사회

내에서 제대로 평가받지 못하고 있다.

한 예로 국내총생산(GDP)은 한 국가에서 사고 팔리는 재화와 서비스의 시장가치를 표현하는 지표이다. 따라서 무급 돌봄노동의 경우 대부분 비시장노동의 가치를 측정하는 것이 어렵다는 이유로 평가대상에서 제외된다. 오히려 자연의 파괴나, 질병, 전쟁, 사고, 범죄 등과 같은 파괴적 활동은 복구과정에서 더 많은 투자와 이익을 발생시킨다면 생산활동의 주요 부분으로 간주된다. 이러한 측정방식을 따르면, 한 남자가 전업주부와 결혼하면 가족 내 무급 돌봄노동이 증가하므로 GDP를 낮추게 되며, 집에서 모시던 노모를 요양시설에 보내면 GDP는 증가하게 된다(폴브레, 2007: 109).

돌봄노동은 때때로 그 일을 수행하는 당사자에게서 조차도 제대로 인정받지 못하고 저평가된다. 예를 들어, 하루에 10시간 이상 가사 일을 수행하고 있는 전업주부에게 "무슨 일을 하느냐?"고 질문하면, 종종 "집에서 논다."거나 "그냥 집에 있다."는 식으로 답하곤 한다.

여성주의 경제학자들은 시장생산부문과 화폐경제에만 초점을 맞추어 온 그동안의 경제학 논의 경향을 비판하면서, 인간과 사회의 '재생산'과 '돌봄'의 경제적 측면에 주목하기 시작하였다(폴브레, 2007; 혹실드, 2009). 비임금, 비상품 생산영역에 해당하는 돌봄은 주류 경제학의 관점에서 보면 '생산'보다는 '소비'에 해당한다고 할 수 있다. 그러나 돌봄서비스도 원재료를 조달하여 인간의 욕구를 충족시키는 자원을 '생산'하는 활동이라는 점에서 단순히 소비활동이라고 할 수는 없다. 이러한 돌봄서비스를 포함한 가사노동의 화폐가치를 추산하면, 일본에서는 국내총생산의 약 20%, 독일이나 캐나다 등에서는 무려 50~60%에 달한다고 한다(오사와, 2009: 40).

2) 돌봄노동의 특성

돌봄은 대면적 관계에서 개인의 인간적 욕구나 복지를 위해 반응적으로 제공하는 감정과 행위의 조합을 의미한다. 돌보는 행위는 단순히 정서적 노동수행 이상의 것을 요구한다. 예를 들어 비행기 승무원이나 판매원들은 돌봄에 대한 정서적 요구뿐 아니라 실제적 행위가 이루어지도록 기대된다.

그럼에도 불구하고, 일반적으로 돌보는 일은 사적·정서적 활동이고, 애정에 기반한 관계를 바탕으로 이루어지기 때문에 일로 규정되거나 상품화될 수 없다고 여겨진다. 또한 여성들은 남성들보다 돌봄역할을 선호하므로 경제적 대가가 주어지지 않거나, 저임금의 낮은 지위에도 이러한 일을 하기를 스스로 선택한다고 여겨지기도 한다. 물론 돌봄 일을 하는 사람들은 돌봄수혜자의 행복을 증진시키는 데 많은 관심을 갖고 있다.

그러나 돌봄활동은 단순한 개인적 선호를 넘어 보다 다양한 동기와 맥락 속에서 이루어지는 것이다. 돌봄활동이 때로는 순수한 이타적 동기에서 시작되기도 하지만, 때로는 도덕적 의무나 타인으로부터 인정받고 싶은 욕구에서 또는 처벌이나 비난을 피하기 위해 이루어지기도 한다. 돌보는 사람들은 그들이 제공한 돌봄서비스에 대한 대가를 기대하기도 한다. 그러나 대부분의 경우 돌봄을 제공하는 자와 수혜자 간의 교환은 공평하지 않기 때문에 착취되는 느낌을 받기도 한다. 하지만 우리 사회에서 돌봄의 의무를 함께 분담하자고 다른 사람들을 설득하거나, 이를 사회적 이슈로 삼는 것은 쉬운 일이 아니다.

돌봄에 대해 관심을 갖는 연구자들은 대부분 가족이나 공동체 내의 무급 돌봄에 주로 초점을 맞추지만, 최근 들어 상품화된 돌봄서비스의 비중은 점차 커지고 있다. 그러나 현실에서 돌봄노동을 둘러싼 가족과 시장 간의 경계는 다양하고 구분하는 일도 쉽지 않으며, 종종 돌봄노동은 이 두 영역을 넘나든다. 예를 들어, 상품화된 돌봄서비스 영역에서도 '가족 같은 돌봄'을 높이 평가하는 경향이 있다. 종종 '개인에게 맞춘', '어머니의 기준으로', '가족의 마음으로' 등과 같은 돌봄상품이나 서비스에 대한 광고를 볼 수 있다. 상품화된 돌봄서비스 수요자들 역시 공식적으로 규정된 돌봄서비스 외에 존중이나 애정, 관심과 같은 정서적 관여가 이루어지기를 희망한다. 돌봄의 목적이 단지 편안함이나 만족도를 높이는 것만이 아니기 때문에 수혜자가 기분 좋게 느끼는 것이 반드시 좋은 돌봄이라고 할 수는 없다. 그러나 일반적으로 바람직한 돌봄을 제공하는 자는 다른 요구에 앞서 돌봄수혜자의 욕구를 우선시해야 한다고 간주되며, 이러한 요구가 커질수록 돌봄제공자의 부담은 증가된다.

하지만, 돌봄제공자뿐 아니라 돌봄을 필요로 하는 사람들도 대부분 결정과정에 별로 영향력이 없으며, 돌봄의 결과를 객관적으로 평가하기도 어렵다. 더욱이 돌봄수혜자와 직접적인 관계를 맺는 경향이 적은 고용주나 매니저들은 이윤추구를 위해 돌봄노동의 질이나 결과보다는 비용절감에 더 관심을 갖는 경우가 많다.

이러한 상황은 결국 돌봄의 질적 저하와 함께 돌봄 제공자의 육체적·정신적 소진 및 신규진입 장애로 이어지게 된다(Folbre, 2008).

개인을 돌보는 일상적인 돌봄활동이나 상품화된 돌봄서비스 노동의 수준을 넘어 보다 거시적 관점에서 돌봄노동을 살펴볼 때 다음과 같은 세 가지 차원의 돌봄활동으로 나눌 수 있다. 첫째, 인간의 기본 욕구를 충족시킴으로써 사회가 필요로 하는 노동력을 일상적으로 재생산하는 일이다. 두 번째는 노동시장에서 탈락되거나 배제된 성원을 돌보는 일이다. 세 번째는 자녀출산과 양육을 통해 미래에 필요한 노동력을 세대에 걸쳐 재생산하는 일이다. 즉, 돌봄노동은 시간적으로나 공간적으로 노동시장 영역 밖에서 인간과 사회의 유지를 위해 이루어지는 총체적 재생산 활동을 의미한다. 특정 개인의 성과나 성공 또한 스스로의 능력과 노력뿐 아니라 그동안 받아 온, 그리고 현재도 받고 있는 돌봄과 배려에 의존하는 것이다.

양질의 돌봄노동은 돌봄을 제공받는 당사자 외에도 많은 사람들에게 여러 가지 이익을 제공한다. 이러한 긍정적 효과가 돌봄을 제공하기로 한 결정의 외부에서 이루어지는 것을 '긍정적 외부효과'라 한다. 예를 들어, 부모는 자녀에게 자신의 돌봄에 대한 대가를 요구할 수 있지만, 자신의 자녀로부터 이득을 본 사람들한테 이러한 대가를 요구할 수는 없다. 그러나 사회는 이러한 효과들을 통해 커다란 이득을 보게 된다. 미래의 고용주는 생산성이 높은 노동자한테서 이윤을 얻을 것이고, 노인세대는 젊은 세대가 납부하는 사회보장 세금의 덕을 보게 될 것이며, 국가와 사회는 생산적이고 법을 준수하는 시민을 통해 지속가능한 발전을 이룰 수 있게 될 것이다. 따라서 행복하고 건강하고 성공한 자녀를 기르는 돌봄의 과정은 중요한 공공재를 만들어 내는 과정이라 할 수 있다(폴브레, 2007: 89; 야마구치, 2010: 355).

대부분의 사회에서 돌봄노동에 대한 책임과 역할은 일차적으로 가족과 여성에게 부과되어 왔다. 그러나 앞서 살펴본 바와 같이 돌보는 일은 노동으로 인정되기보다 애정과 사랑으로 낭만화되거나 여성으로서 마땅히 수행해야 하는 의무와 책임으로 여겨진다. 또한 여성들은 이러한 돌봄 역할에 대해 천성적 능력을 타고난 것으로 여겨지므로, 돌보는 일을 위한 특별한 훈련이나 노력도 필요하지 않은 것으로 간주된다.

이러한 상황에서 돌봄노동은 저평가되거나 평가의 대상에서 배제되는 동시에 제반 사회권이 노동시장 내의 능력과 업적에 따라 결정되는 구조 하에서 돌봄노동을 수행하는 사람들은 다양한 불이익에 직면하게 된다. 예를 들어, 돌보는 일을 수행하기 때문에 시장영역에서의 노동단절을 경험해야 하는 사람의 소득은 돌보는 일에 대한 의무로부터 면제된 사람의 소득보다 훨씬 낮다. 또한 돌봄노동을 수행하는 사람들은 대부분 사회복지급여를 수급받거나 상속세 등 각종 세금을 납부할 때, 재산분할권 등 재산권을 행사할 때, 손해보험액을 산정할 때 등 다양한 상황에서 불이익을 겪게 된다.

2 돌봄노동의 현황 : 가사노동

1) 가사노동의 특성과 성별관계

가사노동은 인간의 생명활동 유지와 재생산을 위해서 가정 안에서 수행하는 돌봄노동을 총칭한다. 가사노동은 의식주생활과 가족관리 등으로 구분할 수 있으며, 주로 여성들에 의해 수행되어 왔다. 가사노동은 사람의 생명을 유지시키는 생명의 노동, 살림의 노동이지만, 그것의 가치는 비가시화되어 평가절하되거나, '사랑의 행위'로 낭만화되어 노동영역 밖으로 밀려났다.

가사노동이 가지고 있는 일의 특성을 살펴보면, 다른 사람과의 교류가 없이 사적으로, 고립되어, 반복적으로 수행된다. 동시에 여러 가지 일을 수행해야 하기 때문에 집중적인 노력이 필요한 경우가 많다. 육체노동뿐 아니라 정서적 노동, 나아가 관리의 일까지 다양한 역할이 요구된다.

대부분의 가사노동은 작업조건이나 작업시간, 직업안정성 등과 관련된 명확한 규정이 없다. 가사노동은 임금노동에 비해 상대적으로 자율적이라고 할 수 있으나, 하루 24시간 돌봄의 욕구를 충족시켜주기 위해 대기하고 있어야 하는 경우도 많다. 가사노동이 노동시장에서 상품화된다 하더라도 가족원의 개별적 특성, 생애주기, 조건에 따라 나타나는 다양한 욕구들을 모두 충족시키는 데는 한계가 있으며, 아울러 가족원 중 누군가는 사회화된 서비스와 연결하고 조정하는 역할을 해야만 한다.

경제학에서도 1960년대 이후 가사노동에 관심을 갖기 시작하여 베커(Becker)

는 '새로운 가구경제학'을 제창하였다. 베커는 남편은 가계수입을 벌고, 아내는 주로 가사와 육아를 담당하는 가정 내 성별분업이 가구의 '효용'을 극대화하기 위한 합리적 선택이라고 설명하였다. 그러나 이러한 새로운 가구경제학은 가구의 이해가 단일한 것이라고 가정함으로써 가족 간의 다양성과 차이를 무시하였다. 이에 반해 센(Sen)은 가족을 협조와 갈등이 동시에 존재하는 '협조적 갈등 관계'로 보아야 한다고 주장함으로써 개별 가족원의 노동에 대한 분석을 가능하게 하였다(오사와, 2009: 41).

2) 가사노동의 역사적 변화

중세 이전 그리고 근대 초기에 이르기까지 생산과 소비는 불가분의 관계로 결합되어 있었기 때문에 여성들의 무보수 가사노동은 가구의 생존에 필수적이었다. 또한 가구 내 성별분업의 정도와 내용은 지역과 계층 그리고 개별 가구에 따라 매우 다양하게 나타나지만, 전체 노동에서 차지하는 비중은 매우 적은 것이었다.

경제사회적 변화와 과학기술의 발전은 가사노동의 양과 종류에 직접적 영향을 미치게 된다. 예를 들어, 가사기구 발달로 가사노동이 간편해졌지만, 가사노동의 표준이 높아지고 종류가 늘어남으로써 전체 가사노동의 양이 줄어들었다고 하기는 어렵다. 주택이 개인들의 공간으로 분할되면서 청소와 같은 가사노동은 훨씬 복잡해졌다. 한 가구당 소유하는 의류나 침구의 수가 증가하고, 청결기준도 높아졌으며, 계절에 따라 인테리어를 바꾸는 등 집안꾸미기가 중요한 일거리가 되었다. 소비자본주의의 발달에 따라 집은 주부의 소비자로서의 안목과 예술적 재능을 보여 주는 전시장이 되었다.

과거 사회의 가사노동

주택은 보통 거의 장식을 하지 않았으며 비좁았다. 가구는 거의 없었다. 청결수준은 오늘날 우리의 수준으로 볼 때 매우 낮았다. 흙으로 된 바닥은 닦을 필요가 없었고, 모든 가구에서 사람들은 1~2개의 침대나 혹은 짚으로 만들어진 바닥에서 잠잤다. 모직 옷을 세탁하는 일은 드물었고, 식기는 최소화했다. 어린이가 2~3세가 되면 일상적인 가사일과 농장일을 같이 하게 되었고 감독을 할 필요는 거의 없었다.

출처 : 기틴스, 1997: 169-170

최근 주부들의 기계관리는 주식과 부동산 등 재산 투자기술과 정보관리까지 포함하는 것으로 확장되었다. 이에 따라 단순가사노동시간은 줄더라도 자녀양육, 교육, 쇼핑, 가정관리와 관련된 가사노동이 정교화되고 다양화되어 전체적인 가사노동시간은 과거보다 늘어나게 되었다.

3) 가사노동의 경제적 가치평가

가사노동의 경제적 가치평가를 위해 1990년대 중반 이래 UNESCAP이나 UNDP 등을 통해 인간개발지수(HDI)나 위성계정(satellite account) 개발 등과 같은 무급노동 평가를 위한 다양한 방법론이 개발되어 왔으며, 1995년 북경 여성대회에서는 여성의 무급노동에 대한 적극적인 평가를 각국에 권고하였다. 우리나라에서도 통계청에서 1999년부터 5년 단위로 생활시간조사를 기초로 가사노동의 경제적 가치 추산을 하고 있으며, 이를 토대로 관련 기관들의 연구결과도 발표되고 있다.

일반적으로 가사노동의 경제적 가치를 평가하는 방법은 세 가지가 있다.

먼저, 기회비용법은 주부가 가사를 하지 않고 다른 일을 했을 때 벌 수 있는 잠재적 소득을 계산하는 방식이다. 두 번째는 개별기능대체법으로 가사노동 종류별로 유사한 직종의 임금률로 계산하는 방식이다. 세 번째로 종합대체법은 가사노동을 하나의 직업으로 보고 그에 상응하는 직업인을 고용할 때 드는 비용을 기준으로 평가하는 방식이다.

실제로 가사노동의 경제적 가치를 평가한 사례를 보면, 2006년 남부지법은 주부의 가사노동은 단순 육체노동이 아니라 특수한 조건에서 작업하는 특별노동이라는 전제 하에 전업주부의 교통사고 보상금으로 특수인부일당(6만 5,000원)에 통상적 근무일인 22일을 곱하는 방식을 사용하여 판결한 바 있다.

보험사에서 가사노동자가 사고를 당하거나 사망했을 때 공사 직종(5만 5,252원)과 제조 직종(3만 3,504원)의 보통 임금을 산술평균한 뒤 25일을 곱한 '평균 임금(월 110만 9,450원)'을 적용하였다.

이러한 결정에 대해 여성계에서는 우선, "가사노동은 365일 행해지는 것이므로 월 근로일수기준은 22일 또는 25일이 아니라 30일로 계산하여야 한다."(김경희, 2008)거나, "가사노동의 범위가 종전과 달리 요리, 세탁, 청소 등 단순 노동을 넘어 재테크 등의 가정경제·경영, 자녀교육, 가정의 미래설계, 가정의 안정을 위한 역할에 이르기까지 확대되고 있으며, 생애주기나 가족관계 등에 따라 가구별로 달리 수행되기 때문에 손해배상 등에서 통상 건설회사 노임을 적용하는 방식은 바뀌어야 한다." (김종숙, 2008)고 주장한다. 이러한 주장에 의거하여 가사노동가치를 평가하면, 하루 3시간 48분 가사노동을 하는 20대 주부의 경우 월 117만 원, 하루 12시간 16분 가사노동을 하는 40대 주부의 경우 월 379만 원의 가사노동가치를 지니는 것으로 추산된다. 이때 기준 금액은 2006년 전체 직종의 시간당 평균임금 1만 172원이고, 기준이 되는 가사노동의 내용은 가정관리 영역에 음식준비 및 정리, 의류관리, 청소 및 정리, 주택 관리, 가정관리관련 물품구입, 가정경영, 기타 가사일이 포함되며, 가족 보살피기 영역에 미취학아이 보살피기, 초·중·고등학생 보살피기, 배우자 보살피기, 부모 및 조부모 보살피기, 그 외의 식구 보살피기 등이 포함된다(여성정책연구원, 2008).

그림 8-1 전업주부 연봉 계산 웹 사이트(한국여성정책연구원)

출처 : http://eq.kwdi.re.kr:8009/equality/sul/salary.jsp

이에 대해 손해보험협회 관계자는 "주부 개인마다 사정이 다르고 가사노동의 가치 측정 기준이 불분명하기 때문에 현재의 방식이 가장 합당하다."고 대응하고 있어, 앞으로 가사노동 가치평가에 대한 사회적 논의가 보다 활성화되는 것과 함께 표준화된 평가방식 및 권고안이 마련되어야 할 것이다.

3 돌봄의 위기와 대안

돌봄의 가치와 의무

'가족 가치'는 여러 사람에게 여러 의미로 다가간다. 나한테 이 용어는 사랑, 의무, 호혜를 의미한다. 사랑은 감정을 함축하고, 의무는 도덕성을, 호혜는 합리적 계산을 함축한다. 사랑하고 사랑받는 것이 의미 있고 행복한 삶에 필수요소라는 것이 우리 부모님 세대의 생각이다. 우리는 모두 좋든 싫든 다른 사람을 돌볼 의무가 있다. 그리고 우리가 남을 돌보면 남들도 우리를 돌볼 것이다.

출처 : 폴브레, 2007: 7

최근 인구고령화와 저출산 그리고 여성의 경제활동증가 및 가구구성의 단순화와 다양화 등으로 가족 내 돌봄역할의 위기가 초래되고 있다. 즉, 가족 내 돌봄제공 자원은 크게 줄어들고 있는 데 비해, 돌봄을 필요로 하는 수요층은 증가하고 있어서 '돌봄 의존성'의 증가현상과 '돌봄결핍' 현상이 동시에 나타나고 있다.

돌봄의 위기에서 비롯되는 '새로운 사회적 위험'의 등장은 돌봄의 사회제도화에 대한 관심뿐 아니라 기존 사회복지정책의 기본 목표와 수단에 대한 재점검을 요구하고 있다. 즉, 그동안 베버리지-케인지안 복지국가가 기초하고 있던 남성생계부양자 중심의 복지제도가 저출산·고령사회로의 변화와 함께 현실적합성을 상실해 가고 있다는 것이다. 이러한 상황에서 적절한 사회적 지원이 이루어지지 않을 때 저출산, 빈곤, 불평등과 같은 사회적 문제는 확산될 수밖에 없는 것이다. 따라서 돌봄 위기를 해결하고 복지체계의 전반적 변화를 이루기 위한 적극적 방안들이 모색되어야 할 시점이다

이러한 상황에서 우리 사회에서도 돌봄서비스 제도화에 관한 국가적 관심과 역할이 강화되고 있다. 그러나 아직도 전체적인 돌봄서비스에 대한 수요 중 사회

적으로 비용을 책임지고, 공적으로 서비스를 제공하는 영역은 제한적이고, 상당 부분은 여전히 가족과 여성의 책임으로 남아 있다. 따라서 여성인력활용정책을 수립할 때도 성별 역할분담구조 전반의 변화를 유도하기보다는 주로 여성들에 의해 수행되는 가족 내 돌봄역할과 어떻게 조화를 이룰 수 있을지에 초점이 맞추어지는 경우가 많다.

또한 사회적 돌봄서비스는 시급하고 정도가 심각한 돌봄 수요자에 국한하여 이루어지고 있고, 돌봄수급자나 가족의 필요가 중시되기보다는 경제적·재정적 이슈가 우선적으로 고려되는 경우가 많다. 최근 돌봄서비스가 비영리민간기관 중심에서 영리민간서비스로 정책의 중심이 이동되면서 시장의 역할이 강화되고, 비영리민간기관과 영리기관 간 정체성의 차이도 점차 축소되고 있어, 돌봄서비스를 둘러싼 공공성 확보와 시장화를 통한 효율성 제고 사이의 적절한 균형을 이루기 위한 노력도 매우 긴요한 상황이라고 할 수 있다.

아울러 비공식 돌봄자에 대한 사회적 지원방안을 마련하는 일도 매우 중요하다. 이러한 지원은 현금급여의 제공과 같은 경제적 지원과 가족간호 휴가제도, 일시 휴가, 일시 케어, 탄력적 근무시간제도 등과 같은 시간적 지원, 그리고 재가 서비스의 양적 확충, 야간시설 등 서비스의 다양화 및 서비스 접근성 향상 등 다양한 방식으로 이루어질 수 있다(표 8-1).

표 8-1 돌봄노동에 대한 사회적 지원정책의 유형

구분		내용
현금 지원	현금급여	• 수당 등의 직접지급 • 돌봄 비용에 대한 간접비용 제공 • 보육 바우처, 가정종사자 바우처 • 돌봄시설 이용 보조금 및 지원금 등
	사회보장 크레딧	• 연금 크레딧 등
	세제혜택	• 세금공제, 세금감면 등
시간 지원	휴가 및 휴식	• 유급 및 무급 휴가(고용보장, 비차별 등)
	노동시간	• 탄력근무제, 노동시간 단축, 시간제노동 등
서비스 지원	시설서비스	• 공보육서비스의 제공, 보호시설 등
	공공서비스	• 가정도우미, 식사배달서비스 등
	지역사회기반 지원서비스	• 돌봄공동체 등

출처 : 장혜경 외, 2005: 38

앞에서 제시한 문제들이 개선되고 돌봄의 사회적 중요성에 대한 인식이 확산되도록 하기 위해서는 다음의 사항들이 진지하게 검토되어야 할 것이다.

우선, 돌봄노동의 성적 편향성을 극복하는 일이 중요하다. 실제로 가족 내의 돌봄이나 사회적 영역에서의 공적 돌봄 모두 여성의 비중이 압도적이다. 예를 들면 재가서비스기관 돌봄노동자 중 93.9%가 여성이며, 시설서비스기관의 돌봄노동자 중에서는 77.6%가 여성이다(민현주 외, 2008). 이처럼 돌봄 분야에 종사하는 여성의 편중현상은 우리 사회가 일반적으로 '여성적 일'을 저평가하는 현상과 맞물려, 돌봄노동에 대한 새로운 사회적 보상체계의 수립을 어렵게 한다. 이러한 상황은 돌봄노동의 질적 저하와 돌봄노동력 부족으로 인한 또 다른 돌봄 위기의 악순환을 초래하게 될 것이다. 개별 여성의 입장에서도 돌봄노동을 수행하는 과정에서 임금노동의 기회를 잃어버림으로써 의존적 존재가 되거나, 반대로 임금노동을 하기 위해 본인의 돌봄노동 책임을 더 낮은 계층의 여성에게 전가하게 되는 등 돌보는 일은 점점 더 저평가되는 것이다.

따라서 돌봄노동의 성적 편향성 극복을 위해서는 의료와 연금혜택을 받을 권리를 시장노동에 어느 정도 참여한다는 조건부로 부여하거나 소득에 누진세율을 정하는 등 제도 전반의 검토가 필요하다. 또한 돌봄노동의 가치에 대한 올바른 재평가와 함께 관련 일자리의 급여나 근무여건 등 보상체계를 제대로 갖추는 일이 무엇보다 중요하다. 아울러 돌봄서비스 일자리를 사회적으로 어떻게 양질의 일자리로 위치시킬 것인지에 대한 정책적 비전을 수립하고, 이러한 바탕 위에서 돌봄서비스 제공자 공급 및 유지계획도 마련되어야 할 것이다.

두 번째로 보다 거시적 차원에서 사회적 목표와 방향, 개인의 역할에 대한 가치가 변화되어야 할 것이다. 안전하고 건강한 사회에서 서로를 배려하며 살아가는 사회에 대한 비전은 생산성과 경제적 효율성 못지않게 중요한 사회적 목표가 되어야 한다. 교육의 실패, 질병, 환경오염, 높은 범죄율과 자살률, 불안과 분노가 지배하는 사회가 치러야 할 비용은 경제성장을 통해 얻은 성과의 상당부분을 상쇄하게 될 것이다.

최근 들어 복지국가를 표방하는 대부분의 국가에서는 국민들의 행복수준 및 삶의 질 향상을 위해 각종 정책을 입안하고 집행하고자 노력하고 있으며, 이러한 노력의 성과를 측정하기 위한 새로운 지표들도 다양하게 개발되고 있다. 한 예로 OECD와 EU가 함께 개최한 '웰빙과 발전측정을 위한 워크숍'에서 제안된

NIW(National Index of Well-being)는 '경제적 요인, 자립, 형평성, 건강, 사회적 연대, 환경, 주관적 생활만족도 등' 7개 분야 총 26개 지표로 구성되어 있다. 이 지표에 의해 OECD 국가들의 상황을 비교 측정한 결과에 따르면, 우리나라는 30개 회원국 중 25위를 차지하고 있어, 형평성과 사회연대성 등 사회통합적 측면에서 상대적으로 취약한 모습을 나타내고 있다(윤강재 외, 2010).

돌봄의 문제를 중심으로 행복하고 지속가능한 사회를 이루기 위해 소요되는 재정적 비용 마련을 위해, 일생에 걸쳐 받은 혜택을 감안한 '세대 간 회계'라는 새로운 조세기준을 개발할 수도 있다. 즉, 세대 간 회계의 원칙은 돌봄비용을 지불하기 위한 가족과 사회적 책임의 균형을 맞추는 방법을 찾는 것이며, 개인의 입장에서도 자신이 내는 세금은 그들이 아이였을 때 국가에서 받은 혜택과 늙어서 받게 될 혜택 간의 균형점을 찾는 것이다. 만일 돌봄과 관련된 기술보다는 '보상받을 수 있는' 기술만을 장려한다면, 늙거나 어리거나 병들어서 보살핌을 받는 일을 할 수 없을 때 누가 우리를 돌볼 것이란 말인가?(폴브레, 2007: 13, 49)

따라서 민주적이고 정의로운 사회란 돌봄이 필요한 사회의 모든 구성원에게 좋은 돌봄이 보장되는 사회를 의미하며, 또한 돌봄이 여성만의 한정된 관심이나 최소한의 사회복지정책 과제가 아니라, 인간 삶의 주요한 영역으로 위치하는 사회를 의미한다.

 왜 간병하는 가족이 없냐고요?

… 병실은 6인실로 내 양옆의 침대에는 여성들이 환자시중을 들며 함께 묵었다. 그 여성들이 "사모님은요?" 하고 묻기에 "학교에 갔습니다." 하고 대답하자 어쩐지 납득할 수 없다는 듯한 표정을 지었다. 한 여성이 "자제분은요?" 하고 물어서 "없습니다." 고 하자 "왜요?" 하고 거듭 물었다. '없다' 는 대답은 한국의 보통사람들에겐 의외이기도 하고 연민의 대상이 되기도 하는 모양이다.

… 일본의 병원에서는 완전간호가 원칙이다. 가족이라 하더라도 정해진 면회시간에만 면회를 할 수 있다. 그런 원칙이 최근 20년 정도 지나면서 사회적 상식이 됐다. 가족 시중들기가 상식이라는 것은 의료제도 자체가 가족의 무료봉사를 당연한 전제로 삼고 있다는 얘기다. 한국에서도 저출산, 핵가족화, 고령화가 급속히 진행되고 있다. 가까운 장래에 임금을 지불하지 않는 가족노동에 기댈 수 없게 될 것이다. 시중 들어 줄 가족이 없는 고독한 노인이나 환자가 급속도로 늘어날 것이다. 가족애를 강조하는 것으로 그런 추세를 극복할 수는 없다.

출처 : 서경식, 한겨레, 2007.7.21

'일'이라는 용어는 '유급노동'과 같은 의미로 사용되고 있다. 그러나 사회에서 수행되는 상당수의 일은 무급의 일이며 노동시장 밖에서 이루어지고 있다. 이러한 무급의 '돌봄 일'들은 개인과 가족, 사회가 유지되기 위해서 필수적일 뿐 아니라 많은 시간과 노력, 기술이 요구되는 일이다. 대부분의 사회에서 돌봄노동에 대한 책임과 역할은 일차적으로 가족과 여성에게 부과되고 있으나, 노동으로 인정되기보다 애정과 사랑으로 낭만화되거나 여성으로서 마땅히 수행해야 하는 의무와 책임으로 여겨진다. 이러한 상황에서 돌봄노동은 저평가되거나 평가의 대상에서 배제된다.

인간의 생명활동 유지와 재생산을 위해서 가정 안에서 수행하는 돌봄노동을 총칭하는 가사노동의 상황도 다르지 않다. 가사노동의 가치를 경제적으로 환산하기 위해 기회비용법, 개별기능대체법, 종합대체법 등이 활용되고 있으나 앞으로 보다 구체적 기준들이 마련될 필요가 있다.

최근 인구고령화와 저출산 그리고 여성의 경제활동증가 및 가구구성의 단순화와 다양화 등으로 가족 내 돌봄역할의 위기가 초래되고 있다. 돌봄의 위기에서 비롯되는 '새로운 사회적 위험'의 등장은 돌봄의 사회제도화에 대한 관심뿐 아니라 기존 사회복지정책의 재편을 요구하고 있다.

 생각해봅시다

Q1 고령화사회에서 노인돌봄의 문제를 어떻게 해결하는 것이 돌봄 제공자 수혜자나 모두에게 바람직할 것인지 우리 가족을 중심으로 생각해 보시오.

Q2 우리 가족 내에서 가사노동을 주로 담당하는 사람의 노동가치를 경제적으로 환산해 보시오.

Q3 GDP나 수출규모 등과 같은 경제지표뿐 아니라 NIW(National Index of Well-being)나 삶의 질 측정지표, 지속가능성 평가지표들을 통해 우리 사회의 변화과정을 평가해 보시오.

일과
가족의 조화

1 여성의 경제활동참여 특성

1) 여성 경제활동 현황

우리나라 여성의 2009년 경제활동참가율은 49.2%로 2006년 50.3%를 정점으로 조금씩 줄어들고 있으며, 남성고용률보다 23.9%가 낮다(2009, 통계청). 이 수치는 2008년을 기준으로 하였을 때 70%가 넘는 북유럽 국가의 여성경제활동참가율과는 20% 이상, OECD 평균인 56.5%와도 10% 가까이 차이가 나는 것이다(http://stats.oecd.org).

반면, 2009년 우리나라 여성 비경제활동인구는 1962년 관련 통계가 처음 조사된 이후 가장 많은 수치인 1,042만 명으로 나타났으며, 남성 비경제활동인구의 약 두 배에 이르고 있다. 여성 비경제활동의 이유는 육아나 가사가 67.2%를 차지하고 있어, 실질적인 여성고용활성화를 위해서는 한계근로자나 실망실업자, 불완전취업자와 같은 유사실업자에 대한 육아 및 가사지원 대책마련이 매우 중요함을 알 수 있다.

학력별로 보면 대졸 이상 여성의 경제활동참가율은 62.1%로 남성대졸 이상 87.6%(2008)에 비해 25.5%나 적으며, OECD 국가 중 가장 낮다. 이처럼 고학력 여성이 활용되지 못하고 있는 상황은 노동시장 내에서 여성들이 주로 하는 직무

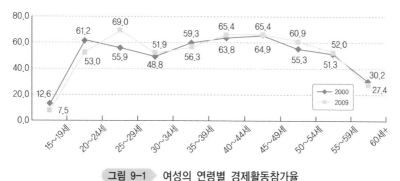

그림 9-1 여성의 연령별 경제활동참가율

출처 : 통계청(2009)

나 직급의 종류, 고용유형이 대부분 안정적인 경력직이 아니라는 사실을 간접적으로 보여 주는 것이다.

우리나라 여성의 연령별 경제활동참가율 역시 매우 특이한 양상을 나타낸다. 즉, 대부분의 국가들에서는 역 U자형이나 역 V자형을 나타내는 데 비해 우리나라는 M자형의 구조를 띠고 있다. 특히 30~34세 여성의 경제활동참가율 51.9%로, OECD 국가 평균과 10%나 차이가 난다. 이를 학력별로 세분해서 보면, 고학력여성이나 정규직 여성의 연령별 경제활동참가율은 L자형으로 나타나, 출산·양육시기 이후 노동시장 재진입이 매우 어렵다는 것을 알 수 있다.

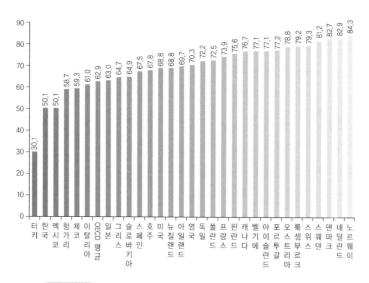

그림 9-2 OECD 회원국의 여성고용률(30~34세) (단위 : %)

출처 : http://stats.oecd.org, 한국여성정책연구원(2010) 재인용

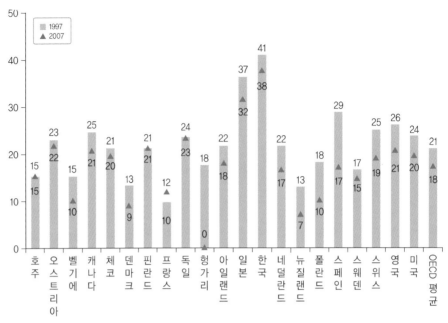

그림 9-3 OECD 국가의 성별 임금격차(1997, 2007)

출처 : OECD(2009), 한국여성정책연구원(2010) 재인용

2007년 우리나라의 성별 임금격차는 OECD 국가 중 가장 심한 것으로 나타났다. 성별 임금격차란 여성의 취업기회, 노동시장 내의 수평적·수직적 분절현상 등 노동시장 내외의 다양한 차별적 상황의 집약적으로 보여 주는 것으로, 그림 9-3에서 볼 수 있듯이, 1997년과 2007년 모두 우리나라가 가장 성별 임금격차가 큰 것으로 나타나고 있으며, OECD 평균 성별 임금격차의 두 배나 된다.

여성 임금근로자 중 상용직은 29.9%로 남성 44.2%에 비해 15% 정도 낮은데, 여성 임시직은 29.7%로 남성 15.6%보다 14%가 높고 여성 일용직은 9.9%로 남성 8.3%보다 약간 높은 것으로 나타났다(통계청, 2008). 여성보다 남성인력이 핵심인력으로 활용되고 있다는 사실은 성별 평균연령이나 근속년수, 급여액을 나타낸 표 9-1을 통해서도 확인할 수 있다. 특히, 일반적 정년연령인 55세에 근접할수록 성별 임금격차가 점차 심해지는 상황은 여성인력이 조직 내에서 핵심인력으로 남성과 동등하게 활용되지 못하고 있음을 집약적으로 보여 주는 것이다.

표 9-1 성별 평균연령, 근속년수, 주당근로시간, 월평균급여액 현황

구분	전체	여성	남성
평균연령	37.8	34.4	39.4
근속년수	5.9	4.1	6.7
주당 근로시간	44.1	42.9	44.7
월평균급여액(천 원)	2,127	1,582	2,381

*월급여액＝정액급여＋초과급여, 상여금 및 성과급 제외

출처 : 노동부(2007)

2) 여성의 사회적 지위와 국가경쟁력

이러한 여성의 상황은 상위직 여성을 중심으로 살펴보더라도 크게 다르지 않다. 우선, 대표적인 여성 관련 지표인 UNDP의 성별권한지수(GEM)순위는 109개국 중 61위(2009)이며, GEM지수 1점 만점의 절반 수준인 0.55점에 불과하다. 하위지표인 여성의원 비율은 14.0%이고, 행정관리직 비율은 9.0%이다. 입법, 고위임직원 및 관리직 비율 역시 9.0%로 OECD 평균 27.9%의 1/3에도 미치지 못하고 있다. 2008년 기준으로 여성장관 및 각료비율은 156개국 중 132위이다.

기타 분야의 상위직 비율도 유사한 상황이다. 2008년 여성 공무원합격자비율은 외무고시 65.7%, 행정고시 51.2%, 사법고시 38.0%로 여성인력이 약진하고 있음을 보여 주지만, 같은 연도 중앙행정기관에 고용된 여성공무원은 전체의 29%에 그치고 있고, 이는 상위직으로 갈수록 급격히 줄어 5급 11.9%, 4급 5.3%, 3급 4.1%이며 고위공무원은 1.2%에 불과하다(행정안전부, 2008). 공공기관이나 민간 대기업의 경우도 이와 크게 다르지 않다.

일반적으로 대부분의 국가에서 전체적 삶의 질과 여성의 지위는 비례하는 것으로 나타난다. 예를 들어, 2006년 인간개발지수(HDI) 순위와 GEM 순위를 비교한 결과를 보면, 노르웨이가 양 순위 모두 1위이며, 아이슬란드가 각각 2, 3위 스웨덴이 5위와 2위를 차지하는 등 두 순위 사이에 정비례관계가 나타나고 있다. 그러나 우리나라는 HDI 순위가 26위, GEM 순위가 53위이므로 두 순위 간 격차가 매우 심한 예외적 국가에 해당한다. 2008년 GDP 15위, 2009년(1분기) 수출 규모 11위라는 경제관련 순위들과 비교하면 격차는 더욱 벌어진다. 우리나라는 선진국 범주에 포함되기 위한 여러 기준들 즉, OECD 가입국, IMF의 선진국분류,

표 9-2 국가별 여성권한척도 및 인간개발지수(HDI) 순위

여성권한국가 순위			인간개발국가 순위	
순위	국가	여성권한지수척도	순위	인간개발지수
1	노르웨이	.932	1	.965
2	스웨덴	.883	5	.951
3	아이슬란드	.866	2	.960
4	덴마크	.861	15	.943
5	벨기에	.855	13	.945
6	핀란드	.853	11	.947
7	네덜란드	.844	10	.947
8	호주	.833	3	.956
9	독일	.816	21	.936
10	오스트리아	.815	3	.957
12	미국	.808	8	.948
18	싱가포르	.707	25	.916
42	일본	.557	7	.949
53	한국	.502	26	.912

출처 : UNDP(2006)

인간개발지수 0.9 이상 등 다양한 기준을 갖추었지만, 여성관련 지표들이나 나아가 복지수준 등과 관련해서는 여전히 취약한 수준에 머물러 있다.

더욱이 최근의 경제위기 이후 시장의 고용창출력 약화, 고용불안정성 증대, 임시직과 비정규직 증가 현상이 확대되면서 산업 간, 기업규모 간, 지역 간, 고용형태별 노동시장의 이중구조가 심화되고 있다.

이러한 현상이 여성노동력에 대해 미치는 영향은 남성노동자에 대해서보다 훨씬 더 부정적인 것으로 여겨진다. 예를 들어, 지난 10여 년간 여성취업자 증가의 2/3가 비정규직이며, 파견근로 허용대상 직종 중 상당 부분이 여성집중 직종이고, 경제위기 이후 고용위기의 가장 큰 피해자가 30대 저학력층 여성들이라는 점 등을 고려하면, 출산과 육아로 노동시장에서 취약한 지위에 놓인 여성들의 퇴출이 보다 적극적으로 진행되었던 결과로 해석할 수 있다.

표 9-3 성별 비정규직 규모와 비중(1)

(단위 : %, 천 명)

구분	정규직	비정규직			
		소계	한시적 근로	시간제 근로	비전형 근로
남성	71.2(6,667)	28.8(2,699)	18.2	4.0	11.9
여성	59.2(3,991)	40.8(2,746)	23.6	12.7	15.1

출처 : 통계청(2008.8)

표 9-4 성별 비정규직 규모와 비중(2)

구분	전체 근로자 수	비정규직 비율
남성	930만 7,000명	43.2%
여성	676만 8,000명	64.9%

출처 : 한국노동사회연구소(2009.3)

여성의 고용을 확대하고 여성친화적 조직을 만드는 일은 단순히 사회정의의 문제나 윤리적 문제가 아니라, 기업과 국가경쟁력 확보를 위한 중요한 기반이 된다. 여성이라는 절반의 인구를 제대로 활용하는 나라와 그렇지 않은 나라는 국가경쟁력에서 차이를 보일 수밖에 없기 때문이다. 실제로 GDP 1만 불에서 2만 불로 가는 시기에 주요 선진국들의 여성경제활동참가율은 약 10% 이상 급속하게 증가하였으며, 표 9-5에서 나타나는 바와 같이, 국가투명성과 국가경쟁력 순위, 여성권한지수 순위, 남녀평등 정도 사이에도 높은 비례관계가 존재한다.

표 9-5 국가별 지수 비교

국가	투명성 지수	국가 경쟁력	성별 권한지수	여성의원 비율	성별임금비율
핀란드	7.7	83.636	0.82	37.5	0.7
덴마크	7.6	84.378	0.847	38.0	0.72
호주	7.4	86.046	0.806	25.3	0.71
노르웨이	7.0	75.468	0.908	36.4	0.74
스위스	6.6	78.809	0.771	25.0	0.5
한국	4.2	62.201	0.377	13.0	0.46
독일	4.2	73.435	0.804	32.2	0.52
일본	3.6	71.915	0.531	7.1	0.46

출처 : UNDP(2004)

이러한 여성인력의 저활용현상은 남성가장중심 인력활용구조나 문화의 이면이기도 하다. 남성 1인 생계부양자가구(single income family)가 지배적인 사회에서는 2인 생계부양자가구(dual income family) 유형의 사회에 비해 개인의 소득은 높다 하더라도 가족이나 국가소득은 낮을 수밖에 없고, 개별 근로자의 고용불안이 개인적 차원을 넘어 가족의 문제로 직결된다. 남성가장 중심의 고용문화는 기업의 입장에서도 가족임금에 상응하는 고임금을 지급해야 하는 필요를 야기하고 이는 기업 경쟁력의 부담으로 이어질 수 있으며, 가장 의존적 고용구조가 노사분규를 심화시킨다는 분석도 있다.

그러나 무엇보다 여성의 취업은 남성가장의 소득이 불완전하거나 불안정하기 때문에 필요한 것만은 아니다. 현대 자본주의 사회에서 자율적이고 독립적인 성인으로 인정받기 위해서는 자신의 경제적 필요를 스스로 충족할 수 있는 능력을 갖추어야 하며 타인에게 경제적으로 의존하고 있는 사람은 일상의 여러 부문에서 선택가능성이 줄어들게 된다. 즉, 경제적 활동을 한다는 것은 생존의 의미뿐 아니라, 한 개인의 정체성을 형성하고, 자아실현의 수단으로서 매우 중요한 의미를 갖는다.

2 여성의 사회참여와 일-가족 양립의 필요

1) 남성 중심의 노동문화

우리나라 근로자들의 연평균 근로시간은 2,316시간으로 OECD 국가 중 가장 장시간노동을 하고 있으며, 가장 짧은 네덜란드(1,392시간)나 OECD 평균(1,768시간)뿐 아니라, 2위 헝가리(1,986시간)보다도 훨씬 긴 것으로 나타나고 있다(통계청, 2008).

이러한 장시간 노동관행 하에서 기업은 가족돌봄의 책임에서 자유로운 사람을 이상적(ideal) 노동자로 간주한다. 노동자는 시간외 근무나 빈번한 배치전환, 전근 등에 대한 기업의 요구에 전적으로 따를 것이 기대된다. 따라서 육아나 가사노동 등 일과 가족의 책임을 병행해야 하는 여성노동자는 기업의 엄격한 요구를 받아들이기 어렵기 때문에 부차적 노동력이 될 수밖에 없다.

알파걸은 왜 알파우먼이 되지 못할까?

제약사 마케팅 담당차장인 김모(38)씨. 연년생 두 아이의 엄마인 그는 둘째가 태어난 순간부터 친정과 살림을 합쳤다. 아이들과 살림은 전부 어머니가 맡아서 해주고 생활비를 드리는 식이다. 하지만, 아이들이 아프거나 어머니가 몸이 불편하면 언제든 회사에서 달려와야 하는 형편, 밀린 직장일을 벌충하려면 늦게까지 회사에 남아야 하고 주말에도 출근해야 할 경우도 있다. "아이들에게 미안한 마음도 있지만, 아이들을 부인에게 일임하고 일에만 매진하는 남자동료들을 보면 부럽기도 합니다. 언제부터인가 남자와 여자는 같이 출발해도 여자가 결혼하는 순간 결국 뒤쳐질 수밖에 없다는 현실을 받아들이게 됩니다."고 말한다. 최근 둘째를 임신해 사직을 심각하게 고려하고 있는 박모(35)씨는 "우리 사회는 여전히 남자가 돈을 많이 벌고 여자는 집에서 살림을 해야 모두가 해피하게, 모든 것이 원활하게 돌아가는 구조 같아요. 엄마가 집밖으로 나가면 엄마도, 아빠도, 아이들도, 할머니, 할아버지까지 모두 다 불편하고 피곤해지니 이래서 여자들이 어떻게 직장에 나가 일을 제대로 할 수 있을까요?" 라고 반문한다. 자신의 경력을 자의 반 타의 반 포기하고 가정으로 돌아간 여성의 상당수가 내 딸만큼은 능력 있는 여성으로 키우겠다고 갖은 정성을 다하지만, 결국 그 딸 역시 가부장적 관습과 육아의 부담이 사회적으로 해소되지 않는 한 성공할 수 없기는 마찬가지이다. 그럼에도 정부와 사회에서는 여성들이 아이를 낳지 않아 인구가 줄고 국가경쟁력이 저하된다며 걱정 어린 소리만 앞세운다. 능력과 자질, 성취욕을 두루 갖춘 여성인력을 사장시켜 버리는 엄청난 국가적 손실을 방지할 근본적인 대책이 필요한 상황이다.

출처 : 매일경제, 2008.4.29

기업 내의 고용관행뿐 아니라, 가정 내 가사분담의 불평등도 여성들의 일-가족 양립을 어렵게 만드는 주요인이다. 예를 들어, 여성부에서 실시한 여성관리자 패널조사(2007)에 의하면 여성관리자들의 일하는 시간 동안 자녀를 돌보아주는 사람은 친정부모가 가장 많았고(45.4%), 다음 시부모(32.1%), 육아 및 가사도우미(19.6%), 일가친척(3.2%)의 순이었다. 보육시설을 이용하는 비율은 2.6%에 불과하여 여성이 경제활동을 하더라도, 가족 내 성별역할분담은 거의 변화가 없으며, 가족 내 돌봄역할은 대부분 부인 이외의 다른 여성이 대체하고 있다.

다른 통계를 보더라도 상황은 유사하다. 2006년 우리나라 3~5세 아동의 보육시설 이용률은 33.9%로 OECD 국가 중 터키 다음으로 가장 낮았으며(통계청, 2008), 맞벌이가구 남편의 가사참여시간은 5년 전에 비해 겨우 4분이 늘어 24분이 된 반면에 여성은 2시간 38분으로 남성보다 5.6배의 시간을 할애하는 것으로 나타났다(통계청, 2010).

2) 일-가족 양립을 위한 개별적 대응

이러한 상황 하에서 개별 가족이나 여성들이 선택하는 대응전략은 대체로 다음과 같다. 그러나 다음 중 어떠한 전략을 취하더라도 장기적으로 보면 모두 부정적 결과로 이어지게 된다.

첫째, 자녀를 포기하거나 독신을 선택하는 노동지향적 적용방식이다. 이 결과 우리 사회는 WHO 조사대상 193개국 가운데 최하위인 출산율 1.15(2009)를 나타내고 있다. 우리와 유사한 저출산국가인 일본에서도 특히 두 번째 자녀 출산의 주된 장애는 첫째 자녀 때의 부정적 육아체험, 특히 남편의 육아에 대한 비협조에 있다고 분석되고 있다(2007 후생노동성의 21세기 성년종단조사, 야마구치, 2010: 62에서 재인용).

둘째, 도구적 가족주의 전략으로 부계 직계가족중심 사회에서 전략적으로 모계를 적극 활용하는 방식이다. 그러나 이러한 방식은 가족과 일의 갈등을 모계의 다른 여성에게 전가시킴으로써 장기적으로 가부장적 사회관계를 유지시키는 전략이다.

셋째, 일로부터의 책임과 가족의 책임 사이에 균형을 맞추기 위해 '자발적으로' 시간제노동을 선택하는 가족지향적 적용방식이다. 그러나 이러한 선택은 여성의 입장에서 많은 사회경제적 불이익을 감수하고, 자신의 경력을 포기해야 한다(김혜경, 2002).

OECD에서는 일-가정 양립 지원정책을 '가족의 자원과 아동발달에 적절한 환경을 조성함으로써 근로자의 일-가족 조화를 촉진하고 자녀를 둔 근로자에게 일과 양육에 관한 선택의 폭을 넓혀 주며, 양성평등한 고용기회를 촉진하는 제도'라고 정의한 바 있다. 일반적으로 국가나 기업의 일-가족 양립 지원체계가 잘 갖추어져 있고, 사회적으로 양성평등적인 인식이 확산되어 있는 국가일수록 여성의 경제활동참가율도 높고, 출산율도 높다.

따라서 일-가족 양립을 위해서는 이를 개별 가족의 문제나 개별여성의 문제로 규정하는 것이 아니라, 남녀의 성역할 규범 및 구조에 대한 근본적인 성찰과 재구성 노력이 필요하다. 만일, 여성이 일-가족 양립의 어려움을 피하기 위해 전형적 남성생애주기 모델을 채택한다면, 미래의 세대는 존재하기 어려울 것이다. 남성도 어떤 식으로든, 부분적으로라도 여성화된 생애주기를 선택하지 않는다면 지속가능하면서 균형적인 사회는 불가능하다. 이에 따라 EU에서도 일과 삶의 균형(work-life balance)을 위해 '일영역에서 여성의 불합리함을 개선하고, 가족생활에 관련된 남성의 불리함을 해소'하는 정책적 지향을 추구하고 있다.

3 일-가족 양립의 방향

1) 일-가족 양립을 위한 사회제도

맞벌이부부의 증가로 일-가족 간 균형문제는 점점 더 많은 근로자들이 직면하는 문제가 되고 있으며, 직위가 올라갈수록 더 해결하기 어려운 과제가 되고 있다. 아울러 정보통신의 발달로 근로시간과 장소의 제한은 점차 사라지고, 일과 사적인 삶과의 구분은 모호해지고 있다. 또한 세계화의 진전에 따라 24시간 내내 기업이 운영되는 상황도 확대되고 있다. 이런 상황에서 일-가족 양립을 위한 제도와 문화를 마련하는 일은 여성인력뿐 아니라 조직구성원 모두에게 점점 더 필요한 것이 되고 있다.

일과 가족, 일과 삶의 균형은 만족스러운 직장에서 일을 할 기회를 갖는 것과 동시에 자녀를 훌륭하게 키우고 가족의 필요에 대응하는 한편, 적절한 휴식과 재충전의 기회를 갖는 것이다. 이러한 각각의 기회를 추구하는 일은 결코 상호배타적인 희망이 아니다.

최근에 올수록 성별에 따른 전통적 역할분담에서 벗어나, 생계부양과 돌봄을 남녀가 함께 나누고 일과 가족이 양립할 수 있는 제도로 변화되고 있는 것이 국제적 추세이다. 그러나 일-가족 양립을 위한 제도마련 방식은 국가마다 상이하다. 자유주의 국가에서는 주로 WLB(Work-Life Balance)로 불리는 기업 내 가족친화제도를 통해 조직 내 노동자들의 문제를 해결하고 만족도를 높임으로써 기업의 경쟁력 제고를 높이려는 전략을 취하고 있다. 반면, 사회복지제도가 잘 추진되고 있는 유럽국가들에서는 시장보다 국가 주도로 부모휴가나 아버지의 달, 성평등 보너스 제도, 공보육 확대 등을 통해 남녀가 함께 하는 일-가족 양립 기반을 마련하고자 노력하고 있다.

우리 사회에서도 일-가족 양립을 위해 2007년 '남녀고용평등법'의 법제명을

'남녀고용평등과 일가정생활의 양립지원에 관한 법률'로 변경하고 내용을 개정하였으며, 같은 해에 '가족친화사회환경의 조성촉진에 관한 법률'도 제정하여 가족친화사회를 위한 법적 기반을 마련하였다. 또한 2008년 7월에는 제4차 남녀고용평등과 일-가정 양립 기본계획을 확정하였다. 이 계획은 향후 5년간(2008~2012) 추진될 남녀고용평등과 일-가정 양립에 관한 주요 정책을 담고 있으며, '일과 가정이 양립하는 고용평등사회 실현'을 비전으로 5대 핵심전략과 20대 핵심 추진과제로 구성되어 있다.[1]

현재 일-가족 양립을 위해 추진되고 있는 제도들은 다음과 같다. 우선 휴직, 휴가제도로 산전·후 휴가, 출산휴가, 육아휴직, 가족휴가 등의 제도가 시행되고 있다. 산전·후 휴가는 90일이며, 최초 60일은 사업주가, 이후 30일은 고용보험에서 급여를 지급한다. 그리고 1년 이상 계속 근로한 근로자의 경우 만 6세 이하의 취학 전 자녀가 있으면 12개월의 무급육아휴직을 할 수 있고, 육아휴직 대신 육아기 근로시간 단축제도를 활용할 수도 있다. 또한 보육 및 돌봄지원제도들도 지속적으로 확대되고 있다. 이 외에 정부에서 추진 중인 가족친화기업정책으로 여성가족부의 '여성친화기업협약식', 보건복지부의 '가족친화인증부여', 노동부의 '남녀평등우수기업 시상' 등이 실시되고 있다.

최근 기업에서도 일-생활 양립(WLB) 프로그램에 대한 관심이 높아지고 있다. 기업에서는 이러한 제도를 통해 숙련 노동자의 확보나 업무수행능력 향상, 결근율이나 이직률 감소와 함께 기업 이미지 제고에도 도움이 되기를 기대하고 있다.

현재 시행되기 시작하고 있는 WLB 프로그램은 첫째, 탄력적 근무제도로 유연시간제, 시간제근무, 직무공유제, 재택근무제, 시차출근제 등 노동시간과 장소를 융통성 있게 조절하는 제도들이 있다. 두 번째는 근로자에 대한 교육과 상담, 가사조력자나 보모 알선 등 전문인력 소개 서비스 등 근로자지원제도들이 있다. 세 번째는 자녀양육 및 교육지원제도로 출산휴가나 육아휴가, 보육시설 직접운영 및 보육서비스 이용 지원, 자녀 학습지원 프로그램 운영 등이 운영된다. 네 번째로 가족간호휴가, 노인보호제도 및 간병인알선 서비스 지원, 가족지원관련 정보 및 법률정보 등 정보소개 서비스, 카페테리아식 복리후생제도 도입 등 부양

---

1) 남녀고용평등과 일-가정 양립 기본계획 웹 사이트 주소 :
   http://www.moel.go.kr/view.jsp?cate=3&sec=2&mode=view&smenu=3&bbs_cd=105&state=A&seq=1216116794546

가족지원제도들이 있다.

　최근 기업 내 가족친화제도 추진상황을 평가하기 위한 척도로 가족친화지수 (FFI : Family Friendliness Index)가 개발되었다. 이 지수개발을 통해 일-가족 양립을 위한 가족친화제도의 기본 이해와 확산을 도모할 수 있을 것이다. 가족친화지수 평가항목에는 탄력적 근무제(탄력적 근로시간제, 선택적 근로시간제, 재택근무, 단시간근로제, 직무대체제, 장기근속휴가제), 자녀양육 및 교육 지원제도(산전·후 휴가제도, 육아휴직제도, 미취학 아동대상 프로그램, 취학아동 대상 프로그램), 부양가족 지원제도(가족간호휴가제도, 가족간호 관련제도의 유무), 근로자 지원제도(근로자 상담 프로그램, 일과 가정의 조화에 관한 교육 프로그램 기타 근로자 지원제도의 유무), 가족친화문화조성(정시퇴근제, 가족친화 문화와 관련된 일반적 질문) 등의 내용이 포함되어 있다.

2) 일-가족 양립제도 추진방향

　현재 우리 사회에서 추진되고 있는 일-가족 양립제도의 상당 부분은 도입 초기이거나, 휴직 시 대체인력 부족, 낮은 휴직급여, 질적으로 우수하고 다양한 공공보육시설의 부족 등과 같이 제도가 불완전하여 확산에 많은 한계가 있다. 또한 기업규모가 적거나 비정규직이 많은 기업에는 적용이 어렵고, 제도가 시행되는 경우에도 정규직 남성중심적인 직무나 부서에 주로 도입되어 여성노동자들은 실제로 혜택을 받지 못하기도 한다. 또한 일-가족 양립의 본래적 목적보다는 직원복지 향상이나 이직 방지, 기업의 생산성 및 효율성 증대에 주로 초점이 맞추어져 있는 경우도 있어 본래의 일-가족 양립제도의 취지가 제대로 반영하지 못하는 경우가 많다.

　이러한 한계를 극복하기 위해서는 기업의 유연근무제 활성화를 위한 노동기준 및 사회보험부담 경감제도 마련, 성과평가제도 및 직업능력 제고를 위한 지원제도 마련, 노동자의 비례적 권리보장, 육아휴직 급여액의 상향조정, 양질의 국공립보육시설의 확충, 휴직 시의 대체인력확보대책 마련, 모범적인 프로그램을 운영하는 기업에 대한 금전적·상징적 인센티브 제공 등 다양한 측면의 보완이 시급하다. 나아가 법이나 제도가 갖추어진다 하더라도 만약 직장의 문화가 이를 허용하지 않는다면 일-가족 양립을 위한 문제는 해결되기 어려우므로, 이에 대한 사회 전반의 가치와 문화를 변화시키기 위한 노력도 함께 이루어져야 할 것이다. 이때 중요하게 고려되어야 할 점은 이러한 일-가족 양립제도들이 여성을 위한 제도로 인식되지 않도록 해야 한다는 것이다.

최근 유연근무제도 중 여성을 주 대상으로 하는 시간제와 재택근로에 대한 관심이 급증하고 있다. 이에 대해 한편에서는 시간제나 재택근로는 가사나 육아에 전념하면서도 업무연속성을 가질 수 있다는 점에서 여성친화적인 동시에 가족친화적인 제도로 긍정적 평가를 받고 있다. 그러나 다른 한편, 우리나라에서 대부분의 시간제 근로가 임시적인 비정규인력으로 활용되고 있고 그동안 시행된 재택근무도 주로 여성, 특히 육아기 여성을 위한 제도로 활용되고 있어 이러한 제도들이 성역할분업과 성별직종분리를 유지시키고, 남녀임금 차이의 증가나 고용불안으로 이어지게 할 것이라는 우려도 크다(Hakim, 2006; Gonas, 2002).

 ○○구청 김△△씨(34·문화관광과)의 재택근무

아침 5시에 눈을 뜬 김씨는 세수를 한 뒤 거실 컴퓨터에 보안용 USB(휴대용 저장장치)를 꽂았다. 구청에서 개인정보 유출 등을 막기 위해 나눠준 장치다. 김씨는 오전 6시쯤 상사에게 보낼 보고서를 쓰기 시작했다. 이날 김씨가 맡은 임무는 관내 공립도서관·공연장과 구청 내 다른 부서에서 진행 중인 문화사업 현황을 파악해 시청에 보고하고, 각 기관과 부서에 '우수한 사업은 예산을 추가로 지원받을 수 있다'고 안내하는 일이었다.

김씨가 이런 내용을 다섯 줄쯤 썼을 때 안방에 재워놓은 생후 9개월짜리 아들이 칭얼거렸다. 김씨는 아기를 품에 안고 토닥거린 다음 다시 자리로 돌아와 보고서를 마저 작성했다. 오전 7시쯤 남편이 일어났다. 김씨는 전 날 끓여놓은 김치찌개에 김이 모락모락 솟는 흰 밥을 차려서 남편, 시어머니와 함께 먹었다. 밥 한 공기를 뚝딱 비운 남편이 오전 7시 30분쯤 집을 나섰다. 아기를 안고 배웅한 김씨는 곧장 컴퓨터로 돌아와 오전 9시까지 업무를 본 다음 오랜만에 일하느라 뻐근해진 어깨를 쭉 펴고 청소를 시작했다. "원래 이 시간이면 구청에서 팀별로 회의를 하거나 막 업무를 시작할 때지요. 아침 일찍 오전 업무를 마치고 집안 청소를 하려니까 어색하기도 하고, 뿌듯하기도 하네요." 낮 12시가 되자 김씨는 감기 기운이 있는 아들을 데리고 근처 소아과병원에 갔다. 낮 12시 50분쯤 집에 돌아온 김씨는 후다닥 점심을 먹은 뒤 아기에게 젖을 물려 재웠다. 김씨는 오후 4시까지 분주하게 일했다. 청량리2동에 있는 구립 정보화도서관에 전화해 문화사업 관련 자료를 받고 예산을 뽑았다. 결과는 바로 구청 전산망에 올렸다. 구청에 있는 상사가 김씨의 보고를 실시간으로 확인하고, 두 차례 전화를 걸어 부족한 점을 지적했다. 급한 일을 마친 김씨는 오후 4시부터 3시간 동안 아기를 봤다. 시어머니 품에 안겨 있던 아기가 자꾸 엄마를 찾으며 칭얼대서다. 김씨는 "서른셋에 낳은 아이라 예뻐서 어쩔 줄 모르겠다."고 했다. 김씨는 저녁을 먹고 아기를 재운 뒤 밤 9시부터 12시까지 컴퓨터 앞에 앉아 낮에 다 못한 업무를 마저 했다.

출처 : http://news.naver.com/news/read.php?mode=LOD&office_id=023&article_id=0002056404

위의 재택근무 사례를 통해 볼 수 있듯이, 여성근로자가 일과 가족을 병행하기 위해서는 자신의 활동시간을 최대로 확대하고 여가시간을 줄여야 한다. 다른 가족의 만족도가 높다는 사실도 가족 내 돌봄 일을 재택근로자인 여성이 전담하거나 주 책임자가 되고 있는 상황과 연관된다. 생애주기의 특정 기간 동안 재택근로유형을 활용하는 것은 여러 측면에서 개별 근로자에게나 가족에게 긍정적인 효과를 가져다 줄 수도 있다. 하지만, 재택근로자가 떠 안게 되는 이중노동의 부담뿐 아니라 장기적으로 재택근로의 업무범위제한, 정보공유의 한계, 조직문화로부터의 소외 등이 주는 한계를 극복하고 타 조직원과 동등한 경쟁력을 확보하기란 매우 어려울 것으로 여겨진다.

따라서 여성에게만 기대되는 일-가족 양립제도는 가족의 일을 여성의 책임으로 규정하고, 남성은 일과 가족 양립에 대한 책임과 역할에서 벗어나게 함으로써 성별분업 이데올로기를 재강화하게 한다. 이는 애초에 일-가족 양립정책이 추구하고자 했던 목적과는 상반되는 결과이다. 일-가족 양립정책의 궁극적인 방향은 모든 노동자를 '일과 가족의 역할을 공유하는 자'로 규정하고, 여성과 남성, 개인과 사회가 함께 일과 돌봄역할을 공유할 수 있는 사회의 비전과 수립해 나가는 것이다.

아울러 일-가족 양립을 이루기 위한 또 하나의 중요한 전제로 우리 사회의 세계 최장 노동시간이 감소되어야 한다는 점을 들 수 있다. 실제로 노동시간 감축은 노동시장과 가족 내에서의 성별불평등을 완화하는 역할을 하는 것으로도 평가되고 있다(윤홍식, 2006). 노동시간의 감소를 위해서는 무엇보다 장시간노동을 조직에 대한 헌신성으로 이해하는 '남성적 장시간 노동문화(macho long-hours culture)'가 변화되어야 하며, 추가 고용보다 시간 외 노동을 선호하는 자본가, 더 많은 소득을 위해 시간 외 노동을 원하는 노동자 모두의 변화를 위한 사회적 합의와 제도적 기반을 마련하기 위한 노력이 요구된다(정영애, 2003).

핵심정리

　우리나라 여성의 경제활동참가율은 OECD 국가 중에서 매우 낮을 뿐 아니라, 연령별 경제활동참가율 역시 M자형의 매우 특이한 양상을 나타내고 있다. 또한 대부분의 국가에서 전체적 삶의 질과 여성의 지위는 비례하나, 우리나라는 둘 사이의 격차가 매우 심한 예외적 국가에 해당한다. 이러한 여성인력의 저활용현상은 남성가장중심 인력활용구조나 문화의 이면이기도 하다.

　여성의 취업은 가족의 경제적 필요나 국가경제 발전의 측면에서 요구되는 것만이 아니다. 현대 자본주의 사회에서 자율적이고 독립적인 성인으로 인정받기 위해 경제적으로 자립할 수 있는 자원을 확보하는 일이 중요하다. 그러나 OECD 국가 중 가장 장시간노동을 하고 있으며, 일-가족 양립을 위한 제도적 기반이 미비한 우리 사회에서, 여전히 가족 내 역할에 대해 일차적 책임을 지고 있는 여성들이 경제활동에 지속적으로 참여하는 것은 많은 한계가 있다.

　이에 따라 최근 우리 사회에서도 일-가족 양립의 문제를 해결하기 위한 휴직 및 휴가제도, 보육 및 돌봄지원제도 등 여러 제도들이 마련되고 있다. 기업에서도 생산성을 높이고, 좋은 인력을 확보하기 위해 일-가족 양립을 위한 탄력적 근로시간제, 가족지원 프로그램 등을 마련하고 있다.

생각해봅시다

Q1 일본과 우리나라 여성에게만 나타나는 M자형의 연령별 경제활동참가율이 무엇을 의미하는 것이며, 어떻게 ∩자형으로 변화될 수 있을 것인지에 대해 생각해 보시오.

Q2 국가경쟁력이 높고, 출산율도 높으면서, 여성의 경제활동참가율도 높은 선진국들의 가족제도와 정책에 대해 살펴보시오.

Q3 여성을 위한 일-가족 양립제도로서 유연시간제근로나 재택근로 유형이 갖는 장단점에 대해 논의해 보시오.

가족의 법제화

10 Chapter

10

가족의 법제화

　대부분의 사람들은 안정적 일상생활을 영위할 때는 법의 존재에 대해 거의 관심을 기울이지 않는다. 그런데 일상생활을 위협하는 상황이 발생했을 때 비로소 공적인 규정으로서 영향력을 발휘하는 법에 대해 인식하게 된다.

　법이란 국가권력에 의해 강제되는 사회규범이다. 국가와 가족의 관계를 보면, 국가는 가족에 대한 정의를 내리고, 가족관계의 범위를 정하며, 가족원의 권리와 의무를 규정한다. 가족에 대한 법적 규제는 성인 남성과 여성의 합법적 결합 형태를 규정하는 것이며, 이는 동시에 사회질서를 유지하고 노동력을 재생산하는 규범적인 기제로 작용한다. 예를 들면, 호주제를 포함한 부계가족주의를 지지하는 가족법은 국가가 가부장적 이해를 관철하는 도구역할을 한 것이다. 가족에 대한 국가의 개입은 일차적으로 사회성원의 재생산에 대한 관심에서 비롯되었다. 결혼 및 가족에 대한 규제는 곧 정당한 양성결합의 형태를 규정하는 것이며, 동시에 사회질서를 유지하고 노동력을 재생산하는 규범적 기제로 작용한다.

　모든 법은 성립과 시행의 맥락에서 사회문화적 권력관계를 반영하고 있고, 역으로 법률이 사회적 변화를 유도하는 강력한 영향력을 발휘하기도 한다. 국가는 개인의 존엄과 양성평등을 기초로 하는 가족질서를 확립하기 위한 법을 제정하고 적용할 의무가 있으며, 개인은 혼인과 가족생활에서의 평등한 삶에 대한 보장을 국가에 요구할 수 있다. 이러한 가족에 관련된 법률적 규정의 궁극적인 목표

는 사회변화를 반영하는 이상적인 가족의 구현이며, 가족과 사회가 안정적 조화를 이룰 수 있도록 지원하는 것이다. 국가는 가족을 보호하며 국가의 이익이 가족에 환원되어야 함은 물론 가족은 국익에 기여하는 유기적 관계를 형성해야 하는 것이다.

가족 관련 법률을 살펴보면 가족과 국가, 사회와 젠더구조의 관계를 이해할 수 있다. 한국의 헌법은 양성평등 이념을 표방하고 있지만, 우리나라의 가족법은 부계 중심의 가부장제 가족제도의 원리에 근거하고 있었기 때문에 개인의 존엄과 양성평등의 원칙에 위배되는 규정들이 많았고, 일상생활에 구체적으로 연관된 법률에는 가부장적 요소가 상당히 존재한다.

1 우리나라 가족법의 성격과 변천

1) 가족법의 개념

가족법이란 가족의 범위와 구조를 한정함으로써 친족구조 내에서 가족정체성을 법제화한 것이다. 가족법은 가족 및 친족의 공동생활과 공동생활에 기초한 재산의 승계관계를 규율한다. 가족법은 종족유지를 위한 친족적 공동생활 형태, 신분의 승계, 신분에 기인하는 재산의 승계를 규율하는 실체법에 해당된다. 가족의 형성 및 관계에 관련된 사항에 관한 법적 규정은 개인의 사적 생활을 규율하는 민법에 의거한다. 가족법이라는 용어는 법전상의 용어가 아니라, 친족과 상속에 관한 법률이 가족관계와 생활의 영역에 관한 법적 규정이라는 의미에서 사용되고 있다(김주수, 2005).

가족법은 사회의 도덕적 규제에 관한 것이며, 일반적으로 가족 내의 위치 혹은 정체성이라 할 수 있는 신분에 관한 법적 규정으로 신분법이라고 한다. 신분법에 해당하는 것이 제4편 친족과 제5편 상속이다. 이 중 친족법은 친족의 정의와 범위 등을 규율하는 좁은 의미의 친족법, 호주와 가족관계를 규율하는 좁은 의미의 가족법, 혼인법, 친자법, 후견법, 부양법, 호주승계법 등으로 구성된다. 상속법은 재산상속과 유언, 유류분에 관하여 규정한다.

2) 가족법의 변천 과정

가족법은 1958년에 제정·공포되어 1960년 1월 1일부터 시행되었는데, 종법제도에 입각한 전통 법제와 개인주의, 자유주의적 법제도를 절충한 것이었다. 당시의 가족법은 가부장적 가족제도를 기본적 틀로 하며, 과거에 대가족제도 아래에서 실천되었던 가족윤리와 규범이 현대사회에서도 지켜져야 한다는 전제를 체계화하였다. 전통적인 가족윤리와 규범을 구체화시킨 법규정은 호주제도, 친족제도, 혼인관계를 규정한 영역에서 가족의 형성과 승계와 관련된 조항들로 가부장적 대가족, 부계혈통우선, 혈연중심 가족을 강조하였다.

그 후 급속한 산업화와 도시화가 진전되면서, 우리나라 가족법제도는 기본적 성격을 유지하면서 가족의 여러 변화를 수반하게 되었다. 1960년 1월 1일에 시행된 민법전은 호주제도를 중심으로 한 전통적인 가족제도에 기초를 두었기 때문에, 그 후의 사회변혁과 발전에 따른 사회저변의 변화에 맞지 않는 내용이 생기게 되었다. 가족 기능의 축소에 따라 가족의 연대의식과 결합력의 약화, 가족주의적 이해관계, 생활관심의 개별화 등의 가족동향은 기존의 법적 규정에 의문을 제기하게 하는 배경이 되었다.

여성계는 남녀평등의 헌법정신에 위배되는 내용을 지적하며 끊임없이 가족법의 개정요구 운동을 전개하였다. 이에 1962년, 1977년, 1990년, 2005년, 2007년 등 수차례의 개정이 이루어졌다. 가족법의 개정으로 자유주의적 평등이념이 도입되면서 가족제도에서 가부장적인 성격이 점차적으로 약화되는 변화를 겪어 왔다.

(1) 1962년 개정

가족법에 관한 첫 번째 개정은 1962년의 민법 개정이었다. 대가족제도는 개인의 자유로운 활동을 위축시킬 뿐만 아니라, 사회 전체의 발전을 저해하는 바가 크므로 이를 부부 중심의 소가족제도로 전환하는 것이었다. 본인 또는 호주의 의사에 의해 이루어졌던 임의분가와 강제분가제도 외에 차남 이하의 아들이 결혼하면 자동적으로 분가하는 법정분가제도가 신설되었다. 결혼을 분가의 기점으로 파악함으로써 가족생활에서 대가족제도의 제도적 규정이 사라졌고, 개인주의와 근대적 핵가족을 허용하는 법적 기초가 마련되었다.

(2) 1977년 개정

1973년 여성단체들이 '범여성가족법개정촉진회'를 결성하고 가족법학자의 자문을 받아 가족법개정 10개 항목을 결정하였고, 1975년 '세계여성의 해'에 개정안을 국회에 제출하였다. 개정안은 논의를 통해 일부내용이 수정되었지만, 남녀의 차이가 명백했던 내용을 조정해야 한다는 의견이 반영되었다. 1977년 12월 31일에 공포되었고, 1979년 1월부터 시행되었다.

혼인법에서 혼인가능 연령은 남성 18세, 여성 16세로 하고, 남녀 모두 20세 이상이면 부모의 동의 없이 결혼할 수 있게 하여 결혼의 자유권을 보장하였다.

부부재산관련 조항에서는 부부 일방이 결혼 전부터 소유한 고유재산과 결혼 중 자신의 명의로 취득한 재산을 각각 특유재산으로 인정하는 '부부별산제'가 신설되었다. 부부별산제는 아내도 독자적 재산을 소유할 수 있는 권리를 인정하는 의미가 있다. 그리고 부부재산 중에서 소유가 불투명한 재산은 부부의 공동소유로 하였다. 자녀에 대한 친권에서는 아버지만이 친권을 행사할 수 있었던 것을 부모의 친권공동행사주의로 전환하였다.

법정상속에서는 이른바 '유류분제도'를 신설하였다. 여성의 상속분을 남성의 1/2로 하였던 것을 균분상속으로 바꾸었다. 피상속인의 부인의 상속분이 직계비속 남성상속분의 1/2에 불과하던 것을 직계비속 상속분에 50%를 가산하는 것으로, 또 직계존속과 균분상속하던 것을 직계상속분에 50%를 가산하도록 바꾸었다. 이 제도는 사유재산제도에서 유언의 자유가 보장되면서 개인재산처분의 자유와 법정상속주의를 조화하기 위한 것이다.

(3) 1990년 개정

1990년 1월 13일에 법률 제4199호 '민법 중 개정법률'이 제정 공포되었다. 당시에 호주제도 폐지에 관한 활발한 논의가 있었으나, 가족법의 근간이 되는 호주제도와 동성동본불혼제도는 존치되었다. 그러나 남녀평등이념에 위배되는 여러 조항을 삭제하거나 조정하고 불합리한 사항을 정리하여 가족관계제도를 정비하는 개정이 단행되었다.

- 호주상속제도를 폐지하고 임의적 호주승계제도를 신설하였다. 호주의 신분상 또는 재산상의 특권적 지위를 삭제했다. 호주에게 고유의 상속분에 50%

를 가산하였던 것을 다른 상속자들과 동일한 균분상속을 바꾸었다. 이로써 호주권이 상당 부분 축소되었다.

- 친족법에서 친족범위를 8촌 이내의 부계혈족, 4촌 이내의 모계혈족으로 하였던 것을 부계·모계 동일하게 8촌으로 바꾸었다. 결혼으로 맺어지는 인척범위도 남편은 8촌까지 아내는 부모에 국한하였던 것을 남편과 아내 모두 동일하게 4촌으로 규정하였다.

- 혼인법에서 부부는 남편의 주소나 거소에 동거하도록 한 것을 부부의 협의로 결정하도록 하고, 생활비도 남편이 부담하던 것을 부부가 공동으로 부담하도록 하였다. 부양의 의미에 여성의 가사노동도 부양활동으로 포함하도록 규정하였다.

- 이혼으로 자녀를 양육하지 않은 부모 가운데 일방에게 면접교섭권을 부여하고, 협의이혼 시 배우자의 일방이 다른 일방에게 재산분할을 청구할 수 있는 '재산분할청구권'을 신설하였다.

- 친자법에서 친권행사에서 부부의 의견이 일치하지 않을 때에는 아버지가 행사하도록 했던 것을 실질적 부모 공동행사로 하였고, 필요시에는 당사자의 청구에 의해 가정법원이 정하도록 하였다.

(4) 2005년 개정

1990년의 개정이 이루어진 다음에, 세부적인 법규정이 남녀평등적으로 개정되어도 가족제도의 기본적 근간에 변화가 없으면 한계가 있다는 논의가 지속되었다. 가족법 개정운동은 호주제도와 동성동본금혼이 헌법의 이념에 맞지 않음을 주장하는 소송운동을 통해 가부장적 가족제도의 전면적 개혁을 촉구하는 새로운 국면을 맞게 되었다.

이에 헌법재판소에서 1997년에 동성동본금혼 규정에 대한 헌법불합치 결정을 내려졌고, 2005년에는 호주제도가 양성평등을 명시한 헌법의 이념에 부합하지 않는다는 위헌 판결이 나왔다. 이러한 과정을 통해 호주제도가 민법에서 사라지게 되었고, 시대의 변화에 부응하는 가족법으로 발전하는 계기가 되었다. 이로써 우리나라 가족법은 부모의 평등, 부부의 평등, 남녀평등이념의 실현에 기여하는 현대적인 가족법에 접근하게 되었다.

- 호주에 관한 규정과 호주제도를 전제로 한 입적, 복적, 호주계승, 일가 창립, 분가 등에 관한 규정이 모두 삭제되었다. 호주와 가(家)의 구성원의 관계로 정의되었던 가족에 관한 규정이 배우자, 직계혈족 및 형제자매, 직계혈족의 배우자, 배우자의 직계혈족 및 배우자의 형제자매(생계를 같이 하는 경우에 한한다)로 조정되었다. 가족의 범위가 조정되었다고 해서 가족범위에 속한 사람들 사이에 새로운 권리의무관계가 발생하는 것은 아니다. 부계혈통중심 의 추상적인 가(家)를 설정하고 소속여부에 따라 가족의 여부를 판별하는 부 계위주의 가족개념이 민법에서 사라지게 되었다는 상징적인 의미가 있는 것 이다(박복순 외, 2007).

- 자녀의 성(姓)과 본(本)에 관한 규정에서 아버지의 성과 본을 따르는 것을 원칙으로 하지만, 부모가 혼인신고 당시에 협의한 경우에는 어머니의 성과 본도 따를 수 있게 하였다. 자녀의 복리를 위하여 자녀의 성과 본을 변경할 수 있게도 하였다. 인지된 혼외자녀의 경우 인지 전에 사용하던 성과 본을 사용할 수 있도록 하였다. 이로써 부계혈통주의가 완화되었다.

- 동성동본금혼제도를 폐지하고 근친혼금혼제도로 전환하였다. 혼인을 할 수 없는 근친의 범위는 8촌 이내의 혈족(친양자의 입양 전의 생가혈족 포함), 6촌 이내의 혈족의 배우자, 배우자의 6촌 이내의 혈족, 4촌 이내의 혈족의 배우자인 인척이나 인척이었던 자, 6촌 이내의 양부모계의 혈족이었던 자와 4촌 이내의 양부모계의 인척이었던 자 등이다.

- 친부 확인을 위해 남편과 이혼 또는 사별한 여성에 대하여 6개월간 재혼을 금지한 조항을 삭제하였다. 이로써 여성의 재혼 제한이 완화되었다.

- 친생부인(親生否認)의 소송을 남편뿐만 아니라, 아내도 제기할 수 있게 인정 하고, 제소기간을 친생부인 사유를 안 날부터 2년 이내로 연장하였다. 이로 써 아버지의 독점적인 친생부인권을 부정하고 어머니에게도 친생부인권을 인정하여 가부장적인 성격을 철폐하고 자녀의 복리를 도모하였다.

- 친양자제도를 신설하여 계약형 양자에서 신고형 양자로 전환하게 되었다. 친양자입양이란 자녀의 복리를 위해 양자를 혼인 중의 자녀로 인정하는 제 도이다. 친양자로 입양되면 친생부모와의 친족관계 및 상속관계는 종료되 고, 양부모의 법률상 친자관계가 새로 형성되며, 성과 본도 양아버지의 성과 본을 따르는 것이다.

표 10-1 일반입양과 친양자입양의 비교

구분	일반입양	친양자입양
양부모의 자격	성년 (독신자도 가능하다.)	• 혼인신고한 부부 • 부부공동입양 : 3년 이상의 혼인기간 • 배우자의 친생자입양 : 1년 이상의 혼인기간
양자의 자격	제한 없다. (단, 양부모보다 연장자나 존속은 불가 능하다.)	15세 미만인 자 단, 법원의 심판을 통해 성립한다.
방법	양자와 양부모가 합의하여 입양신고를 한다.	양부모가 증빙서류를 갖추어 양자될 자녀의 주소지 관할 가정법원에 청구하여 입양허가 심판을 받는다.
법적 효력	• 친부모 및 그의 친족관계를 유지한다. • 성과 본은 양부모의 성으로 당연히 변경되지는 않는다. • 성의 변경을 원할 경우에는 가정법원의 허가를 얻어서 변경할 수 있다.	• 친부모 및 그 친족관계가 단절된다. • 성과 본은 양아버지 또는 양어머니의 성과 본으로 변경한다.
파양	당사자 간의 협의에 의해 파양 및 법원의 재판에 의한 재판상의 파양이 가능하다.	협의파양은 인정되지 않으며, 재판상 파양만 인정된다.

출처 : 박복순·전혜정(2007), 『가족법 가족관계등록법 해설』, pp.30-386 재구성

• 친권자가 친권을 행사함에 있어서는 자녀의 복리를 우선적으로 고려하여야 한다는 의무규정을 신설하였다.

(5) 2007년 개정

2007년에는 헌법상의 양성평등 원칙을 구현하기 위해 남녀의 약혼연령 및 혼인연령을 일치시키고, 이혼에 신중을 기하도록 하는 이혼숙려제도를 도입하는 등 현행 규정의 미비점을 개선하고 보완하는 개정이 이루어졌다.

• 남녀의 약혼연력 및 혼인적령 규정을 정비하여 남자는 남 18세, 여자는 만 16세로 규정되었던 것을 남녀 모두 만 18세로 일치시켰다.
• 이혼숙려제도를 도입하였다. 현행 협의이혼제도는 절차가 간편하여 혼인의 보호가 약하다는 문제점이 있어서, 협의이혼 당사자는 일정기간이 경과한 후에 가정법원에서 이혼의사 확인을 받아야 이혼이 가능하도록 하였다.

- 협의이혼 시에 자녀양육 사항 및 친권자 지정 합의를 의무화하였다.
- 현행법에서는 부모에게만 면접교섭권을 인정하고 있어서 자녀는 면접교섭권의 객체로 인식되는 문제가 있어서, 자녀에게도 면접교섭권을 인정하였다.

이상의 제도적 전환으로 한국의 가족법은 부모의 평등, 부부의 평등, 남녀평등 이념의 실현에 기여할 수 있는 현대적 가족법으로 접근하게 되었다.

2 호주제의 성격과 폐지 의의

1) 호주제의 성격

호주제도는 우리나라 가족제도와 가족관계의 기본을 구성하는 법제도이다. 호주제는 부계혈통을 바탕으로 하여 '호주(戶主)'를 기준으로 '가(家)' 단위로 호적(戶籍)이 편제되는 것이다. 호주제는 민법에서 호주를 중심으로 가족을 구성하는 제도로 민법 제4편 친족편에 규정되어 있다. 이 제도의 성격은 '남성우선적인 호주승계순위, 호적편제, 성씨제도' 등은 성차별적이다.

호적법은 호주제의 절차법이다. 호적은 국민 개개인의 모든 신분 변동사항, 즉 출생, 혼인, 사망, 입양, 파양 등을 기록한 공문서인데, 개인의 신분을 증명하고 공증하기 위한 제도적 장치이다. 하나의 호족에 가족 모두의 신분변동사항이 기재되는데 편제의 기준은 '호주'이다. 호주는 가족의 관계를 설명하기 위한 기준인 것이다. 모든 가족구성원은 호주를 중심으로 하여 상호관계를 기재함으로써 지위가 명시된다.

우리나라의 호주제도는 일제강점기에 도입되었다. 그런데 일본에서는 1947년 '이에(家)' 제도를 폐지하는 민법 개정으로 호적에 기록하는 가족범위를 부부와 그들의 미혼자녀로 축소하는 3세대 호적금지를 통해 호주제를 폐지하였다. 한편, 우리나라는 세계에서 유일하게 가부장적 구조의 가족제도인 호주제를 지난 100여 년간 유지하고 있었다. 외국의 경우에는 개인별로 자신의 신분증명 문서를 갖는 '1인 1적' 제도를 가장 많이 선택하고 있다.

2) 호주제의 문제점

호주제는 여러 가지 문제를 안고 있다. 호주제에는 호주승계의 남녀차별, 재혼자녀의 성씨문제, 부가입적의 차별 등 성차별적 규정이 포함되어 있다. 호주제는 가부장적 가장제, 부처제, 부계계승주의 요소를 지닌 전형적인 남성중심적 가족제도이다(양현아, 2006). 호주제는 '남성우선적인 호주승계순위, 호적편제, 성씨제도'와 같은 여성차별조항이 문제요인이었고, 가족 내 주종관계를 제도적으로 보장하고 있다는 비판도 적지 않았다.

민법상의 호주제는 호주로 하여금 호적상에만 존재하는 형식적 개념인 '가(家)'를 대표하고 가족구성원을 통솔하는 권리와 의무를 부여함으로써, 가족관계를 종적이며 권위주의적 관계를 설정한다. 모든 직계비속 남성을 정상적인 호주승계자로 지정하는 제도는 남성우월적 이데올로기에 근거하는 전형적인 가부장제도이다. 남계혈통 위주로 가를 승계하는 것은 남녀차별, 즉 아버지와 어머니, 아들과 딸을 차별하는 것으로 가족 내에서 남성의 우월적 지위와 여성의 종속적 지위라는 성역할 고정관념에 의한 성차별이다.

부부는 혼인하면 동등한 지위와 자격을 누려야 하는데, 여성은 혼인하면 법률상 남편의 가문에 입적한다. 이는 여성의 열등한 지위를 의미함으로써 여성이 존엄한 독립적 인격체로 존중받지 못하는 것이다(박복순 외, 2007). 호주제는 가족을 호주에, 여성을 남성에게 종속시킴으로써, 혼인과 가족생활에 있어 개인의 존엄과 양성의 평등을 기초로 성립되고 유지되어야 한다고 규정한 헌법에 위배된다. 호주제는 여아낙태, 남아선호사상을 조장하여 심각한 성비불균형과 가부장적 남존여비 의식을 초래하고 있으며, 이혼이나 재혼한 부모, 미혼부모 가구 등 다양해지고 있는 현실 속의 가족관계를 반영하지 못하고 있다. 호주제는 재혼가족의 자녀들이 새아버지와 다른 성과 호적으로 인해 혼란을 겪게 만들고, 이혼한 어머니와 살고 있는 자녀가 단지 동거인으로 기록되는 등 재혼가족이나 한부모가족이 심각한 고통을 받았다.

호주제의 문제점을 유형별 사례로 제시해 보면 다음과 같다.

• 호주승계 순위에 문제가 있다.

호주가 사망하면 아들-손자-미혼 딸-배우자-어머니 순으로 호주승계 순위를 정하고 있다. 아들을 1순위로 하는 제도는 아들이 딸보다 더 중요시함으로써 가족 및 사회 전반에서 남성이 여성에 우선하도록 하고, 아들을 낳아서 '대를 잇는다'는 남아선호사상을 부추긴다. 어떤 경우에는 3살짜리 손자가 60세가 넘은 할머니와 집안의 실질적 가장인 어머니의 호주가 된다.

• 부인과 자녀의 호적입적에 문제가 있다.

자녀가 출생하면 아버지의 성과 본을 따르고 아버지의 호적에 입적하며 아버지를 알 수 없는 경우에 한하여 어머니의 성을 따르고 어머니 쪽의 호적에 입적한다. 결혼을 해서 부부가 새 호적을 편재할 때, 남편이 호주가 되고 여성은 남편의 호적에 입적한다. 따라서 기혼여성은 친가에서는 출가외인이 되고 시가의 가족관계에는 불평등한 위치에 놓이게 된다. 여성은 혼인으로 남성호적에 입적하고 자녀도 아버지의 호적에 입적하도록 강제하는 것은 명백한 남녀차별의 제도화이다. 또한 이혼한 여성은 이전의 호적으로 복귀하거나 호적을 새로 창설할 수 있지만, 자녀는 아버지의 호적에 잔존하므로 이혼·재혼여성은 어머니로서의 권리를 박탈당한다. 이혼한 어머니가 자녀와 함께 살더라도 각각 다른 호적을 갖게 되며, 재혼할 경우에도 자녀가 새아버지와 다른 성씨이므로 혼란을 겪고 차별을 당한다. 이 때문에 재혼을 하고도 혼인신고를 하지 않거나 심지어 자녀를 사망신고한 후 다시 출생신고를 하는 탈법적인 방법까지도 나타나고 있는 실정이다.

• 혼외 자녀 입적에 남녀차별의 문제가 있다.

남편은 처의 동의 없이 혼인 외 자녀 입적 가능하지만, 부인은 남편의 동의 없이 호적에 입적시킬 수 없다(민법 제784조). 이는 호적의 주인이 '호주'이며, 호적은 부계혈통만을 이어가기를 분명히 나타내는 것이기 때문에, 남편의 혈통이 아닌 자녀는 호적상 주인의 허락을 필요로 한다는 데서 연유한 것이다. 이 조항은 부부평등권에 위배되는 규정인 동시에, 여성의 혼인 외 자녀를 차별하고 남편이 호적입적을 동의하지 않을 경우 그 자녀가 입적할 호적이 없어 아동의 인권을 심각하게 침해하고 있다.

• 자녀의 성과 본은 부계만 인정하는 문제가 있다.

자녀의 성과 본을 아버지의 성과 본만 인정한다. 이는 부계혈통을 우선하고 상대적으로 모계혈통을 무시하는 여성차별조항의 가장 핵심적인 조항이다. 부계혈통만을 인정하도록 법적으로 강제해 놓음으로써, 아버지의 성을 따르는 가족만이 정상적이라는 인식을 심게 하고 어머니 성을 따르는 가족이나 어머니의 재혼으로 성이 따르게 된 가족들을 비정상적인 가족으로 보게 한다.

3) 호주제 폐지의 의의

1958년 민법 제정 이후 여성계에서는 지속적으로 호주제 폐지운동을 전개하였다. 이에 반대하는 보수세력에서는 호주제는 우리의 전통이며 미풍양속의 존치라는 명분을 주장하였다. 그런데 여성의 교육수준 향상, 이혼율의 증가 등의 사회변화로 인해 가부장적 호주제를 비판하는 사회여론이 확산되기 시작하였다. 2000년을 전후하여 호주제 폐지가 사회적 쟁점으로 부각되어 공감대가 형성되었고, '호주제 폐지 시민연대'를 중심으로 한 여성계는 운동의 전개방법을 소송활동으로 전환하였다.

호주제의 위헌소송 제기에 대해 2001년 4월 1일 서울지방법원 서부지원과 북부지원은 호주제의 위헌성을 인정하고 헌법재판소에 위헌여부를 심판해 줄 것을 요청하는 '위헌심판제청' 결정을 내렸다. 이 결정은 법원이 호주제가 헌법의 민주적 기본질서와 양성평등 이념에 위배된다는 것을 처음으로 선언하였다는 점에서 중대한 의의가 있다. 이어서 2005년 2월 3일 헌법재판소에서 헌법불합치 결정이 나왔고, 2005년 3월 31일 호주제의 폐지를 주요 골자로 하는 개정민법이 공포되었다. 이로써 2008년 1월부터 우리 사회에서 호주제가 완전히 사라지게 되었다.

호주제의 폐지는 가족관계의 법률적 규정에 전면적 변화를 가져왔다. 호주를 기준으로 편제되어 현실의 가족관계를 충분히 반영하지 못하던 과거의 호적제가 철폐되고, 실제의 다양한 가족관계를 반영할 수 있게 됨으로써, 가족의 범위가 민주적으로 변화하게 되었다. 호주제의 폐지는 헌법 제36조 제1항 "혼인과 가정생활은 개인의 존엄과 양성의 평등을 기초로 성립되고 유지되어야 하며, 국가는 이를 보장한다."는 내용을 실현하는 것이다. 나아가서 평등한 가족제도의 확립과 보편적 인권의식의 확장을 지향하는 획기적인 진전이라고 평가할 수 있다.

호주제를 전제로 한 호주승계제도, 입적, 복적, 일가창립 및 분가제도 등이 모두 폐지되었다. 혼인과 동시에 아내는 남편의 호적으로 옮겨야 하고, 이혼 시에 어머니가 자녀의 친권자로 지정된 경우에도 자녀는 아버지 호적에 있어야 하던 남녀차별적 호적편제가 소멸되었다. 호주와 가족구성원, 남편과 아내를 구별하던 기존의 수직적이고 차별적인 가족관계가 가족구성원 각자 자신의 신분등록부를 하나씩 갖는 가족관계로 재구성되었다. 호주제 폐지의 가장 중요한 의의는 남성과 여성이 법적으로 동등하게 존중되는 양성평등적 가족제도 확립을 위한 제도적 기반이 마련되었다는 점이다.

3 가족관계등록법

1) 가족관계등록법의 신설 및 의의

호주제의 폐지로 호주를 기준으로 하여 편제되었던 호적은 폐기되고, 새로운 신분등록제인 기본가족별 편제방식이 신설되었다. 호적법의 대체법으로 2007년 4월 27일에 '가족관계의 등록 등에 관한 법률'이 제정되어, 2007년 5월 17일에 법률 제8435호로 공포되었다. 이로써 2008년 1월 1일부터 '1인 1적제(1人1籍制)'를 기초로 한 신분등록부인 '국적 및 가족관계 등록부'가 시행되었다. 새로운 신분등록부가 호적 등·초본을 대체하게 되었고, 호적의 편제기준인 본적 개념 대신 각종 신고를 처리할 기준으로 등록기준지 개념을 도입하였다.

호주제의 폐지로 호주는 없어지고, 결혼한 부부와 미혼자녀로 구성된 2세대 가족관계를 기본가족별 편제방식으로 기록하게 되어, 사회변화에 따른 다양한 가족관계를 수용하는 제도가 확립되었다. 1인 1적제는 자신의 출생, 혼인, 사망 등의 신분변동사항을 '당사자' 중심으로 기재하며, 부모, 배우자, 자녀의 성명 등도 기록하여 친족관계를 파악할 수 있다. 개인별 신분등록부에 모든 신분 변동 사항을 개인 중심으로 기록하는 제도가 마련된 것이다.

자녀에게 아버지의 성과 본을 강제하던 부성(父姓) 강제규정이 완화되어, 자녀의 성씨는 부부간의 합의로 정하는 것으로 하였다. 자녀는 아버지의 성과 본을 따르는 것을 원칙으로 하되, 혼인당사자가 혼인신고 시 자녀의 성과 본을 어머니의 성과 본으로 따르기로 협의한 경우, 그 자녀는 어머니의 성과 본을 따를 수 있게 되었다. 자녀들의 부모에 대한 인식이 권위주의적인 가부장제에서 탈피하여 아버지와 어머니의 평등성이 인정되었다. 또 자녀의 복리를 위하여 아버지나 어머니 또는 자녀가 청구하면 법원의 허가를 받아서 자녀의 성과 본을 변경할 수

표 10-2 호주제와 가족관계등록법의 비교

구분	호주제	가족관계등록법
호주	아들-손자-딸-아내-며느리 등 남성 우선 승계이다.	호주는 없다.
호적	남편 또는 아버지의 호적에 편입된다.	• 가족단위의 호적은 없다. • 개인이 각각 신분등록부를 갖는다.
가족의 범위	호주의 배우자, 혈족과 그 배우자 기타 호적에 올라 있는 사람이다.	배우자, 직계혈족 및 형제/자매이다. 단, 생계를 같이 할 경우, 직계혈족의 배우자, 배우자의 혈족, 배우자의 형제/자매가 포함된다.
기혼 여성	아버지 가의 호적에서 남편 가의 호적으로 이동한다.	본인의 신분등록부에 남편을 표시한다.
자녀의 성과 본	아버지의 성을 강제 승계한다.	원칙적으로 아버지의 성을 따른다. 혼인 시 부부가 합의하면 어머니의 성과 본을 승계할 수 있다.
이혼사실	• 본인 이혼사실 기재한다. • 부모 이혼사실 기재한다.	• 본인 이혼사실 기재한다. • 부모 이혼사실 기재하지 않는다.
이혼여성과 자녀	• 어머니는 자녀의 동거인으로 법률적 혈연관계 인정받지 못한다. • 전 남편이 재혼하면 부인이 자녀의 법률적 어머니가 된다.	자녀의 법률적 어머니 신분을 유지한다.
재혼가족과 자녀	• 친아버지의 성과 본을 따른다. • 전혼 자녀와 성씨 차이 발생한다.	• 가정법원의 판단에 따라 새아버지 성씨를 승계할 수 있다. • 자녀의 성을 어머니의 성으로 변경할 수 있다.
혼외자녀	• 친아버지의 가에 입적하는 것이 원칙이다. • 친아버지가 자녀의 존재를 인지하면 어머니와의 관계는 소멸된다. • 아내의 동의 없이, 남편의 혼외자녀를 입적할 수 있다. • 아내의 혼외자녀의 입적은 남편의 동의를 얻어야 한다.	• 친아버지와 관계없이 친어머니가 자녀와의 관계 유지가 가능하다. • 친생부모 협의에 따라 부모란에 기재한다. • 미혼모 자녀는 미혼모 성씨 승계가 가능하다.
입양가정	• 친양자는 불가능하다. • 입양사실을 기록한다.	• 친생자로 기록한다(친생자입양제도). • 입양사실을 기록하지 않는다.

있다. 이혼이나 재혼 및 이에 따른 자녀의 문제에도 제도적 개선이 이루어졌다. 이혼여성은 독립적으로 새로운 신분증명서를 만들 수 있고, 자녀를 자신의 신분

증명서에 올릴 수 있게 되었다. 과거에는 이혼 후 자녀를 어머니 호적에 입적시킬 수 없으며, 재혼하여도 전 남편의 성을 따라야 했으나, 재혼여성은 재혼배우자와 함께 신규 신분증명서를 만들어 전 남편과의 사이에서 출산한 자녀를 올릴 수 있게 되었다. 혼인기간 3년 이상된 부부의 자녀입양이나 재혼가정에서 친양자입양을 할 경우 배우자의 전혼자녀는 친양자제도에 의해 친자로 공시되었다. 또한 미혼인 성인자녀와 미혼부 및 미혼모는 일가를 창립할 수 있게 되었다.

이러한 변화들은 가족제도에 대한 일반 정서를 반영하여 현실적인 생활단위 가족의 범위를 법적 차원에서 인정한다는 의미가 있다. 가족의 범위와 관계에서도 제도적 가족보다 우애적 가족관계를 존중함으로써 종래의 비정형가족에 대한 불이익이나 편견을 해소하고, 민주적인 동시에 개인주의적이고 양성평등 지향을 보장하는 가족제도의 기본틀이 확립되었다고 평가할 수 있다.

2) 가족관계등록법의 주요 내용

가족관계등록법의 목적은 개인의 존엄과 양성평등의 이념을 구현하고, 다양한 가족형태를 보호하며, 개인의 신분정보를 보호하고, 정확한 신분관계를 공시하는 것이다. 가족관계등록법은 국민의 출생, 혼인, 사망 등 가족관계의 발생 및 변동사항에 관한 등록과 그 증명에 관한 사항을 규정함을 목적으로 총 8장, 124개조의 조문과 부칙으로 구성되어 있다.

- 개인별 가족관계등록부로 편제한다. 가족관계등록법에서는 호주를 기준으로 가(家)단위로 편제되는 호적부를 대신하여 국민 개인별로 등록기준지에 따라 가족관계등록부를 편제한다.
- 가족관계 등록사무가 국가사무화되었다. 종전의 호적 사무에 해당되는 국적 및 가족관계 등록사무가 국가사무화되어 대법원이 사무를 관장하되, 등록사무 처리에 관한 권한을 시·구·읍·면의 장에게 위임하며, 사무처리에 소요되는 비용은 국가가 부담한다.
- 전산정보처리 시스템으로 관리한다. 사무의 전산화에 따라 각종 가족관계의 취득, 발생 및 변동사항의 입력과 처리 및 관리를 전산정보처리시스템에 의해 관리한다.

- 국적변동사항은 관장기관 통보제로 전환한다. 국적변동사항은 종전의 국민 신고제를 폐지하고 국적업무의 관장기관인 법무부 장관이 국적변동자의 등록기준지 시·구·읍·면장에게 이를 직접 통보하여 가족관계등록부에 국민의 국적 변동에 따른 가족관계에 관한 사항을 기재하고 관리한다.
- 혼인 중 출생한 자녀가 어머니의 성과 본을 따르기로 한 경우에는 혼인신고서에 그 내용을 기재한 후 부모의 협의서를 첨부하도록 한다.
- 자녀의 성과 본을 변경하려는 사람은 재판 확정일부터 1개월 이내에 재판서의 등본 및 확정증명서를 첨부하여 신고하도록 한다.
- 친양자입양제도가 도입되었다. 친양자입양 증명은 친양자가 성년이 되어 신청하는 경우 등 한정적으로 인정한다. 친양자를 입양하려는 사람은 친양자입양재판의 확정일로부터 1개월 이내에 재판서의 등본 및 확정증명서를 첨부하여 신고하도록 한다.
- 목적별 증명서의 종류가 다양화되었다. 가족관계등록법은 증명하려는 목적에 따라 증명서를 발급받을 수 있다. 또 발급신청기준을 명확히 구분하여, 증명서 교부신청은 원칙적으로 본인 또는 본인의 배우자, 직계혈족, 형제자매에 한정하였다.

표 10-3 목적별 증명서의 종류

종류	증명 내용
기본증명서	기본적 신분사항에 관해 증명. 본인의 등록기준지, 성명, 성별, 본, 출생연월일, 주민등록번호가 지재된다. 본인의 출생, 사망, 개명, 친권, 국적관련 등에 관한 사항이 포함된다.
가족관계증명서	가족관계에 대해 증명. 본인의 부모, 배우자, 자녀 등 3대의 이름, 생년월일 등 가족관계 특정에 필요한 사항을 기재한다. 형제자매는 가족관계 증명서에 나타나지 않는다.
혼인관계증명서	혼인 및 이혼에 관해 증명
입양관계증명서	입양사실에 관해 증명
친양자관계증명서	친양자관계 증명서류 친양자란 양친과 양자를 친생부모와 자녀관계로 인정하며 양친의 성과 본을 따를 수 있게 하는 제도이다.

3) 가족관계등록법의 문제점 및 개선사항

가족관계등록법은 기존의 호주제에 비해 개인의 존엄성, 성평등 이념, 개인 신분이 최대한 보장 등의 측면에서 진일보한 면이 분명히 있지만, 보완되어야 할 문제점도 안고 있다.

- 가족관계등록법은 호주 중심의 가부장적 가족관계가 아니라 개인 중심의 신분증명을 원칙으로 한다. 국민 개인별로 신분 변동사항을 기록하고 관리하는 것을 핵심 내용임으로 하고 있음에도 불구하고, 법안 명칭에 가족관계라는 용어를 사용함으로써 가족중심적 성격을 표명하고 있다. 개인별 신분등록이라는 기본 취지를 제대로 전달하기 위해서 국민등록법이나 개인등록법 등의 명칭으로 변경하는 것을 고려할 필요가 있다.
- 등록기준지를 통해 본적 개념을 유지하고 있다. 본적은 가부장제를 답습하고 혈연과 지연을 강화하는 성격이 있고, 행정 편의적 기능을 유지하는 것이므로, 등록기준지는 주소지로 대체하는 것이 바람직하다.
- 출생신고 시 신고서에 자녀의 혼인 중 또는 혼인 외의 출생자의 구별사항을 기재한다. 개인별신분등록편제방식을 따를 경우 신분등록상 혼인 중 및 혼인 외 출생자를 구별할 필요가 없다.
- 어머니의 성과 본을 따르는 경우의 절차 문제이다. 어머니의 성과 본을 따르고자 하는 경우 혼인신고 시와 출생신고 시 두 번에 걸쳐 신고해야 함에 따라 자의 성을 정하는 절차가 복잡해진다. 어머니의 성과 본을 따르기로 한 자녀의 출생신고서에 그 취지 및 사유를 기재할 이유가 없다는 점 등이다.
- 개인정보 보호가 취약하다. 개인의 사생활 침해 방지 및 목적별 증명방식 도입의 취지를 살리기 위해서 상세증명서의 발급에 대한 제고가 필요하다. 혼인, 이혼, 입양, 파양 등 신분변동 사항이 모두 증명서에 기재되는 등 과도한 개인정보 노출로 인한 권리 침해의 우려가 있다. 개인의 인권을 보장하기 위해 '가족증명'과 '가족 변동사항 증명'을 분리하여, 신분관계 기본증명서와 신분 변동사항 증명서를 구분하는 것이 바람직하다. 또한 각 증명서에 필수적으로 본인 및 가족 모두의 주민등록번호를 기재하도록 되어 있는 것도 개인정보의 과다한 노출에 해당된다고 하겠다.

이상은 법조인, 정치인, 시민사회단체 등에서 제기한 지적과 제안들이다. 국민의 신분등록법은 모든 국민 개개인에게 해당되는 것이므로, 법과 현실사회의 괴리감을 좁혀서 사회적 지향점과 개인의 보호에 내실을 기하는 방향으로 개선되는 것이 바람직할 것이다.

4 건강가정기본법

1) 건강가정기본법의 목적과 주요 내용

근년에 출산율이 하락하고 이혼이 급속하게 증가하고 있다. 또한 가족의 부양기능 약화 등 과거에 비해 현저하게 가족의 불안정성이 증가하였다. 이러한 상황에서 국가가 가족지원의 책임을 방기하고 있었다는 점과 현행 가족지원의 범위가 지나치게 협소하고 제한적이라는 점을 인식하였다. 또한 지역사회 차원의 가족지원 서비스의 접근성과 충분성, 적절성이 결여되어 있다는 점과 가족지원에 대한 통합적 서비스가 요구된다는 점이 배경으로 하여 건강가족기본법이 성립되었다. 다양한 가족문제를 예방하고 해결하기 위해 가정 중심의 통합적 복지서비스 체계를 확립하는 제도적 기틀을 마련하는 것이다. 건강가정기본법은 2004년 2월 제정되어 2005년부터 시행되었다.

건강가족기본법의 목적은 건강한 가정생활의 영위와 가족의 유지 및 발전을 위한 국민의 권리·의무와 국가 및 지방자치단체 등의 책임을 명확히 하는 것이다. 현대사회에서 제기되는 다양한 가정문제의 적절한 해결방안을 강구하고, 가족원의 복지증진에 이바지할 수 있는 지원정책을 시행한다. 이로써 건강가정의 구현과 나아가 사회통합에 기여하도록 하는 것이다. 이 법에서는 현실적 관점을 반영하여 법적 차원에서 가족을 규정하였다. 가족은 "혼인, 혈연, 입양으로 이루어진 사회의 기본단위이고, 가정은 가족구성원이 생계 또는 주거를 같이 하는 생활공동체이며, 구성원의 일상적 부양, 양육, 보호, 교육 등이 이루어지는 생활단위"이다. 또한 건강가정이란 "가족구성원의 욕구가 충족되고 인간다운 삶이 보장되는 가정"으로 정의하였다. 가족구성원은 부양, 자녀양육, 가사노동 등 가정생활의 운영에 동참해야 하고 서로 존중하며 신뢰해야 한다는 것이다.

표 10-4 건강가정기본법의 구성

장	제목	내용
1	총칙 (제1조~제12조)	목적, 기본이념, 정의(가족, 가정, 건강가정, 건강가정사업), 국민의 권리와 의무, 국가 및 지방자치단체의 책임, 다른 법률과의 관계, 가족가치, 혼인과 출산, 가족해체 예방, 지역사회자원의 개발·활용 및 정보제공, 가정의 날
2	건강가정정책 (제13조~제20조)	중앙건강가정정책위원회, 시·도 건강가정위원회, 건강가정기본계획의 수립, 연도별 시행계획의 수립 및 시행 등, 시·도별 시행계획의 조정 등, 계획수립의 협조, 교육·연구의 진흥, 가족실태 조사
3	건강가정사업 (제21조~제33조)	가정에 대한 지원, 자녀양육지원의 강화, 가족단위 복지증진, 가족의 건강증진, 가족부양의 지원, 민주적이고 양성평등한 가족관계의 증진, 가족단위의 시민적 역할증진, 가정생활문화의 발전, 가정의례, 가정봉사원, 이혼예방 및 이혼가정지원, 건강가정교육, 자원봉사활동의 지원
4	건강가정 전담조직 등 (제34조~제35조)	건강가정사업의 전담수행, 건강가정지원센터의 설치
5	보칙(제36조)	민간단체 등 지원

이 법은 건강한 가정생활의 영위와 가족의 유지 및 발전을 위한 국민의 권리, 의무와 국가 및 지방자치단체 등의 책임을 명백히 하고, 가정문제의 적절한 해결방안을 강구하며 지원정책을 강화함으로써 건강가정 구현에 기여하기 위한 것이다. 국가와 지방자치단체는 출산과 육아의 사회적 책임을 인식하고 모성보호와 태아의 건강보장 등 적절한 출산환경을 조성하는 데 적극적으로 지원해야 한다. 또 가정이 원활한 기능을 수행하도록 가족구성원의 정신적·신체적 건강과 소득보장 등 경제생활의 안정, 안정된 주거생활 등을 지원해야 한다. 자녀양육의 지원을 강화하고, 가족의 건강증진, 가족부양의 지원, 민주적이고 양성평등한 가족관계의 증진 등에 힘써야 한다. 이 밖에 가사, 육아, 산후조리, 간병 등을 돕는 가정봉사원을 지원할 수 있다. 중앙과 특별시·광역시·도 및 시·군·구에 건강가정지원센터를 두고 전문가로서 건강가정사를 두어야 한다.

이 법의 시행을 위한 조직으로는 건강가정에 관한 주요시책을 심의하기 위해 국무총리에 소속되는 중앙건강가정정책위원회와 건강가정실무기획단을 둔다. 특별시·광역시·도에는 건강가정위원회를 설치하였다. 보건복지부 장관은 5년마다 가정의 자립증진 대책 등이 포함된 건강가정기본계획을 세워야 한다. 관계 중앙행정기관장 및 시·도지사는 매년 기본계획에 따라 시행계획을 세워 시행해야 한다.

다음으로 건강가정기본법은 5개 장으로 나누어진 전문 36조와 부칙으로 구성되어 있는데, 주요 내용은 다음과 같다.

- 가정의 중요성을 고취하고 건강가정을 위한 개인, 가정, 사회가 적극적으로 참여 분위기를 조성하기 위하여 매년 5월을 가정의 달로 정하고, 5월 15일을 가정의 날로 지정하였다.
- 건강가정 기본계획 수립 및 시행 등 건강가정에 관한 주요시책을 심의하기 위하여 국무총리 소속으로 중앙건강가정정책위원회를 둔다.
- 보건복지부 장관은 5년마다 건강가정기본계획을 수립하고, 관계 관계중앙행정기관의 장 및 시·도지사는 기본계획에 따라 건강가정 시행계획을 수립하고 시행한다.
- 국가와 지방자치단체는 개인과 가족의 생활실태를 파악하고, 건강가정 구현 및 가정문제 예방 등을 위한 서비스의 욕구와 수요를 파악하기 위하여 매 5년마다 가족실태조사를 실시한다.
- 국가와 지방자치단체는 이혼하고자 하는 부부가 이혼 전 상담을 받도록 하여 이혼 조정을 내실화할 수 있도록 하고, 이혼의 의사가 확고한 가족에 대하여 이들 가족이 자녀양육, 재산, 정서 등의 제반 문제를 준비할 수 있도록 지원서비스를 제공한다.

법률에서 제시하고 있는 주요사업으로는, 가족실태 조사, 국가의 포괄적 건강가정 지원, 모성 및 부성보호 지원, 요보호가정 지원, 양육 및 보호 부담 지원, 사회보장 제도 내 가족 인센티브, 가족건강 지원, 가족문제 상담 및 치료 지원, 이혼가족 지원, 가족문화 지원, 가족교육 지원 등이 있다.

2) 건강가정기본법의 문제점

건강가정기본법은 최초로 만들어진 가족단위 기본법으로, 오늘날의 가족현실을 종합적으로 예방하고 해결하려는 의지를 분명히 하는 동시에 가족의 현실성과 가족 기능의 지원을 목적으로 한다는 점에서 의의가 있다고 할 수 있다. 그러나 가족에 대한 관점이나 지향점, 구체적 실천방안 등의 측면에서는 몇 가지 문제점도 안고 있다.

먼저, '건강가정'이라는 법안의 명칭에 대해 검토할 필요가 있다(강희경, 2005). 건강가정이라는 용어는 우리 사회에 현존하는 '사실'로서의 가족보다는 지향해야 할 '가치'로서의 가족을 대변하고 있다. 건강가정을 유지·보호하고 이혼과 저출산 등으로 인한 가족문제와 해체를 예방하려는 것이다. 또 가족정책의 기본방향이 가족의 불안정성에 대한 대응책으로 문제가족의 병리 관리와 같은 미시적 '가족치료' 사업으로 중심축이 전환될 가능성을 내포하고 있다. 말단 실행조직인 건강가정센터의 주요사업이 교육, 상담사업 등으로 구성되어 있어서, 양성평등적이고 민주적인 가족의 이념을 위한 제도적·사회정책적인 측면의 관심과 노력이 약화될 우려가 있다.

다음으로, 가족의 다양성에 대한 고려가 부족하다는 점을 지적할 수 있다. 가족의 기능과 유형은 사회의 변화에 따라 항상 변화하고 있으므로 국가가 정상적이고 바람직한 가족모델을 설정해 놓고 가족정책을 실시하는 것은 바람직하지 않다(이재경, 2004). 특정 유형을 '전형적' 유형, 나아가 '정상적' 유형으로 설정해 놓고, 나머지 비전형적 가족유형은 바람직하지 않은 가족형태라는 것은 현실과 괴리된 인식이다. 전형적 유형과 비전형적 유형은 모두 사회에 정상적으로 존재하는 가족인 것이다. 혈연과 성별분업에 기초한 가족형태만을 지키려 한다면 다양해지는 개개인과 사회의 욕구를 충족시킬 수 없고 문제를 더욱 심화시킬 가능성이 높다(강희경, 2005). 혼인, 혈연, 입양으로 구성된 가족뿐만 아니라, 사실혼, 아동위탁가정, 후견인 가족 등을 포괄하는 생활공동체적 성격으로 보완하고 발전될 필요가 있다. 공적 영역과 사적 영역의 분리라는 근대적 이분법을 넘어서는 시민권의 영역확장, 가족지원을 위한 사회정책적 개입을 위해 가족의 다양성에 대한 폭넓은 이해가 보완되어야 할 필요가 있다. 국가는 모든 구성원들의 구체적 삶을 바탕으로 국가정책을 입안해야 한다.

국가의 역할에 대한 검토가 필요하다. '국민이 혼인과 출산의 중요성을 인식하고, 가족해체를 예방하기 위하여 노력해야 한다'고 규정하고 있다. 정형적 가족의 보호라는 관점에서 국가가 결혼이나 이혼 및 출산에 대한 개인의 선택과 결정을 평가하고 개입하는 것은 문제가 있다. 사회의 변화와 관계없이 가족을 어떤 특정 형태로 머물러 있게 하려는 시도는 원천적으로 불가능하다. 개인의 의사를 존중한 가족지원책은 이혼을 가족해체로 보아 억제를 유도하는 것이 아니라 이혼한 사람을 인정하고 이혼가족의 애로점을 지원하는 대책을 수립하여 실행해야 한다.

국가와 가족의 정책적 관계에 대한 인식 및 관점에 관한 검토가 요청된다. 가족에 대한 국가적 지원이 필요하거나 당연한 것인지에 대한 다각적인 논의가 필요하다. 가족에 대한 정책적 개입은 가족의 사생활권과 자율성을 침해하거나 개인의 복지수혜 권리를 인정하지 않을 우려가 있다. 국가의 가족정책이 시혜적 입장에서 지원대상자에게 지원을 제공하는 수직적 관계는 문제가 있다. 가족에 대한 국가적 지원의 중요성에 비추어 볼 때, 정책적 지원은 정책대상의 상황을 고려한 세심한 주의가 필요하다.

마지막으로 법체계의 문제점을 지적할 수 있다. 광범위한 정책들을 총괄하는 표현을 사용하면서도 일정한 체계 없이 중복되는 내용이 언급되고 있다. 임신과 출산의 보호, 양육지원, 가족에 대한 소득지원, 가족복지, 교육과 상담, 가족문화, 가정폭력 등이 포괄적으로 언급되어 있다. 이러한 내용들에는 전통적 가족가치를 강화하거나 여성의 가정역할을 강조하는 방향 및 민주적 가족관계와 양성평등적 역할분담을 지향하는 대조적 방향이 혼재되어 있다. 일관적 체계가 갖추어지지 않은 상태에서 다양한 정책이 산발적으로 나열되거나 중복되어 있는 경우가 많고, 관련법에 따른다는 막연한 규정은 책임성의 부재를 초래할 가능성이 높다.

3) 건강가정기본법의 개정방향

먼저, 적극적으로 가족의 다양성을 수용하는 가족의 개념과 범위 설정에 대한 재검토가 필요하다. 바람직한 기본 이념은 '평등한 가족, 다양한 가족, 돌봄의 사회화'로 전환해야 한다. 가족의 경제적 안정과 복지, 가족관계의 민주성과 양성평등, 돌봄노동의 사회화에 의한 가족부담의 완화와 성별 책임의 공유, 다양한 가족에 대한 존중과 차별금지 등이 포함되어야 한다. 사회 전반에서 돌봄의 가치를 재평가하고 돌봄친화적 환경을 조성해야 한다.

가족정책의 대상이 가족단위가 아니라 개인으로 상정되어야 한다. 가족은 하나의 동질적 집단이 아니라 가족성원들 간의 개별적 관계의 결합이기 때문이다. 가족성원의 개별적 욕구가 존중되는 행복추구권과 사생활보호권을 비롯하여 다양한 형태의 공동체적 삶이 보장되어야 한다.

남성부양자모델을 정상가족모델로 상정하는 경직성을 탈피해야 한다. 노동시장구조, 문화적·상징적 여건, 성별영역분리를 전제로 하고 있는 각종 제도를 개선해야 한다. 그리고 일과 가정생활 양립에 대한 국가의 실질적 역할 및 구체적인 책무를 강화할 필요가 있다.

전체적으로 여성주의적 관점을 보강해야 한다. 가족공동체의 삶의 질을 향상하고 양성평등적이며 민주적인 가족을 지향하려면, 여성의 가정 내 역할 강조가 아니라 여성의 사회참여 제고를 위한 실질적 방향이 제시되어야 할 것이다.

우리나라의 가족법은 부계 중심의 가부장제 가족 원리에 근거하고 있어서, 개인의 존엄과 양성평등의 원칙에 위배되는 내용이 많다. 수차례의 개정을 통해 가족법의 가부장적인 성격은 점차적으로 약화되고 있다.

특히 호주제는 부계혈통의 가족구성을 법제화한 것이었다. 그런데 호주제의 폐지로 양성평등적 가족제도의 법적 기반이 마련되었다.

새로 성립된 가족관계등록법은 모든 신분 변동사항을 당사자 개인 중심으로 기록하는 제도이다.

건강가족기본법은 건강한 가정생활의 영위와 가족의 유지 및 발전을 위한 국민의 권리·의무와 국가 및 지방자치단체 등의 책임을 명시한 법률이다.

가족공동체의 질적 향상을 위해 평등한 가족, 다양한 가족, 돌봄의 사회화를 실천적으로 지향하는 것이 바람직하다.

 생각해봅시다

Q1 우리나라 가족법 조항 중에서 양성평등과 개인의 존엄을 저해하는 내용을 찾아서 열거해 보시오.

Q2 가족관계등록법에서는 현실적인 생활단위 가족의 범위를 법적 차원에서 인정하였다. 이혼, 재혼, 입양, 혼외자녀 등에 관한 법적 규정이 양성평등을 보장하기 위해서 명시되어야 할 점을 제시해 보시오.

Q3 건강가정기본법에서 '건강'의 개념은 성별분업을 전제로 한 정형가족을 암시하고 있다. 생활공동체인 가족의 실체를 인정하고 양성평등의 지향을 명확히 하기 위해 보완되어야 할 사항을 생각해 보시오.

가족정책

11

가족정책

1 젠더와 가족정책

1) 가족정책의 개념

가족정책은 정책 대상의 범위나 목적, 분류방식에 따라 다양한 입장이 존재하여 합의된 정의를 내리기가 어렵다. 캐머먼과 칸(Kamerman et al., 1978)과 같이 '정부가 가족에 대해 그리고 가족을 위해 행하는 모든 활동'이라고 광범위하게 정의할 수도 있고, 모엔과 쇼어(Moen et al., 1987)처럼 '가족을 위하여 광범위하게 합의되고, 정부와 사회기관에 의해 계획적으로 실현되는 프로그램들'이라고 협의로 정의할 수도 있다. 우리나라 여성가족부에서는 가족정책을 '가족구성원의 안정과 복지를 강화하고, 가족생활과 관련된 삶의 질을 높이기 위하여 가족에 직·간접적인 영향을 미치는 정책'으로 정의한다(유계숙 외, 2007: 22).

가족정책은 추구하는 가족정책 목표의 명시성에 따라 '명시적 가족정책'과 '묵시적 또는 가족관점적 정책'으로 분류할 수 있다. 명시적 가족정책은 다음 표 11-1과 같이 가족이 수행하는 주요 기능별로 범주화된 세부정책들이다.

표 11-1 명시적 가족정책의 범주와 내용

구분		내용
가족의 기능지원 정책	가족형성 및 해체 관련 정책	• 혼인 및 이혼정책, 결혼이민자가족지원정책 • 저출산·고령사회정책(새로마지 플랜 2010) • 입양정책(입양촉진 및 절차에 관한 특례법, 친양자제도)
	경제적 부양 기능지원 정책	• 기초생활보장정책 • 저소득가족지원정책(모부자복지법)
	자녀양육 기능지원 정책	• 육아 및 보육지원정책(영유아보육법) • 가족친화정책(남녀고용평등과 일-가정 양립지원법) • 저출산·고령사회정책(새로마지 플랜 2010)
	가족돌봄 기능지원정책	• 저출산·고령사회정책(새로마지 플랜 2010) • 장기요양보험법(새로마지 플랜 2010) • 육아 및 보육지원정책(영유아보육법) • 가족친화정책(남녀고용평등과 일-가정 양립지원법) • 아이돌보미지원사업 • 장애아가족 아동양육지원사업
가족관계 증진 및 역량강화 정책		• 건강가정기본계획(건강가정기본법) • 가정폭력 관련 정책(가정폭력 방지 및 피해자 보호 등에 관한 법률)

출처 : 유계숙, 2007: 25

다른 한편, 묵시적 가족정책은 정책의 대상이 가족이든 가족이 아니든, 정책의 집행을 통하여 나타난 결과가 가족관계나 가족기능, 가족 안정성 등에 영향을 미친다면 모두 가족정책에 포함된다. 관점으로서의 가족정책을 묵시적 가족정책과 동일시하는 경우도 있으나 구분하여 설명한다면, 특정 사회정책을 선택하거나 그 영향을 평가하는 기준으로 가족복지라는 관점을 적용하거나 특정국가의 사회정책을 가족정책적 시각에서 바라본다면 이를 가족관점적 접근이라 할 수 있다. 가족복지에 관심을 두고 정부가 의도적으로 취하는 조치나 행동, 가족성원을 대상으로 그들의 복리를 증진하기 위한 수단으로 이루어지는 제반정책들도 모두 여기에 해당될 수 있다.

이러한 분류에 따르면, 프랑스, 노르웨이, 스웨덴, 헝가리, 체코슬로바키아와 같은 국가들이 뚜렷하게 명시적이며 포괄적인 가족정책을 추구하는 국가이고, 오스트리아, 독일, 핀란드, 덴마크, 폴란드는 명시적 가족정책을 지니지만, 그 범위가 협소하며 다양하지 못한 국가들이다. 그리고 영국, 미국, 캐나다, 이스라엘 등은 명시적 가족정책을 갖고 있지 않거나, 회피하고 있는 국가들로 분류된다 (Kamerman et al., 1978).

가족정책의 대상이 누구인가에 따라서도 정책의 내용과 결과가 달라진다. 즉, 가족구성원의 이해나 욕구를 동일한 것으로 간주하여 가족구성원 개인을 집합적으로 다루거나 개인을 다루더라도 가족과 연계하여 다루는 입장이 있는 반면, 단위로서의 가족보다는 개인의 이해를 보호하고 증진하는 것을 목표로 하는 입장이 있다.

가족정책의 내용과 범위를 시사하는 가족정책의 목표에 따라서도 가족정책을 분류할 수 있다. 짐머만(Zimmerman)은 가족정책의 목표를 '가족의 복지(Family well-being)를 극대화하는 것'이라고 하며, 가족의 복지에 해당하는 지표로 소득, 실업, 만족감, 자존감, 정서적 균형, 이혼율, 십대출산율, 교육적 성취, 빈곤 등을 들었다. 반면, 캐머먼과 칸은 '사회가 추구하는 목표와 이념을 실현하기 위한 의도를 가지고 가족에 대한 영향력을 행사하는 행위'라고 하며, 가족정책을 통해 그 사회가 추구하는 목표와 이념을 실현하고자 한다는 점을 강조하였다(김인숙, 2007: 34).

나아가 가족을 수동적 정책 대상으로 간주하기보다 가족의 행위를 변화시킴으로써 보다 넓은 사회적, 정치적 목적을 달성하고자 하는 입장도 있다. 예를 들면, 아동보육시설의 확대와 부모휴가제도를 통해 여성의 경제활동참여를 조장하거나, 고실업시대에 양육수당제도 도입을 통해 여성의 경제활동에 대한 유인을 약화시키고 가정으로 되돌아가도록 하는 정책들도 가능하다.

하딩(Harding)은 국가와 가족 간의 관계를 중심으로 가족정책의 유형을 다음과 같이 나누었다(Harding, 1996).

첫째, '권위주의적 모델'은 국가가 선호하는 가족형태를 강제하고, 나머지는 금기시하는 형태이다. 예를 들어, 출산율 증가를 위해 피임과 낙태를 불법화하고 이를 어길 때는 강력히 제재한다.

둘째, '일정한 영역에서 가족의 책임을 강행하도록 하는 모델'로 국가는 가족 생활에 대한 목표를 가지고 있으나 전적으로 통제하는 것은 아니며, 자녀양육에 대한 부모의 책임이나 결혼제도의 강화 등 특정 영역에 국한하여 분명한 정책목표를 지니고 이를 추진하는 유형이다.

셋째, '가족에게 일정한 방향으로 유인동기를 제시하는 모델'로 국가는 선호하는 가족행동 패턴을 장려하기 위해 인센티브나 제재를 가하는 방식으로 원하는 방향으로 유도한다.

넷째, '제한적인 전제 내에서 정책이 이루어지는 모델'로 '여성은 의존적 존재'와 같은 가족에 대한 특정 전제 위에서 정책이 이루어진다. 이때의 전제가 항상 객관적 현실을 반영하는 것은 아니다.

다섯째, '가족을 대체하거나 지원하는 모델'은 가족기능에 대해 특정의 의도나 전제를 갖기보다는 현재 존재하는 가족구조를 강화하는 데 목적이 있다. 따라서 가족이 실패할 경우에 한해 가족을 지원하거나 기존의 가족을 대체하는 서비스를 제공한다.

여섯째, '필요와 요구에 반응하는 모델'은 가족에 관한 국가 서비스가 이루어지지만, 주도권은 가족에 있으므로 국가는 가족의 요구에 수동적으로 반응하는 방식이다.

마지막으로, '자유방임 모델'은 가족은 개인의 자유와 선택이 완벽히 이루어지는 장이며, 국가는 가족행동에 관해 어떤 목표나 이데올로기도 전제하지 않으며, 개입하지도 않는다는 입장이다.

이상의 유형 중 개별 국가와 가족 사이의 관계는 역사적, 사회문화적, 경제적 상황 등 복합적 기반 위에서 이념형적인 양쪽 모델 사이에 존재하는 특정 지점에 위치하게 된다. 예를 들어, 북유럽과 프랑스는 가족정책이 법적 기반 하에 고도로 구조화되어 있는 반면, 영국과 미국에서는 가족이라는 사적 생활에 대한 국가의 개입을 최소화하려고 한다.

위에서 살펴본 바와 같이 가족정책의 정의나 목적, 범위 등을 둘러싸고 다양한 견해와 입장이 존재하고, 유형화도 가능하다. 이는 그만큼 가족이나 가족정책에 대한 이해가 다층적이고 복잡하고, 변화 가운데 있다는 것을 보여 주는 것이다. 그러나 이러한 가족정책에 대한 설명들은 대부분 성중립적으로 이루어지고 있다. 다음에서 가족정책에 대한 개념화 속에서 젠더의 문제는 어떻게 이해되고 고려되고 있는지 살펴보기로 하겠다.

2) 가족정책과 젠더

고티에(Gauthier)는 가족정책이 저출산과 고령화, 여성의 노동시장 참여확대 등과 같은 인구사회학적 변화에 대한 국가적 대응이라고 정의하면서 젠더 관점을 중심으로 다음과 같은 네 유형의 국가모델로 분류하였다(Gauthier, 1996).

먼저 출산장려와 관련하여 가족을 지원하는 것을 정부의 중요한 책임으로 간주하는 '가족친화적·출산장려적 모델'로, 일과 가족을 병행하는 제반 조치를 강구하고 있으며, 대표적 국가는 프랑스이다. 두 번째 전통적 남성생계부양제도를 유지하는 것이 정부의 정책적 관심사인 '전통주의적 모델'이다. 이 유형의 국가에서는 여성의 노동시장참여를 촉진하는 공보육시설의 확대보다는 가정 내에서 여성이 아이를 양육할 수 있도록 지원한다. 대표적 국가는 독일이다. 세 번째 가족정책의 지향을 남녀 간의 평등 성취에 두는 '성평등주의적 모델'이다. 남녀 모두가 가족에서의 양육과 시장에서의 노동을 병행할 수 있도록 제도적으로 지원하는 것이 중요한 목표이며, 대표적 국가는 스웨덴과 덴마크이다. 그리고 네 번째 가족친화적이지만 비개입주의적 모델로 가족정책의 범위는 요보호가족에 한정되고, 전통적 가족유형을 선호하며, 정부의 개입을 최소화하는 경향이 있다. 미국과 영국이 대표적 국가이다.

고티에의 가족정책에 대한 정의와 유형 분류는 가족정책이 가족의 단위를 훨씬 넘어서서 성별관계뿐 아니라 인구정책, 노동시장정책, 재생산정책 등 사회전반에 상호 긴밀하게 연관을 맺고 있는 중요한 정책이라는 것을 보여 준다.

성인지적 관점에서 가족정책의 개념을 조망한 김인숙 외(2004)는 가족정책은 현재 우리 사회에서 가족이 직면하고 있는 문제를 가장 잘 드러낼 수 있어야 한다고 하였다. 이들은 성인지적 관점에서 볼 때, 현재 우리 사회 가족문제의 핵심은 '공·사 영역의 분리'이므로 가족정책의 목적 역시 '공·사 영역의 통합'에 맞추어져야 한다고 주장하였다. 이러한 접근은 그동안 시장영역과 가족영역으로 구분하고 가족정책을 가족영역 내로 국한함으로써 상대적으로 소홀히 다루어졌던 사회보장과 관련된 정책을 가족정책의 관점에서 재검토하게 함으로써 가족정책의 범위를 확대하는 한편, 사회정책 전반을 가족정책의 영역에서 다룰 수 있게 해주었다.

다음의 표 11-2는 성인지적 관점에서 가족정책을 범주화한 것으로, 공적 영

표 11-2 시장·가족 영역 중심의 가족정책 범주화

분류	조건의 보장	결과의 보장
시장영역 (노동권)	보육의 사회화(공보육 강화), 방과후 프로그램, 노동시간선택제도	소득공제제도, 사회보험(국민연금, 건강보험 등), 퇴직연금, 노인요양보험
가족영역 (부모권)	육아휴직제도, 부모보험제도, 출산전후휴가제도, 부모출산휴가, 주부수당, 주부연금, 출산수당, 출산비용지원, 아동(가족)수당, 한부모가족수당	공적부조(국민기초생활보장제도), 경로연금, 교통수당

출처 : 김인숙 외, 2004: 34

역을 대표하는 시장영역과 사적 영역을 대표하는 가족영역으로 나누어 각 영역에서 평등한 조건을 보장하는 정책과 결과적 평등을 보장하는 정책으로 범주화하였다.

이와 같이 성인지적 관점에서 가족정책을 중심으로 국가의 유형을 범주화하고, 추진되어야 할 정책들을 범주화함으로써 정책의 방향이나 과제, 그리고 우선순위를 명확히 하는 노력은 매우 중요하다. 그러나 이에 못지않게 일단 수립된 정책 목표에 따라 추진과정의 일관성과 구체성이 확보되고, 세심한 개입과 관심이 이루어지는 일 또한 중요하다. 만일, 성인지적인 가족정책이 수립되었더라도 추진과정에 가부장적 요소들이 개입된다면 애초에 기대했던 정책 효과 대신, 기존의 불평등한 성별관계를 재생산하거나 변화의 속도를 지체시킬 수도 있다.

예를 들어, 가정폭력관련법을 시행하면서, 가정폭력을 여전히 사적 영역의 일로 간주하거나 가정이 깨어져서는 안 된다는 전제가 우선한다면 법을 통해 피해자를 보호하고, 가해자를 처벌하여 새로운 대안을 모색할 수 있는 기회를 제대로 보장하기 어렵게 된다. 또한 일-가족 양립의 정책이 저출산 해소를 위한 여성들의 유급노동과 가사노동 간 조화로 간주되고 이 과정에서 여성들의 유연노동을 정당화하는 결과로 이어지게 된다면 원래의 정책이 목적으로 한 가족친화적 사회의 수립이나 남녀의 돌봄책임 공유와는 거리가 멀어지게 될 것이다.

또한 특정 보육서비스나 육아휴직제도, 아동수당 등의 정책선택도 어떠한 방식으로, 누구를 대상으로, 어떤 수준에서 이루어지는가에 따라 결과는 매우 달라질 수 있다. 예를 들어, 육아휴직의 단위가 가족이고, 휴직급여의 수준이 낮을수록 남성의 사용률은 낮아지는 것으로 나타나며(이주희, 2009: 254), 연금제도나

조세제도의 단위를 개인으로 할 것인지 또는 가족으로 할 것인지, 기준을 어떻게 정할 것인지에 따라서도 개별 가족원의 경제활동참여수준이나 재분배의 수준에 상이한 영향을 미치게 된다(오사와, 2009). 따라서 제도도입이나 추진과정에서 특정 제도가 미치는 성별영향에 대한 정교한 검토와 지속적인 점검이 이루어져야 한다.

다음의 두 정책 사례는 가족정책과 다른 사회적 여건과의 관계, 그리고 특정 가족정책의 시행이 성별관계에 어떠한 영향을 미치며, 또 어떤 사회를 지향하게 하는지 이해하게 해 줄 것이다.

(1) 공공보육정책과 민간보육정책

대표적 아동양육 지원서비스인 보육정책은 각국의 사회경제적 여건이나 사회복지정책 지향과 밀접한 연관관계를 맺으며 다양한 형태로 추진된다. 즉, 국가의 재원으로 공적 서비스 전달체계를 통하여 공보육서비스를 제공하는 형태, 민간보육시설에 공공재원을 일부 지원하는 형태, 완전히 시장에 서비스제공을 위임하는 민간보육서비스의 형태로 구체화된다.

예를 들어, 북유럽국가에서 보육은 빈곤감소의 중요한 정책기반으로 정의되어, 초·중등교육과 마찬가지로 공적 책임과 공적 지원의 대상이다. 개별 가족의 경제적 지위에 따른 서비스 구매력의 차별성을 불식시킬 수 있는 보편적 공보육의 제공은 아동의 보육권리, 부모의 취업권리 및 양육권리를 사회적으로 보장해 주는 가장 포괄적인 제도로 간주된다. 반면, 대륙유럽국가에서는 보육은 보편적 조기교육의 일환으로 제공되며, 친출산주의 정책기조와 깊이 연결되어 있다. 그리고 영미국가에서는 공보육서비스는 주로 저소득층 및 소외계층 아동의 보상교육, 빈곤여성의 근로유인, 장애아동에 대한 지원의 성격이 강하고, 나머지는 주로 시장에 의존하고 서비스 구매에 대한 비용지원이나 상환의 형태로 비용의 일부를 지원받는다. 이러한 정책방향은 소비자 선택권을 보장하고 보육서비스의 다양화나 보육료 자율화를 유도할 수 있는 장점도 있으나, 보육서비스의 질 규제에 대한 정부의 책임이 최소화될 우려도 크다. 또한 보육서비스의 시장 의존도가 커질수록 사회적 불평등이 심화되는 결과를 초래할 수 있다.

(2) 아동수당제도와 양육수당제도

아동수당제도는 아동이 있는 가족을 대상으로 개별 가족의 아동양육비에 대한 부담을 완화시키기 위해, 양육비 공적 분담체계의 일환으로 지급되는 현금급여이다. 많은 국가에서 아동수당은 대상 아동의 아동기 전 기간 동안 지급되며, 때로는 출산장려정책의 성격을 가미하여 아동의 출생순위나 아동수에 따라 차별적인 급여가 이루어지기도 한다. 아동수당제도는 아동이 있는 가족과 없는 가족 간의 소득재분배 효과와 아동빈곤의 예방을 정책적 목표로 하므로, 자녀를 양육하는 부모의 노동에 대한 보호가 아니라 자녀에 대한 공적인 보장이다.

반면, (아동)양육수당제도는 부모가 취업을 중단하고 양육을 할 경우에 일정기간 동안 수당을 지급하는 제도로, 자녀양육의 추가비용에 대한 지원이라기보다는 양육노동에 대한 일정한 사회적 가치를 인정하고 이를 경제적 가치로 환산하여 일정 부분 지원하는 것이라 할 수 있다. 그러나 현실적으로는 대부분 여성이 양육수당제도의 수혜자가 되므로 여성의 양육자 역할을 강조하게 되며, 개별가족 내의 아동양육을 지원하므로 공식보육시설에 대한 관심은 상대적으로 줄어들게 된다. 덴마크, 핀란드 등에서는 양육수당이 공공보육서비스를 전혀 사용하지 않는다는 조건 하에서 제공되며, 노르웨이에서는 공공보육서비스를 이용할 경우 급여율이 낮아진다. 그리고 프랑스에서는 부모 중 한 사람이 공보육서비스를 이용하지 않고 양육을 전담할 경우에 일정기간 동안 양육수당이 지급된다.

대체로 아동수당제도와 공공보육서비스 정책 간의 결합가능성이 높고, 이 경우 북유럽국가들처럼 여성의 경제활동에 대한 지원과 성평등도 함께 이루어진다. 때로 1972년 이전의 프랑스처럼 임금소득자가 한 사람뿐인 가족에만 아동수당을 지급하여 어머니들이 노동을 그만 두도록 장려하는 제도로 활용되는 예외적 경우도 있지만, 대체로 양육수당제도를 실시하는 국가에서 노동시장의 주변부에서 불안정고용이나 불완전노동을 하고 있는 여성들이 어머니역할로 회귀하거나, 상대적으로 여성의 가족 내 전통적 역할을 하는 경향이 많다.

다음 절에서는 우리나라의 주요 가족정책의 내용을 통해 그동안 우리 사회의 가족정책이 어떻게 진전되어 왔으며, 동시에 젠더의 관점에서 어떤 문제를 지니고 있는지 검토해 보기로 하겠다.

2 한국의 주요 가족정책

그동안 우리나라 가족정책은 경제사회적 변화와 함께 많은 진전을 이루어왔다. 기본적인 모성보호제도와 노후보장, 건강과 고용안정을 위한 사회보장제도들이 마련되면서 가족원의 안정과 삶의 질 개선을 위한 최소한의 장치들이 갖추어지게 되었다. 최근에는 여기서 한 걸음 더 나아가 가족을 둘러싸고 이루어지는 여러 변화에 대응하여 돌봄의 사회적 분담, 일과 가족의 양립 등이 주요 과제로 대두되고 있다.

그러나 전체적으로 볼 때 우리 사회 가족정책의 기본 전제는 다음과 같다. 개인의 욕구는 우선적으로 가족에 의해 충족되어야 하며, 정책을 통한 국가와 사회의 개입은 '정상적인 가족'의 해체를 예방하기 위해서나 개별 가족 내에서 문제가 해결되기 어려운 '요보호가족'에 대해 사후적으로, 제한적으로 이루어져야 한다는 것이다. 이러한 가족정책 접근방식은 가족 내에서 또는 가족과 사회와의 관계 속에서 나타나는 많은 문제들의 원인을 종합적으로 분석하고 대응책을 마련하는 데 한계를 갖는다. 특히 가족구조와 기능이 과거 사회에 비해 급격히 약화되고 있는 현 상황에서 가족에 대한 사회와 국가의 개입은 범위나 정도에 있어서 훨씬 확대될 필요가 있다.

다음에서는 현재 우리 사회에서 추진되고 있는 주요 가족정책의 내용과 각 정책의 문제점에 대해 간단히 살펴보기로 하겠다. 그리고 정부에서 마련한 '건강가정기본계획'의 주요 내용을 소개함으로써 가족정책이 나아가고자 하는 방향에 대해 검토해 보겠다.

1) 산전·후 휴가와 배우자 출산휴가제도

건강한 출산을 위해 근로계약의 형태와 관계없이 1인 이상 전사업장에 근무하는 여성노동자는 산전·후를 통하여 법적휴가를 보장받는다. 산전·후 휴가자 수는 지속적으로 증가하여 2002년 2만 2,700여 명이던 것이 2009년 7만 560명에 이르고 있다(보건복지부, 2010). 휴가기간은 분할 없이 90일을 사용할 수 있으나, 45일 이상을 산후에 사용하여야 한다. 휴가기간은 소정근로일수 계산 시 출근한 것으로 간주하며, 산전·후 휴가기간과 그 후 30일 동안에는 해고할 수 없다.

산전·후 휴가기간 동안 임금의 최초 60일분은 사용자가 지급하고 나머지 30일분에 대하여는 고용보험에서 지급한다. 이때 사용자는 통상임금 전액을 지급하여야 하고, 고용보험에서도 최고 135만 원 내에서 통상임금을 지급하도록 규정하고 있다. 2006년부터는 고용보험법상 우선지원대상기업에 대해 90일분 전액을 고용보험기금에서 지급하고 있으며, 점차 전 사업장으로 대상을 확대해 나갈 계획이다.

임신 16주 이후 유산 또는 사산한 여성근로자도 임신기간에 따라 30~60일의 유산·사산휴가와 산전·후 휴가급여와 동일한 급여를 지급한다. 이와 함께 임산부 보호를 위해 경미한 근로로 업무를 전환하고, 사용금지 직종을 지정하며, 임산부의 야간 휴일근로나 시간외근로를 제한한다. 또한 태아검진시간 제공 및 임신·출산 진료비(20만 원) 지급, 육아시간제도도 제도적으로 마련되고 있다. 그리고 2008년부터 남성근로자의 배우자출산휴가를 3일간 의무적으로 부여하고 있으나 무급이며, 벌칙규정은 없다.

앞으로 모성보호제도가 보다 활성화되고, 가임기 여성의 고용을 기피하는 상황을 줄이기 위해서는 무엇보다 산전·후 휴가급여 중 사용자가 지급해야 하는 60일분에 대해 사회보험부담이 늘어나야 하고, 산전·후 휴가급여 상한액도 현행 135만 원에서 현실적 기준에 맞도록 상향조정되어야 한다. 아울러 상당수의 여성노동자들이 임시직이나 비정규직으로 일하고 있어 법적으로 보장된 모성보호조항을 적용받지 못하는 현실에 대해서도 개선책이 마련되어야 할 것이다.

2) 육아휴직(부모휴가) 및 육아기 근로시간단축제도

육아휴직제도는 근로자가 육아로 인해 퇴직하는 것을 방지하고, 일과 가족생활을 양립할 수 있도록 지원하는 제도이다. 1년 이상 해당 사업장에서 계속 근무한 근로자가 만 6세 이하의 초등학교 취학 전 자녀(입양한 자녀를 포함)를 양육하기 위하여 휴직을 신청할 경우, 12개월(산후 1.5개월 포함)을 휴직할 수 있다. 육아휴직급여는 고용보험에 6개월 이상 가입하고, 육아휴직을 30일 이상 사용한 근로자를 대상으로 육아휴직 기간 동안 매월 40만 원(40%로 확대예정)씩 고용보험에서 지급된다.

육아휴직을 이유로 해고나 기타 불리한 처우를 해서는 안 되며, 육아휴직기간에는 해당 근로자를 해고할 수 없다. 또 휴직을 마친 후에는 휴직 전과 동일한 또는 동등한 수준의 임금을 지급하는 직무로 복귀시키고 이 기간을 근속기간에 포함시켜야 한다.

육아휴직 대신 1년 이내의 범위에서 근로시간의 단축을 신청할 수 있다. 단축 후 근로시간은 주당 15시간 이상 30시간 미만이어야 한다. 또한 초등학교 취학 전까지의 자녀를 양육하는 근로자의 육아를 지원하기 위하여 업무를 시작하고 마치는 시간조정, 연장근로의 제한, 근로시간의 단축이나 탄력적 운영 등을 통한 근로시간 조정 등의 조치를 취할 수 있다.

사업주는 육아휴직 중인 근로자의 직업능력을 개발하기 위해 지원해야 하며, 직장에 복귀하는 근로자의 직장적응을 위해서도 노력하여야 한다.

이와 관련하여 정부는 사업주에게 육아휴직 장려금, 대체인력 채용지원금 등을 지원하고 있다. 육아휴직 장려금은 근로자에게 육아휴직을 30일 이상 부여하고, 육아휴직 후 직장에 복귀한 근로자를 30일 이상 고용한 사업주에게 육아휴직 기간 동안 1인당 매월 20만 원을 지급한다. 대체인력 채용장려금은 육아휴직 개시일 이전 30일이 되는 날부터 대체인력을 30일 이상 고용하고 육아휴직 등을 사용한 근로자를 30일 이상 계속 고용한 사업주에게 대체인력을 채용한 날부터 육아휴직 종료일까지 대체인력을 사용한 기간 동안 1인당 매월 20만 원(우선지원대상기업의 경우는 30만 원)을 지급한다.

2009년 육아휴직 지원금 1,397억 원으로, 2008년 984억 원과 비교하면 40% 이상 증가하였고, 육아휴직자 수는 3만 5,400명으로 실질적 제도시행 첫 해인 2002년 3,763명에 비교하면 10배 가까이 증가하였다. 이 중 남성육아휴직자는 502명으로 2002년 78명과 비교하면 급격히 증가하였지만, 다른 나라에 비해서는 아직 매우 적은 수의 남성들만이 육아휴직제도를 이용하고 있다. 전반적으로 육아휴직이용률이 확대되는 추세이지만, 아직도 우리나라의 육아휴직자는 산전·후 휴가자 10명 가운데 4명 정도로 8~9명이 육아휴직을 하는 유럽에 비해 상당히 낮은 상황이다(보건복지부, 2010).

따라서 육아휴직제도를 활성화하기 위해서는 우선, 육아휴직자의 인사상 불이익을 최소화 하기 위해서 조직문화의 변화 및 인사 시스템의 개선, 대체 인력채용을 위한 장려금 지급, 대체인력은행 운영 등의 추가적 노력이 이루어져야 한다고 지적된다. 그리고 무엇보다 육아휴직 급여의 임금 대체율을 프랑스 100%, 스웨덴

80% 등 선진국 수준에 가까이 갈 수 있도록 점진적으로 인상해 나가는 조치가 필요하다. 특히 현재 1.4%에 불과한 남성육아휴직자를 확대시키기 위해 육아휴직급여의 인상과 함께 서구사회처럼 아버지 휴가 할당제도를 도입하는 것도 필요하다. 예를 들어, 80%의 아버지가 평균 3개월의 육아휴직을 사용하고 있는 스웨덴의 경우는 1995년에 육아휴직기간 13개월 중 한 달을 아버지가 사용하도록 제도를 바꾼 후부터 남성의 육아휴직이 급증하였다. 아버지의 달(Papa's Quota)은 2002년 두 달로 늘어났다. 독일에서도 정률제 급여로 급여방식이 전환되고, 14개월의 육아휴직기간 중 두 달을 아버지에게 할당한 이후 남성의 육아휴직 신청률이 10배 이상 증가하였다(홍승아 외, 2008).

아이 키우는 아빠 '아남' 씨의 하루

직장인 아남 씨는 아이를 키우기 위해 부인에 뒤이어 육아휴직 중이다.

휴직을 하기까지 우여곡절이 많았다. 아남 씨는 육씨 가문의 장남이다. 무슨 남자가 애 키우려고 휴직을 하냐, 직장에서 경력은 어떡할 거냐는 부모님의 강력한 반대와 뭐 하자는 거냐는 형제들의 태클, 꼭 그래야겠냐는 직장상사와 동료들의 한 마디씩에 일일이 대응하느라고 마음고생 꽤나 했다. 아직도 부모님과 형제들은 아남 씨를 보며 혀를 끌끌 차거나 불쌍한 눈빛을 보낸다. 가끔은 나 불쌍한 거 아니라구~ 소리치고 싶다.

아이는 이제 17개월이 되어 한시도 눈을 떼지 못한다. 갓난아이 때가 지나면 좀 편해질 것 같았으나 걷고 나니 오히려 손이 더 많이 가는 듯하다. 이제 휴직 2개월차인 아남 씨에겐 전업으로 아이 보는 일이 여간 힘들지 않다. 남성이기 때문에 더 어려운 것도 많다. 아이의 분유를 타 주려고 새 분유통을 꺼내어 뜯는데 분유 이름이 'With Mom'이다. 어떤 분유는 이름이 '아이 엠 마더'이다. 파더인 아남 씨는 뭔가 불편하다. … 오후가 되어 아이와 함께 외출할 준비를 한다. 6개월 전 딸을 낳은 여자 후배가 애를 데리고 종로로 나오겠단다. 안 그래도 답답해 죽을 지경이었는데 잘됐다. 이게 얼마만의 외출이냐! 자, 짐을 싸자. 가만 있자, 챙겨야 할 것들이… 기저귀랑 젖병, 거즈, 수건, 물티슈, 여분 옷도 넣어야 하고 내 지갑이랑, 아, 분유도 넣어야지…. 이런, 가방이 너무 작다. 큰 가방으로 바꿔서 다시 싼다. 앗, 이러다 약속시간에 늦겠다. 전에 마누라가 애 데리고 외출할 때 굼뜨다고 신경질 낸 적이 있었는데, 아이 데리고 외출하는 게 만만한 일이 아니었구나. 내가 해 보지도 않고 말을 막 했네.

어깨끈을 둘러 애를 안고 큰 기저귀 가방을 들고 지하철을 타러 가는데, 사람들이 쳐다보는 시선이 느껴진다. 왜들 그렇게 쳐다보는지, 괜히 얼굴이 화끈 달아오르는 것 같다. 어떤 아저씨는 걷다가 멈춰 서서 뒤돌아서까지 쳐다본다. 어떤 할머니는 신기한 듯이 웃는다. 한국은 아직도 남자가 애 키우는 걸 이상하게 생각하는 나라다. 아, 소리치고 싶다. "여러분! 저 백수 아니거든요! 당당한 육아휴직자라구요!!!"

돌아오는 길에 잠깐 마트에 들렀다. 마눌님이 며칠 전부터 김치전이 먹고 싶다고 했는데 오늘 해 먹을 요량으로 장을 봤다. 배가 고픈지 애가 울어댄다. 좀 앉아서 분유를 먹이고 싶은 마음에 수유실을 찾았는데, 허걱! 남자분은 출입 금지라니, 애 데리고 마트 오는 아빠들은 어쩌라구!!! 아이 데리고 다니는 아빠들은 어디 조용한 곳에서 편하게 아이 분유 먹이지도 못하나!

출처 : http://womenlink1987.tistory.com/85, 한국여성민우회, 2010.7.27

3) 아동양육정책과 보육정책

아동양육정책은 서비스지원과 시간지원, 현금지원으로 나누어질 수 있다. 먼저, 서비스지원은 보육서비스, 다양한 시설서비스, 지역사회기반 지원서비스 등이 포함된다. 시간적 지원은 출산휴가와 육아휴직 외에 탄력근무제도, 근무시간 단축제도, 시간제노동 등이 해당된다. 그리고 현금지원은 아동수당, 육아휴직수당, 양육수당, 연금크레딧, 양육비보조, 보육바우처, 주택 보조금, 세금공제 및 세금감면 등이 있다.

이 중 가장 중요한 정책인 영유아보육정책을 중심으로 살펴보면, 2009년 보육시설의 수는 3만 5,550개소이며 시설을 이용하는 영유아의 수는 117만 5,000명으로 0~5세 전체 아동의 42.7%가 된다. 보육재정은 2009년 4조 7,845억 원에서 2010년 5조 8,676억 원으로 증가하였고, 보육시설 이용아동의 67.6%가 보육료지원 혜택을 받고 있다. 2009년 7월 이후 영유아가구 소득하위 50%까지 보육료 전액이 지원되도록 하고, 소득하위 60% 이하 계층에 대해서는 보육료의 60%를 지원한다. 또한 2009년 7월부터 보육시설을 이용하지 않는 차상위계층(최저생계비 120% 이하)의 생후 24개월 미만 영아에게도 월 10만 원씩 양육수당을 지원하고 있다(보건복지부, 2010).

학령기 아동에 대해서는 저소득 초·중·고생 아동을 대상으로 지역아동센터, 청소년 방과후아카데미 등을 통한 학습지도 및 보호, 급식, 특기적성교육 등 종합서비스가 제공되고 있으며, 초등학교 저학년에게 보육·교육 프로그램을 지원하는 방과후교실이 운영되고, 민간 운영 공부방이나 복지관 등을 통한 서비스 지원도 제한적으로 이루어지고 있다.

이와 같이 보육재정이나 시설의 수가 지속적으로 확대되고 보육 프로그램이 다양화되고 있음에도 불구하고, 부모들의 보육정책에 대한 체감도나 만족도는 그다지 높지 않은 것으로 나타나고 있다. 그 이유는 대부분의 정책이 저소득층을 대상으로 이루어지고 있으며, 국·공립보육시설수가 5.4%(2009)에 불과한 상태에서 서비스공급이 민간부문에 거의 전적으로 의존하고 있어 서비스의 질에 대한 신뢰가 이루어지지 못하기 때문이다. 또한 영아보육, 장애아보육, 시간연장형 등 다양한 서비스 제공이 이루어지지 못하는 데 대한 불만도 함께 제기되고 있다. '영유아보육법'에 의하여 '상시 여성근로자 300인 이상 또는 근로자 500인 이상'을

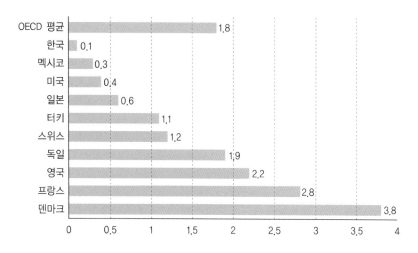

그림 11-1 OECD 주요국가 양육분야 지출이 GDP에서 차지하는 비중(단위 : %)
출처 : 보건복지부, 중앙일보 2008.11.17에서 재인용

고용하고 있는 사업장은 직장보육시설을 설치해야 함에도 불구하고, 직장보육시설 설치 및 보육수당지원 등을 통한 의무이행률은 51.7%(2009)에 불과하다. 아울러 우리나라 보육서비스에 대한 공공지출비율은 GDP 대비 보육예산 0.08%, 조기교육서비스 0.06%로 총 0.14%에 그치고 있어, OECD 평균 0.7%와 상당한 차이를 나타내고 있다. 또한 보육교사가 담당하는 1인당 어린이 수도 20.8명으로 OECD 국가 중 최하위를 차지하고 있어 시급한 개선이 요구되는 상황이다.

4) 가족간호휴직제도

가족간호휴직제도는 질병 등으로 장기간의 요양을 요하는 가족을 돌보기 위해 마련된 제도로 현재 공무원을 대상으로 무급으로 시행되고 있다. 재직 중 3년을 초과하지 않는 범위 내에서 횟수의 제한 없이 사용할 수 있다.

민간 분야에서도 2007년 12월 '남녀고용과 일-가정 양립지원에 관한 법률'에서 근로자의 가족돌봄을 위한 지원 근거를 마련하였다. 즉, 근로자가 가족의 질병, 사고, 노령 등을 이유로 가족을 돌볼 필요가 있는 경우 사업주는 업무시간 조정, 연장근로 제한, 근로시간의 단축 등 근로시간 조정과 같은 지원 조치와 함께 가족간호휴직을 시행할 수 있도록 하고 있다. 그러나 이에 대한 의무규정이나 유급휴가규정이 없어 제도 활성화를 위해서는 많은 보완이 요구된다.

5) 한부모가족 지원정책

'한부모가족지원법'은 한부모가족이 건강하고 문화적인 생활을 영위할 수 있도록 지원함으로써 한부모가족의 생활안정과 복지증진에 이바지하기 위해 제정되었다. 이때 한부모가족의 모(母) 또는 부(父)와 아동은 자신의 자산과 노동능력 등을 최대한으로 활용하여 자립과 생활 향상을 위하여 노력하여야 한다. 2010년부터는 부모가 양육할 수 없는 아동을 양육하는 조부모의 경우도 이 법의 보호대상자로 포함되었다.

이 법에 근거하여 한부모가족지원대상자에게 고등학교까지의 입학금과 수업료 지원, 5세 이하 아동에게 월 5만 원 아동양육비 지원, 고용촉진훈련에 참여하는 경우 월 20만 원의 수당 지급, 여성가장 직업훈련에 참여(월 80시간 이상)하는 경우 교통비, 가계보조비 지원 등을 시행하고 있다. 이와 함께 한부모가족의 생활안정과 자립을 촉진하기 위하여 사업에 필요한 자금, 아동교육비, 의료비, 주택자금 등을 대여해 주고 있으며, 한부모가족의 모 또는 부와 아동의 직업능력 개발훈련 실시, 적합한 직업을 알선하고 각종 사업장에 모 또는 부의 우선 고용도 지원하고 있다. 그리고 아동의 양육 및 교육 서비스, 장애인, 노인, 만성질환자 등의 부양 서비스, 취사, 청소, 세탁 등 가사 서비스, 교육·상담 등의 가족지원서비스를 제공한다.

그리고 '주택법'에서 정하는 바에 따라 국민주택을 분양하거나 임대할 때에는 한부모가족에게 일정 비율이 우선 분양될 수 있도록 노력하여야 한다. 모(부)자 보호시설, 모(부)자자립시설, 미혼모자시설, 미혼모자 공동생활가정, 모(부)자 공동생활가정, 미혼모 공동생활가정, 일시보호시설, 여성복지관, 한부모가족복지상담소 등의 시설을 설치, 운영하여 한부모가족에 대해 지원한다. 현재 복지시설에 입소한 한부모가족에게는 생계비 1인당 월 10만 원을 지급하고 있으며, 주택편의를 제공하고 시설에서 2년 이상 기거한 후 퇴소하는 세대에 대해서는 자립정착금을 200만 원 지원하고 있다.

앞으로 입학금과 수업료 면제에서 나아가 사교육비에 대해서도 지원을 확대하는 등 지원범위와 지원액 확대를 통한 각종 사업의 내실화가 필요하며, 한부모가족의 자립과 생활향상을 위한 다양하고 실질적인 훈련계획, 고용지원계획 등도 마련되어야 한다는 지적이다.

6) 노인돌봄지원정책

평균수명 연장으로 인한 노인기의 장기화, 가족의 부양기능 약화, 노인단독가구의 경제적 어려움 등으로 노인돌봄에 대한 국가의 책임이 점차 강화되고 있어 정부에서는 '노인복지법' 등에 근거하여 저소득노인에 대한 경로연금, 노인복지시설의 지원, 재가노인에 대한 서비스, 장기요양보험제도 등을 시행하고 있다.

가장 대표적인 노인돌봄지원정책은 2008년부터 시행되기 시작한 '장기요양보험제도'이다. 이 제도는 고령이나 노인성 질병 등으로 인하여 혼자서 일상생활을 수행하기 어려운 노인 등에게 신체활동 또는 가사지원 등의 장기요양급여를 사회적 연대원리에 의해 제공함으로써 노후의 건강증진 및 생활안정을 도모하고 그 가족의 부담을 덜어줌으로써 국민의 삶의 질을 향상하도록 함을 목적으로 한다.

현재 1~3등급의 장기요양등급인정자를 대상으로 제도가 시행되고 있는데, 2010. 4월 말 기준으로 노인인구 535만 명의 5.7%인 30만 5,000명 정도가 급여를 받고 있다. 이 중 재가급여 이용자는 68.5%이고, 시설급여 이용자는 31.5%이다. 또한 장기요양시설은 3,313개소, 재가시설이 1만 8,456개소, 복지용구 사업소가 1,169개소이며, 장기요양기관에 종사하는 요양보호사는 20만 6,888명이다. 방문요양, 방문목욕, 방문간호, 주·야간 보호, 단기보호, 복지용구 대여 등의 다양한 방식으로 장기요양급여를 제공하고 있다(보건복지부, 2010).

노인장기요양보험 운영 재원은 장기요양보험료와 국가부담 그리고 장기요양급여 이용자의 본인일부부담금으로 마련된다. 장기요양보험료는 건강보험료에 장기요양보험료율을 곱하여 산정하고, 건강보험가입자가 부담한다. 2010년 보험료율은 건강보험료의 6.55%(4,439원)이다. 본인일부부담금은 재가급여의 경우 당해 장기요양급여 비용의 15%, 시설급여는 20%, 의료급여수급권자는 50% 경감, 기초생활수급권자는 무료이다.

요양보호사 교육기관의 과다한 설치와 요양보호사의 자격제도 강화를 위해 2010년부터 요양보호사 교육기관을 신고제에서 지정제로 전환하여 내실 있는 요양보호사 교육이 이루어질 수 있도록 하는 한편, 요양보호사 자격도 240시간 교육이수 후 시험에 합격해야 자격증을 취득할 수 있도록 제도를 변경하였다.

그러나 앞으로 장기보험제도가 정착되어 애초에 목적으로 한 노인의 건강증진 및 생활안정, 가족돌봄의 부담 경감을 위해서는 수혜대상의 지속적 확대와 서비스의 질 관리, 요양보호사의 처우 개선, 수급노인의 인권보장 등 다양한 과제들이 개선되어야 할 것이다.

7) 연금제도

국민연금제도는 가족원의 노후소득보장을 위한 대표적인 공적 연금제도이다. 우리나라의 국민연금은 최소가입기간 10년이 넘어야 개별적 수급권을 획득할 수 있고, 가입기간이 길수록 급여수준이 높아지므로 장기근속을 하는 근로자에게 더 도움이 되는 제도이다.

따라서 노동시장에서의 소득기여를 기준으로 한 연금급여 수급방식은 경제활동참여가 상대적으로 낮은 여성들에게 불리한 결과를 초래한다. 예를 들어, 연금급여를 수급할 수 있는 최소기여기간을 채우지 못하여 급여를 받지 못하거나, 시간제노동 등 비정규직으로 일하거나 임금이 낮은 지위에서 일하는 경우 충분한 노후소득을 보장받기 어렵게 된다. 더욱이 여성의 기대수명이 남성보다 길기 때문에, 노후 빈곤의 문제는 상당 부분 여성노인의 문제가 된다.

현재의 제도는 경제활동에 참여하지 않아 기여를 통한 급여권리가 주어지지 않는 수급권자에게 유족연금이나 가급연금과 같은 피부양자 급여를 하고 있다. 국민연금은 가입자가 납부한 보험료를 기초로 하는 기본연금 외에 부양가족이 있을 경우 배우자나 자녀 등에 대해 추가로 가급연금을 지급하고 있다. 또한 5년 이상 결혼생활을 하고 이혼하여 60세에 달하였거나 60세가 된 후에 이혼한 경우 연금수급권자의 배우자가 신청을 하면 결혼기간에 해당하는 연금액의 절반을 지급받을 수 있다.

앞으로 국민연금제도의 대상에 포함되지 못하는 노인을 대상으로 기초보장제도를 확대하고, 한부모가족의 급여적절성을 높이기 위해 가급급여액을 상향조정하고, 출산육아기간에 대해서도 기여인정제도를 도입하는 등 추가적인 노력이 이루어져야 한다는 지적이 많다. 그러나 여성의 입장에서 보면, 최근 결혼의 감소나 이혼 증가 등과 같은 급격한 가족구조 변화로 가급급여를 통한 노후생활은 매우 불안정한 것이 된다. 사회적인 차원에서 보더라도 고령화의 진전과 함께 노인부양비가 급증할 것이 예상되는 상황에서, 여성의 노동시장참여확대는 연금재정의 안정성을 위해서도 중요한 기반이 될 것이므로, 이를 위한 적극적 지원이 필요하다.

8) 건강가정기본계획(2006~2010)

마지막으로, 제1차 건강가정기본계획의 주요 내용을 통해 우리나라 가족정책의 기본 방향을 살펴보기로 하겠다.

첫째, 가족의 돌봄부담 경감과 가족돌봄의 사회화를 위해 아이돌보미 양성 및 파견, 지역육아지원망 구축 등 양육지원 서비스 다양화와 국공립보육시설 확충, 육아지원시설 이용의 경제적 부담 경감, 민간보육시설 서비스 수준개선, 방과후 프로그램 운영 확대 및 내실화 등 믿고 맡길 수 있는 보육서비스를 제공한다. 이와 함께 가족돌봄에 대한 사회적 지원 강화를 위해 가족간호휴직제 확대, 돌봄 제공자 양성 및 지원을 위한 법적 근거마련 등의 사업을 추진하고, 노인, 장애인 등에 대한 돌봄서비스를 확충한다.

둘째, 남녀 모두의 가족권과 노동권의 조화를 목표로 하는 일과 가족의 양립을 위해 아버지 육아휴직할당제(Papa's Quota) 도입, 남성의 육아휴직 활용률제고를 위한 정부 · 기업의 참여 촉진, 가족친화 우수기업 선정 시 가점 부여검토 등을 추진한다. 이와 함께 여성의 경제활동 참여기반 구축을 위해 모성보호 비용의 사회적 부담수준 확대, 육아휴직 요건완화 및 급여인상, 육아휴직이용의 유연화 검토, 모성보호 제도 이용여건 조성, 기혼여성의 재취업기회 확대, 여성재고용장려금제도 활성화, 출산후 계속고용지원금 신설, 여성취업유망직종 교육훈련 지원 등을 추진한다.

셋째, 가족의 다양성 존중 및 다문화 증진을 위해 한부모가족을 위한 주거지원제도 개선, 저소득 한부모가족 아동양육비 지원확대, 한부모가족의 경제적 자립을 위한 취업지원서비스 강화, 한부모가족과 관련한 지역사회 네트워크 구축 및 사회적 인식개선 등 한부모가족지원을 확대하고, 다문화가족 아동의 학교생활 적응 지원, 다문화가족의 생활보장 지원 확대, 여성결혼이민자의 인권보호 등 다문화가족의 사회통합을 지원한다. 이와 함께 노인 및 장애인 가족의 건강 및 취업지원, 새터민, 입양가족 등의 사회통합 및 자녀양육 지원 등 다양한 소외가족에 대한 맞춤형 서비스를 제공한다.

넷째, 가족친화적 사회환경 조성을 위해 근로형태의 유연화 및 근로시간의 단축 등 가족친화적 직장 환경을 조성하고, 가족친화기업 인증제 도입, 가족친화기업 모델 개발 등 가족친화 직장문화를 확산한다. 이와 함께 가정폭력 예방체계 강화, 가정폭력피해자 중심의 보호체계 구축, 가정폭력 유형별 보호·지원 서비스 확대 및 전문화, 인터넷 중독 예방 상담 및 치료 강화, 청소년 성보호 강화 등 안전한 가족생활환경을 조성한다.

다섯째, 새로운 가족관계 및 문화조성을 위해 평등하고 민주적인 가족관계 조성, 가족문제 예방체계 구축, 평등하고 민주적인 가족모델 발굴 및 홍보, 가족 여가문화 활성화, 가족단위 자원봉사활동 활성화 등을 추진한다.

여섯째, 가족지원서비스의 원활한 제공을 위해 가족정책의 총괄·조정체계를 정비하고, 가족관련 법·제도의 정비 및 가족정책 추진을 위한 거버넌스 체계의 구축, 가족정책 추진 인프라 확충 및 내실화 등을 시행한다.

표 11-3 제1차 건강가정기본계획(2006~2010)

- 정책과제 : 가족돌봄의 사회화
- 목   적 : 가족의 돌봄부담경감

가족의 자녀양육부담 경감	양육지원서비스 다양화	• 아이돌보미 양성 및 파견 (아이돌보미 연계사업 확대 등) • 육아휴게소 운영 확대 (육아관련 서비스 제공 및 상호교류 공간 마련 등) • 시설 미이용 아동에 대한 경제적 지원 (여성농업인, 저소득가정에 대한 지원 등) • 지역육아지원망 구축 (이웃 간 자원교환을 통한 일시적 아이돌봄서비스 연계 등)
	믿고 맡길 수 있는 보육서비스 제공	• 국공립보육시설 확충 • 육아지원시설 이용의 경제적 부담 경감 (지원 대상 및 지원 비율 확대 등) • 민간보육시설서비스 수준 개선 • 방과후 프로그램 운영 확대 및 내실화 • 수요중심의 보육서비스 제공 (시간연장형, 시간제보육 등)
가족 돌봄에 대한 사회적 지원 강화	가족돌봄 지원을 위한 법·제도적 기반 마련	• 가족간호휴직제 도입검토 • 돌봄제공자 양성 및 지원을 위한 법적 근거마련
	돌봄서비스 지원 확대	• 노인돌봄에 대한 사회서비스 확충(요양·보호시설 인프라 확충 등) • 장애아가족 돌봄 휴식지원 • 가사·간병도우미 및 산후 도우미 파견

(계속)

- 정책과제 : 직장·가정의 양립
- 목   적 : 남녀 모두의 가족권과 노동권의 조화

남성의 가족생활 참여 지원	남성의 가족생활 참여를 위한 법·제도적 기반 조성	• 배우자 출산간호휴가제 도입 • 아버지 육아휴직할당제(Papa's Quota) 도입 검토
	남성의 가족생활 참여 활성화	• 가사·양육 관련 정보제공 및 교육·상담·홍보 • 남성의 육아휴직 활용률 제고를 위한 정부·기업의 참여 촉진(가족친화 우수기업 선정 시 가점 부여검토 등) • 학부모 저녁모임 확산
여성의 경제활동 참여기반 구축	출산·육아기 여성의 계속 취업 지원	• 모성보호 비용의 사회적 부담수준 확대 (산전·후 휴가급여 사회부담 확대, 유사산휴가 법제화, 비정규직 모성보호 강화방안 검토 등) • 육아휴직제도 개선 (육아휴직 요건완화 및 급여인상, 육아휴직이용의 유연화 검토, 육아기 근로시간 단축제도 도입 등) • 모성보호 제도 이용여건 조성 (기업부담 완화, 직장복귀지원강화, 근로감독강화 등)
	기혼여성의 경제활동참여 지원	• 재취업기회 확대(여성재고용장려금제도 활성화, 출산 후 계속고용지원금 신설, 여성취업관련 종합정보서비스 기능강화, 고용 상 연령차별금지 법제화 등) • 기혼여성 대상 직업훈련의 다양화 (여성취업유망직종 교육훈련 지원 등)

- 정책과제 : 다양한 가족에 대한 지원
- 목   적 : 가족의 다양성 존중 및 다문화 증진

한부모가족에 대한 포괄적 지원체계 구축	한부모가족에 대한 포괄적 지원체계 구축	• 한부모가족에 대한 종합적 지원체계 구축 (실태조사, 지원종합계획 수립 등) • 한부모가족지원을 위한 법적, 제도적 기반구축 (주거지원제도 개선, 자녀양육비 청구 및 지급관련 법·제도 개선)
	한부모가족에 대한 다양한 서비스 제공	• 저소득 한부모가족 아동양육비 지원확대 (지원금액 및 범위확대 등) • 이혼가정 및 미혼모·부 가정의 양육비 확보지원 • 한부모가족의 경제적 자립을 위한 취업지원서비스 강화(취업연계지원, 창업지원 등) • 미혼모·부 및 부자가정 등 유형별 맞춤형 주거시설 확충 및 개선 • 한부모가족의 자존감 및 사회적응을 위한 정서, 사회적 지원강화 • 한부모가족과 관련한 지역사회 네트워크 구축 및 사회적 인식 개선

(계속)

다문화가족의 사회통합지원	다문화가족의 사회통합지원체계 구축	• 다문화가족의 실태 파악 및 지원 인프라 확충 (지원센터 운영 확대 등) • 다문화가족의 가족, 사회생활 적응지원 (교육상담 내실화 정보제공 등) • 다문화가족 아동의 학교생활적응 지원 (방과후 교육 프로그램 개설 등)
	다문화가족의 생활보장 지원 확대	• 여성결혼이민자의 인권보호 (국제결혼중개업체 관리방안 마련 등) • 결혼이민자 가족의 경제적 생활보장 • 혼혈인 가족에 대한 생활안정 대책 마련
다양한 소외가족에 대한 맞춤형 서비스 제공	노인 및 장애인 가족의 자립 지원	• 노인가족의 건강 및 취업지원 • 장애인 가족의 경제적 자립 및 양육지원
	새터민, 입양가족 등의 가족기능 강화	• 새터민 가족의 사회통합 지원 (경제적 자립, 자녀교육 지원 등) • 입양가족의 자녀양육 지원 (입양휴가제 도입, 입양아 무상보육제도 도입 등) • 재소자 가족의 가족관계 회복 지원

■ 정책과제 : 가족친화적 사회환경 조성
■ 목   적 : 편안하고 안전한 가족생활 보장

가족친화적 직장 환경조성	가족친화제도 도입 및 활성화	• 가족친화환경 조성을 위한 법적 근거 마련 • 근로형태의 유연화 및 근로시간의 단축 • 직장보육시설 설치 확대
	가족친화 직장문화 확산	• 가족친화지수 개발 및 활용 • 가족친화기업 인증제 도입 • 가족친화기업 모델 개발 및 사례발굴·홍보 • 가족친화 교육 및 컨설팅 실시
가족친화적 지역사회조성	가족친화마을 조성	• 가족친화공동체 형성을 위한 가족형 마을 모델 개발 (안전, 편의, 건강, 보육시설 확충, 복지 프로그램, 문 화네트워크 등)
	가족친화지역환경 조성 촉진	• 홍보·교육 등을 통해 가족친화마을에 대한 인식 확산 • 가족친화마을 조성을 위한 제도 마련
안전한 가족생활환경 조성	가정폭력 예방체계 강화	• 가정폭력 예방체계 실효성 강화 • 가정폭력 재발방지대책 강화
	가정폭력 피해자 중심의 보호체계 구축	• 가정폭력 피해자 긴급구조전화 1366센터 설치 운영 내실화 • 가정폭력 피해자 one-stop 지원센터 설치 운영 • 가정폭력 유형별 보호·지원 서비스 확대 및 전문화 • 여성결혼이민자 및 장애여성 등에 대한 보호서비스 지원

(계속)

안전한 가족생활환경 조성	사이버 유해환경으로부터 가족생활 보호	• 사이버 상의 유해환경 관리·감독 강화 (정보통신서비스 이용자의 권익보호를 위한 법·제도 개선, 민간자율규제 확산 등) • 인터넷 중독 예방 상담 및 치료 강화 • 건강한 사이버 환경조성을 위한 홍보 및 의식 제고
	아동·청소년 보호활동 강화	• 아동·청소년 보호체계 확립 (유해환경 개선, 가출예방, 보호 강화 등) • 청소년 성보호 강화

■ 정책과제 : 새로운 가족관계 및 문화조성
■ 목　　적 : 가족·이웃·사회의 소통과 공존

가족관계 증진 및 가족문제 예방	평등하고 민주적인 가족관계 조성	• 호주제 폐지에 따른 제도정비 및 홍보강화 • 민주적 가족관계의 실질적 보장 (가사노동 가치평가 제도화 등)
	가족문제 예방체계 구축	• 가족생활 교육·상담 서비스 다양화 • 가족교육·상담 서비스의 전문화 및 서비스 연계 강화
	가족관계에 대한 의식 개선·홍보	• 가족관계 변화를 반영한 교과과정 정비 • 평등하고 민주적인 가족모델 발굴 및 홍보
건강한 가족문화 조성	가족여가문화 활성화	• 가족여가를 위한 문화기반 조성 • 취약계층 문화체험 기회 확대
	가족과 지역사회의 공동체 문화형성	• 가족단위 자원봉사활동 활성화 • 가족과 지역사회의 소통과 연대 강화

■ 정책과제 : 가족정책 인프라 확충
■ 목　　적 : 가족지원서비스의 원활한 제공

가족정책의 총괄·조정 체계 정비	통합적 가족정책의 수립 및 추진	• 건강기본계획 및 시행계획의 수립추진 • 가족관련 법·제도의 정비 (가족영향평가제 도입 방안 검토 등)
	가족정책 추진을 위한 거버넌스 체계의 구축	• 중앙 및 시·도 건강가정정책위원회 구성 운영 • 가족정책 네트워크 구축 (가족정책정보시스템 구축 등)
가족정책 추진 인프라 확충 및 내실화	가족지원서비스 인프라 확충	• 건강가정지원센터 설치 확대 및 접근성 제고 • 결혼이민자가족지원센터 확대 • 가족지원서비스기관들 간의 연계 및 통합
	가족지원서비스 내실화	• 건강가정자원센터 기능 강화 • 가족지원서비스 수준 제고

3 가족정책의 방향

　그동안 우리 사회에서 다양한 가족관련 정책들이 제도화되고 추진되면서 가족에 대한 사회적 지원의 기본 틀이 갖추어지게 되었다. 그러나 앞에서 살펴본 바와 같이 많은 가족지원정책들이 주로 저소득층이나 요보호의 정도가 심한 대상자에게 제한되어 있고, 급여규모나 지원내용이 부족할 뿐 아니라 정책의 대상도 공적 영역에 편입되지 못한 구성원들을 배제하고 있어, 관련 제도들이 제 역할을 다하기 위해서는 이에 대한 대책이 시급한 마련되어야 할 것이다.

　특히 최근 저출산 및 고령화, 다양한 가족형태의 등장, 여성의 사회참여 확대, 이혼의 증가, 돌봄노동의 공백 등 가족을 둘러싸고 진행되는 급격한 사회적 변화는 기존의 '선 가족, 후 국가 개입'이라는 기존의 정책 방향을 더 이상 유지되기 어렵게 하고 있으며, 가족정책에 대한 포괄적 사고와 통합적 접근을 요구하게 된다. 특정 가족정책의 선택은 단지 서비스수혜자에 대한 복지증진을 결과하는 것뿐 아니라, 다른 사회정책과 긴밀한 연관관계를 지니며 전체 사회의 변화방향에 커다란 영향을 미치게 되므로, 앞으로 우리나라의 가족정책의 발전을 위해 다음의 사항들이 중요하게 고려될 필요가 있다.

　첫째로, 가족에 대한 사회적 책임이 강화되어야 한다. 저출산·고령화 사회에서 개인과 가족의 삶의 질 향상과 국가경쟁력 제고 그리고 사회통합 실현을 위해서는 보다 적극적인 가족정책이 추진되어야 한다. 또한 가족기능 약화와 함께 사회적 지원이 필요한 다양한 가족이 급증하고 있으나, 이들 가족에 대한 지원망이 적시에 마련되지 못하고 있는 상황이다.

　둘째로, 양성평등한 사회 환경 조성을 위해 가족정책이 중요한 역할을 수행해야 한다. 성별영역분리를 전제로 하고 있는 노동시장구조, 남성부양자 모델을 기반으로 하는 문화적·상징적 가치와 규범, 제도들의 변화를 위해 가족정책의 방향이 수립되어야 한다. 이와 함께 사회 전반에서 돌봄의 가치를 재평가하고, 남녀 모두 돌봄의 역할과 사회적 경제활동을 함께하여 일과 가정의 조화를 이룰 수 있도록 가족친화적 직장문화 및 양성평등한 사회환경을 조성하는 노력이 가족정책의 중심에 자리 잡아야 한다.

　셋째로, 민주적이고 다양성을 존중하는 가족정책이 마련되어야 한다. 가족구성원들의 다양한 이해가 존중되고 보장되는 민주적인 가족문화 조성에도 기여하는 가족정책이 수립되어야 한다. 이와 함께 한부모가족, 재혼가족, 조손가족, 결혼이민가족 등 다양한 유형의 가족들에 대한 편견 해소 및 다양성 수용을 위한 노력을 통해 이들 가족의 사회적응과 안정을 도모할 수 있게 하여야 한다.

넷째로, 이러한 노력이 체계적으로 추진되기 위해서는 통합적 정책 조정 및 총괄지원 체계가 필요하다. 예를 들어, 중앙 및 지방정부, 민간단체와의 유기적 협조와 조정을 위한 '가족정책 추진 거버넌스 체계'의 구축이나 유관기관 간 네트워킹, 가족정책 관련 정보 및 지식 인프라 구축 등이 가족정책의 효율성과 책임성을 강화하고, 가족정책이 우리 사회의 지속가능한 발전을 이루는 데 중요한 토대가 될 수 있을 것이다.

핵심정리

　가족정책에 대한 정의는 매우 다양하지만, 대체로 가족뿐 아니라 성별관계, 인구정책, 노동시장정책, 재생산정책 등 사회 전반에 긴밀한 영향을 미치는 중요한 정책이라고 간주된다. 또한 가족정책을 통해, 가족뿐 아니라 가족 이외의 사회적, 정치적 관계의 변화를 유도하려는 노력도 적극적으로 추진되고 있다.

　특히, 성인지적 관점에서의 가족정책은 시장영역과 가족영역을 배타적으로 구분함으로써 소홀히 다루어졌던 가족과 사회 간의 관계에 보다 집중하게 함으로써, 가족정책의 범위를 확대하는 한편 사회정책 전반을 가족정책의 영역에서 다룰 수 있게 해 준다.

　성인지적 가족정책의 추진을 위해서는 성별관점에서 정책과제를 수립하고, 우선순위를 정하는 일에서부터 일단 수립된 정책 목표에 따라 일관성 있고 충실하게 정책이 추진되는지 세심하게 개입하는 일까지 모두 중요하다.

　그동안 우리 사회에서는 모성보호제도와 노후보장 등 가족원의 안정과 삶의 질 개선을 위한 정책들이 지속적으로 마련되어 왔다. 앞으로 요보호가족 우선의 사후적 접근에서 보다 보편적 정책으로 발전하기 위해 대상과 내용이 확대되어야 하고, 또한 가족을 둘러싸고 이루어지는 여러 변화에 대응하여 돌봄의 사회적 분담, 일과 가족의 양립 등을 위한 정책이 보다 적극적으로 추진될 필요가 있다.

생각해 봅시다

Q1 아동수당제도와 아동양육제도가 아동보육뿐 아니라, 기타 양성 간의 관계나 타 사회제도에 미치는 영향에 대해 각 제도를 실시하는 국가의 예를 통해 살펴보시오.

Q2 저출산, 고령화가 급속히 진전되면서 우리 사회에서도 점차 돌봄의 위기가 확산되고 있는데 가족간호나 노인돌봄을 위한 정책들은 현재 어떻게 이루어지고 있고, 또 어떤 방향으로 변화되어야 할 것인지 생각해 보시오.

Chapter

12

국가와 가족

12

국가와 가족

1 국가와 가족, 젠더의 관계

가족생활은 사적 영역으로 간주되지만, 순수하게 사적인 것은 아니다. 연애와 결혼뿐 아니라, 동성애, 혼외관계, 부모와 자녀관계, 가족원 간의 갈등 등 가족을 둘러싼 이슈들은 다양한 방식으로 끊임없이 우리에게 제기되고 있으며, 각각의 관행이나 구조, 관계에 대한 논쟁도 지속적으로 이루어지고 있다.

가족정책이나 법은 훨씬 더 근본적인 차원에서 가족구조나 관계가 유지되거나 변화되는 데 영향을 미친다. 즉, 국가는 법과 제도를 통해 가족에 대한 정의를 내리고, 가족관계의 범위를 정하며, 가족원의 권리와 의무뿐 아니라 국가가 가족원들에게 제공하는 이익이나 지원과 통제 등을 규정한다. 예를 들어, 호주제와 같은 부계가족주의를 지지하는 가족법은 국가가 가부장적 이해를 관철시키기 위한 도구로서의 역할을 한다. 보편주의적 사회복지제도의 정착은 부모와 자녀 세대 사이에 존재하던 경제적 연대와 부담을 완화시켜 준다. 또한 이성애결혼 (heterosexual marriage)을 전제하는 '정상가족'의 정의는 동성애가족을 비정상적이거나 일탈적 가족으로 여기며 정책수혜대상에서 제외시킨다. 양성평등적이고 개인에 기반한 조세 제도나 연금제도는 여성의 사회활동참여를 촉진시키며 평등한 가족관계를 낳게 한다.

가족에 대한 국가의 개입은 기본적으로 사회성원의 재생산에 대한 관심에서 비롯되는 것이라 할 수 있다. 특정 사회에서 적정한 수준의 인구를 유지하는 것은 사회의 유지와 성장 그리고 정치적, 사회적 안정을 위해 매우 중요한 의미를 지닌다. 따라서 국가는 좀 더 많은 자녀를 가지도록 사람들을 격려할 필요가 있을 때 가족수당을 지급하고, 아동보건 및 아동복지법을 통해 국가의 미래노동력과 병력의 질을 증대하고자 한다. 또한 자녀양육에 대한 세금공제의 의미는 가족의 아동양육을 지원하는 목적일 수도 있으나, 반대로 아동양육의 책임을 가족에게 맡기려는 의도와도 관련된다.

이 과정에서 국가와 가족, 개인의 관계는 어떠한가? 정도의 차이는 있으나, 어느 사회에서나 국가는 특정 방식으로의 사회적 행위를 유도하기 위해 다양한 제도와 사회적 규범을 활용하고 개입하려 하는 반면, 사회의 구성원들은 자신들의 이해를 증진시키기 위해 끊임없이 노력해 왔다. 가족의 이슈를 둘러싼 국가와 개인 그리고 서로 다른 이해를 지닌 집단 간의 갈등과 투쟁, 조정의 과정들이 사회변화와 발전의 과정이기도 하다.

결혼과 이혼, 출산에 대한 가족정책의 예들을 통해 가족과 사회, 국가의 관계를 살펴보기로 하자. 19세기 초반까지 영국과 프랑스 등 유럽 사회에서 이혼이나 별거는 거의 불가능한 상황이었다. 19세기 중반 이후 평등한 결혼에 대한 사회적 기대가 커지면서 결혼과 이혼법 개정에 대한 요구가 높아지게 되었지만, 개정된 법률은 오히려 당시의 다양한 계층별, 성별 권력관계를 반영하며 전통적 가족을 강화하는 결과로 이어졌다. 한 예로 1857년 영국에서 제정된 결혼소송법(일명 이혼법)을 보면, 남편은 단지 아내의 간통 사실만으로도 이혼이 허용되지만, 아내의 경우는 남편의 간통 사실 외에 처자유기, 잔혹행위, 근친상간, 강간 등 결혼관계를 악화시키는 다른 이혼 사유들을 증명할 수 있어야만 이혼이 허용되었다. 또한 영국의회는 이혼법을 통과시키면서 이혼에 따른 법적 비용을 높게 부과하여 중하층과 빈민층에게는 실질적 이혼 기회를 박탈하였다. 이러한 법 개정의 결과 이혼은 상류층 남성의 특권이라는 점을 명확히 하며 당시 노동자계급의 불안정한 결혼관계에 대한 중상계급의 불안을 감소시키고 가족와해로 인해 발생하게 될 사회적 비용 부담을 줄일 수 있게 되었다(기틴스, 1997: 128).

미국의 경우에도 이혼율의 증가, 혼외자녀 출생률 증가, 복지의존비율 증가 등이 전통적 가족과 결혼제도가 붕괴된 결과라고 간주하여, 복지수급자들의 결혼

비용을 지원하거나 노동의 책임과 가족돌봄의 책임을 강조하는 복지개혁법 (PRWORA, 1996)을 제정하여 국가의 책임을 아버지나 가족에게 이전하려 하였다(Cheal, 2008: 143).

직접적인 인구정책을 통해서도 가족에 대한 국가개입의 사례를 쉽게 확인할 수 있다. 단지 관습법위반에 해당하던 임신중절이 법령 위반사항이 된다거나, 임신중절시술자에게만 유죄를 선고하던 것이 임신중절 여성에게도 유죄를 언도하고, 임신중절의 부도덕성을 강조하는 사회분위기로 바꾸어 나가는 경우들이 그 예가 될 수 있다. 이러한 정책의 변화가 단지 임신중절금지를 통해 인구를 증가시키려는 목적만이 아니라, 과학기술의 발달로 여성들이 임신중절시술을 통해 인구조절에 대한 주도권을 지님으로써 자신의 몸에 대한 결정권을 지니고, 가부장제 사회에 도전하는 상황을 막기 위한 시도라는 주장도 있다(기틴스, 1997: 155).

1960년대 이후 우리 사회에서 유례 없는 성공을 거둔 가족계획 정책 역시 경제개발과정에서 여성의 출산력이 가부장적 가족, 국가 및 출산의료기술의 통제하에 놓인 대표적인 사례이다. 그러나 1966년 합계출산율 5.4명에서 1986년 1.6명으로 가족계획정책의 목표가 달성되는 20여 년 동안 정부는 어머니들을 정책의 주체로 인정하기보다는 인구조절정책의 실천대상으로만 인식하였다. 피임이나 인공유산과 같은 출산통제수단의 사용이 일상화되었지만, 이 과정에서 여성들이 겪게 되는 고통이나 부작용, 출산과 모성 등은 전혀 공적 논의의 대상이 되지 못하였다. 이러한 국가의 일방적 개입은 중·장기적으로 여러 부작용을 낳게 된다. 가족계획정책이 시작된 지 불과 50년 만에 세계 최저의 출산율과 이로 인한 경제적·사회적 부담이 심각하게 우려되는 현재의 상황도 그중 한 예이다.

2 여성주의와 복지국가

여성주의에서 국가연구가 중요한 이유는 국가가 여성과 남성의 삶에 다른 영향을 미치고 있기 때문이다. 그러나 이보다 더 중요한 점은 현대사회에서 국가는 가부장적 특성과 여성친화적 가능성을 동시에 지닌다는 것이다. 국가정책에 대한 여성주의적 접근은 양성평등적인 국가의 가능성을 탐색하며 변화를 추구하기 위해서뿐 아니라, 현대사회의 다양한 변화에 제대로 대응할 수 있도록 복지국가가 재편되는 데 있어서도 중요한 역할을 한다.

여성과 복지국가의 관계는 국가별로 다양하여 개별 국가경험에 기초한 연구결과를 일반화하기는 어렵다. 이에 대해 에스핑 앤더슨(Esping-Anderson)은 복지급여, 서비스의 질, 탈상품화 정도, 그리고 국가와 시장, 가족, 여성과의 관계를 중심으로 복지국가를 다음의 세 유형으로 분류하고 각 유형별 특징을 설명하였다(Esping-Anderson, 1990).

먼저, 북유럽의 '사회민주주의적' 복지국가에서는 보편주의적 복지프로그램을 통해 가족의 책임을 상당 부분 사회화하고 있다. 즉, 아동수당이나 양육지원 등을 통해 개인, 특히 여성이 가정보다 일을 선택할 수 있도록 하고 있다. 아울러 모성휴가, 부모휴가, 보육시설, 여성고용지원, 사회서비스 공공일자리 확충 등 시민으로서의 권리에 기반한 보편적 복지정책을 제공함으로써 가족원 간, 가족들 간에 불평등을 완화시키고자 노력한다.

반면, 오스트리아, 프랑스, 독일, 이탈리아 등 '보수주의적' 복지국가에서는 계급과 지위에 따른 사회적 격차를 유지하는 것이 중요시되므로, 사회제도나 급여의 재분배 효과는 매우 작다. 이와 함께 전통적 가족의 유지가 중요한 국가의 목표가 되어, 개인의 필요는 먼저 가족을 통해 충족되고 가족이 이를 충족시키지 못할 경우에만 국가가 개입하는 것을 원칙으로 한다.

미국이나 영국과 같은 '자유주의적' 복지국가는 시장경제를 지지하며 국가의 개입이 최소화된다. 자산조사에 기초한 선별주의적 공공부조와 온건한 보편주의적 이전 및 사회보험이 지배적이다. 공식 가족정책은 요보호 소수집단을 대상으로 최소화하는 대신, 노동시장 참여를 통한 자립을 선호하여 정책방향도 고용확대에 두거나, 교육 및 기술능력 함양 등 인적자본 축적에 초점을 둔다. 공적 복지수급의 최소화 대신, 기업복지나 개인연금 같은 사적 복지가 공적 복지를 보조한다.

에스핑 앤더슨의 복지국가 유형론에 대해 리스터(Lister), 올로프(Orloff), 오코너(O' Connor), 세인즈버리(Sainsbury) 등 많은 여성주의 복지국가 연구자들은 젠더 의식이 결여되어 있다고 비판하며 '여성친화적 복지국가' 나 '가족친화적 사회정책' 으로의 변화가능성을 모색하였다.

세인즈버리는 에스핑 앤더슨의 복지국가유형론이 분석개념이나 분석단위로 남성을 기준으로 하고 있다고 비판하였다. 즉, 앤더슨은 유급노동에만 중점을 둔

탈상품화론을 전제함으로써 노동시장에 참여하지 않는 여성들을 배제하고 있으며, 여성의 가정 내 무급노동에 대한 관심을 결여하고 있고, 노동시장 지위를 통한 사회권에만 중점을 두어 아내와 어머니로서의 수급자격을 간과하였다는 것이다. 또한 시장의 강제로부터의 자유를 의미하는 탈상품화가 요구되는 노동시장 내의 남성과 달리, 여성노동은 제도적으로 전상품화 단계에 있기 때문에 시장의 존성 대신에 가족의존성으로부터 벗어날 필요가 있다고 하였다(Sainsbury, 1996)

에스핑-앤더슨은 여성주의 연구자들의 비판을 받아들여, 국가와 시장, 가족의 관계를 분류지표에 포함시켜 복지국가 유형론을 복지체제 유형론으로 발전시켰다. 이 과정에서 '탈가족화'라는 지표를 도입하면서 복지체제론을 제시했다. '탈가족화'는 복지나 보살핌에 대한 가족의 책임이 복지국가와 시장의 급여에 의해 완화되는 정도, 혹은 사회정책(또는 시장)이 여성에게 자신을 노동력으로 상품화시킬 수 있는 자율성의 정도를 의미한다. 따라서 여성들이 가족의 책임으로부터 자유로워져서 자신의 노동을 상품화할 수 있으려면, 보육서비스, 아동수당, 모성 및 부모휴가 정책 등의 탈가족화를 위한 노력이 중요한 정책적 관심이 되어야 한다(Esping-Anderson, 1999).

세인즈버리는 성별분업의 유형에 기반하여 복지체계의 모형을 '부양자모델'과 '개인모델'로 나누고, '부양자모델'에서 '개인모델'로의 변화를 지향하고 있다. '부양자모델'은 남편은 소득자이고 아내는 피부양자인 엄격한 성별분업에 기반하고 있으며, 수급권의 근거는 소득자인 부양자이고, 아내는 피부양자로 혜택을 받게 된다. 복지기여단위는 가구 또는 가족이고, 조세단위도 가족이다. 또한 배우자 및 자녀, 노인, 장애자 부양에 대한 공제와 같이 가족부양에 대한 배려가 두텁다. 취업 및 임금정책은 남성 소득자 중심이며, 가족 내 복지는 사적 영역으로 간주된다. 반면 가족 내 역할을 공유하는 '개인모델'은 복지수급권의 근거나 기여단위가 개인이며, 수급권과 조세단위도 부부간에 동일하다. 취업 및 임금정책도 양성에게 동일하며, 세금과 사회보험료를 부담하는 단위도 가구가 아니라 개인이다. 따라서 세금에서 가족에 대한 배려는 줄어들고, 유족급여도 폐지된다(Sainsbury, 1996).

한편, 크롬프튼(Crompton)은 여성의 취업과 양육 유형을 중심으로 남성부양자 모델(I, II형)과 2인소득자 모델(III, IV, V형)로 분류하였다. 엄격한 성별분업에 기반한 남성부양자/여성양육자인 Ⅰ형이 가장 전통적인 유형이다. 이 유형의 사회에서는 가장인 남성에게 안정적인 고용과 가족을 부양할 수 있는 가족임금을 보장하기 위해 노동시장이 규제된다. 이때 가정책임은 부인이 전적으로 수행하는 것으로 간주되며, 이를 지원하는 보육, 돌봄 등의 서비스는 저소득이거나 돌볼 사람이 없는 경우에 한해 예외적으로 제공된다. 그러나 이러한 이념형적 기준에 따라 모든 남성이 안정적인 직장과 가족 임금을 보장받는 것은 실제로 불가능하다. 따라서 여성의 부분적 사회참여가 이루어지기 시작하며 점차 육아와 가사노동의 사회화가 진전될수록 2인소득자/2인양육자인 Ⅴ형을 향해 변화하게 된다(Crompton, 2006). 현재 Ⅳ 또는 Ⅴ형의 대표적 사례라 할 수 있는 네덜란드는 1970년대에 이르기까지 남성부양자모델의 대표적 국가였는데, 1982년 바세나르 협약 이후 고용 및 복지개혁을 통해 부부 모두 파트타임 취업자인 0.5+0.5=1 소득자형, 또는 총 1.5 소득자형과 같은 네덜란드 모델을 형성하였다(오사와, 2009: 83).

현재 대부분의 복지국가들의 가족정책은 부양자모델에서 개인모델로 또는 2인소득자 모델로 변화하는 과정에 있으나, 각 나라들의 역사적 배경과 사회문화적, 정치적 관계 속에서 각각의 위치는 서로 다르며, 강조하는 정책의 내용에 있어서도 차이가 있다. 다음 절에서 주요 국가들의 가족정책의 내용을 살펴봄으로써 우리나라 가족정책의 발전방향이나 구체적 전략을 수립하기 위한 기초 자료로 삼고자 한다.

표 12-1 양육 유형의 변화과정

남성부양자모델		2인소득자 모델		
Ⅰ형	Ⅱ형	Ⅲ형	Ⅳ형	Ⅴ형
남성부양자 /여성양육자	2인소득자 /여성시간제노동자	2인소득자 /국가양육자	2인소득자 /시장화된 양육자	2인소득자 /2인양육자

전통적 ◄─────────────────────► 비전통적

출처 : Crompton(2006)

3 각국의 주요 가족정책[1]

1) 스웨덴

스웨덴의 가족정책은 유럽 국가들 중에서도 가장 가족친화적인 환경을 조성하고 있다는 평가를 받고 있다. 가족정책의 이념은 사회연대와 평등으로 요약될 수 있는데, 이는 태어나면서부터 사망 시까지 일정 수준의 사회적 보호가 보장되어 개인이 어떤 가족유형을 선택하는가에 상관없이 일정한 삶의 수준을 유지할 수 있도록 하는 것을 지향한다. 구체적인 가족정책은 노동시장에서의 양성평등, 아동양육과 노인부양의 사회화를 통한 가족부담의 경감 등을 통해 남녀 개개인의 취업과 가족생활이 조화롭게 양립될 수 있도록 정책방향을 추구하고 있다. 이 결과 오늘날 스웨덴은 다른 산업국가들과 비교하여 여성의 경제활동참가율도 높고 출산율도 높으며 성평등의 정도도 높은 것으로 유명하다.

(1) 소득지원 정책

스웨덴의 '사회보험'은 개인별 수급권에 기초하여 질병, 노령, 사망, 산업재해 등의 사회적 위험에 대비한 사회보험체계를 통해 기초적 보장이 이루어진다. 대표적 소득보장제도인 보장성연금제도의 경우 저소득가족 등 취약계층을 위한 제도로 조세방식으로 운영되어, 저소득 또는 실업상태인 모든 거주자들을 위해 사회부조식 기초 연금을 제공함으로써 기본적 안전망 기능을 한다. 또한 주 소득자가 사망한 경우 지급되는 유가족연금과 자녀연금이 있다.

---

1) 이 절에서 소개된 외국의 가족정책 사례들은 다음 자료들을 기초로 정리한 것이다.
  홍승아 외(2008), 『일가족 양립정책의 국제비교 연구 및 한국의 정책과제』, 한국여성정책연구원, pp. 40–146.
  홍승아 외(2009), 『일가족 양립정책의 국제비교 연구: 정책이용실태 및 일가족 양립현실』, 한국여성정책연구원. pp. 71–84.
  홍승아 외(2008), 『일가족 양립정책의 국가별 심층사례 연구』, 한국여성정책연구원.
  유계숙 외(2008), 『가족정책론』, 시그마프레스, pp. 31–76.
  성정현 외(2004), 『가족복지론』, 양서원, pp. 89–111.
  윤홍식(2005), "OECD 국가들의 남성 돌봄 노동 참여 지원 정책과 한국 가족 정책에 대한 함의: 부모·부성 휴가를 중심으로", 여성가족부 토론회 주제 발표문, pp. 9–43.
  윤홍식(2006), "일-가족 양립 정책을 통해 본 경제협력개발기구 22개국들의 가족 정책: 부모 휴가와 아동 보육을 중심으로", 한국사회복지학회 추계 학술 대회 발표 논문, pp. 1–30.
  박재간 외(2008),『영국과 스웨덴의 노인복지정책』, 학지사, pp. 145–260.
  최은영(2005), "OECD 국가의 노인장기요양서비스 체계 비교와 정책적 함의", 한국보건사회연구원.
  임춘식(2005), 『세계의 노인복지정책』, 학현사.
  오사와 마리(2009),『현대일본의 생활보장체계』, 김영 옮김, 후마니타스.

'공공부조'는 취약아동, 노인, 장애인 등에 대한 사회적 서비스 외에도 저소득층에 대한 공공부조, 가족상담, 진단치료 등 각종 서비스와 급여를 포함하고 있다.

스웨덴에서는 자산조사를 전제로 하는 소위 요보호모자가정에 대한 복지정책은 없고, 대부분 사회보험을 통해서 출산급여, 부모보험, 아동수당 등을 일반 가정과 동일하게 받고, 부가적으로 독신모수당, 육아수당, 아파트 보조금 등을 지급받는다. 자녀가 있는 세대주에게 주택가격과 자녀의 수에 따라 차등 지급하는 주택수당제도도 있는데, 자녀가 있는 스웨덴 가정의 30% 정도가 혜택을 받고 있다.

(2) 출산, 양육지원 정책

'임신수당'은 임산부가 임신으로 인해 일할 수 없을 때 최대 50일간 수입의 80%를 지급하는 것이다. '출산수당'은 모든 가족을 대상으로 새로 태어난 아기에게 필요한 비용을 일시불로 지급하는 것으로 여성의 취업유무에 상관없이 지급되며, 분만으로 인한 입원진료 시 입원비는 무료이다. '출산휴가'는 여성이 소득활동을 하는 경우에는 유급 산전·후 휴가가 12주간 주어지며, 사산 등으로 인해 돌볼 유아가 없는 경우에도 산후 30일간의 휴가가 부여된다. 이 기간 동안 아버지에게는 10일간의 휴가가 부여되며 임금의 80%가 지급된다. 출산휴가 및 '배우자 출산휴가'에 드는 비용은 고용주와 정부가 재원을 조성한 의료보험 재정에서 지원한다.

'아동수당'은 16세 이하의 모든 아동에게 지급되는데, 기본적 아동수당 외에 다자녀가족에게는 '추가아동수당'이 사회보험체계를 통해 지급된다. '연장아동수당'은 자녀가 16세 이상임에도 의무교육을 계속 받고 있는 경우 같은 액수의 학업보조비로 제공된다.

출산과 입양에 따른 '부모휴가'는 자녀가 만 8세에 이르기까지 부모 중 누구든지 총 13개월의 유급휴가를 할 수 있으며, 이후 필요에 따라 3개월 더 연장 가능하다. 13개월은 수입의 80%가 지급되고 나머지 3개월은 정률제로 지급된다. 16개월의 휴가기간 중 8개월은 아버지에게, 나머지 8개월은 어머니에게 자격이 있지만, 8개월 중 6개월은 상대방에게 양도할 수 있다. 유급휴가는 시간제 근로자에게도 동일한 자격을 부여한다.

2008년부터는 '성평등보너스제도(Gender Equality Bonus)'가 도입되었다.

이 제도는 부부가 부모휴가를 평등하게 사용하도록 장려하기 위해 사용자의 소득과 배우자의 기간 분할 정도에 따라 급여액이 달라지도록 설계하였다.

민간기업에서는 8세 이하 자녀가 있는 부모의 경우 하루 8시간에서 6시간 노동으로 전환이 가능한 '탄력근무제도'가 실시되고 있으며, 공기업의 경우는 12세 이하 자녀를 둔 부모까지 노동시간 전환이 가능하다. 이 외에 질병이 있는 12세까지의 아이를 돌보는 부모에게 매년 4개월까지, 수입의 80%를 지급하는 '아동간호휴가제도'도 시행되고 있다.

(3) 보육정책

스웨덴의 경우 70% 이상의 아이들이 보육시설의 보호를 받고 있으며, 취학전 아동을 대상으로 하는 유아원, 가정보육, 개방형 유아학교가 있으며, 취학아동을 대상으로 하는 레저타임 센터, 가정보육, 개방형 레저타임센터 등이 운영되고 있다.

스웨덴 보육서비스는 조세를 통한 공공재원과 부모의 보육비 지불을 통해 운영된다. 이용료는 소득평가형으로 부모의 소득수준과 자녀수, 이용시간에 따라 달리 책정된다. 전체 보육비용 중 부모가 지불해야 하는 비용은 약 1/10에 해당된다. 스웨덴 보육서비스의 특징은 부모의 취업과 긴밀히 연계되어 있다. 한부모나 이민자의 자녀 등 특수욕구를 가진 아동을 제외하고는 전일제로 일하는 부모의 자녀들에게 우선권이 주어지고 있다.

(4) 노인부양지원정책

스웨덴 노인복지정책의 기본이념은 '정상화'와 '자기결정'이다. 따라서 노인주거정책은 노인들이 일생을 자기 집에서 독립적인 생활을 유지하면서 타인과의 의미 있는 상호작용을 통한 공동체적 삶을 유지할 수 있도록 한다. 따라서 스웨덴 노인의 92%가 정부의 지원 하에 자기 집에서 거주하며 필요시 간호, 식사 배달, 청소, 장보기, 이동 도우미 서비스를 받고 있고, 8%만이 양로원, 서비스하우스, 그룹홈, 간호주택, 장기요양원 등 다양한 시설에 거주하고 있다. 국내총생산(GDP)의 2.8%를 65세 이상 노인을 돌보는 데 투자하고 있으며, 노인에게 제공하는 대부분의 서비스는 사회보장제도로 추가 비용 부담이 없다.

2) 독 일

독일의 가족정책은 혼인과 가족제도를 보호하고 장려하려는 의도에서 출발했으며 연방정부를 구성하는 정당의 입장에 따라 차이를 지닌다. 특히 통일 이후 출산율 하락과 실업문제 등을 비롯한 사회문제가 심화됨에 따라 가족정책의 초점이 출산과 양육의 문제에 맞추어지면서, 1990년대 이후의 가족정책은 전통적 가족형태를 지지하고 자녀양육을 가족이 책임지면서 양육에 따르는 부담은 완화시키는 방향으로 실행되어야 한다는 입장이 강조되었다. 1998년 이후 집권한 사회민주당은 기존의 인구정책적 국가 개입을 유지하면서, 가족생활과 취업의 병행, 가족의 경제적 상황 개선을 지향하였다.

(1) 소득지원 정책

18세 미만의 아동에 대해서는 '아동수당'과 '세금공제', 기타 '실업수당'이나 '주택수당' 등의 지원이 이루어진다. '연금보험'은 10세 이전의 자녀를 양육하기 위해 단시간 근로나 저임금 노동을 하는 부모를 대상으로 본인의 평균소득 최대 50%까지 보상해 준다. 18세 미만 자녀의 간호를 하는 부모에게도 동일하게 적용된다.

2세 이하의 아동을 둔 가족에 대해서는 부모의 취업여부 및 부모휴가 이용여부와 관계없이 '아동양육수당'을 지급한다.

또한 '주부연금제도'는 자녀양육을 위해 취업을 중단하거나 포기할 경우에는 연금보험료를 내지 않고도 자녀양육기간 또는 자녀의 수에 비례하여 노후연금을 지급받을 수 있게 하는 제도이다.

(2) 출산 및 양육정책

'모성보호휴가'는 출산 전 6주와 출산 후 8주이며, 산전·후 휴가를 사용했어도 정상적 연차휴가를 보장한다. 산전·후 휴가기간 동안 부모에게 실질임금을 지급하고, 모성보호법을 바탕으로 의료보험에서 제공하는 급여혜택의 일부를 연방정부가 부담한다. 각 주마다 소득에 따라 '출산비'가 지급되며, 임신 중 자녀양육을 위해 이사를 할 경우에는 '이사비용보조'의 혜택도 있다. 임신과 모성에 대한 혜택을 규정하고 있는 국영보험법은 경제활동에 참가하지 않는 여성, 배우자를 통해 의료보험에 가입한 여성들에게도 권리를 부여하기 때문에 모성보호법에 근거한 모성보호보다 더 넓은 인적 범위를 포함하고 있다.

2세 이하의 아동을 둔 가족에 대해서는 부모의 취업여부 및 부모휴가 이용여부와 관계없이 '아동양육수당' 을 지급한다.

자녀를 직접 양육하고 있는 여성과 남성근로자는 자녀가 3세에 도달할 때까지 '부모시간제도'를 이용할 수 있다. 부모가 적극적으로 자녀양육을 위해 휴가를 사용할 수 있도록 기존의 육아휴직이라는 용어를 부모시간으로 대체하였으며, 부모가 동시에 육아휴직을 사용하는 것도 가능하다. 또 2007년부터 남성의 육아휴직 참여를 증진하기 위해 아버지가 최소 2개월의 육아휴직을 사용할 경우, 12개월의 휴가기간을 14개월로 연장해 주고 있다.

부모시간 동안 해당부모는 주당 30시간까지 근로할 수 있으며, 휴직기간 중 일부(최장 12개월간)를 고용주의 동의 하에 자녀가 8세까지 사용할 수 있다.

(3) 보육 및 교육지원정책

부모의 소득에 따른 교육진흥비와 교육비 면세혜택 등이 대표적이다. 보육정책은 주로 자녀양육에 따르는 가족적 책임의 부담을 완화하기 위해 경제적 지원을 한다. 보육시설은 대부분 지방정부에 의해 설립, 운영되고 있다.

(4) 노인 및 부양가족지원정책

독일의 '간병보험' 은 육체적·정신적·심리적 질병이나 혹은 장애로 일상생활을 영위하기 위해 적어도 6개월 이상 지속적으로 간병과 수발을 필요로 하는 사람을 대상으로 한다. 보험급여는 재가급여와 부분시설급여, 시설급여, 보호자급여가 있으며, 재가급여가 가장 우선이다. 재가급여에는 현물 또는 현금급여와 대체수발급여, 수발보조용구나 기술적인 지원, 주택 개조 등이 포함되며, 재가급여를 통해 제대로 보호될 수 없는 경우 주간보호나 야간보호, 단기보호 신청이 가능하다.

1주일에 14시간 이상 무급으로 간병에 종사하는 사람이 간병활동으로 인해 주당 30시간 이상의 생계활동을 하지 못할 경우에는 수발기금에 의해 노후연금 보험료의 일부를 보조해 준다. 가족이나 기타 보호자가 1년 이상 해오던 간병을 더 이상 지속할 수 없는 경우 연 4주까지 대체간병급여를 청구할 수 있다.

공적 의료보험에 가입해 있으면서 취업중인 부모는 12세 미만인 자녀의 간병을 목적으로 1년에 한 자녀당 부모가 각각 10일, 2자녀 이상일 경우에는 각각 25일 이내에서 무급 '간병휴가' 신청이 가능하다. 한부모가정의 경우에는 아버지나 어머니가 1년에 한 자녀당 20일간, 2자녀 이상일 경우에는 최대 50일간의 무급 간병휴가를 신청할 수 있다.

3) 프랑스

프랑스는 인구를 국가경쟁력의 주요 자원으로 인식하여 출산율 제고를 위해 광범위하고도 포괄적인 가족정책을 제공하고 있다. 이와 함께 가족 간 소득재분배를 위한 정책목표도 중요하게 추진되고 있다. 따라서 정책추진내용 중 자녀수에 따라 급여액을 차등지원하여 아동수가 많을수록 가족에 대한 급여가 관대한 특성을 갖는다거나, 자산조사에 기반한 수당들이 많이 포함되어 있다. 보육에 대한 국가의 개입 논리도 국가가 아동의 보호자이며 아동들에게 동등한 기회를 보장해 주는 책임자라는 가치와 긴밀히 연결되어 있다.

(1) 소득지원정책

'가족수당'은 18세 미만 자녀 2명 이상인 가족에게 지급되며, 두 자녀는 매월 109유로, 세 자녀는 248유로(1자녀마다 139유로 추가)를 지원한다(2002). 부양자녀가 3명 이상이면서 자녀 모두 3세 이상인 경우에는 '가족소득 보충급여'가 지급되는데, 가족상황과 소득액에 따라 수혜자격이 제한된다.

'주거수당'은 소득액과 가족상황, 주거형태의 특성, 주거지역, 자녀 수 및 부양자 수에 따라 차등적으로 지급되며 3자녀 이상 가구의 '이사비용'을 보조해 준다. 이때 이사비용 전액 보조가 원칙이나 자녀수에 따라 한도액이 차이가 나기도 한다.

'최저생계비'는 25세 이상의 무소득자 또는 극빈층에게 부양자녀수에 따라 차등을 두어 지급한다. 25세 이하인 경우에는 1명 이상의 부양자녀가 있거나 임신중이어야 대상이 된다. 자격심사 승인 후 신청한 달부터 3개월 동안 지급되며, 3개월마다 수당액이 새롭게 산정된다. 이 외에도 '주거세 감면'과 '전화사용료 인하' 등의 혜택도 있다.

(2) 출산, 양육지원정책

임신 7개월이 되면 800유로의 출산지원금이 '신생아 환영수당'으로 지급된다. '모성휴가'는 둘째아이까지 16주(산전·후 휴가 6주 포함), 2명 이상인 경우 26주(산전 8주), 쌍둥이를 낳은 경우 34주(산전 12주)까지 사용 가능하다. 모성휴가 중 지급되는 '모성급여'는 일정수준까지 순봉급액과 동일하며, 사회보험에서 지급된다. 보험에 가입한 어머니에게 첫째아이와 둘째아이를 위해 16주까지 수입의 80%를 지급한다. '아버지 출산휴가제'는 2주의 휴가사용이 가능하며 임금은 100% 보전된다.

유급 '육아휴직'은 모성휴가에 이어 부 또는 모는 아동이 3세에 이를 때까지 휴직 가능하며 휴직이 끝난 후 이전의 일이나 유사한 일에 복귀할 수 있다. 육아로 인한 임금손실의 대가로 지급하는 '육아휴직수당'은 3년 육아휴직을 선택하면 매달 500유로의 수당을 지원하며, 1년 육아휴직을 선택할 경우 매달 700~1,000유로를 지원한다.

'가정양육수당'은 아동양육을 위해 직업을 포기하는 부모를 대상으로 매월 340유로를 지원한다. 첫째아이의 경우 2년 이상 근무한 경우에 한해 모성휴직 후 6개월간 지급하며, 두 자녀를 가진 경우는 3세까지 지급된다.

'영유아수당'은 3세 이하의 자녀를 두었거나 임신 4개월 이상인 임산부에게 가족상황이나 수입 정도에 따라 지급한다. 먼저 태어난 3세 이하의 자녀가 수당을 받고 있을 경우 동생은 임신 5개월부터 출생 후 3개월까지 영유아수당의 대상이 된다. 육아휴직수당을 받고 있는 경우 영유아수당을 받을 수 없지만, 새로 임신 중인 자녀에 대해서는 임신 5개월부터 출산시기까지 영유아수당혜택을 받을 수 있다.

'자녀입양수당'은 자녀입양 및 입양을 목적으로 아동을 위탁받은 경우, 아동입양일 다음 날부터 각 아동에 대해 21개월 동안 지급된다. 수입 정도에 따라 수혜자격은 제한되며, 입양수당을 받을 경우 가족소득 보충급여, 육아휴직수당은 동시에 받을 수 없다.

자녀가 중증질병, 장애 또는 사고를 당해 자녀의 건강회복을 위해 배우자 중 한 명이 직업활동을 그만두거나 근무시간을 단축해야 할 경우에 '자녀간병수당'이 지급되며, 소득액에 따른 수혜자격 제한은 없다. 적어도 4개월간의 회복기

동안 부모의 간병이 필요하다는 의사의 소견서를 제출하면 12개월까지 지급받을 수 있다.

20세 이하의 장애자녀를 부양하는 경우 가족상황이나 소득에 따른 제한 없이 자녀의 장애정도에 따라 차등적으로 '장애아특별수당'이 지급된다. 이 외에 '한부모수당'이 미혼부모, 별거, 이혼, 사별로 자녀를 홀로 부양하는 부와 모 중 빈곤층을 대상으로 지급된다. 한부모수당은 홀로 살면서 자녀를 임신하거나 최소한 부양자녀가 1명 이상이며, 배우자와의 사별이나 이혼, 별거로 홀로된 지 18개월 이내인 남성과 여성에게 지급된다. 부양자녀수에 따라 월 수당액은 차이가 있다. 출산장려를 위해 1자녀마다 2년, 3자녀 이상 양육한 가정의 경우 부부 모두에게 연금납입기간을 감면해 준다.

(3) 보육정책

프랑스의 아동양육 및 보육체계는 계층별로 매우 다양하다. 대체로 저소득층은 두 자녀 이상의 어머니에게 지급되는 'APE(아동양육수당)' 제도를 이용한다. 중산층은 Crèche(공공보육시설), 중상층은 'AGED'와 'AFEAMA'를 주로 이용하고 있다. AGED(가정탁아보육지원수당)는 부모가 보모를 고용해 자신의 집에서 아동을 돌볼 수 있게 하는 제도로 국가는 고용주가 납입해야 하는 사회보험기여금을 면제해 주거나 세금공제를 해주는 방식이며, AFEAMA(등록보육사 고용보조금)는 보육모의 집에서 5인 이하의 아동을 보육하는 민간(가정) 보육시설을 이용할 경우 보육료를 일부 지원해 주는 제도이다. 수당액은 소득과 아동의 연령에 따라 차등 지급되며, 육아휴직 수당을 받는 경우나 직장을 그만둔 경우에는 수혜대상에서 제외된다.

세 가정에서 3명 이상의 아이를 돌보는 베이비시터는 정규직근로자의 법적 권리를 부여받는다. 기업이 탁아소를 설치하면 보육시설 투자비용 중 60%에 대해 세금감면 혜택을 제공하는 '직장탁아시설 지원' 정책도 시행한다.

(4) 노인부양지원정책

장기보호노인 및 환자를 돌보는 가정지원정책으로 신체적인 움직임에는 문제가 없지만, 신체적인 활동과 식사를 위해 도움을 필요로 하는 60세 이상의 노인에게 '노인자립수당'이 지급되며, 다른 유사 목적의 수당 수혜와 관계없이 지급받을 수 있다.

4) 미 국

미국은 명시적인 목표를 갖는 가족정책을 가지고 있지는 않다(구체적인 정책은 주마다 상이하다). 다만, 여러 사회정책을 통해 자녀가 있는 취약가족을 대상으로 하는 암묵적인 가족정책을 형성해 왔다. 즉, 국가보다는 시장의 역할을 중시하는 대표적인 자유주의 복지국가로서 이러한 특성이 가족관련 정책에 반영되어 있다. 미국은 강한 개인주의적 가치를 기반으로 하고 있으며, 사적인 단위로서의 가족을 강조하고, 가족문제에 대한 정부의 개입에 반대하는 의견이 많다. 이런 맥락 하에서 가족정책은 주로 빈곤집단을 대상으로 하는 빈곤정책과 관련되어 수립되며, 빈곤가족을 제외한 중산층 이상에 대해서는 세금공제 혜택의 방식을 통한 간접적 지원이 이루어지고 있다.

(1) 소득지원정책

'빈곤가족 한시부조(TANF; Temporary Assistance to Needy Family)' 정책은 빈곤가족의 노동을 통한 자립고취를 목적으로 하며, 연금수급기간을 통산 60개월로 제한한다. 아동을 양육하는 여성도 첫 수급 후 2개월이 지나면 취업해야 하며, 취업하지 않을 경우에는 지역사회서비스 사업에 참여해야 한다.

'근로소득세액 환급공제(EITC)' 제도는 아동수당, 가족수당 대신 자녀가 있는 가족에 대해 세금혜택을 부여하는 제도로 노동능력이 있는 노동자들이 복지에 의존하지 않고 취업을 유지하도록 재정적인 인센티브를 제공하는 방식이다. 세금으로 감해진 순소득이 연방정부가 정한 기준액보다 적을 때 소득과 부양아동 수에 기초하여 일정한 금액을 환불해 준다.

(2) 자녀양육 지원정책

'가족의료휴가제도'는 출산이나 입양한 자녀를 돌보거나 배우자나 부모, 자녀의 질병을 돌보는 근로자를 위해 복직이 보장되는 12주간의 무급휴가이다. 수혜자격은 전년도에 1,250시간 이상 근무한 건강보험대상자이다. 자녀의 학교방문이나 자녀를 병원에 데려가기 위해 연 24시간의 휴가도 이용할 수 있다.

(3) 보육정책

5세 미만의 자녀를 대상으로 하는 '취학전 프로그램', '보육 또는 주간보육센터', '가정형 탁아', '방과전 혹은 방과후 프로그램', 지역사회에 기반한 '가족 지원 프로그램' 등이 있으며, 수혜대상은 극빈계층의 가족으로 제한되어 있다.

(4) 노인부양 지원정책

'전국 가족간호자 지원프로그램'은 노인가족 간호자와 18세 미만의 어린이를 돌보는 60세 이상의 조부모나 친척을 대상으로 하는 프로그램이다. 지역사회단체, 종교기구, 자원봉사단체 등의 네트워크를 통해 지역사회에 기반한 지원과 훈련을 가족간호자에게 제공한다. 가족의 간병보호를 위한 단기 '가족의료휴가제도'도 시행된다.

가족간호자가 간호자 휴식서비스를 이용하는 경우 필요경비를 보조하는 '가족간호수당제도'가 있는데, 원칙적으로 가족원은 수급대상이 될 수 없으나 저소득의 간병보호자가 노인과 계속 동거하면서 간병했을 경우 주별로 조건에 따라 수당을 지급하고 있다.

5) 일본

일본은 1989년 '출산율 1.57' 쇼크를 경험한 이후 저출산·고령화현상의 심각성에 대한 사회적 공감대가 형성되었고, 이에 대응하기 위해 '엔젤 플랜', '골드 플랜', '21세기 복지비전' 수립과 각종 저출산·고령화 관련 위원회를 구성하는 등 노력을 기울여 왔다. 그럼에도 불구하고 세계 최고령사회로서 발생하는 사회적 문제들과 함께 만혼과 비혼의 증가, 자녀관의 변화, 가족의 안정성 약화, 여성의 평등의식 강화 등 변화하는 사회적 현실은 출산 및 양육에 대한 보조금 제공 등 직접적인 경제적 지원과 가치관 및 생활방식의 변화에 따른 다양한 가족정책을 보다 적극적으로 필요로 하고 있다.

(1) 소득지원정책

‘생활보호제도’는 국가의 책임으로 저소득층 국민의 최저생활을 보장하고 이들의 자립을 지원하는 소득보장제도이다. 출생에서부터 만 9세가 될 때까지 일정소득 이하의 아동양육자에게 ‘아동수당’이 지급되는데, 자녀수에 따라 차등 지급되며, 국가와 지자체, 사업주 등이 비용을 공동 부담한다.

아버지와 생계를 같이 하지 않는 아동을 양육하는 어머니에게 모자가정지원정책으로 ‘아동부양수당’이 지급되고 있으며, 또 공공시설 내 매점의 우선 설치, 공영주택의 모자가구 특별배치 등의 정책도 지원되고 있다.

(2) 출산, 양육지원정책

산전 6주, 산후 8주의 ‘출산휴가’가 보장되며, 1년 6개월까지 ‘육아휴직’이 가능하다. 이때 임금의 40%를 보전한다. ‘육아·개호휴직법’에는 육아·개호휴가를 취득하지 않은 사람에게 사업주가 단시간근무제도나 노동시간 유연화제도 등의 조치를 취할 의무에 관한 규정이 있으나, 단시간 취업자의 경우에는 적용되지 않는다.

(3) 보육정책

노동과 자녀양육 양립 및 자녀양육의 부담완화를 위해 ‘신 엔젤 플랜’ 및 ‘소자화 대책추진 기본방침’을 추진 중이다. 신 엔젤 플랜을 통해 전업주부의 긴급보육을 위한 일시보육, 방문형 일시보육, 7일 이내 단기간 보육, 파트타임 근무자를 위한 주 2~3일 보육 등 다양화된 보육시설의 운영과 함께 지원대상자의 폭을 넓혀나가고 있다. 지역사회에서 육아, 개호에 관한 상호원조활동을 하는 지원센터를 통해 보육시간 종료 후 일시보육서비스를 제공하기도 한다.

(4) 노인부양지원정책

‘골드 플랜 21’은 인구고령화에 따라 초래된 공공복지수요 증대에 대한 정책적인 대응을 위한 것으로 지역사회에서 개호서비스 기반의 정비를 포함하여 개호예방, 생활지원 등을 추진한다. 또한 민간사업자나 NPO 등의 개호서비스 제공사업자 등에 대한 행정지도 및 개호서비스의 양적, 질적 향상을 위해 노력하고 있다.

(5) 세제와 연금정책

일본의 세제는 남편은 밖에서 일하고 아내가 가정을 지키는 전통적인 가정에 유리하게 되어 있다. 예를 들어, 일본의 현행세제는 원칙적으로 개인단위를 기준으로 하고 있어 맞벌이 세대라면 부부 각자에게 별개의 소득세가 부과된다. 그러나 전업주부의 경우 남편이 세금을 적게 내는 '배우자 부양공제제도'가 시행되고 있다. 남편의 회사에서 지급하는 배우자수당 역시 배우자공제규정에 따라 아내의 소득이 일정수준을 넘으면 중지되고, 사회보험료도 새로 부과됨으로써, 시장에서 일하지 않는 아내에 대해 세제상의 우대조치가 이루어지고 있다.

연금제도도 임금노동자의 아내는 전업주부이거나 파트타임노동자로 연간 수입이 일정액 이하인 경우 기초연금 보험료를 납부하지 않아도 되지만, 남편이 퇴직했거나 기업에 고용된 자가 아닐 경우 아내는 수입이 없어도 보험료를 납부해야 한다. 아내의 피보험자 지위가 남편의 신분에 따라 좌우되는 것이다. 오히려 이 제도는 부양가족인 여성에게서 보험료를 징수하지 않음으로써 여성이 취업하더라도 남편의 부양가족으로 간주되어 소득이 연간 130만엔 한도 내에 머물게 하도록 유인한다.

핵심정리

국가는 법과 제도를 통해 가족에 대한 정의를 내리고, 가족관계의 범위를 정하며, 가족원의 권리와 의무, 국가가 가족원들에게 제공하는 이익이나 지원과 통제 등을 규정한다. 또한 대부분의 사회에서 국가는 특정 방식으로의 사회적 행위를 유도하기 위해 다양한 제도와 사회적 규범을 활용하고 개입하고 있다.

여성주의에서 국가연구가 중요한 이유는 국가가 여성과 남성의 삶에 다른 영향을 미치고 있기 때문이다. 그러나 이보다 더 중요한 점은 현대사회에서 국가는 가부장적 특성과 여성친화적 가능성을 동시에 지니고 있다는 것이다. 국가정책에 대한 여성주의적 접근은 양성평등적인 국가의 가능성을 탐색하며 변화를 추구하기 위해서 뿐 아니라, 현대사회의 다양한 변화에 제대로 대응할 수 있도록 복지국가가 재편되는 데 있어서도 중요한 역할을 한다.

복지국가의 가족정책들은 각국의 역사적 배경과 사회문화적·정치적 상황에 따라 정책의 중요성이나 강조하는 내용에 있어서 차이가 있다. 이러한 차이들을 감안하여 우리나라 가족정책의 발전방향이나 전략수립의 기초로 삼기 위해 주요 복지국가들(스웨덴, 독일, 프랑스, 미국, 일본)의 가족정책 내용에 대해 간단히 살펴보았다.

생각해봅시다

Q1 우리 사회 인구정책 변화과정이 개인과 가족의 삶에 어떠한 영향을 미쳤는지 생각해 보시오.

Q2 스웨덴과 독일의 가족정책의 차이를 각 국가의 사회이념과 사회정책의 목표와 연관하여 살펴보시오.

Q3 저출산과 고령화문제 해결에 초점을 둔 일본의 가족정책이 우리 사회에 시사하는 바가 무엇인지 생각해 보시오.

글로벌시대의 가족

13

글로벌시대의 가족

오늘날 세계화의 파고가 높아지면서 민족, 문화, 종교, 국적 등이 다른 개인들과 집단의 국제적인 이동과 거주가 빈번해지고 있다. 시장경제의 통합을 주도하는 세계화의 조류는 자본의 세계시장 유통을 비롯하여 상대적 빈곤으로 인한 인적 자원의 유입 및 유출을 야기하고 있다. 최근의 국제이주는 인종, 젠더, 계급 등의 요인이 복합적으로 작용한 현상이다.

우리 사회에도 여러 가지 경로와 사유로 입주하는 외국인과 출국하는 내국인이 양적으로 팽창하고 있다. 내부적으로는 민족적 동질성 관념이 여전히 강고하게 유지되고 있지만, 한편으로는 해외 이동성 증가로 인한 이문화 접촉도가 높아지고 있다. 여기에서는 국가의 경계를 넘나드는 해외 이주가 증폭되고 있는 글로벌시대를 배경으로 한 가족현상으로 결혼이민가족과 국제적 교육이민가족에 대해 살펴보기로 한다.

법무부의 자료에 의하면, 국제결혼 및 외국인근로자의 유입 증가 등으로 국내 체류 외국인수가 1990년 4만 9,000명에서 2000년 49만여 명, 2006년에 87만여 명으로 증가하였다. 2007년에는 한국 체류외국인이 100만 명을 상회하는 것으로 나타났다. 특히 국제결혼을 통해 우리나라에 들어와서 정주하는 결혼이민자의 증가는 귀화외국인 및 그들의 자녀 출생을 파생하므로 단일민족국가라는 사회적 통념을 위협하는 요인이 되고 있다.

결혼이민자의 국제결혼은 한족 남성과 외국 여성의 상황적 요인과 이해관계가 결합되어 성립된다. 결혼이민가족은 우리나라의 저소득층 및 농촌의 남성이 가족구성 위기에 봉착하여 결혼이민여성을 배우자로 선택하는 것과 저개발국 출신 결혼이민여성의 계급이동 욕망이 부합하는 전략적인 지점이다(조은, 2008). 결혼이민가족의 등장은 우리 사회가 다인종·다문화사회로 전환되는 입구를 경과하고 있음을 보여 주는 것이다. 이러한 상황적 변화는 자민족중심주의를 재검토하고 '국민국가'의 질서유지와 구조전환에 대처해야 하는 과제를 제기하고 있다.

외국인의 유입과 더불어서 한국인의 해외이주도 증가하고 있다. 그중에서 근년에 사회적 이슈가 된 사회현상으로는 초중고생의 조기유학의 증가로 인한 일명 기러기가족의 등장을 들 수 있다. 가족에서 자녀교육의 본질적 목적은 자녀가 지식을 습득하고 인격적으로 성장하여 바람직한 사회인이 되도록 지원하는 것이다. 한국적 교육 현실에서 야기된 국제적 교육이산가족은 교육과 가족의 연관성이 계층적 재생산에 기여하고 있음을 보여 주는 현상이다.

결혼이민가족과 국제적 교육이산가족은 종래의 가족구성 및 가족생활을 과감히 탈피한 파격적인 선택이다. 저개발국의 외국 여성과 한국 남성의 국제결혼 및 국내적 경쟁의 과열이 해외에서 교육수요를 충족시키는 모친 동반 조기유학은 일종의 가족전략인 것이다. 이러한 가족전략은 계층적 격차와 젠더변수가 복합적으로 반영되어 있는 가족현상의 단면이라고 할 수 있다.

1 결혼이민가족

1) 결혼이민가족의 현황

결혼이민가족이란 한국 남성과 외국인 여성 또는 한국 여성과 외국인 남성이 결혼해 한국에 정주한 가족, 즉 국제결혼을 통해 형성된 가족을 가리킨다. 근년에는 한국인과 아시아인 사이의 국제결혼 현상이 우리 사회의 변동 이슈의 하나로 등장하게 되었다.

오늘날 신자유주의 시장질서와 지구촌의 불평등적 경제구조로 인한 '빈곤의 세계화', 특히 아시아 지역의 경제적 불균형은 가족구성원들의 생계를 위해 잠재적 위험을 무릅쓰고 국경을 넘는 여성들을 양산하고 있다. 생존과 희망의 대안으로 결혼이민을 선택하는 것이 이주의 여성화 현상의 한 측면을 이루고 있다. 저개발국의 여성이 자신의 가족을 가난에서 벗어나게 하고 경제적 상승을 할 수 있다는 가능성을 실현시키기 위해 한국 남성과 국제결혼을 감행하는 것이다. 국내에서는 도시 저소득층이나 농촌의 가족 위기가 가족을 구성할 물적, 사회적, 문화적 자원이 취약한 남성집단을 발생시켰다. 이들이 선택한 가족구성의 전략인 국제결혼은 국가 간의 경제적 격차를 사적 통치로 전환시킨다(김현미, 2008).

우리 사회에서 국제결혼의 역사적 흐름을 보면, 1960~70년대에는 한국 여성과 외국 남성, 특히 미국 남성 간의 결혼이 주를 이루었으나, 1990년대부터 한국 남성과 외국 여성의 결혼이 증가하는 것으로 변화하였다. 1990년에 일본 여성들이 통일교의 집단결혼을 통해서 한국 남자와 결혼해 한국에 들어오기 시작했다. 1995년부터 '농촌총각 결혼시키기' 사업을 통해 중국동포여성들이 우리나라에 시집을 왔다. 중국동포여성의 결혼이민가족은 경제적·문화적 격차는 있지만, 민족적 동질성을 기반으로 한 가족이었다.

2000년 무렵부터 지자체의 국제결혼 지원이 늘어나면서 국제결혼 중개업체가 난립하게 되었고, 결혼이민여성의 출신국 범위가 중국인 및 필리핀, 구 소련계, 몽골, 태국 등으로 확대되었다. 저출산과 이농으로 인한 농촌인구의 감소를 고려해 볼 때, 농촌지역의 지자체가 앞다투어 시행하고 있는 외국인신부 맞기 지원시책은 지역공동체의 생존을 위한 주요사업이다(조은, 2008). 중개업체를 통한 국제결혼의 갑작스러운 증가는 농촌지역에서 국제결혼을 별다른 저항 없이 확산시켜서 일종의 붐이 형성되기도 하였다. 가족관이나 혈통주의에서 가장 보수적인 가치를 가지고 있던 농촌가족이 결혼이민자를 수용하는 가족의 형성을 통해 우리 사회의 주요한 근간을 동요시키는 최전선이 되고 있는 것이다.

국제결혼의 전반적 추이를 통계청의 자료를 통해 보면, 1990년 4,710건으로 전체 결혼건수의 1%에 불과했으나, 2000년 이래 상승추세를 보이다가 2006년부터 소폭 하락하고 있다. 2005년에는 4만 3,121건으로 총 혼인건수의 13.6%, 2008년에는 3만 6,204건으로 11.0%를 차지하였다. 2008년 국제결혼부부를 한국인의 성별로 나누어 보면, 한국 남성과 결혼한 외국 여성의 비율은 77.8%를 차지하여, 외국 남성과 결혼한 한국 여성 22.2%에 비해 약 3배 정도 많았다. 한국 남성과 결혼한 외국 여성은 2008년 2만 8,163명으로 2005년 이래 소폭 감소하고 있다.

표 13-1 국제결혼의 현황

(단위 : 건수, %)

연도	총 혼인건수	국제결혼건수(%)	한국 남성+외국 여성	한국 여성+외국 남성
2000	332,090	11,605(3.5)	6,945	4,660
2001	318,407	14,523(4.6)	9,684	4,839
2002	304,877	15,202(5.0)	10,698	4,504
2003	302,503	24,776(8.2)	18,751	6,025
2004	308,598	34,640(11.2)	25,105	9,535
2005	314,304	42,356(13.5)	30,719	11,637
2006	330,634	38,759(11.7)	29,665	9,094
2007	343,559	37,560(10.9)	28,580	8,980
2008	327,715	36,204(11.0)	28,163	8,041

출처 : 통계청, 인구동향조사

결혼이민자의 출신국 분포(2008)를 보면, 여성의 경우에는 한국계 중국인 (37.6%), 중국(22.4%), 베트남(17.8%), 일본, 필리핀, 몽골, 태국 등의 순서이고, 남성의 경우에는 한국계 중국인(42.1%), 중국(17.7%), 미국, 일본, 방글라데시, 파키스탄 등의 순서이다.

결혼이민자 유입의 초기단계에서는 농촌지역의 남성이 주된 대상이었으나, 점차 도시 저변의 사회경제적 지위가 낮은 남성으로 대상범위가 확대되는 추세가 나타나고 있다. 결혼이민자의 거주지역 분포를 보면, 서울(2만 3,314명), 경기(2만 2,340명), 인천(4,927명), 부산(4,927명), 경남(4,511명) 등 약 65% 이상이 대도시에 거주하고 있고, 재혼의 비율도 약 45%나 된다. 대도시의 결혼이민자들은 대부분 주변적 도시지역 거주가 대부분이고, 농업과 임업에 종사하는 농촌거주남성의 40%가 국제결혼을 한 것으로 나타났다. 결혼이민가족은 도시의 저소득층이나 농촌에서 남성들이 이성애적 가족을 구성할 물적, 사회적, 문화적 자원의 취약으로 인한 가족 위기를 해결하는 전략적 가족인 것이다.

결혼이민자의 국적에 관한 사항을 보면, 국내에 2년 이상 거주하고 자기재산이 3,000만 원 또는 재정보증이 있는 경우 국적취득을 신청할 수 있다. 한국보건사회연구원의 연구보고서 '다문화가족의 증가가 인구의 양적·질적 수준에 미치는 영향'(2009년)에 따르면, 결혼이민자 중 한국국적 미취득자는 12만 6,000명이고 혼인귀화자는 4만 1,000명이었다. 한국국적 미취득자는 전체의 75.2%나 되었고, 취득자 비율은 24.6%에 불과했다. 우리나라는 이중국적을 허용하지 않기 때문에 결혼이민자가 모국의 국적을 포기해야만 한국국적을 취득할 수 있다. 결혼이민자의 한국국적 미취득은 본인뿐만 아니라 자녀세대에게도 부정적 영향을 미칠 우려가 있다. 결혼이민자가 한국국적 미취득 상태로 장기체류할 경우에 법적 신분의 불안정으로 가족생활이나 경제활동에 큰 지장을 초래하고 열악한 사회경제적 위치를 고착화한다.

결혼이민인구의 유입과 장래인구 추계의 연관성을 살펴보면, 2009년 결혼이민인구로 늘어난 생산가능인구는 17만 8,000명이고, 2050년에는 133만 7,000명으로 늘어날 전망이다. 결혼이민인구의 생산가능인구 증가 기여도는 2009년 0.5%에서 2020년에 1%를 넘어서고 2050년에는 5.96%에 달할 것으로 보인다. 이는 생산가능인구인 15~64세의 규모를 증가시키는 동시에 총인구의 감소폭을 축소시키는 효과가 있는 것으로 예측된다. 이와 같이 결혼이민인구는 총인구의 규모 및 구성에 영향을 미치는 중요한 인구변동 요인으로 정착될 것으로 보인다. 국제적인 인구이동이 활발해진 상황에서 국내의 인구정책에서 유입인구의 동향 및 성격, 특히 결혼이민자에 대한 사회적 관심의 제고 및 정책적 대응이 요청되고 있다.

2) 결혼이민가족의 문제점

우리나라에 들어오는 결혼이민자의 국제결혼 경로는 4가지로 나누어 볼 수 있다. 상업적 중개업소를 통한 결혼, 종교기관에 의한 결혼, 국제결혼한 부부나 우리나라에서 일하고 있는 가족 또는 친척들의 소개로 인한 결혼, 외국인 노동자의 한국체류가 장기화되면서 일상생활의 연애를 통해 이어지는 결혼 등이 있다. 이러한 경로들 중에서 국제적 결혼중개업의 등장으로 형성된 국제결혼시장은 국제적 경제격차의 확대를 배경으로 한 이주경로로 정착되고 있다. 송출국과 수용국의 사이에서 진행되는 상업적 국제결혼중개업에 의한 결혼건수는 2005년에 약 2,000여 건에 이르고 있다. 매매혼적 국제결혼은 여성의 상품화를 전제로 하는 것이므로, 결혼 희망자 모집과 맞선과정, 배우자에 대한 허위·과장 정보, 비용 폭리, 인권침해 등의 심각한 문제들이 발생하고 있다.

한국 남성을 고객으로 하는 국제결혼중개업체는 아시아 저개발국의 여성을 가부장적으로 상업화한다. 국제결혼정보회사의 사이트에는 순종적이다, 모성애가 강하다, 순결하다, 부모봉양을 잘 한다, 절대 이혼하지 않는다 등의 성차별적이고 가부장적 선전문구가 난무하고 있다. 이러한 광고행위에 대한 비판 여론이 제기되자, 2007년에 국제결혼 중개업체 관리에 관한 법률이 제정되어 국제결혼 중개업이 신고제에서 등록제로 전환되었다. 허위 및 과장광고 금지, 개인정보 보호, 중개업자의 손해배상 등의 내용이 명시되었음에도 불구하고, 상업적 중개업에서 결혼이민여성의 가족에 대한 종속성, 빈곤으로 인한 강한 생활력, 남편에 대한 복종적 이미지 등을 강조하는 가부장적 가족관 강화 경향은 여전히 지속되고 있다.

결혼이민가족은 결혼과정이나 구성원의 특성상에 취약점을 안고 있다. 국제결혼은 결혼당사자들의 만남부터 결혼까지의 기간이 최장 1개월 정도이다. 상대 배우자에 대한 이해가 매우 부족한 상태에서 결혼을 하게 되는 것이다. 자원의 측면에서 문화적 이질감, 사회부적응 등으로 생활환경이 불안정한 경우가 많다. 경제적 측면의 문제로는 불안정한 직업이나 저소득과 같은 열악한 경제조건, 문화적·심리적 측면에서는 언어의 장벽으로 인한 오해의 증폭, 문화적응에 대한 긴장과 스트레스, 정체성의 문제, 외국인에 대한 한국 사회의 배제와 편견으로 인한 고립감 등을 들 수 있다. 이러한 상태에서 자녀 출산과 교육도 심각한 문제이다. 자녀들은 외모의 차이로 인한 차별을 받고, 언어발달이 지체되어 학교생활 부적응을 야기하는 경우도 많다. 교육과학기술부의 조사(2008)에 의하면, 결혼이민가족의 초·중·고 취학연령 자녀 2만 5,000명 중 24%는 학교에 다니지 않는 것으로 나타났고, 특히 고교 진학률은 30%에 불과했다.

가족의 관계성 측면에서는 가족구성원들 간에 언어소통이 원활하기 못하여 서로 오해가 쌓여서 가정불화를 겪는 경우가 많다. 한국보건사회연구원의 조사에 따르면, 2008년 1년간 결혼이민가족에서 한국인 배우자에 의한 가정폭력 발생률은 47.8%에 달했다. 모욕적 언사로 괴롭히는 언어 및 정서적 폭력이 가장 많았고(27.9%), 신체적 폭력도 25.3%로 나타났다. 외출을 못하게 하거나 주민등록증을 빼앗는 등의 인권침해도 적지 않고, 의사소통의 제약, 배우자 지지 부족, 가정폭력 등의 우려가 높은 편이다. 사회적 지지망의 접촉이 제한되어 있는 국제결혼이민여성을 동등한 배우자로 인정하지 않고, '돈 주고 사온 여성'이라는 매매혼적 성격을 고착화시키고 있는 것이다.

국제결혼부부의 이혼도 증가하고 있다. 국제결혼의 이혼율 추이를 보면, 2003년 2,784건, 2004년 3,315건, 2005년 4,208건으로 해마다 크게 증가하고 있다. 전체 이혼건수에서 국제결혼부부의 비중도 해마다 증가해서 2003년 1.6%에서 2006년에는 4.9%로 3배 늘었다. 이혼한 결혼이민여성의 연령대를 보면, 15~19세가 5.4%, 20~24세가 19.7%로 약 25%가 24세 미만이었다. 특히 농촌지역이 도시보다 이혼율이 높다. 이혼의 주요 원인은 한국 남성과 외국 여성의 연령 격차, 경제적 빈곤, 실업, 알코올중독 등이었다.

매매혼적 국제결혼이 아시아 배우자에 대한 학대와 유기, 착취 같은 가정폭력을 유발하고 이혼으로 이어지는 사례가 적지 않다. 강제이혼을 당하기도 하는데, 결혼이민여성의 '방문동거 비자'는 이혼과 동시에 효력이 상실되므로 '불법체류자'가 되어버린다. 이러한 악순환 현상은 국제결혼 당사자의 개인적 요인과 사회적 요인이 복합적으로 작용한 결과이다. 한국 남성과 외국 여성의 사이에서 욕구와 기대의 상호적 불일치, 사회·문화적 차이가 갈등과 부작용을 유발하고 있다. 결혼이민가족은 우리 사회에서 폭넓은 관심과 수용적 대책이 요청되는 가족현상인 것이다.

3) 결혼이민가족의 지원

우리 사회는 점차 다민족·다문화 사회의 성격을 띠게 되었다. 결혼이민여성에 대한 효과적인 지원방안을 모색하려면 먼저 결혼이민여성들은 한국에 살기위해 온 여성들이란 점을 분명히 인식해야 한다.

2006년 4월에 '여성이민자 가족 및 혼혈인, 이주자 사회통합지원방안'의 발표를 계기로 정부에서 '다문화가족'이라는 용어를 공식적으로 사용하고 있다. 결혼이민가족에 직접 관련된 법률로는 재한외국인처우법과 다문화가족지원법이 있다. 재한 외국인처우기본법 제12조에서는 결혼이민자 및 그 자녀의 처우를 규정하고 있다.

• 국가 및 지방자치단체는 결혼이민자에 대한 국어교육, 대한민국의 제도·문화에 대한 교육, 결혼이민자의 자녀에 대한 보육 및 교육 지원 등을 통하여 결혼이민자 및 그 자녀가 대한민국 사회에 빨리 적응하도록 지원할 수 있다.

• 제1항은 대한민국 국민과 사실혼 관계에서 출생한 자녀를 양육하고 있는 재한외국인 및 그 자녀에 대하여 준용한다고 되어 있다.

또한 2008년 3월에는 '다문화가족지원법'이 제정되었는데, 이 법의 목적은 다문화가족구성원이 안정적인 가족생활을 영위할 수 있도록 함으로써 이들의 삶의 질 향상과 사회통합을 이루는 것이다. 여기에서 다문화가족이란 '합법적으로 체류하고 있는 결혼이민자와 외국인근로자가 대한민국 국민과 혼인, 혈연, 입양 등으로 결합하여 이룬 가족과 귀화자가족'을 포함한다. 그런데 출신국이 다른 외국인 간의 결혼에 의한 가족과 영주권자가족은 대상에서 제외하고 있다. 다문화가족지원법의 제정과 시행은 결혼이민자의 법적 지위를 인정하고 이들의 사회통합을 종합적으로 지원하는 것을 통해, 사회의 다문화 공존성을 제도적으로 보장하는 법적 기반 마련이라는 의미가 있다. 구체적 내용을 보면, 합법적 결혼이민자로 지원의 법위를 한정하고, 결혼이민자를 대상으로 한국역사, 한국어, 예절과 전통교육 및 결혼과 양육에 관련된 상담을 주요사업으로 하고 있다.

이러한 정부의 대응정책은 한국적 가부장제에 기반을 둔 가족의 재생산을 목적으로 하고 있어서, 이문화의 상호공존이라는 다문화주의의 개념과는 거리가 멀다. 오히려 다양한 문화적 배경과 희망을 가지고 있는 외국여성들을 사회적 소수자로 규정하고 우리 사회에 동화시키려는 경향이 강하다. 인종·젠더·계급의 차별에 저항하는 '가치'로서 지향되어야 할 다문화주의가 국가에 의해 차용됨으로써, 결혼이민자 관리제도가 '다문화'라는 용어로 포장되고 있는 것이다(김현미, 2008). 결혼이민자를 국가나 지역사회의 구성원으로 인정하지 않고, 정책적 지원대상인 사회적 취약층으로 상정하는 것은 전형적인 동화주의적 차별이라고 할 수 있다.

또한 정부의 결혼이민여성 지원정책은 가족을 지속시키기 위한 정착사업에 집중되어 있다. 이는 결혼이민여성들의 유입이 우리나라의 가족주의를 유지하기 위한 방안으로 채택되고 있음을 나타내는 증거이다. 결혼이민자가족은 이문화의 공존이 아니라 한국적 가부장제의 재생산을 목적으로 하고 있다(김현미, 2008). 이러한 이민정책은 부계혈통주의에 기반을 둔 성별화된 국민개념에 의해 추진되고 있는 것이다. '외국인며느리'라고 불리는 결혼이민여성은 한국 사회의 효의식의 약화와 돌봄노동의 부재를 해결하는 역할 수행이 기대되는 존재인 것이다.

여성결혼이민자에게 전통적 성역할 고정관념에 의한 '며느리, 아내, 자녀의 어머니'로서의 역할 수행을 강조하는 것은 이들을 일방적으로 우리의 가부장적 가족질서에 편입시키는 것이다. 결혼이민여성들은 한국 남성의 자녀를 출산하고 한국 가족에 편입된다는 이유 때문에 한국 국민으로 수용된다.

이들 가족의 문제점을 해소할 수 있는 적절한 서비스를 제공하여 가족의 기능이나 안정성을 지원할 필요가 있다. 결혼이민여성들은 문화적 차이와 의사소통의 문제로 어려움을 겪고 있으므로, 문화적 이질감을 해소하기 위한 방안으로 가족통합 유지 프로그램이 필요하다. 한국어교육은 한국생활 적응뿐만 아니라 인권을 보호하기 위해서도 필요하다. 일상생활에 대한 상담 및 지원으로는 한국사회 적응 및 문화이해, 가족관계 증진, 사회적 연결망 형성지원, 친정 보내주기, 그리고 여성복지 증진사업, 취업기술교육 및 일자리 알선, 문화교류 등도 시도되고 있다.

그리고 결혼이민가족의 자녀에 대한 차별인식을 불식시키는 사회적 인식 개선 노력과 이들의 전인적 성장을 지원하는 방안이 마련되어야 한다. 결혼이민가족의 자녀들은 혼혈인이라는 차별을 당하며, 경제적으로 빈곤하여 건강한 성장에 필요한 자원이 불충분한 경우가 많다. 이들도 우리 사회의 차세대로서 한국의 미래를 이끌어야 갈 잠재적 동력으로 키우는 장기적인 대책을 세워야 한다.

결혼이민자는 다양한 문화적 배경을 가지고 있음에도 불구하고 획일화된 집단으로 인식하는 '문화적 타자화' 시각은 지양되어야 한다. 결혼이민여성을 보호받고 교육받고 복지지원을 받아야 할 요보호대상으로 규정하는 것에서 탈피하여 이들을 주체적 존재로 인정해야 한다. 결혼이민여성의 고유한 사회문화적 배경을 인정하고 그들이 인적 자원으로서 우리 사회에 공헌할 기회를 제공하는 정책이 필요하다. 국적의 취득 여건을 개선하여 선택의 기회를 보장하여야 한다. 가족주의적 결혼이민자정책을 지양하고, 결혼이주자의 인권을 보장하고 향상시키는 정책이 필요하다. 결혼이민여성의 역량을 키우기 위한 정보 제공 및 교육의 기회가 제공되어야 한다.

결혼이민가족에 대한 사회적 편견을 해소하고 고용차별, 자립제한 등 전반적인 문제점들을 개선함으로써, 실질적인 사회적 통합을 지향해야 한다. 결혼이민여성에게는 좋은 배우자를 만나서 빈곤을 탈피하고 보다 경제적으로 안정된 생활을 실현하는 기회가 되고, 이문화를 가진 배우자와 결혼한 한국 남성에게는 다양성이 있는 가족생활을 누릴 기회가 되어야 할 것이다.

결혼이민여성, 간호조무사 1호

• 필리핀 출신인 로첼 마나다

결혼이민여성 첫 간호조무사가 배출됐다. 주인공은 경남 사천에 살고 있는 필리핀 출신 로첼 A 마나다 씨. 로첼 씨는 2000년 한국인 남편에게 시집와 사천에 정착한 결혼 10년차 주부이다. 그녀가 2009년 10월 11일 경상남도에서 주관한 간호조무사 자격시험에 당당히 합격하기까지는 난관이 많았다. 12년제인 우리나라와 달리 필리핀은 고교 졸업까지 10년밖에 걸리지 않아 논란 끝에 교육과학기술부와 보건복지부에서 응시 자격이 있다는 유권해석을 내렸다.

하지만 필리핀 현지 학교의 졸업증명서를 확인하는 데 시간이 지체돼 자격 공부를 같이 했던 동기들의 수료식에서 자격증을 받지 못했다. 주변의 도움으로 필리핀에 있는 가족이 해당 학교에서 졸업증명서를 발급받아 필리핀 주재 한국대사관에 제출하고, 대사관은 확인작업을 거쳐 외교통상부로, 여기서 다시 경상남도로 넘어왔다. 그녀는 5개월간의 우여곡절 끝에 간호조무사 자격증을 받아 정식 조무사로 인정받았다.

이 같은 사연을 접한 삼천포서울병원과 사천다문화통합지원센터는 지난달 30일 삼천포 서울간호학원에서 역경을 딛고 자격증을 취득한 로첼 씨를 위해 간호조무사 자격증 수여식을 열어주었다.

출처 : 여성신문, 1077호, 2010.4.9

코시안의 집

코시안의 모임은 1996년 4월에 시작되었고, 2000년 9월에 안산이주민센터 부설로 〈코시안의 집〉이라는 공동체로 발전하게 되었다. 2003년 10월에 코시안 다문화가정의 아동을 위한 〈코시안의 집〉의 공간을 마련하여 운영하고 있다.

코시안(Kosian)은 Korean과 Asian을 합친 말이다. 코시안(Kosian)은 단순한 단어의 결합 (Korean+Asian)을 넘어 '평등 됨(=)'과 '하나 됨(+)'의 철학과 인권의 사회적 실천(PRAXIS)의 뜻을 가지고 있다. 코시안이란 말은 ① 국제결혼 2세, ② 이주아동, ③ 코시안 다문화가족, ④ 다문화가족이 모여 사는 동네 등의 의미를 가지고 있다. 현재 코시안은 국제결혼 자녀, 이주아동을 지칭하여 사용한다. 국내에서 오랫동안 우리의 이웃으로 살아가는 코시안 다문화가족을 우리의 이웃으로 받아들이고, 그 다양성과 존엄성을 인정되는 사회형성을 위해 새롭게 만들어진 말이다.

코시안의 집은 코시안 아동들이 신체적·정서적·사회적으로 건강하게 자라도록 도우며, 각 가정이 안정되게 살아갈 수 있도록, 한족 사회에서 건강한 코시안으로 정착하여 살아갈 수 있도록 돕는 데 목적이 있다.

주요활동으로는, ① 맞벌이를 하는 코시안 다문화가족 부모를 위하여 영유아보육 종일반 운영, ② 코시안스쿨에서는 코시안 아동과 청소년을 위해 한국어를 비롯한 학습지도와 특별활동(피아노, 미술치료, 재즈댄스, 미디어 교육, 아동캠프, 문화체험 등 운영, ③ 코시안가족 지원서비스로 방문을 통해 양육지원, 의료지원, 가족상담 등 실시, ④ 코시안 가족상담으로 법률상담, 부부상담, 아동상담, 의료상담 실시, ⑤ 공동체모임과 행사로는 코시안 다문화 가족모임, 부모 교육, 가족캠프, 명절행사를 통해 문화적 정체성을 확립하고 결속력을 강화하여 가족의 소중함과 권리 확대를 위한 행사 등이 있다.

출처 : 코시안의 집 홈페이지(www.kosian.or.kr)

2 국제적 교육이산가족

1) 등장배경과 발생요인

우리 사회에서 교육은 사회적 지위상승 수단이므로, 자녀가 있는 가족의 경우 교육은 가족의 생활 및 가정경제에 영향을 미치는 매우 중요한 요인이다. 한국의 가족주의에서 자녀의 사회적 지위 획득은 가족 전체의 계층 상승을 의미하므로, 부모가 자녀교육을 위해 헌신하는 것이 가족의 미래를 보장하는 확실한 투자라는 교육관이 형성되었다. 사회경제적 환경이 변화하면서 제도교육은 개인을 등급화하는 학력 및 학벌을 획득하는 수단으로 변질되었고, 학벌은 지위 획득을 위한 합법적 방식으로 정착하게 되었다. 가족이 학력자본의 생산자 역할을 수행하는 가운데, 어머니가 학력자본을 통한 계층이동이라는 가족사업을 관리하는 역할의 담당자가 되었다(조성숙, 1995).

우리나라에서 교육이산가족, 즉 교육으로 인한 가족의 가구분화 현상의 출발은 지방에서 대도시, 특히 자녀를 서울에 보내 공부시키는 '상경교육'이었다. 그런데 이동범위가 국내에서 해외로 확장되면서 자녀교육을 목적으로 분거하는 가족생활이 등장하게 되었다. 국제적 교육이산가족은 서울올림픽 이듬해인 1989년 해외여행 자유화 조치로 여권 발급이 개방된 시기에 출현했다. 1990년대에는 조기유학이 소수의 극성스런 부모의 교육선택 정도였다. 여기에서 조기유학이란 초·중·고등학교 단계의 학생들이 국내 학교에 입학 또는 재학하지 않고 외국으로 나가 현지 외국의 교육기관에서 6개월 이상 수학하는 행위를 의미한다(김홍원, 2005). 그런데 1997년 외환위기 당시에 정부에서는 조기유학을 외화 유출요인의 하나로 보고 조기유학생에 대한 해외 송금을 제한하기도 하였다. 그 후에 경제적 상황이 회복되자 조기유학생의 합법적 신분보장 요구가 제기되었고, 2000년의 '해외유학 자유화' 조치를 통해 중학교 졸업자 이상의 조기유학이 공식적으로 허용되었다. 조기유학 자유화 이후 초·중·고교 학생의 조기유학이 늘면서 소위 '기러기아빠'라는 용어가 등장하자 사회문제로 관심을 끌게 되었다.

국제적 교육이산가족의 주된 요인은 한국의 교육문제이다. 공교육에 대한 불만이 커지면서 자녀에게 교육투자를 하여 사회적 성공을 시키겠다는 부모의 열망으로 사교육비의 부담은 가중되었다. 주입식교육과 고교평준화 등 현행 교육 정책 및 교육제도에 대한 불만족 및 불안감을 느낀 부모들은 입시위주 교육에서 자녀를 해방시키는 방안을 모색하게 되었다. 대학입시 경쟁이 과열화된 상황에서 중등교육이 수험교육으로 전락하자, 학부모들은 '입시지옥'을 피해 '교육천국'으로 자녀를 보내는 대안을 찾게 되었다(조성숙, 1995). 해외교육은 학력중시 사회에서 자녀를 국내의 좋은 대학에 진학시키려면 반드시 거쳐야 할 입시지옥을 탈출하여 좋은 교육환경에서 교육효과를 높이는 대안이었다. 획일화된 공교육과 과도한 경쟁을 유발하는 교육풍토, 사교육비의 과중한 부담 등 국내 교육여건에 대한 실망이 크게 작용한 것이다.

또한 사회배경적 요인으로는 1990년대 이후 세계화의 물결 속에서 외국어 능력이나 외국학교 수학 경험 등이 유리한 조건이 된다는 기대가 있다. 유학비용을 감당할 만한 경제수준의 향상과 정부의 국제화 정책으로 영어구사능력과 창의력, 국제감각 등이 강조되면서 영어조기교육이 등장하였다. 영어능력이 미래 인재의 경쟁력 지표가 된 상황에서 영어교육을 위한 조기유학은 매력적 선택지였다. 처음에는 조기유학을 전면 개방했다가 이로 인한 외화유출의 규모가 증대하자 허가 대상을 중졸 이상으로 상향조정한 비일관적 유학정책도 조기유학을 증가시킨 영향요인이었다.

이와 같이 한국의 교육 현실에 불만족한 부모들이 자녀들을 미국, 캐나다, 호주, 뉴질랜드 등 영어권 국가로 자녀를 유학 보내기 시작했다. 그런데 조기유학으로 해외에서 청소년기를 홀로 보낸 자녀들의 부적응이나 탈선 등의 문제가 발생하자 어머니가 자녀의 유학에 동행하는 방법을 선택하게 되었다. 소위 기러기가족은 1990년대부터 시작된 조기유학 열풍이 만들어낸 한시적 가구분화 또는 비동거가족 현상이다. 자녀의 교육을 위해 가족이 한시적으로 거주를 국내와 해외로 분리하는 이산가족 형태를 이루게 된 것이다. 자녀의 교육, 특히 영어교육을 주목적으로 어머니와 미성년자녀가 함께 영어권 국가로 이주하여 자녀를 공부시키는 동안, 아버지는 혼자서 본국에 머물면서 학비와 생활비를 조달하는 교육목적형 이산가족이다. 가족성원들이 국경을 초월하여 분산되어 생활하므로 일종의 초국적 가족, 즉 국경을 넘어 분거하는 가족을 글로벌가족이라고도 한다(조은, 2008).

국제적 교육이산가족은 글로벌시대 한국적 모성이 계급 이동의 교량역을 담당하는 방식을 보여 주는 대표적인 사례이다. 자녀교육을 위해 부모와 자식 그리고 부부 사이에도 거주의 분리, 즉 선택적 비동거인 가구 분리라는 가족전략이 채택되었다. 신자유주의적 가치관을 내면화하고 경쟁력 있는 학력자본 생산자의 소임을 수행하는 중산층가족이 세계적 분거를 통해 그리고 모성을 활용하여 가족의 계급 위기를 극복하는 전략적 지점을 확보한 것이다(조은, 2008). 국제적 이동성의 증가와 한국의 학력 중시 현상을 배경적 요인으로 하여 자녀의 조기 유학을 위해 가족이 한시적으로 분화하는 방식이다.

2) 국제적 교육이산가족의 현황

조기유학은 공식적 유학의 형식을 취하지 않는 경우도 많고 조기유학생들이 출국한 후의 관리체계가 미흡하여 정확한 인원을 파악하기는 어렵다. 여기에서는 교육관련 통계자료를 참고로 하여 조기유학의 현황을 살펴보기로 한다.

유학출국 초·중·고등학생 수는 1995년에 2,259명에서 점차 증가하다가 1998년엔 1,562명으로 외환위기로 잠시 주춤하였다. 2000년부터 다시 증가추세로 전환되어 4,397명이었고, 2002학년도에 1만 명을 돌파했다. 이후 2003학년도 1만 498명, 2004학년도 1만 6,446명, 2005학년도 2만 400명, 2006학년도 2만 9,511명 등으로 지속적으로 늘어나다가 2007학년도에는 2만 7,668명으로 증가세가 꺾였다.

교육과학기술부가 한국교육개발원을 통해 집계한 2009학년도 초·중·고 유학생 출국 현황에 따르면 2009년 3월 1일부터 2010년 2월 28일까지 출국한 학생수는 총 2만 7,349명으로 2008년에 비해 319명 감소하였다. 학교급별로 보면 초등학교 유학생은 전년도보다 늘었지만 중학생과 고등학생은 줄었다.

초등학생의 조기유학이 증가하면서 조기유학생의 연령이 하향화 추세를 보이고 있다. 한국교육개발원의 집계에 의하면, 초등학생의 해외유학은 1995년 235명이었는데, 2003년 1만 498명, 2006명에는 1만 3,814명으로 대폭적 증가추세를 보이고 있다. 초등학생의 유학이 증가하는 이유는 단기간에 영어를 집중적으로 공부한 후에 한국에 돌아와 영어로 인한 학업 부담을 경감시키고 특목고에 진학하기 위한 목적도 있다.

유학출국 학생수(초 · 중 · 고)

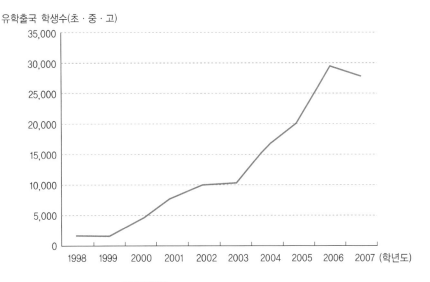

그림 13-1 ▶ 조기유학생수 추이(단위 : 명)

출처 : 한국교육개발원

　조기유학생이 유학하는 국가도 점차 다변화하고 있다. 2006년 국가별 조기유학 출국자 수는 미국이 1만 3,156명(32.1%)으로 가장 많고 이어 동남아 7,973명(19.5%), 중국 5,415명(13.2%), 캐나다 5,172명(12.6%), 호주 2,046명(5.0%), 뉴질랜드 1,636명(4.0%) 등의 순이었다. 영어상용국인 미국과 캐나다, 호주와 뉴질랜드 등의 국가에 편중되어 있었는데, 최근에는 교육비와 생활비가 저렴한 동남아국가에서 영어를 배우려는 사람도 생기고 있다.

　한국은행 통계에 따르면 유학·연수관련 적자액이 1993년부터 2009년까지 17년간 349억 달러에 달했다. 경제여건이 불안정했던 2009년에도 유학관련 적자액은 39억 4,300만 달러였다. 해외유학·연수비로 유출된 송금액과 외국인이 한국에 유학·연수를 와서 지출한 금액의 격차는 상당하여서 무역수지 악화요인이 되고 있다.

미국 일간지, 한국 '기러기아빠' 가정 소개

　미국의 '워싱턴 포스트' 지는 2005년 1월 9일자에 한국의 조기 유학생 급증현상을 반영, 한국의 '기러기아빠' 가정의 실태를 소개했다. "기러기는 한국의 전통 결혼식에서 평생 반려의 상징이고, 먼 거리를 돌아다니며 먹이를 잡아 새끼들을 먹이는 새"라며 한국의 기러기아빠 가정에 대해 '아이들을 미국에서 교육시키기 위해 태평양을 사이에 두고 갈라진 가정'이라고 설명했다.

　이 기사는 한국의 기러기가족에 관한 심층취재로 기러기아빠와 기러기가족들을 면접하여, 기러기가족이 되는 과정, 엄마와 자녀의 미국생활 적응과정, 남편의 한국생활, 가족의 짧은 해후 등의 내용을 다루었다. 기러기아빠를 양산한 조기유학 급증 원인에 대해 신문은 "한국은 인터넷과 초고층 상가 면에선 선진 국가이지만, 직업과 사회적 지위는 물론 배우자마저도 시험 성적에 따라 결정됨으로써 창조성이나 기업심이 설 자리가 없다."고 지적했다. 또 "한국 사회에서는 영어 구사력과 국제경험이라는 측면에서 미국 교육 배경이 우대받고 있다."고 했다.

　한국에 남아 있는 외로운 기러기아빠들의 비만 증세, 외도, 자살 등에 관한 한국 언론의 보도를 소개하면서 기러기아빠는 가족과 떨어져 사는 게 '희생'이라고 말했지만 "이는 또한 '도박'이기도 하다."고 했다.

출처 : 한겨레신문, 2005.1.10

3) 국제적 교육이산가족의 문제점

　국제적 교육이산가족 현상은 자녀의 교육을 위해서 가족의 공동생활을 한시적으로 포기하는 가족전략이다. 가족관계에서 부부관계보다 자녀를 중시하여 부모가 자녀교육을 매개로 자녀와 의존적 관계를 형성하는 현상이다. 이러한 현상은 여러 측면에서 문제를 안고 있다.

　먼저, 의도적 '결손가정'의 형태인 국제적 교육이산가족은 가족의 기능 및 가족관계의 조정 등에서 가족문제의 발생소지를 안고 있다. 분거생활로 인해 가족구성원 간의 관계 단절, 부부간의 갈등 등 가족성원들은 각각 심리적 문제를 경험한다. 부부의 경우, 별거 초기에는 이메일이나 화상통화, 메신저 등의 통신수단을 적극 활용하여 장거리 거주분리의 한계를 극복하려는 노력을 한다. 그러나 시간이 흐름에 따라 각자의 현실생활에 적응하게 되고 희생과 기회비용을 고려하게 된다. 별거기간이 장기화될수록 가족구성원 간의 친밀감이 약화되고, 거리감을 느끼게 되는 경우가 많다. 외국생활에 익숙해지고 외국의 교육환경에 적응한 기러기엄마와 자녀는 유학이 종료되어도 귀국을 희망하지 않는 경우도 있다. 가족구성원이 서로에게 무관심해져 가족관계가 회복되기 어려운 상황이 되면 가족해체의 위험성이 증가한다.

　다음으로, 기러기아빠는 '자녀를 외국에서 공부시키기 위해 아내와 자녀를 외국에 보내 놓고 국내에서 혼자 생활하는 기혼남성'이다. 영어능력을 강조하는 글로벌시대의 왜곡된 교육상황에서 자녀교육의 위해 부양자로서의 책임을 수행하는 희생의 산물이다. 기러기아빠에게는 해외의 교육비와 생활비 등의 유학비 조달이라는 경제적 부담이 부과된다. 기러기아빠가 해외거주 가족에게 보내는 송금액은 월평균 300~500만 원선으로 추정되고 있다. 중산층 봉급생활자의 경우, 최소한의 생활비를 제외한 거의 대부분의 수입 혹은 그 이상을 지출하고 있는 실정이다.

　한편, 기러기아빠의 정서 면과 건강도 심각한 문제점이다. 기러기아빠들은 홀로 생업에 종사하면서 고독한 생활을 하고 있다. 타지에 나가 있는 가족들에 대한 걱정, 가족들의 해외생활비를 책임져야 한다는 부담감, 조직사회 속에서의 갈등 등으로 스트레스를 강하게 받는다. 건강상의 문제로는 외로움과 스트레스 해소의 방법으로 상습 음주나 과음으로 인한 알코올의존증이 되는 경우도 많다. 중년의 지속적인 과음이나 폭음은 돌연사의 잠재적 위험성을 높인다.

　한편, 해외 유학 당사자인 자녀도 여러 가지 문제를 겪게 된다. 부모가 자신을 위해 희생을 감수한다는 것에 대한 심리적 부담감이 크고, 공부에 대한 압력과 강박관념으로 정서적 문제가 나타나기도 한다. 미성년기부터 외국생활을 하고 현지의 교육을 받으면서 정체성의 혼란을 겪기도 한다. 조기유학을 통해 소기의 목표를 달성하고 명문대에 진학한 소수의 성공사례도 있지만, 조기유학이 자녀 인생의 '성공'을 반드시 보장하는 것은 아니다. 오히려 외국의 학교생활에서 언어장벽으로 인한 스트레스와 불안증 그리고 부모의 과잉기대가 압력으로 작용하여 정신장애를 야기하는 경우도 있다. 현지의 사회·문화환경에 제대로 적응하지 못한 학생들은 학업에 흥미를 잃거나 탈선하는 경우도 많다.

　교육을 최우선 과제로 삼고 가족구성원이 이산된 상태에서 청소년기를 보내게 되면 정서적 안정과 성장에 문제가 생길 우려가 크다. 학업, 인격 형성, 가족생활의 정서적 안정, 한국사회 적응 등의 측면을 고려할 때 부정적 결과를 초래하는 경우도 적지 않다. 청소년기의 성장과제는 정상적 가족관계, 정서적인 이웃과 친구 관계, 공동체나 사회구성원 관계와 의식 등의 종합적인 과정을 통해서 완성된다. 교육을 통해 지식을 얻고 학력을 획득하는 것은 청소년기 과업의 한 부분이

지, 전체는 아니기 때문이다.

4) 국제적 교육이산가족이라는 가족전략의 함의

국제화에 따라 다양하고 폭넓은 경험을 통해 국제적 안목과 능력을 갖추기 위한 조기유학 수요가 증가하고 있는 것은 사실이다. 그런데 사회계층 간의 위화감을 조성하고 막대한 외화가 유출되는 부정적 결과도 간과할 수 없다. 국제적 교육이산가족은 중산층에서 계급 재생산을 위해 물적·정서적 자원을 통해 자녀의 성공 가능성을 확장하는 가족전략이다. 가족 간의 경쟁이 초국가적 자원을 획득하기 위한 '탈영토화' 전략을 추구하면서 국제적 교육이산가족, 글로벌다가구, 단신부모가구 등이 확산되고 있다(김현미, 2008). 영어능력을 향상시키고 국제적인 경험을 쌓아 국가경쟁력을 키울 수 있는 개방적 교육기회를 자녀에게 제공하기 위해 가족의 공동생활을 희생하는 부모의 선택은 막연한 희망과 잠재적 위험성을 동시에 내포한 선택이기도 하다.

국제적 교육이산가족을 구성하는 요건이 내적으로는 자녀중심적 가족과 강한 가족연대를 기반으로 한 가족주의라면, 외부적 혹은 구조적 요인은 계급의 양극화와 세계체제의 불안정성이다. 한국의 도구적 가족주의가 경쟁력, 효율성, 창의력 등을 강조하는 신자유주의적 교육론과 맞물리면서 전략적 가족형태인 국제적 교육이산가족이 발생한 것이다. 국제적 교육이산가족은 부부관계를 희생하는 자녀중심성에 기반한 선택이고, 다른 한편으로는 친밀함과 애정적 관계를 대신하는 도구적 가족주의의 표출이기도 하다(조은, 2004).

한편, 가족주의와 계층상승을 담보한 교육열과 세계화를 연결하는 기제는 자녀의 성공을 위임받은 모성이다. 국제적 교육이산가족은 계급양극화의 위험을 모성의 이름으로 젠더화하는 최전선인 것이다(조은, 2008). 그런데 어머니는 자신이 희생한 대가로 교육을 매개로 한 대리성취를 경험하는 측면도 있기 때문에, 가족과 모성의 전략적 희생이라는 측면도 있다. 자녀의 교육을 위해 자신의 삶을 희생하는 어머니와 경제적 부양자인 아버지의 고정적 성역할 분담은 계층적 이해관계가 젠더이해관계를 압도한 결과라는 측면도 있다.

국제적 교육이산가족 현상은 자녀의 교육을 위한 가족관계와 가족생활의 희생을 미래지향적 투자로 인식하고 있음을 나타내는 것이다. 실제로 조기유학의 많은 사례들은 자녀의 유학을 통한 성과와 가족공동체의 가치는 대등하지 않다는 것을 보여 준다. 치열하고 경쟁적인 교육환경이 초래한 특이한 가족현상인 국제적 교육이산가족은 우리 사회에서 가족의 존재의미와 모순이 극단적으로 교차하고 있는 단면이라고 할 수 있다.

핵심정리

　오늘날 세계화의 조류 속에서 우리 사회에 다양한 경로의 외국인 유입과 내국인의 장·단기적 유출이 늘어나면서, 이문화의 접촉 및 수용이 과제로 대두하고 있다.

　외국인과 내국인의 국제적 이동으로 형성된 결혼이민가족과 국제적 교육이산가족은 계층적 격차와 젠더변수가 복합적으로 반영되어 있는 가족현상이다.

　결혼이민가족은 저개발국의 외국 여성과 한국 남성의 국제결혼으로 형성된 가족이다. 이들 가족에 대한 사회적 편견과 차별을 해소하는 실질적 지원으로 사회통합을 지향해야 한다.

　국제적 교육이산가족은 어머니를 동반한 조기유학으로 인해 한시적으로 분리 거주하는 가족이다. 이러한 가족전략은 글로벌시대에 한국 모성이 계급 이동의 교량역을 담당하는 단면이라고 할 수 있다.

생각해봅시다

Q1 결혼이민가족이 행복한 생활을 영위하기 위해 필요한 사회적 지원을 지역사회, 지자체, 정부의 차원으로 나누어 제시해 보시오.

Q2 주변에 있는 다문화가정지원센터를 방문하여 주요사업을 알아보고, 보완 또는 개선사항을 생각해 보시오.

Q3 글로벌시대에 자녀의 외국어 능력을 향상시키기 위해 부모가 선택하는 교육방법과 비용의 사회계층적 차이를 비교해 보시오.

가족변화의
방향과 과제

14

Chapter

14 가족변화의 방향과 과제

1 변화하는 가족

1) 가족변화의 내용과 방향

최근 들어 가족의 역할과 기능은 상당 부분 변화되고 있다. 과거 가족의 핵심 기능인 경제적 생산공동체로서의 역할이나 사회화 기능, 종교적 기능 등은 거의 쇠퇴하였다. 대신 교육투자 등을 통해 세대 간 계급 재생산이나 상승이동의 욕구, 정서적 지지집단으로서의 역할, 인적자원의 개발 등은 현대사회로 올수록 점차 중요해지는 가족의 기능이다. 그러나 가족과 변화하는 사회 간의 지체현상으로 인한 가족기능의 과부하나 가족원 간의 갈등심화 결과 가족의 위기가 발생하기도 한다. 이러한 문제들에 대한 복지국가의 개입도 중요해지고 있다.

다른 한편 가족의 위기에 대한 우려와 불안의 원인을 여성들의 역할변화에서 찾기도 한다. 예를 들어, 여성들이 결혼이나 출산보다는 사회적 성취에 더 관심을 가지면서 가족관계나 역할을 소홀히 하게 되었고, 이로 인해 가족문제나 가족해체가 심화되었다는 것이다. 과거의 전통가족이 변화하고 있는 것은 명백한 사실이다. 그러나 변화과정에 있는 새로운 가족을 과거사회의 가치관이나 가족역할에 근거하여 평가할 수는 없다. 가족변화에 대한 실망은 이러한 변화에 적절히 대응할 수 없는 개인적 상실감의 결과이기도 하다.

가족변화와 관련된 많은 부분이 가족 자체에서 비롯된 것이기보다는 가족 밖의 사회경제적·이데올로기적 상황과 관련된 것이라는 설명이 점차 받아들여지고 있다. 가족 내에서 표출되는 많은 가족갈등과 문제가 실제로는 급증하는 빈곤과 실업, 경쟁위주의 사회, 평화에 대한 위협, 공동체 의식의 감소, 고령화 등 가족 밖의 사회적 문제 상황들이 다양한 방식으로 가족문제와 연관되어 나타나고 있다는 것이다. 따라서 문제의 원인과 본질을 이해하고, 대안을 모색하기 위해서는 가족 내의 문제뿐 아니라, 가족이 가족 밖의 사회변화와 어떻게 연관되어 있는지 올바로 파악하고 분석하는 일이 중요하다.

따라서 가족이 사적 영역이라거나 경쟁과 긴장, 적대감 등으로 이루어진 사막 한가운데에 존재하는 일종의 '비사회적 오아시스'(기든스, 1997: 242)라고 주장하는 것은 단지 희망사항일 뿐이다. 실제로 시장관계와 노동계약은 공적 영역에서의 비중 못지않게 가족의 일부를 구성하며, 가족 관련법과 정책, 제도들을 통해 가족관계와 역할을 통해 개인들의 삶에 영향을 미친다.

'이상적(ideal)'인 가족을 규정하는 이데올로기 또한 근대 산업사회 이래 가족과 가족구성원들과의 관계를 구성하고, 제한해 왔다. 이데올로기는 개인들이 자신의 삶을 해석하는 데 영향을 주고 바람직한 행위의 기준을 제공한다. 또한 이데올로기는 법, 제도의 근거가 되며, 사회적 제재와 배제를 통해 사회가 특정 방향으로 나아가게 한다. 현재도 많은 결혼식장에서 신랑 신부가 동시 입장하기보다는, 신부가 아버지의 손에 이끌려 미리 입장해 있는 신랑에게 인도되는 '행복한' 결혼의 첫 장면은 가부장적 가족이데올로기의 상징적 표현이다. 그러나 이데올로기는 구성원들의 변화하는 권력관계를 통해 새롭게 구성될 수 있는 것이다. 보다 평등하고 배려적인 가족을 지향하는 사회 구성원들의 희망과 지속적인 노력은 새로운 가족이데올로기와 법, 제도의 정착으로 이어질 수 있다.

인구학적 변동 추이나 과학기술의 진전, 가치관의 변화 등을 통해 예측해 볼 때 앞으로 다가올 미래의 가족은 구조나 관계에 있어서 현재보다 다양해질 것이며, 가족구성원 간의 관계도 훨씬 유연해지게 될 것이다. 또한 평균수명의 연장으로 가족관계의 전 기간이나 각 가족주기의 길이도 이전보다 길어지게 될 것이다. 길어진 기간만큼 가족관계도 복잡해지는 동시에 관계의 안정성은 약화될 것이다. 아울러 평균수명의 증가에 따라 질병이나 노화의 정도가 심해지면서 돌봄의 문제가 가족관계에 미치는 영향은 더 커질 것이다(정혜정 외, 2009: 459).

이러한 상황에서 가족은 구성원 중 누구도 소외되지 않고 배려받으면서 스스로의 삶의 질을 향상시킬 수 있는 기회를 제공해 주는 동시에, 사회로부터 요구받는 역할과 기대를 적절히 수행해 낼 수 있는 제도로 자리 잡을 수 있어야 할 것이다. 국가와 사회는 가족이 이러한 방향으로 변화될 수 있도록 법과 제도적 지원을 하면서도 가족에 대한 개입이 가족원 간의 연대를 강화해 주고, 가족공동체의 가치를 보장해 줄 수 있도록 해야 할 것이다.

2) 가족변화의 과제

새로운 가족과 이를 지원하는 사회로의 변화를 위해 국가의 거시-미시적 정책의 수립과정 및 주요 사회적 의제 설정 과정에서 다음과 같은 과제들이 중요하게 고려될 필요가 있다.

첫째로, 우리 사회의 가족의 변화가 지향하는 기본 방향과 이념에 대한 사회적 합의를 마련하는 일이다. 한 사회가 가족을 어떻게 바라보고, 어떻게 규정하며, 가족과 사회의 관계를 어떻게 조정해 내는지 그리고 나아가 돌봄노동에 대한 가치를 어떻게 평가하고, 가족 내 여성의 역할을 어떻게 규정하는지 등에 대한 합의는 가족변화를 위한 구체적인 전략을 마련하기 위해 매우 중요한 전제이다.

둘째로, 그동안 우리 사회의 복지체계는 기본적으로 사회적 위기에 대한 일차적 책임을 가족에 부과해 왔다. 최근 여성의 사회참여증대나 저출산·고령화로 인한 사회적 변화로 인해 가족의 대응 능력은 여러 측면에서 한계를 드러내고 있다. 가족보호기능의 약화는 개별 가족의 문제를 넘어서서 보편적 사회문제와 서로 연결되어 있다. 앞으로 세계화, 개인주의화 등이 진전될수록 가족에 의한 사적 복지책임은 점차 어려워질 것이므로, 국가와 사회는 보다 적극적이고 종합적인 지원방안을 마련하는 등 사회복지체계의 재편 논의가 더욱 활성화되어야 한다.

셋째로, 최근 복지제공 주체가 점차 다원화되는 상황에서 복지국가와 시장, 가족 사이의 유기적 협조와 연대도 보다 강화되어야 한다. 예를 들어, 비정규직의 증가나 노동시장의 양극화에도 불구하고, 정부의 자활대책이나 사회적 일자리 정책은 매우 제한적인 상황에서 한부모가족의 증가는 아동빈곤과 세대 간 빈곤의 대물림으로 이어질 우려가 크다. 따라서 이러한 문제를 해결하기 위해서는 개별 가족과 국가, 사회가 함께 유기적인 연계를 바탕으로 보육, 건강, 주거, 양질의 일자리 확보, 현금지원, 상담서비스 제공 등 종합적이고 체계적인 지원방안이 마련되어야 한다.

넷째로, 우리 사회에서 가족의 구조나 형태, 그리고 가족관계의 다양성이 점차 확대되고 있다. 전형적인 핵가족은 통계적으로 과반수에 미달하고 있으며, 초혼기 또는 노년기의 부부가족, 1인가구, 한부모가족, 비혈연가족, 결혼이민가족, 공동체가족 등 다양성의 범위도 더욱 넓어지고 있다. 따라서 가족 관련법이나 정책, 프로그램들이 특정 가족을 상정하면서 이에 부합하지 않는 개인이나 가족을 차별하거나 소외시켜서는 안 된다. 결혼 및 이혼, 출산 여부, 부모-자녀 간 동거여부, 새로운 가족공동체 구성 여부 등 스스로의 상황과 선호에 따른 다양한 가족적 삶을 선택할 수 있도록 제도적 기반을 조성하고 맞춤형 지원을 실시해야 할 것이다. 이를 위해서는 개방적이고 다원주의적 정책 수립의 자세와 함께 구체적 정책 수요자의 이해에 대한 보다 세심한 관심과 배려가 필요하다.

다섯째, 세제와 사회보장 수급방식의 변화를 위한 논의가 진전되어야 한다. 예를 들어, 통합과세원칙이나 개별적 분리과세원칙이 소득재분배나 성별관계에 미치는 영향에 대해 진지하게 검토될 필요가 있다. 여성주의 연구자들은 통합과세원칙이 기본적으로 남성은 생계부양자, 여성과 아동은 피부양자라는 전제를 바탕으로 하고 있어, 맞벌이가족의 경우 누진세 적용이나 소득공제 등에서 상대적으로 불리하다고 주장하고 있다. 이러한 조세방식은 보통 '보조소득인' 인 아내의 경제활동참여에 부정적인 효과를 초래하는 경향이 있기 때문이다.

아울러 신체 건강한 성인인 피부양자에게 제공하는 보조금이나 세금공제는 점차 축소하고, 그 대신 아동이나 노약자, 장애인들에 대한 공제나 수당을 확대하는 방안에 대한 논의와 사회적 합의가 필요하다(폴브레, 2007: 306; 오사와, 2009).

2 새로운 가족과 젠더 패러다임

앞에서 논의한 가족변화를 위한 과제들을 기본 전제로, 여기서는 좀 더 거시적 관점에서 가족과 젠더에 관한 새로운 패러다임을 형성하기 위해 검토해야 할 사항들을 제시하고자 한다.

1) 성주류화와 평등가족

코넬(Connell)에 의하면 국가는 외부에 놓인 단일한 실체가 아니라 국가 엘리트의 조정에 따른 성별 권력의 핵심적인 제도인 동시에, 성별 관계를 구성하는 성별 정치학의 능동적인 행위자이다. 코넬 외에도 많은 학자들이 국가를 다양한 집단이 서로 다른 방식을 통해 다양한 계기로 경합하는 '담론 투쟁의 장'으로 이해하고 있다(이재경 외, 2010: 13, 16) 실제로 우리가 앞에서 살펴보았듯이 국가의 어떤 정책은 가부장적인 반면, 어떤 제도나 프로그램들은 평등지향적이다.

후기 구조주의적 접근은 국가를 주어진 것으로 받아들이기보다 행위자에 의한 담론과 실천을 강조함으로써 국가 행위에 각자가 개입할 수 있는 전략적 가능성을 강조하고 있다. 가족 내에서 이루어지는 세대재생산, 모성에 대한 요구, 노동시장과의 관계, 사회 통합과 질서 유지의 기능들 역시 가족을 둘러싸고 있는 다양한 세력들 간의 권력관계의 산물이므로, 지배적 가치와 신념을 변화시키기 위한 비전과 전략을 수립하는 것은 매우 중요한 과제이다.

이러한 노력의 출발로 '성주류화(gender mainstreaming)' 전략을 제시할 수 있다. 성주류화는 사회구조적으로 성별 불평등이 유지되고, 재생산되는 방식을 파악하고, 불평등한 기존 질서를 변화시키기 위해 '주류의 전환'을 통해 평등을 실현하려는 전략이다. 구체적으로 성주류화는 기존의 체계에 여성을 추가하여 기존 법제도상의 동등한 권리확보나 여성의 특수한 욕구를 충족시키려는 목표를 넘어서서, 정책 기획의 초기단계부터 그것이 남녀평등에 미치는 구체적인 영향을 파악하고, 이를 바탕으로 모든 일반적인 정책과 제도를 동원하는 것을 의미한다(European Commission, 1996).

우리나라 헌법 제36조 제1항은 "혼인과 가족생활은 개인의 존엄과 양성의 평등을 기초로 성립되고 유지되어야 하며, 국가는 이를 보장한다."라고 국가의 책임을 규정하고 있다. 이러한 헌법의 규정은 국가가 바람직한 방향으로 가족을 유지시키고, 변화시키기 위해 노력해야 함을 명시하고 있는 것이다. 그러나 현재 대부분의 경우, 가족 내 성별분업 구도 하에서 여성은 과도한 정서적 역할로 인해 개인적 자아성취와 공적 활동의 기회를 제대로 누리지 못하는 반면, 남성은 지나친 도구적 역할로 인해 부모로서 양육기회를 박탈당하고 있다. 그러나 이러한 문제들은 많은 경우 잠재화되어 있으며, 때로 변형된 새로운 역할관계를 추구하는 개인들은 죄의식을 갖거나 갈등관계에 놓이게 된다.

이때 공적 성취에 초점을 맞추어 남성과의 '같음'을 추구하면 '남성처럼 되는 것' 이상이 되기 어렵고 정서적 돌봄역할의 의미를 강조하며 '차이'를 주장하면 보호받아야 하는 예외적 존재가 되거나 남성적 기준이 지배하는 사회에서 차별의 대상이 될 수밖에 없다.

성주류화 전략은 남성의 삶을 기준으로 한 '같음'과 '차이'를 넘어서 성차별을 지속적으로 (재)생산하고 여성의 욕구를 '특수한' 욕구로 만들어 지속적으로 주변화하는 불평등한 체계와 구조에 대해 문제를 제기하게 해 준다(마경희, 2009: 83~84). 성주류화의 궁극적인 목적은 개별 가족 내의 개인이나 특정 가족이 어떤 삶의 방식을 선택하더라도 제도와 관행이 개인과 가족의 선택에 대해 중립적으로 작용하도록 사회의 틀을 확립해 나가는 것이다(오사와, 2009: 91).

2) 돌봄과 정의의 원리

가족과 사회 또는 시장의 관계는 사적 영역과 공적 영역 그리고 돌봄의 원리와 정의의 원리가 지배하는 영역으로 배타적으로 범주화된다. 즉, 가족에서는 일차적이고, 친밀한 관계가 지배적이어서 이해관계는 개입되지 않는 반면, 시장이나 사회에는 반대의 특성과 원리가 지배하는 것으로 여겨져 왔다.

20세기 정의론의 대표적 학자인 롤즈(Rawls)에 의하면, '정의'는 공적이고 사회적인 영역에서 적용되는 도덕으로 다양한 사회제도를 통해 수행된다. 사회제도는 성원들의 권리와 의무를 배분하고 사회공동체로부터 생긴 이익의 분배를 정하는 방식으로 특정사회 내 정의의 정도는 권리와 의무가 할당되는 방식이나 경제적 기회와 사회적 조건과 연관된다(롤즈, 1985). 반면 가족은 생물학적 요소에 기반한 자연적 제도이며 사랑과 공동의 이해에 의해 구성된 집단이므로, 정의의 원리 밖에 존재하는 것으로 간주된다.

그러나 이러한 이분화는 종종 가족 내에서 이루어지는 폭력이나 부정의의 상황들을 은폐시키는 한편, 가족 밖에서 이루어질 수 있는 배려적 가능성을 축소시킨다. 또한 실제 상황에서 정의나 공정성, 평등의 가치는 충분히 자비심이나 애정, 상호배려의 가치와 조화될 수 있는 것이다(이재경, 2003; 허라금, 2006).

오히려 우리 사회에서는 급속한 자본주의적 경제성장이 특유의 가족주의와 결합하면서 가족관계도 가족경영체제나 부동산투기 등을 바탕으로 이익집단화하고, 자녀교육에 대한 과다한 투자나 혼맥관계를 통해 계층재생산이나 세대 간 계층이동을 이루려는 현상들이 확산되고 있다. 최근 언론을 통해 접하게 되는 '부모입니까, 학부모입니까'라는 광고처럼 종종 부모들은 자녀들에게 공동체의식을 가진 민주사회의 시민이 되기보다는 경쟁에서 승리자가 되기를 기대한다. 이때 배려와 애정에 기반한 여성의 돌봄노동이 가족원의 경쟁을 뒷받침하는 중요한 기제가 된다는 것은 매우 역설적이다.

가족관계를 평등이나 배려와 같은 비경쟁관계를 지향하는 영역으로 단정할 수 없듯이, 가족 밖의 시장관계도 정의나 합리성만을 지향하는 관계인 것은 아니다. 시장관계에 있는 개인들도 친밀함과 상호배려의 관계를 여전히 필요로 한다. 오히려 공적 영역에서의 돌봄노동의 중요성이 커짐에 따라, 좋은 돌봄에 대한 기준을 마련하는 일이나, 돌봄을 제공하는 사람들에 대한 적절한 평가와 대우를 제공하는 문제가 중요한 이슈가 되고 있다.

이러한 상황에서 공·사 영역의 인위적인 이분법을 넘어서서 돌봄과 배려의 가치와 관계들이 정의와 공정성의 가치나 관계들과 어떻게 적절하게 연계되어야 할 것인지에 대한 진지한 검토가 필요하다. 토론토(Toronto)에 의하면 돌봄은 필요한 사람과 돌봄을 제공하는 사람 간의 평등한 관계가 전제될 때에만 제대로 수행될 수 있다고 하였다. 돌봄과 배려는 희생적이고 고립적인 상황에서는 장기적으로 지속될 수 없다. 흔히 권력이 많은 사람의 필요가 더 중요하다고 간주되는 경우가 많으며, 상대적으로 권력이 더 적은 사람이 돌봄 역할을 수행하게 된다. 이와 같은 일방적 돌봄관계에서 벗어나, 돌봄관계 내에서의 공정성과 합리성을, 그리고 공적 관계 내에서 공동체적 배려와 호혜성의 가치를 확보하는 일은 새로운 사회로의 변화를 위해 매우 의미있는 것이다(이재경, 2003; 석재은, 2009).

돌봄제공의 새로운 사례들

① 한밭레츠 http://www.tjlets.or.kr/

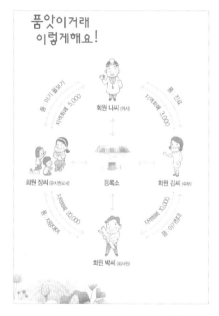

출처 : http://blog.daum.net/goodsociety1/58

② 휴식돌봄제도

영국의 돌봄제공자 돌봄(Caring about Carers)제도는 가족 내에서 돌봄노동을 융통성 있게 수행하거나 취업과 병행할 수 있도록 돌봄노동에 대해 금전적 보상을 제공하거나 돌봄노동부담을 줄여주기 위해 도입된 제도이다. 휴식돌봄은 돌봄제공자들의 돌봄노동에 대한 부담과 책임에서 벗어나 쉴 수 있도록 대체 돌봄서비스를 제공하는 제도이다.

지방정부가 돌봄제공자들이나 장애아동을 돌보는 부모들에게 제공한 쿠폰으로 돌봄제공자들의 서비스를 대체할 서비스를 구매할 수 있다. 또한 정부는 돌봄제공자들에게 휴식돌봄을 제공하는 자원봉사단체 'Crossroads'와의 연대하여 대체 서비스 제공자들과 연계해 주고, 돌봄서비스의 내용과 구성을 협의할 수 있게 해 준다.

체코슬로바키아에서는 장애아동의 돌봄부담을 줄여주기 위하여 20주에 한 번씩 휠체어이용자, 교육장애 아동, 심리적인 문제를 지닌 아동을 돌보는 사람에게 휴식돌봄을 제공한다. 휴식돌봄은 일정 기간의 숙식제공을 통해 돌봄제공자들의 심신 회복과 사회적응성을 돕도록 설계되어 있다. 이러한 제도는 돌봄제공자들에게 자기만족도를 높여 주고, 사회적 통합을 촉진시키는 효과도 갖는다.

출처 : http://www.direct.gov.uk/en/CaringForSomeone/index.htm

3) 가족과 일, 젠더 간의 조화

새로운 가족과 젠더와의 관계를 추구해 나가기 위한 마지막 과제는 가족과 일, 젠더 간의 경계를 재구성하고, 돌봄주체와 대상의 변화를 꾀하는 것이다.

최근 노동시장의 유연화나 고실업에 따른 가구경제의 불안정성이 심화되고, 여성들의 교육수준 향상과 평생직업의 필요성에 대한 인식이 확산되면서 여성경제활동참여율이 높아지고 생계부양자로서의 역할도 공유되고 있다. 그럼에도 불구하고 가족 내에서 남성들의 가사 양육 참여 정도는 그다지 변화하지 않고 있어, 일과 가족을 병행하고 조화를 추구하기 위한 갈등이 심화되고 있다.

이러한 상황을 학자들은 '빠르게 변하는 여성과 느리게 변하는 남성 간의 긴장' 혹은 '지연된 혁명' (혹실드, 2001)이라고 부르기도 한다. 이러한 성별 인식 차이의 가장 중요한 원인은 가족 내 성별분업이 자유로운 개인 간의 선택이기보다는 사회 전반에 내재화된 성별분업 규칙에 기반하는 것인 동시에, 그 자체가 성별권력관계를 함축하는 것이기 때문이다.

성별분업의 규칙은 공·사 공간의 분리를 초래할 뿐 아니라, 시간의 사용방식에 있어서도 성별차이를 결과한다. 일반적으로 생활시간은 (취업)노동시간, 여가시간 그리고 수면이나 식사 및 기타 필수적인 행위를 하는 시간으로 분류된다. 그러나 이러한 시간개념은 남성의 경험이나 견해를 반영하는 것으로 대다수 여성의 경험과는 부합되지 않는다. 8시간제 노동모델 또한 누군가가 대신 가사와 육아책임을 진다는 것을 전제로 하는 노동시간 규범이다. 따라서 현재의 노동시간의 개념은 생산노동 이외에도 일상적 재생산활동, 자녀나 노인, 병자를 위한 돌봄활동, 공동체 활동이나 자원 활동과 같이 개인과 사회를 위해 필요한 활동들이 모두 고려되는 것으로 확대되어야 한다.

앞에서 살펴본 바와 같이 공·사 영역의 분리, 일과 가족의 분리, 위계적 성별분업들은 모두 특정 시대적 상황의 산물이다. 후기산업사회, 지식정보사회로의 변화는 일-가족, 개인-사회 간의 새로운 패러다임을 요구한다.

프레이저(Fraser)는 변화하는 사회의 대안적인 모델로 '보편적 양육자 모델 (universal caregiver model)'을 제시하였다. 보편적 양육자 모델은 돌봄의 가치를 기반으로 사회를 재조직하여 여성뿐 아니라 남성도 돌봄의 주체가 되며, 국가나 사회도 돌봄의 책임을 공유하는 모델의 사회를 지향한다. 즉, 양육자이자 부양자인 여성의 삶의 방식이 모든 인간의 규범으로 확대된 모델로, 사회적 노동은 모든 노동자가 양육 책임을 가지고 있다는 가정 하에서 조직화되며, 국가와 사회는 양육에 필요한 비용과 서비스를 지원한다(프레이저, 2004).

프레이저의 보편적 양육자 모델은 세인즈버리의 개인모델이나 크롬프턴이 제시한 V단계의 2인 소득자 모델과도 맞닿아 있다. 이러한 유형의 사회에서는 돌봄의 책임에 대한 사회적 공유와 전통적으로 돌봄 제공의 주체라고 간주되었던 여성의 생산활동에 대한 기여의 확대를 통해 양성평등과 개인의 선택확대 그리고 복지국가의 지속가능성이라는 선순환 구조를 이룰 수 있다.

변화하는 가족을 위한 새로운 패러다임의 준거틀로 제시된 '성주류화 전략', '돌봄과 정의의 조화', '보편적 양육자－생산자 모델'은 모든 사회구성원에게 스스로 '좋은' 삶을 선택할 수 있는 자율성과 시간에 대한 자기결정권(야마구치, 2010: 358~359)을 부여하고, 개인이나 가족이 택한 삶의 방식을 인정해 주는 사회를 지향한다. 또한 선한 사람이 더 이상 손해보지 않는 사회를 추구한다(폴브레, 2007: 13).

그러나 이러한 사회는 자본주의적 경쟁이 심화되고 세계화가 급격하게 진행되는 현실세계에서는 하나의 이념형에 불과할 수도 있다. 또한 사회제도의 변화는 그 사회를 이루는 개인 스스로의 변화와 함께 비로소 완성될 수 있는 것이다. 하지만, 여러 한계와 어려움에도 불구하고, 바람직한 이상을 지향하는 실천적 노력은 그 자체로 의미 있는 일이다.

각자의 선택이 그 자체로 존중되고 인정받을 수 있는 새로운 사회로 나아가기 위해서는 주변의 익숙한 것들에 대한 지속적인 문제제기와 열린 토론 그리고 다른 입장에 서서 낯선 것들을 개방적으로 수용하는 과정은 반드시 필요한 절차이다. 성인지적 관점에서 가족의 현황과 문제, 대안을 다시 한 번 진지하게 검토해 보고, 양성평등한 복지사회를 지향하고자 했던 이 책이 새로운 사회를 향해 내딛는 작은 발걸음이 될 수 있기를 희망한다.

핵심정리

　최근 들어 가족의 역할과 기능은 상당 부분 변화되고 있다. 또한 가족과 변화하는 사회 간의 지체 현상으로 인해 나타나는 가족 기능의 과부하나 가족원 간의 갈등심화로 인해 가족의 위기가 발생하기도 한다. 이러한 문제들에 대해 복지국가의 개입도 중요해지고 있다.

　가족변화의 상당 부분은 가족 자체에서 비롯된 것이기보다는 가족 밖의 사회경제적, 이데올로기적 상황과 관련된 것이다. 이러한 상황에서 가족문제의 원인과 본질을 이해하고, 대안을 모색하기 위해서는 가족 내의 문제뿐 아니라, 가족과 가족 밖의 사회변화와의 관계를 올바로 이해하고 대안을 모색하는 일이 중요하다.

　이를 위해 가족의 변화가 지향하는 기본 방향과 이념에 대한 사회적 합의를 마련하고, 보다 적극적이고 종합적인 지원방안을 마련하며, 복지국가와 시장, 가족 사이의 유기적 협조와 연대를 강화하고, 개방적이고 다원주의적 정책 수립의 자세를 갖추는 한편, 구체적 정책 수요자의 이해에 대한 보다 세심한 관심과 배려를 갖는 노력이 필요하다.

　나아가, '성주류화 전략', '돌봄과 정의의 조화', '보편적 양육자–생산자 모델'과 같은 새로운 가족변화의 패러다임은 모든 사회구성원 누구도 소외되지 않고 배려받으면서 스스로의 삶의 질을 향상시킬 수 있는 기회를 제공받는 동시에 개인이나 가족이 택한 삶의 방식을 인정해 주는 사회를 지향하게 해줄 것이다.

생각해 봅시다

Q1 우리나라 헌법 제36조 제1항은 '혼인과 가족생활은 개인의 존엄과 양성의 평등을 기초로 성립되고 유지되어야 하며, 국가는 이를 보장한다'라고 규정하고 있다. 이러한 헌법 규정이 현실적으로 시행되기 위해 어떤 노력이 요구되는지 구체적으로 생각해 보시오.

Q2 가족관계 내에서 정의나 공정성의 가치를 적용하는 것은 어려운 일인지, 반대로 사회 내에서 타인에 대한 배려나 자비심을 갖는 것은 예외적인 상황에 속하는 일인지에 대해 논의해 보시오.

 참고문헌

국내문헌

강준만(2008), "한국 가족계획의 역사", 『인물과 사상』, 2008년 8월호, 인물과 사상사.

강희경(2005), "'건강가정' 담론의 불건강성", 『경제와 사회』, 65호, 한국산업사회학회.

강희경(2007), "탈상품화 개념에 대한 비판적 검토", 『가족과 문화』, 19집 1호, 한국가족학회.

공세권 외(1981), 『한국가족계획사업』, 가족계획연구소.

공세권 외(1988), 『한국 가족구조의 변화』, 한국인구보건연구원.

구드, W., 최홍기(역)(1982), 『가족과 사회』, 삼성미술문화재단.

권순형(2006), 『고려의 혼인제와 여성의 삶』, 혜안.

기든스, A., 황정미 외(역)(2003), 『현대사회와 성·사랑·에로티시즘 : 친밀성의 구조변동』, 새물결.

기틴스, D., 안호용 외(역)(1997), 『가족은 없다 : 가족이데올로기의 해부』, 일신사.

긴조 기요코, 지명관(역)(2001), 『가족이라는 관계』, 소화.

김모란(1995), "성, 사랑, 혼인", 여성한국사회연구회(편), 『가족과 한국사회』, 경문사.

김미숙 외(2002), 『가족의 사회학적 이해』, 학지사.

김미숙 외(2005), 『우리시대 이혼이야기』, 양서원.

김병서(1997), "기독교적 입장에서 본 결혼과 가정", 『종교와 가족문화』, 한국가족학회 추계학술대회 발표문, 1997.11.15.

김승권 외(2000), 『한국 가족의 변화와 대응방안』, 한국보건사회연구원.

김영란(2007), "유럽의 돌봄정책 동향과 돌봄노동에 대한 사회적 지원", 한국가족학회 추계학술대회 발표문, 2007.11.2.

김오남(2008), 『결혼이민자가족의 이해』, 집문당.

김유경 외(2008), 『다문화시대를 대비한 복지정책방안 연구-다문화가족을 중심으로』, 한국보건사회연구원.

김인숙 외(2004), 『가족정책의 성인지적 관점 강화 방안 연구』, 보건복지부.

김인숙(2007), "가족정책의 개념과 범주", 『가족복지의 정책과 실천』, 양옥경 외, 공동체.

김주수(2005), 『친족·상속법 : 가족법』, 법문사.

김현미(2008), "이주자와 다문화주의", 『현대사회와 문화』, 26호, 연세대학교 사회발전연구소.

김혜경(2002), "가족/노동의 갈등구조와 '가족연대' 전략을 중심으로 본 한국 가족의 변화와 여성", 『가족과 문화』, 14집 1호, 한국가족학회.

김혜련(1995), 『남자의 결혼, 여자의 결혼』, 또 하나의 문화.

김홍원(2005), "조기유학에 관한 국민의식과 실태", 『조기유학 : 국민의식과 실태』, 2005년도 KEDI 교육정책 포럼, 한국교육개발원.

김홍주(2002), "한국사회의 근대화 기획과 가족정치 : 가족계획사업을 중심으로", 『한국인구학』, 25권 1호, 한국인구학회.

라디쉬, I., 장혜경(역)(2008), 『여성학교』, 나무생각.

롤즈, J., 황경식(역)(2001), 『사회정의론』, 서광사.

리치, A., 김인성(역)(1995), 『더 이상 어머니는 없다』, 평민사.

마경희(2008), "맞벌이가구 젠더체제 유형과 여성의 일-삶 경험의 차이", 『가족과 문화』, 20집 1호, 한국가족학회.

마경희(2009), "성평등전략으로서 성 주류화의 딜레마와 위험들", 이재경(편), 『국가와 젠더: 성주류화의 이론과 실천』, 한울.

머독, G., 조승연(역)(1991), 『사회구조: 가족과 친족의 인류학』, 파란나라.

미셸, A., 변화순 외(역)(1991), 『가족과 결혼의 사회학』, 한울아카데미.

바렛, M 외, 김혜경(역)(1994), 『가족은 반사회적인가』, 여성사.

박병호(1998), "한국에 있어서의 가장권법제의 형성", 『한일법학』, 7호.

박복순 외(2007), 『2008년부터 달라지는 가족법, 가족관계등록법 해설』, 한국여성정책연구원.

박수영(2009), 『스톡홀름 오후 두 시의 기억』, 중앙북스.

법무부(2008), 『법무부 여성통계 2008』, 법무부 여성아동과.

베커, G., 생활경제연구모임(역)(1994), 『가족경제학』, 수학사.

벡, E., 박은주(역)(2005), 『가족 이후에 무엇이 오는가?』, 새물결.

벡, E., 이재원(역)(2000), 『내 모든 사랑을 아이에게』, 새물결.

벡, U 외, 강수영 외(역)(2002), 『사랑은 지독한 그러나 너무나 정상적인 혼란』, 새물결.

서선희(1995), "가족중심주의에 대한 유교적 해석", 『가족학 논집』, 7집, 한국가족학회.

서선희(1997), "유교의 가족관", 『종교와 가족문화』, 한국가족학회 추계학술대회 발표문, 1997.11.15.

석재은(2009), "좋은 돌봄을 위한 바람직한 돌봄 시스템의 모색: 돌봄의 상품화를 넘어서", 한국사회학회 전기사회학대회 발표문, 2009.6.19.

성정현 외(2004), 『가족복지론』, 양서원.

스퐁, J., 한성수(역)(2002), 『성경을 해방시켜라』, 한국기독교연구소.

심영희 외(편)(1999), 『모성의 담론과 현실』, 나남출판.

쏘온, B. 외(편), 권오주 외(역)(1991), 『페미니즘 시각에서 본 가족』, 한울.

아리에스, P., 문지영(역)(2003), 『아동의 탄생』, 새물결.

안드레, R.(1987), 『가정주부-보이지 않는 노동자들』, 한국여성개발원.

야마구치 가즈오, 이충남(역)(2010), 『일과 가정의 양립과 저출산』, 한국보건사회연구원.

야마다 마사히로, 장화경(역)(2010), 『우리가 알던 가족의 종말』, 그린비.

양현아(2005), "여성 낙태권의 필요성과 그 함의", 『한국여성학』, 21권 1호, 한국여성
학회.

양현아(2006), "1990년대 한국 가족정책의 과제 : 모성보호정책과 호주제도 개혁론을
중심으로", 심영희 외(편), 『한국 젠더정치와 여성정책』, 나남출판.

엘킨드, D., 이동원 외(역)(1999), 『변화하는 가족 : 새로운 가족 유대와 불균형』, 이화여
자대학교 출판부.

엥겔스, F., 김대웅(역)(1987), 『가족, 사유재산, 국가의 기원』, 아침.

여성가족부 외(2010), 『일·가정 양립을 위한 유연근무제 확산방안 토론회』, 2010.4.22.

여성가족부(2008), 『2007년 전국 가정폭력실태조사』, 여성가족부.

옐룸, M., 이호영(역)(2003), 『아내-순종 혹은 반항의 역사』, 시공사.

오사와 마리, 김영(역)(2009), 『현대일본의 생활보장체계』, 후마니타스.

오카다 미쓰요, 김재은(역)(2004), 『새로운 가족-해체인가 변화인가』, 도서출판 소화.

올로프, A., 한국여성연구회(역)(2000) "젠더와 시민의 사회적 권리 : 젠더관계와 복지국
가에 대한 비교분석", 『복지국가와 여성정책』, 새물결.

와츠맨, J., 조주현(역)(2001), 『페미니즘과 기술』, 당대.

유계숙 외(2008), 『가족정책론』, 시그마프레스.

윤강재 외(2010), "OECD 국가의 행복지수 산정 및 비교", 보건복지포럼, 2010년 1월,
한국보건사회연구원.

윤홍식(2005), "OECD 국가들의 남성 돌봄 노동 참여 지원 정책과 한국 가족 정책에 대
한 함의: 부모·부성 휴가를 중심으로", 여성가족부 토론회 주제 발표문.

윤홍식(2006), "일-가족 양립 정책을 통해 본 경제협력개발기구 22개국들의 가족 정책
: 부모 휴가와 아동 보육을 중심으로", 한국사회복지학회 춘계학술대회 발표문.

윤홍식(2007), "일과 가족생활 양립정책의 서구적 경험과 한국정책의 함의", 양옥경 외,
『가족복지의 정책과 실천』, 공동체.

이동원 외(2001), 『변화하는 사회, 다양한 가족』, 양서원.

이삼식 외(2009), 『다문화가족의 증가가 인구의 양적·질적 수준에 미치는 영향』, 한국
보건사회연구원 저출산고령사회연구센터.

이숙인(1999), "유교의 관계윤리에 대한 여성주의적 해석", 『한국여성학』, 15권 1호, 한국여성학회.

이순형(1993), "조선시대 가부장제의 유학적 재해석", 『한국학보』, 19권 2호, 일지사.

이순형(1997), "한국가족의 사회역사적 특성과 성의 이중기준", 『가족과 문화』, 2집, 한국가족학회.

이재경 외(2009), "글로벌 사회의 국가와 젠더", 『국가와 젠더 : 성주류화의 이론과 실천』, 한울.

이재경(2003), 『가족이란 이름으로 : 한국 근대가족과 페미니즘』, 또 하나의 문화.

이재경(2004), "한국 가족은 '위기'인가? : '건강가정' 담론에 대한 비판", 한국여성학회(편), 『한국여성학』, 20권 1호, 한국여성학회.

이정덕(1997), "불교의 가정윤리", 『종교와 가족문화』, 한국가족학회 추계학술대회 발표문, 1997.11.15.

이주희, "성주류화와 고용정책: 유럽의 경험을 중심으로", 『국가와 젠더 : 성주류화의 이론과 실천』, 한울.

이효재 외(1991), 『자본주의 시장경제와 혼인』, 또 하나의 문화.

이효재(1983), 『가족과 사회』, 경문사.

이효재(1990), "한국가부장제의 확립과 변형", 『한국가족론』, 여성한국사회연구회 편, 까치.

이효재(2003), 『조선조 사회와 가족』, 한울아카데미.

자레스키, E., 김정희(역)(1983), 『자본주의와 가족제도』, 한마당.

장경섭(2009), 『가족·생애·정치경제』, 창비.

장필화(1988), 『여성학노트』, 이화여자대학교 대학원 여성학과, 미간행.

장현섭 외(1994), 『가족영역의 삶의 질과 정책과제』, 한국보건사회연구원.

장혜경 외(2005), 『가족내 돌봄노동에 대한 사회적 지원방안 연구』, 한국여성개발원.

장혜경 외(2005), 『가족실태조사보고서』, 한국여성개발원.

정영애(2003), "노동시간단축과 성별분업의 변화", 『사회과학연구』, 20권 2호, 충북대학교 사회과학연구소.

정영애(2009), "여성친화적 조직문화와 기업경쟁력 제고", 『여성친화적 조직문화 만들기』, 숙명여자대학교 아시아여성연구소.

정혜정 외(2009), 『가족과 젠더』, 신정.

정희진(2003), 『저는 오늘 꽃을 받았어요-가정폭력과 여성인권』, 또 하나의 문화.

조성숙(1995), "가족의 자녀교육", 『한국가족문화의 오늘과 내일』, 사회문화연구소.

조영미(2004), "출산의 의료화와 여성의 재생산권", 『한국여성학』, 20권 3호, 한국여성학회.

조옥라(1986), "가부장제에 관한 이론적 고찰", 『한국여성학』 2호, 한국여성학회.

조은(2004), "세계화의 최첨단에 선 한국의 가족", 『경제와 사회』, 2004년 겨울호, 한국산업사회학회.

조은(2008), "신자유주의 세계화와 가족 정치의 지형 : 계급과 젠더의 경합", 『한국여성학』, 24권 2호, 한국여성학회.

조형(1992), "가부장적 사회의 부부관계의 성격", 여성한국사회연구회(편), 『한국가족의 부부관계』, 사회문화연구소.

조형(1996). "법적 양성평등과 성의 정치", 『한국여성학』, 12권 1호, 한국여성학회.

초도로우, N., 김민예숙 외(역)(2008), 『모성의 재생산』, 한국 심리치료연구소.

최양숙(2005), 『조기유학, 가족 그리고 기러기아빠』, 한국학술정보.

최정현(1999), 『반쪽이의 육아일기』, 여성신문사.

최홍기(1997), "유교적 친족제도에로의 변천과정", 『종교와 가족문화』, 한국가족학회 추계학술대회 발표문, 1997.11.15.

쿤츠, S., 김승욱(역)(2009), 『진화하는 결혼』, 작가정신.

틸리, L. 외, 김영 외(역)(2008), 『여성 노동 가족』, 후마니타스.

폴브레, N., 윤자영(역)(2007), 『보이지 않는 가슴』, 또 하나의 문화.

프레이저, N., 김영옥 외(편역)(2004), "가족임금 이후 : 탈산업사회에 대한 사고 실험", 여성부 외(편), 『주류화와 성평등의 논리 : 한국 여성정책의 패러다임 정립을 위한 편역서』.

프리단, B., 김현우(역)(2005), 『여성의 신비』, 이매진.

필립스, R., 박범수(역)(2001), 『이혼의 역사』, 동문선.

한국여성정책연구원(2010), 『OECD 주요 통계로 본 한국여성의 일과 건강』, 2010.6.30.

하트만, H.,(1988), "성, 계급, 정치투쟁의 장으로서의 가족 ; 가사노동의 예", 이효재(편), 『가족연구의 관점과 쟁점』, 까치.

한봉희(2005), 『가족법』, 푸른세상.

허라금(2005), "성주류화 정책 패러다임의 모색: '발전'에서 '보살핌'으로", 『한국여성학』, 21권 1호, 한국여성학회.

허라금(2006), "보살핌의 사회화를 위한 여성주의의 사유", 『한국여성학』, 22권 1호, 한국여성학회.

혹실드, A., 이가람(역)(2009), 『감정노동 : 노동은 우리의 감정을 어떻게 상품으로 만드는가』, 이매진.

혹실드, A., 백영미(역)(2001), 『돈 잘 버는 여자, 밥 잘하는 남자』, 아침이슬.

홍승아 외(2008), 『일가족 양립정책의 국가별 심층사례 연구』, 한국여성정책연구원.

홍승아 외(2008), 『일가족 양립정책의 국제비교 연구 및 한국의 정책과제』, 한국여성정책연구원.

홍승아 외(2009), 『일가족 양립정책의 국제비교 연구 : 정책이용실태 및 일가족 양립현실』, 한국여성정책연구원.

황정미(2007), "여성사회권의 담론적 구성과 아내·어머니 노동자 지위", 『페미니즘 연구』, 7권 1호, 한국여성연구소.

국외문헌

有地亨(1997), 『家族は変わったか』, 有斐閣.

石原邦雄(編)(2002), 『家族と職業』, ミネルヴァ書房.

井上輝子(1997), 『女性学への招待』, 有斐閣.

井上真理子(編)(2004), 『現代家族のアジェンダ』, 世界思想社.

岩上真珠(2004), 『ライフコースとジェンダーで読む家族』, 有斐閣.

江原由美子 外(1994), 『ジェンダーの社会学』, 新曜社.

上野千鶴子(1992), 『家父長制と資本制』, 岩波書店.

国立婦人教育会館(編)(1997), 『女性学教育/学習ハンドブック』, 有斐閣.

小長谷有紀(編)(2008), 『家族のデザイン』, 東信堂.

清水浩昭 他(2005), 『家族革命』, 弘文堂.

女性社会学研究会(編)(1981), 『女性社会学をめざして』, 垣内出版株式会社.

袖井孝子(2000), 『変わる家族, 変わらない絆』, ミネルヴァ書房.

利谷信義(1987), 『家族と国家』, 筑摩書房.

畠中宗一(2003), 『家族支援論』, 世界思想社.

船橋恵子・堤マサエ(1992), 『母性の社会学』, サイエンス社.

目黒依子(1993), 『個人化する家族』, 勁草書房.

目黒依子(編著)(1995), 『ジェンダーの社会学』, 放送大学教育振興会.

山田昌弘(2001), 『家族というリスク』, 勁草書房.

山田昌弘(2007), 『迷走する家族』, 有斐閣.

Burgess, E. et als.(1950), The Family: From Institution to Companionship, New York, American Book.

Cheal, D.(2008), Families in Today's World: A Comparative Approach, Routledge.

Crompton, R.(2006), Employment and the Family: The Reconfiguration of Work and Family Life in Contemporary Societies, Cambridge University Press.

Elliot, F.(1986), The Family : Change or Continuity?, Macmillan Education.

Esping-Andersen. G.(1990), The Three Worlds of Welfare Capitalism, Princeton, NJ., Princeton University Press.

Esping-Andersen. G.(1999), Social Foundations of Post-Industrial Economies. Oxford University Press.

Folbre, N.(2008), "Conceptualizing Care", Frontiers in the Economics of Gender, edited by Francesca Bettio and Alina Verashchagina, Routlege.

Furguson, A.(1991), Sexual Democracy: Women, Oppression, and Revolution, Boulder, Co.: Westwiew.

Gauthier, H.(1996), The State and the Family, Oxford University Press.

Gonas, L.(2002), "Balancing Family and Work to Create a New Social Order", Economics and Industrial Democracy, vol. 23.

Hakim, C.(2006), "Women, Careers and Work-Life Preferences", British Journal of Guidance and Counselling, vol. 34, no. 3.

Harding, L.(1996), Family, State and Social Policy, MacMillan.

Kammerman, B., A. Kahn(1978), Family Policy: Government and Families in Fourteen Cultures, Columbia University Press.

Leonard, D.(1980), Sex and Generation : A Study of Courtship and Weddings, Tavistock, London.

Sainsbury, D.(1996), Gender, Equality and Welfare States, Cambridge University Press.

Syacey, J.(1990), Brave New Families: Stories of Domestic Upheaval: Late Twentieth Century America, NY: Basic Books.

Zimmerman, S.(1995), Understanding Family Policy: Theory and Applications, Thousand Oaks, CA: Sage.

저자소개

● 정영애

이화여자대학교 사회학과 졸업
이화여자대학교 대학원 사회학 석사
이화여자대학교 대학원 여성학 박사

현재 서울사이버대학교 노인복지학과 교수
한국여성학회 차기회장

역서 젠더와 노동(2001, 공역)

논문 직장ㆍ가정 병존적 고용과 여성근로자 삶의 질적 변화(1998)
여성의 배려적 노동과 비교가치론(1999)
노동시간단축과 성별분업의 변화(2003)
성주류화 추진을 위한 조직연결망 연구(2003)
여성친화적 조직문화와 기업경쟁력 제고(2009) 등

장화경

이화여자대학교 사회학과 졸업
이화여자대학교 대학원 사회학 석사
일본 동경대학 대학원 사회학 석사ㆍ박사

현재 성공회대학교 일본학과 교수

저서 가족의 사회학적 이해(2002, 공저)
일본 지역연구(2004, 공저)
변화하는 사회, 다양한 가족(2005, 공저)
사회학으로 풀어본 현대 일본(2005, 공저) 등

역서 일본과 세계의 만남(1999)
현대 한국의 사상흐름(2000)
인간을 넘어서(2004)
우리가 알던 가족의 종말(2010) 등

가족과 젠더

2010년 9월 20일 초판 발행
2012년 2월 21일 2쇄 발행

지은이   정영애 · 장화경
펴낸이   류 제 동
펴낸곳   ㈜교문사

책임진행   윤정선
본문편집   에바다에딧
표지디자인   공간42
제작   김선형
마케팅   정용섭 · 송기윤

출력   현대미디어
인쇄   동화인쇄
제본   대영제본

우편번호   413-756
주소   경기도 파주시 교하읍 문발리 출판문화정보산업단지 536-2
전화   031-955-6111(代)
팩스   031-955-0955
등록   1960. 10. 28. 제406-2006-000035호

홈페이지   www.kyomunsa.co.kr
E-mail   webmaster@kyomunsa.co.kr
ISBN   978-89-363-1090-5 (93330)

값 18,000원
* 잘못된 책은 바꿔 드립니다.

불법복사는 지적 재산을 훔치는 범죄행위입니다.
저작권법 제97조의 5(권리의 침해죄)에 따라 위반자는
5년 이하의 징역 또는 5천만 원 이하의 벌금에 처하거나
이를 병과할 수 있습니다.